本书受华南师范大学"211工程"经济学重点学科和华南市场经济研究中心经费资助

目 录

1 绪 论

1.1 选题背景和选题依据

1.1.1 公司治理改革与发展趋势的要求

公司治理（Corporate Governance，又译法人治理结构、公司治理结构）是一种对公司进行管理和控制的体系。作为一种制度安排，其中的"结构"应当理解为兼具"机构"（Institutions）、"体系"（Systems）和"控制机制"（Control Mechanism）的多重含义。公司治理结构中必须强调一定的制衡关系。它不仅规定了公司的各个参与者，例如，董事会、经理层、股东和其他利害相关者的责任和权利分布，而且明确了决策公司事务时所应遵循的规则和程序。公司治理的核心是在所有权和经营权分离的条件下，由于所有者和经营者的利益不一致而产生的委托代理关系。公司治理的目标是降低代理成本，使所有者不干预公司的日常经营，同时又保证经理层能以股东的利益和公司的利润最大化为目标。

随着全球范围内机构投资者的兴起、经济全球化和经济自由化的发展，各种腐败、丑闻、公司倒闭案件的增多，公司治理引起国际社会普遍关注。

1997年东南亚金融危机暴露了东亚经济中宏观结构的问题和企业制度的明显缺陷，也唤醒了人们对亚洲公司治理的重新认识。东亚国家和地区在公司治理方面存在的共同问题包括：信息披露不充分；控股股东侵犯中小投资者的利益；中小股东缺乏保护的机制；董事会缺乏诚信和问责机制。例如，在大部分东亚国家和地区，公司股权集中在家族手中，公司治理模式因而也是家族控制型的。控股家族一般普遍地参与公司的经营管理和投资决策，形成家族控股股东"剥削"中小股东的现象。

虽然好的公司治理结构没有单一的模式，但从公司发展的实践上看，国际社会认为，比较好的公司治理结构应具备某些共同的要素：（1）问责机制和责任（Accountability & Responsibility）：内容包括明确董事会的职责，强化董事的诚信与勤勉义务，确保董事会对经理层的有效监督。建立健全绩效评价与激励约束机制。（2）公平性原则（Fairness）：主要指平等对待所有股东，如果他们的权利受到损害，他们应有机会得到有效补偿。同时，公司治理结构的框架应确认公司利益相关者（债权人、雇员、供应商、客户）的合法权利。（3）透明度原则（Transparency）：一个强有力的信息披露制度是对公司进行市场监督的典型特征，是股东具有行使表决权能力的关键。信息披露也是影响公司行为和保护投资者利益的有力工具。强有力的披露制度有助于公司吸引资金，维持对资本市场的信心。良好的治理结构要求信息披露中采用高质量会计标准（国际会计准则），提高国家之间信息的可比性。良好的治理结构要求可靠的信息审计，以确保信息披露的真实性和准确性。公司内部的审计委员会应由独立董事担任。

1.1.2 现实与理论的冲突

1.1.2.1 控制权有效配置是解决公司治理的核心和关键

控制权从静态上看表现为控制权的结构和状态；在动态上表现为一系列控制权变更的过程和机制。控制权机制是总体企业制度的一个有机组成部分。企业的制度特征主要有两个方面。首先，从社会生产的组织形式上看，企业是一种特定的分工形式；其次，从社会经济的产权结构看，企业表现为一种特殊的权利分配形式。这种权利分配形式既涉及股东和经营者之间的委托代理关系的确立，也涉及两者之间的权力和利益的分配。

传统上讲"股东是企业所有者"，显然是一个过分简化的说法。自 20 世纪 80 年代以来，研究企业理论的经济学家们越来越认识到，企业所有权只是一种"状态依存所有权"（State-contingent Ownership），股东不过是"正常状态下的企业所有者"，尽管从时间上讲，这个"正常状态"占到 90% 以上。股东、企业债权人、经营者和工人四方的利益关系可用如下关系加以界定。如果令 x 为企业的总收入，w 为应该支付给工人的合同工资，r 为对债权人的合同支付。假定 x 在 0 到 X 之间分布（其中 X 是最大可能的收入），工人的索取权优于债权人。那么，状态依存所有权说的是，如果企业处于 $x \geqslant w + r$ 的状态，股东是所有者；如果企业处于 $w \leqslant x < w + r$ 的状态，债权人是所有者；如果企业处于 $x < w$ 的状态，工人是所有者。进一步讲，由于监督经理是需要成本的，股东只要求一个"满意利润"，即存在代理成本下的最大利润。只要企业利润大于这个满意利润，股东就没有兴趣干涉经理，经理就可能随意地支配超额利润（如用于在职消费）。假定 π 是这样一个满意利润。那么，我们可以说，如果企业处于 $x \geqslant w + r + \pi$ 的状态，经理是实际的所有者。正是在这个意义上，简单地将股东作为公司所有者的说法在一定程度上是

一种误导。从以上分析不难得出：现代公司制企业追求的目标不过是保持股东满意的、可以接受的最低限度的投资回报，一旦超过这一限度，就要牺牲利润来提高经营者的效用。经营者作为理性的个体追求其行为的效用最大化，这就要求利用企业资源给经营者提供工作乐趣。

美国接连暴露的财务丑闻揭开了美国现行公司治理中存在问题的冰山一角，也打破了美国式股权结构模式的神话，以往被奉为范例的分散治理模式在事实面前被质疑，迫使人们回过头来反思什么才是解决公司治理的核心和关键，因而控制权问题逐渐显现出来。从美国最近发生的丑闻看，几乎都与这些公司的创始人或CEO、CFO有着直接关系。近年来，一方面美国企业的股权分散，出资人的概念模糊了，另一方面权力过分集中到高层管理者手中，企业内部的权力制约和平衡遭到破坏，高层管理者成不了事实的委托人。在安然事件中，少数企业的高层经理人员不仅隐瞒了公司的巨大亏损，而且早在事件败露前大量抛售手中持有的本公司股票，将损失转嫁给不知内情的投资者。因此，以新角度重新审视公司治理中的控制权问题是必要的。

1.1.2.2　强化控制权机制是完善公司治理的现实选择和战略趋向

在《新帕尔格雷夫货币与金融大词典》的"公司治理"条目中，接管被看做是以往英美公司治理的有效的、简单的和一般的方法，它的本质是使经营者忠于职守。但是，由于决策失误和成本高昂，近年来接管的影响已经下降，人们重新对董事会发生兴趣；把它作为监督经营者、协调股东与经营者关系的工具。然而董事会与企业经理层的关系越来越趋于同化和勾结状态，既表现在人员的任命上，也体现在决策程序的构建上，因此，在企业契约关系中，经理占据了主动位置。通过什么样的机制制衡经理，来保证投资者的利益，成为现代企业制度设计的主要问题。

在不同的国家、不同的发展阶段和不同文化背景下，控制权机制存在多种形式。通常包括以下6种方式，即董事会监督、大股东监督、敌意接管、争夺代理权、融资结构约束和员工持股计划。其中，独立董事制度、首席执行官制度和股票期权制度的引入，在传统公司制向现代公司制迈进中发挥了质的作用，并形成了现代企业法人治理结构的核心内容。独立董事制度由英美实行"一元化"法人治理结构的国家首创，强化了公司的监管职能，通过独立董事在人数和专业（法律、管理等）上的优势，行使对执行董事和经理的监管权。CEO的设立，强化了企业经营者的经营权利，使传统意义上负责公司决策的董事会变为主要负责选择、考评CEO为中心的管理层和订立薪酬制度，不再对重大经营决策拍板的"小董事会"。CEO制度克服了传统公司制采取行政化方式民主决策的低效率，使经营决策程序适应瞬息万变的竞争形势。独立董事制度与CEO制度相配套，既强化了对经营者的制约监督，又突出了公司董事会的决策重点，并增强了决策的效能，同时使企业经营者拥有更多的经营决策权，更好地理顺了股东和经营者的关系。这种制度设计的初衷是严谨和可行的，也体现了激励与约束并举的制衡思想。然而，在赋予了企业经理们超常的决策权和巨大的激励机制后，对其相应的约束机制却没有同步跟上，如CEO除拥有公司经理的全部权利外，还分担了董事长50%的权利，董事会缺乏应有的独立性，独立董事对CEO的制约显得力不从心，董事会成为"有浓厚人际关系的俱乐部"，这使得股东对管理层不能实施有效的监控，出现了"弱股东，强管理层"的现象，从而导致内部人控制。一般来说，一个企业的决策过程主要包括四个环节，即动议（Initiation）、批准（Ratification）、执行（Implementation）和监督（Monitoring）。其中前三个是管理决策，由经理层完成，后一个是控制决策，由所有者完成。但在上述环节中，经理层的决策往往被强化，因为其本身独占执行权和解释权，而所有者的控制决策却流于形式或被虚化。因此激励与约束二者之间的协调统一关系严重失衡，过度向经理人的权利倾斜导致了十分明显的责权利的不对称，矫枉过正也就使控制权机制失去了应有的作用。

期权制的实施也带来了巨大的负效应。当代企业管理中的激励是以期望理论为基础的，是建立在心理学基础之上的。应当看到，在控制权机制失灵的情况下，期权制的实施会导致管理层的薪酬过高，期股、期权被滥用，缺乏透明度和有效监督等严重的弊端。如在美国，大企业经理的收入大部分来自其拥有的股票和股票期权。公司高层拥有足够的动机通过做假账粉饰公司业绩，抬高股票价格，使得自己手中的股票期权可以在高价位出手，从中牟取巨额收入。安然事件之后，无数普通员工倾其毕生积蓄购买的股票成了废纸，而企业高层们却早已敛足财富。

1.2 当前研究存在的主要问题和研究前景

1.2.1 当前研究存在的主要问题

近年来，控制权问题逐渐成为国内学术界关注的热点，因为控制权变更是影响公司治理结构进而影响企业绩效的重要原因。然而，我们注意到，对于控制权变更的研究，因诸多方面的原因，目前存在着分析路径、指标选取、研究方法等方面的误区。

（1）关于公司控制权问题。对这一问题的研究，尤其是对控制权结构和配置的探讨，受美国、日本治理模式巨大的示范效应的影响，人们习惯于用孰优孰劣的是非标准来检验和判断现行的公司治理结构，总是力图寻找两者之间的某种线性的或非线性的关系；而且希望用一定的表达式来体现。在这一过程中，控制权被绝对化了，被作为与企业绩效相关的惟一变量，也被理解为影响公司治理结构的惟一因素，因而这种分析必然带有片面性。同时，国内相关理论研究或者集中在控制权静态表现控制权结构上，没有从动态上对控制权变动中的现象和机理进行分析；或者是浓墨重彩于控制权的配置上，从制度上对比分析各国控制权指标差异，作为理论研究这当然也是必要的，但是单纯地对比国外尤其是欧美发达国家控制权研究和实践，在我国当前过渡经济客观现实下恐怕难以收到预期效果。把静态分析和动态把握统一起来的研究还没有。

（2）实证分析过程中的指标选取。目前的研究，大多选取某一年度一部分上市公司的截面数据而不是时间序列资料，换言之，是以某一静态数据来分析两个指标长期以来的动态相关性，这种计量结果的稳定性有待进一步检验。而且，所筛选的样本都是业绩相对较好、财务制度比较健全的上市公司，不可避免地存在一定的样本误差。

（3）不同的研究变量。比如，反映股权集中程度的指标包括：持股比例超过5%的股份在公司全部股份中所占的比例、持有股份超过5%的股东的个数、CR 指数（指公司前 n 位大股东持股比例之和）、Herfindahl 指数（指公司前 n 位大股东持股比例的平方和）、Z 指数（指公司第一大股东与第二大股东持股比例的比值）、内部人股权比例（包括公司董事会成员和经理人员所占股权比例相加）等。反映公司绩效的指标包括：净资产收益率、相对公司价值、公司的价值成长能力等。这些不同的研究变量，使得分析口径存在着明显的差异。

（4）研究方法。目前的研究大都忽略了控制权变更的系统连动特征。大部分研究忽略了公司所在的行业特性、市场竞争、宏观经济环境、管理模式等其他相关因素的影响。控制权变更会在某种条件和某种程度上对企业绩效产生影响，但其作用的范围和程度是有限的，也需要有特定的客观条件，因此，把其他相关因素都看做是既定变量，不符合客观现实。

1.2.2　研究前景

股权结构、控制权机制都是完善公司治理结构中不可或缺的重要因素，在不同的国家、现代企业发展的不同阶段和不同的历史文化背景下，两者的地位和作用是不同的，不同模式的适用性也有待于不同的文化或机制的配合，所以不能将治理结构的模式神化，也不能将目的与结果、形式与内容的关系倒置，要从问题入手，追根溯源。与股权结构问题的研究相比，控制权机制问题的研究更具有现实意义，无论在何种股权结构模式下，它都实实在在地影响着公司治理的效果和作用，因此，在原有基础上进一步强化和完善控制权机制势在必行，实行内部监督和外部监督并举的机制是较为有效的方法。

我国上市公司的公司治理状况与美国的情况有着显著的区别。美国一般只研究 CEO 更换，因为美国 CEO 具有较大的权力，对企业的业绩负有很大责任（Kaplan 1994），而我国不一样，董事长与总经理的责权关系比较复杂，所以本书既研究董事长更换又研究总经理更换。根据福布斯年度报酬调查 1971—1994 年的数据所计算出的该调查系统中企业 CEO 变动率为 11.9%，Murphy（1999）计算出的美国 1971—1995 年 CEO 变动率为 11.85%。20 世纪后半期，市场经济发达国家的公司规模日渐扩大（主要是跨国公司的发展），公司内外部的信息交流日渐繁忙。在此种情况下，公司决策层和执行层之间就可能存在信息传递时滞并导致沟通障碍，从而影响经理层对重大决策的快速反应和执行能力。首席执行官（CEO）的设置即是源于此种原因对原有的公司内部治理结构进行变革的措施。CEO 具有原经理的所有权力，并且还享有比原经理更多的原属于董事会的一些权力，比如全美公司董事会联合会蓝带委员会制定的《示范性 CEO 职位说明》中的规定。从该规定来看，CEO 的出现主要是为防止决策层与执行层的脱节，CEO 的实质就是扩大了职权的经理。

美国公司治理的问题主要是由于股权高度分散导致股东对管理层缺乏约束而外部监督机制不完善所造成的。与此相反，我国公司治理的现状是股权相对集中，由于国有股权代理人的缺位而形成了内部人控制的现象。但是两国的后果却很相似，都缺乏足够的控制权约束机制，企业高层管理人员的权利过多过滥。我国已出台了《在上市公司建立独立董事制度的指导意见》、《上市公司治理准则》等相关规定，为独立董事的人数及独立性、董事会的结构设定了基础框架，但比照美国两个交易所新近提出的改革方案仍显粗糙。同时，在发展机构投资者、增强对中介机构的约束、强化事后监管和严厉处罚、形成健全的法律制度特别是股东诉讼制度等方面，我国仍存在着较大的理论和实践盲区，这些都应该成为我们改进的目标。

由于经济活动归根到底是借助契约进行的，公司不是一个个体，它是一种法律假设，它可作为一个复杂过程的聚焦点，在这个过程中，它是一组个人之间契约关系的连接，但同时由于资产的专有性导致所有权的集中，不完全契约的存在使得控制权的配置关系重大，因为控制权影响到出资者（包括大股东和中小出资者）以及利益相关者（员工和消费者等）的事前投资决策和事后的谈判地位。因此，资产重组中公司发展的决定因素是控制权问题（包括经营决策权和剩余收益分配权），资产重组中控制权问题处于公司理论的核心地位，它体现在不同的公司权利结构和配置机制上，具体地说：

如何在公司并购中把控制权按照一定的原则和目标以契约的形式配置下去，使得资产组合产生效率，从而效益最大化？其有效性和相关性如何？

在公司并购中基于所有制结构的出资者中的大股东通过什么样的传导机制和制度模式使自己的控制权得到贯彻？

在基本的制度安排（即股东大会、董事会、代理人持股者和员工持股者）中，他们之间是如何实现所有权的分享，怎样使控制权在各制度结构中得到均衡？

大股东身份是否重要？大股东行使控制权比中小股东行使控制权是否更有效？

公司治理经过 20 多年的理论和实践的发展，取得了丰富的成果，有力地促进了各国经济发展。但是综观公司治理理论，主要集中在所有权和控制权的关系、控制权结构和激励机制上，从新制度经济学（交易费用理论、产权理论、契约理论）的角度研究公司治理的逻辑关系缺乏，所形成的委托代理理论在理论和实践上还有待改进，笔者认为在委托到代理之间的传导机制和模式上有待研究。国内改革实践在制度设计上主要为由过去的"老三会"到"新三会"，即董事会、股东大会和监事会，三者之间的均衡性和有效性需要随着实践的深化进一步研究，从大股东和中小投资者以及利益相关者的角度进行深入探讨，从理论上得出控制权结构和制度框架是一个重要的理论课题。

在公司的控制权上，国内外经济学者主要集中在公司治理结构，并没有分开来加以表述和辨析有效处理企业内部股东与经营者在控制权配置与行使、内部人监督和约束及企业定价等一整套制度安排，从公司并购的切入点研究公司治理中的控制权结构是一个新的视角，公司并购是新时期我国经济发展中国有企业改革的一个重要方向，也是在新时期我国资本市场尤其证券市场上上市公司规范和发展的一个重要方面，从融资角度研究公司并购中公司控制权的问题，在实践中要求深化公司并购中公司控制权结构和配置机制的研究。

国内的理论研究主要集中在宏观角度入手，所做研究大都是着力于控制权与资本市场的基本问题，多属描述性的介绍性陈述，定性研究多于定量研究，规范研究多于实证研究，对于公司并购中的控制权问题并没有专门涉及，也没有结合西方国家的最新研究成果深入加以分析。

国内的实证研究刚刚起步，缺乏整体性和系统性，主要集中在公司治理的整体上，没有着意对所有权和控制权进行深入的归类分析，在公司并购与公司控制权的相互作用和相关效用方面并没有深入的实证研究，尤其在公司并购中没有在各利益主体上加以区分进行实证研究。根本没有在典型案例上解剖公司并购中公司控制权问题，提出一整套的控制权的微观制度安排。在控制权结构的绩效评价上缺乏理论支持和实证检验，上市公司的价值增长和评估体系在资产重组中尤其重要，而老方法在新的会计制度与国际接轨过程中面临改进的必要，需要提出在实践中行之有效的操作方法和运作模式。

另外，公司并购中的控制权从动态和静态方面进行细分，需要探索公司并购中控制权结构的设计、公司并购中控制权配置机制问题、具体的操作实务、涉及的资本市场中金融机构和金融主体的制度支持、相关法律问题和税收问题及控制权结构的目标和操作准则。需要从理论角度提出控制权结构变化与股价、收益控制权以及剩余索取权的关系，并得到实证的检验。从静态走向看，公司内部的资产重组使公司的资本结构控制权发生了什么形式的变动，在模型和实践中呈现何种趋势和相关性，这些都是理论和实践中亟待解决的重要课题。

综上所述，我国新时期的经济发展实际中，在国有企业改革上总体是抓大放小，鼓励并购，规范破产。尤其是随着我国加入WTO 以后，我国企业面临着走出去和在国内站稳脚跟的问题，公司并购将成为我国企业迎接激烈国内外竞争的现实需要，以合理组合各生产要素，实现企业各项价值目标。在我国的公司并购中，公司控制权问题成为企业价值最大化问题的核心，资本市场上的兼并和收购的迅猛发展要求加强对该问题的研究，为企业可持续发展提供理论依据和可供操作的发展机制和制度模式。

1.3 研究目标及其意义

本研究的目标是，通过对国内外相关理论的描述和辨析，确立分析我国公司并购中公司控制权变更问题的基本理论框架；结合案例的解剖，在新制度经济学理论基础上对我国上市公司并购中公司控制权主体（大股东控制和中小投资者控制及其利益保护）和控制权分布（领导权结构和董事会行为）进行实证研究，分析公司并购中控制权结构的差异及成因，以委托代理理论为基础提出控制权变更的理论模型，结合我国上市公司实际进行实证分析，对公司控制权的制度影响和制度环境作出评估和描述；针对我国当今转轨阶段公司并购中公司控制权变更的现状提出控制权合约的政策框架和政策安排。

上市公司是我国企业的排头兵。发展资本市场，优化资源配置，提高经济效益是我国国有企业战略性调整的大方向。上市公司控制权变革和所有权变革代表了公司治理实践发展的方向，其相关治理措施对广大非上市公司有着极强的示范效应。尤其随着我国的入世，大量上市公司必然要立足国内，走向世界，这是我国国有企业未来发展的方向。兼并和收购作为一项企业做大做强的有力手段，必将在不远的将来成为我国企业走向世界的重要举措。因此，研究上市公司控制权变更对于规范企业治理结构，改进企业经营管理，提高企业经济效益，确保投资者利益和维护企业各利益主体权益，推进国有企业改革，促进我国企业在世界市场做大做强，进而提高整个社会经济资源配置效率具有极其重大的现实意义。

1.4 研究内容和逻辑框架

1.4.1 研究内容

本书紧紧围绕我国上市公司控制权变更进行研究。其内容共分四大部分：第一部分为控制权变更的理论假说及其相关模型，包括第二章和第三章，其主旨在于为进行我国上市公司控制权变更研究做好理论铺垫，并为以后章节的实证研究提供理论支持。第二部分为第四章，目的在于对我国上市公司控制权变更的现状进行全面了解，从实际出发把握我国上市公司控制权变更的原因，并对控制权变更作了国际对比分析。第三部分为我国上市公司控制权变更的实证分析，包括第五章、第六章、第七章和第八章共四章内容，实证是该部分的最大特征，运用统计软件和各种检验手段建立模型，其中第五章和第六章是在相关利益者的理论框架下，对发生控制权变更的上市公司的相关利益者的行为、领导权结构和董事会特性与控制权变更状态的相互关系和治理效率进行了深入研究；第七章和第八章是将影响我国上市公司控制权变更的股权结构、控制权变更前后企业绩效呈现在读者面前，并进行了初步检验研究。第四部分为结论和展望。这是本书的出发点和落脚点，围绕上市公司控制权变更的目标，笔者进一步分析了造成我国上市公司控制权变更的因素及其存在的问题，进而提出了优化控制权变更合约的制度安排和政策建议。

1.4.2 逻辑框架

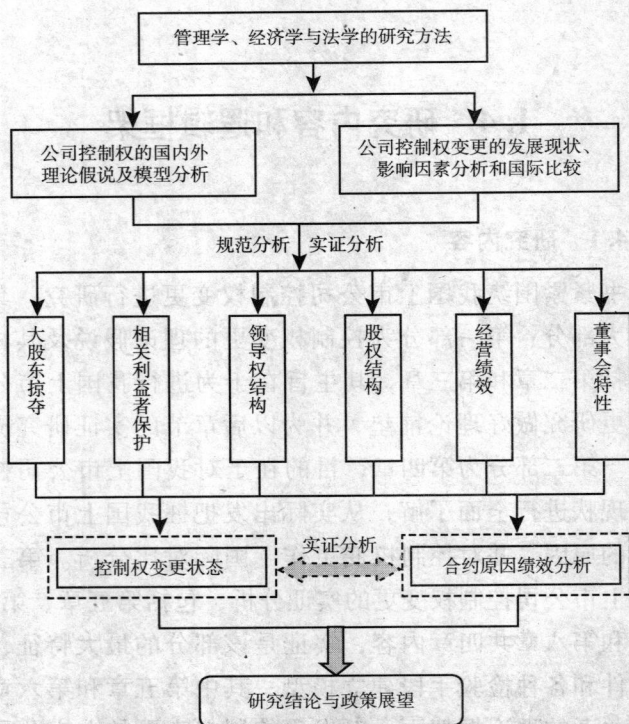

1.5 研究方法及数据来源

1.5.1 研究方法

实证研究与规范分析相结合是本研究的主要分析工具。以实证分析为主,注重实证分析与规范分析的结合是本书的方法论特征。实证分析贯穿始终,在具体的分析工具上,主要运用比较分析、统计描述、归类分析、主成分分析等分析工具。

1.5.2 数据来源

宏观数据主要来源于有关统计年鉴,如《中国统计年鉴》、《中国金融年鉴》、《中国证券期货年鉴》以及中国统计网和中国证监会指定上市公司信息发布网站等;微观数据则完全从上市公司公开发布的中报和年报中获取。

1.6 研究创新和不足

1.6.1 研究创新

(1)本书首次从控制权动态分析的角度出发对控制权进行了研究。静态控制权表现为控制权的一系列结构和组合,动态控制权则表现为控制权变更的过程和结果。本书针对控制权变更的主体行为,以相关利益者兼顾理论为基准,从控制权变更过程中的现象和机理着手深入分析控制权变更的前因后果,最后才具体落实到控制权变更的合约安排上，即表现为控制权的静态结构。

（2）本书从理论范式上把理论模型构建和实证分析统一起来。首先力争在理论上对控制权变更的主体行为从博弈论角度进行分析，希冀得出理论解。然后重点对我国上市公司中控制权变更的主体行为特性和经济效率进行全面分析，以便对我国上市公司控制权变更的原因及其结果有全面把握和具体了解。

（3）实证分析过程中分析指标和研究变量的选取合理。本书分析选取的指标既有截面数据又有时间序列资料，有助于保持计量结果的稳定性；并且样本中具有业绩相对较好、财务制度相对健全的上市公司，又有绩效较差的样本，避免了样本误差的存在；在股权结构研究变量中既有公司前面的股权情况，又有前十大股东的变动情况；在公司绩效研究变量中既有对公司财务绩效的考虑，又有公司市场绩效的反映。

（4）研究方法上注重系统连动性和多角度验证分析。本文综合控制权变更样本公司所在行业特性、市场竞争、宏观环境等其他相关因素影响，更加注重控制权变更产生的综合效应，同时又由表及里剖析影响控制权变更的宏观和微观因素。在实证分析方法上既有回归分析，也有主成分分析、相关分析、Logistic 方程分析等方法，为保证研究结论的准确性和有效性，采取了多种检验方法，既有参数检验又有非参数检验。多角度反映控制权变更主体（大股东和相关利益者；董事会和高管人员）的结构特性和行为方式；侧重从股权结构、企业绩效等实证角度挖掘控制权变更深层的影响因素。

1.6.2　研究不足

（1）由于时间和研究目的的限制，本书研究样本在时序上没有对中国证券市场作整体分析，只是选取了近五年控制权变更和发展的实践和问题进行了考察，而且对控制权变更的不成功案例剖析较少，研究结论的溯及力还有待于进一步探讨。

（2）受篇幅所限，没有囊括控制权变更的各个因素，而只是典型分析对我国控制权变更有重大影响和需要优先考虑的几个方面，作为制度设计和合约安排的经验基础，但是，这并不是说其他方面就不重要或者可以忽略。在特定发展阶段，其他因素（如融资结构）对控制权的变更甚至起到决定性作用。这是应该说明的。

1.7　相关概念分类和界定

1.7.1　基本分类

《新帕尔格雷夫经济学大辞典》中有关经济学和管理学方面的分类并无控制权变更的专门分类，本书尝试按照以下标准对其进行分类。

1.7.1.1　按照控制权变更作用方向和获取控制权的过程划分

（1）外部变更型。外部变更型又可称为大股东变更型。主要是通过股权转让方式实现的。因为对于我国上市公司的大部分控股权来说，其股权的非流通性决定了控制权的获取必须通过协议转让而不是要约收购（tender offers）。从我国上市公司控制权变更的现实来看，通过股权转让导致大股东变更而取得控制权的方式可以分成以下三种：其一是原第一大股东转让全部或者部分股份，受让方成为新的第一大股东；其二是原其他股东或者外来方通过受让股份，持股比例超过原第一大股东而成为公司新的第一大股东；其三是原第一大股东自动或者被迫减持股份，非受让方的原第二大股东成为公司新第一大股东。从公司新第一大股东获取控制权过程看，前两种情况是主动获取，第三种情况带有被动获取意味。

（2）内部变更型。内部变更型也可认为是高管更换型。这里高管即高级管理层，主要是总经理和董事长。内部变更型主要分为非正常变更型和自然变更型。自然变更型是指高管在任期内由于正常年龄退休、死亡、政策变动、正常升迁、求学深造、职务犯罪等非可抗因素原因导致高管发生职位更替。非正常变更是指高管由于股权变动、工作变动、个人工作原因、辞职、免职、股东改派等原因导致高管发生职位更替。

1.7.1.2 按照获取控制权的支付方式划分

（1）现金支付型。现金支付是并购交易中最简单的价款支付方式。目标公司的股东一旦收到对其所拥有的股份的现金支付，就不再拥有对目标公司的所有权及其派生出来的一切其他权利。国际上现金支付的付款方式有即时支付和递延支付两种。递延支付通常要借助财务顾问（一般由投资银行担任此角色），即财务顾问为优势企业发行某种形式的票据，作为对目标公司股东的支付。优势企业可以利用目标公司带来的现金收入偿还票据。从国际经验看，优势企业的现金来源一般有四个：自有资金、发行债券、银行借款、出售资产。发行的债券是并购融资的高息风险债券，同时也只有少数银行有专门用于并购交易的专项贷款，且规模很小。

现金支付的优点在于交易简单、迅速，尤其在对一些上市的目标公司进行敌意收购时可以令目标公司的股东猝不及防。但现金支付也有三大弊端：一是优势企业短期内要有大笔现金支出，一旦无法通过其他途径获得必要的资金支持，将对企业构成较大的财务压力；二是有可能因现金流出量太大而造成经营上的困难；三是目标公司收到现金后，账面上会出现一大笔投资收益，进而增加了应缴的所得税税金。

（2）换股合并型。换股并购，即目标公司的所有者以其净资产、商誉、经营状况及发展前景为依据综合考虑其折股比例，作为股金投入，从而成为并购后新公司的一个股东的兼并方式。换股并购可以使两家公司相互持股，结合成利益共同体。因此，换股并购方式的另一个优点在于：并购行为不涉及大量现金，避免了所得税支出。其不利的一面在于：换股并购方式将导致股权结构分散，可能会不利于企业的统一经营和日常管理；另外，换股并购中的股本扩张稀释了每股收益，对于上市公司来说有可能导致股价下降。

（3）债权债务承担。债权债务承担又称为零成本收购，即在资产和债务等价的情况下，优势企业以承担目标公司债务为条件接受其资产的方式，实现零成本收购，从而获取目标企业的控制权。零成本收购的对象一般是那些净资产较低、经营状况不佳的企业。优势企业不必支付并购价款，但往往承诺承担企业的所有债务和安置全部职工，这种情况在我国企业并购中尤为常见。

零成本收购的好处是为拥有技术和管理优势的企业提供了低成本扩张的机会，优势企业通过注入资金、技术和新的管理方式，能够盘活一个效益差的企业，兼并中不需付出资金从而减轻了财务负担。同时，在现有的社会经济环境下，各级地方政府还常常制定了一些优惠措施，以鼓励优势企业接收亏损企业、安置企业职工，因此，零成本收购还能额外享受一些优惠政策，促进了优势企业的经营发展。

但是，零成本收购的弊端有两个：一是目标公司往往债务大于净资产，这个时候，实际上已不是"零成本"，而是在接受一个资不抵债的企业。二是目标公司往往有其他一些附加条件，如劳动力就业、高管安置等。

（4）无偿划拨型。无偿划拨是政府将一个国有企业的部分或全部资产以无偿的形式划拨给另一个国有企业。这一类型有两个显著的特点：一是政府行为，即政府通过行政指令来决定企业的组合对象和组合方式；二是产权的国有属性，政府对国有企业拥有终极所有权，因此有权决定企业资产的转移。

无偿划拨常常被一些地方政府用来实施"以强带弱"、"强强联合"或"发展企业集团"等产业经济政策。其优点是有助于降低交易成本，因为政府指令包办在大多数情况下省略了企业之间的搜寻和谈判成本。其弊端是常常违反了企业的意愿，并因此影响了并购的效率和企业的积极性。由于无偿划拨不具有市场交易的基本特征：有偿、自愿，因此被经济学界称为"准并购"。

（5）债权支付型。即优势企业以自己的对目标公司的债权作为并购交易的价款。这种操作实质上是目标公司以资产抵冲债务。债权支付方式的优点在于找到了一条很好的解决原并购双方债权债务关系的途径，把并购和清理债务有机结合起来。对优势公司来讲，在回收账款的同时可以扩大公司的资产规模，另外，有些时候债务方资产的获利能力可能超过债务利息，对优势企业的发展是比较有利的。债权支付方式在我国有着较大的现实意义。目前我国企业间"三角债"问题很严重，债权支付方式可以作为清理债务关系的一种方式进行推广。

1.7.1.3 按照控制权变更程序来划分

证券市场是企业并购的重要场所。由于历史的原因，我国的上市公司股本结构十分复杂，有流通的社会公众股还有不能流通的国家股和法人股等。在这种情况下，我国证券市场中针对上市公司的并购除了公开的竞价标购之外，还出现了协议转让这一较具特色的并购模式。

（1）协议转让模式。协议转让是指在二级市场以外，由并购双方订立一个转让协议，制定一个转让指导价，进行国有股、法人股转让，从而使优势企业达到对目标公司参股或控股的目的。在我国现行法规及证券市场环境下，该模式具有较强的现实意义。对优势企业而言，该模式标购成本低、效果好，整个并购活动可以一次性完成，大大提高了并购效率。

（2）标购模式。也称公开要约收购，是指优势企业通过竞价方式用现金、股票或两者的混合方式，绕过目标公司董事会和管理层直接向股东发出要约，收购全部或部分发行在外的股票，以实现对目标公司控制的行为。该模式可以通过在产权拍卖市场上标购法人股的方式，也可以通过在二级市场收购流通股的方式来实现控股目标公司的目的。从目前情况来看，采取前种方式的案例比较多，采用后种方式的比较少，主要是受制于我国上市公司股本结构的复杂性和有关法规对二级市场收购的规定，操作成本也相对较高，使优势企业难以承受。

1.7.1.4　其他分类

（1）杠杆收购。杠杆收购（Leveraged Buyout，LBO）是指优势企业通过举债——有时以即将并购的目标公司的资产和未来的收益能力作为抵押，筹集部分资金用于收购行为的一种并购方式。在杠杆收购中，投资银行起了很大的作用，它们不仅担任着财务顾问的角色，还常常作为担保者，为优势企业安排必要的债务融资。杠杆收购往往与另一个概念——垃圾债券（Junk Bond，JB）联系在一起，因为杠杆收购需要举债，而所发行的债券就是所谓的垃圾债券。在西方，垃圾债券通常得不到穆迪或标准普尔等评级机构颁发的投资等级证书，它们被认为是一种高风险的债券。但另一方面，又有人称它为高收益债权，因为垃圾债券给投资者的利率较高。杠杆收购在20世纪80年代的并购舞台上十分活跃，成为美国第四次并购浪潮中的一个显著特点。

（2）管理层收购。管理层收购（Management Buyout，MBO）是指公司的股东将公司的部分或全部股权或者一个下属公司卖给现任管理层的行为。在现代企业制度里面，公司管理层是代理人。为了有效制衡代理人，公司股东建立了一套由股东大会、董事会、监事会组成的公司治理结构（Corperate Governance）。但这仍无法有效解决代理人的问题，因为委托人与代理人的利益是不一致的。因此，西方一些企业就出现了管理层收购，试图通过两者的合二为一，彻底消除这一问题。管理层收购也常常与激励机制联系在一起。为了提高管理层致力于公司经营的积极性，董事会往往给予高级管理层以一定数量的认股权证，认股条件一般与业绩挂钩，认购期限则与管理层的任职时间有关。到一定时期，管理层就可以购买公司股票，成为公司的股东。

1.7.2 相关概念界定

1.7.2.1 控股权的概念

（1）控股权的含义。股权经营重在股权结构和持股方式上。根据股权比例和控制强弱，有"完全接受"、"控股"、"参股"、"相互持股"等方式。完全接受是一种独股运作并控制公司经营的方式，而控股方式则是典型的运用股权结构和持股方式，以最少量的资金控制公司运营的一种方式，不仅灵活，而且有效率。有的学者认为，所谓控股是指一公司对另一公司股份持有达到一定比例，足以支配或控制其经营的状态（徐晓松，1998）。本书认为，控股的主体包括自然人投资人及法人投资人，并不限于公司。概言之，控股权是指持必要股份的股东控制公司经营权的权利。

依据股东之持股比率，控股权分为绝对控股权和相对控股权，绝对控股权是指股东持有公司过半数股权的情形，相对控股权是指持股在 50% 以下但足以控制公司经营权之情形。以所持股份是否为 100%，绝对控股权又可以分为完全控股权与多数控股权；根据股东会决议效果，绝对控股权可以分为一般绝对控股权与严格绝对控股权，前者是指持股在 50% 以上，后者是指持有比公司章程所规定有效表决权还多的股数。相对控股权即少数控股权，对此有两种观点：其一是表决控股权说，控股权者得以通过股东大会多数表决权而控制公司经营的权利；其二是有效控股权说，在股权分散的公司，拥有少数股份（低于 50%）而掌握控股权，往往采取征求股东表决权委托书方式或在其他股东支持下的方法。相对控股权在实务上又可以分为两类：一类是与其他持股者共享经营权的控股权，一类是无其他持股者分享经营权，这类似于绝对控股权。

（2）控制权和控股权。控制权的概念广于控股权，控股权是控制权的一种。控制权是指对公司的所有可供支配和利用的资源的控制和管理的权力。控制权的主体未必是股东或大股东。在股权分散的股份有限公司中，有时公司的控制权由董事会甚至经理阶层掌握，而法律意义上的控股权的主体一般都是大股东；控制权的行使方式未必是股份控制方式，也可能是合同控制或人事连锁方式。美国学者伯利和米恩斯认为现代企业可以分为四类：第一类是私人控制；第二类为多数股份控制（Majority Control）；第三类为少数股份控制（Minority Control）；第四类为经营者控制。由此我们得出结论，"随着美国最大的公司的股权结构的进一步分散，关于这些公司的控制出现了新的情况。个人已不再控制这些公司的大部分，他们已不再是占统治地位的所有者，更进一步，这里没有占统治地位的所有者，控制在很大程度上处于与所有相分离的状态"（盛洪，1998）。所以，在现代公司制度下，公司的控制权已经为经营者所掌握。在国有企业中该问题亦很突出，表现为企业厂长、经理的内部人控制，但其原因不是因为企业资本社会化所带来的所有与控制分离，而是国家所有权主体虚位所造成的。因此，国有企业改制为公司后，在国有股运营的问题上不宜过多强调控制权，而应强调控股权，并约束控制权，建立经理市场与公司控制市场，运用内外竞争机制以及监督机制解决内部人控制问题。关于控股权问题，则应进一步推动产权交易市场。如果禁止产权交易，也谈不到产权。从这个意义上讲交易不仅先于产权，交易甚至还高于产权，因为产权由交易创立。

（3）法人控股权。19世纪中叶以后，特别是20世纪以来，公司制度的一个重要特点便是："以个人作为股东向以法人作为股东转化，越来越多的法人（公司）持股必然形成跨国公司体系。"法人股东在投资目的及行为上与个人股东截然不同：个人股东投资的目的大多是为了股息和股票价差，以求投资收益最大化，因此其投资行为一般趋于短期化；法人股东在投资上尽管也有使资产增值的意图，但其首要目的是为了在生产经营上与被投资公司建立一种长期稳定的合作关系，即通过控股权来贯穿其经营意志，所以在法人控股的情况下，控股权的竞争更为激烈，更为复杂。

法人控股使企业各种机制、股票市场乃至社会结构等诸多因素产生深刻的变化。法人控股是为了取得控制权，主要目的往往不是要求增加股息，也不会因为股息率减低而将持有的股票卖掉，所以，法人股东不会像自然人股东那样通过比较银行利息与股息来投资。法人控股还造成了股价不随公司的利润、股息或一般市场利息率而变动，而是根据供求关系而变动。法人控股经营，在募集资金发行新股时，较少采取社会募集方法，而是采取向股东分摊或向公司的董事、监事及第三人分摊的方式。法人控股的发展，造成了社会经济结构的巨大变化，英、美、日等国现代大企业的所有者已非资本家式的个人，而是其他诸企业，其他诸企业的所有者又是另外一些企业，这样就形成了非个人式的社会经济结构，这种体制下，企业必将受到企业间联络网所固有的制约。

（4）国有控股权。国有控股权除国家授权的特定经营机构、国有独资公司以及国家控股企业集团以外，基本上是国有法人控股。国有控股权的形成一般是借助行政力量与巨额资本形成较为特殊的法人类型及控股形态，在国有企业成为真正民事主体与国有股成为真正股权的情况下，国有控股机制才能真正形成。就目前而言，法律方式的控股权在我国很少采用。例如，1994年11月3日《股份有限公司国有股权管理暂行办法》第11条规定：国有企业进行股份制改组，要按《在股份制试点工作中贯彻国家产业政策若干问题的暂行规定》，保证国家股或国有法人股的控股地位。国有股权控股分为相对控股和绝对控股。绝对控股是指国有股权持股比例占50%以上（不含50%）；相对控股是指国有股权持股比例高于30%（低于50%），但因股权分散，国家对股份公司具有控制性影响。计算持股比例，一般应以同一持股单位的股份为准，不得将两个或两个以上的国有股权持股单位的股份加总计算。

国有股权的上述规定表明，特定领域国有股权的保有，是国有财产保护的重要方面。由于国有股股东人格的拟制化，必须采取授权经营与委托经营方式，所以其控股权的行使必通过他人，而不是股东自己。一旦采用控股权运营，其股东结构就是变化的，并且其企业形态往往表现为企业集团，由此就引发了控股权保持的问题与控股权实现的问题，这是国有控股权提出的新问题。

1.7.2.2 控制权的功能

控制权的首要功能在于个人资本对社会资本的支配。资本主义社会制度中，存在两个悖论：一是按所有权规则，即通常一个人只合法占有自己所有的东西，在生产资料与劳动力分离情况下，资本家可以通过占有生产资料而占有他人劳动力，这是马克思所讲的资本主义制度的异化；二是资本的社会化而出现了许多不用自己的资金去控制的公司，而是通过占有社会资本而占用社会劳动，而社会资本的来源是多渠道的，如借贷、银行与公众。由此产生了至今也解决不了的问题：一是公司中存在所有与控制的分离，这就涉及控制者如何向所有者负责；二是资本分散化的情况下，出现少数人可以利用少量资本而控制巨额的社会资本，他们怎么对社会负责的问题。在现代社会化大生产情况下，控制权往往是与所有权相分离的，由其功能而产生的问题便是，在这种情况下，法律如何应付其中的变化。

1.7.2.3 控制权竞争

企业结合在法律上有合并、营业受让（资产取得）、掌握控股权三种方式。1989 年 2 月 19 日，国家体改委等国家部委发布的《关于企业兼并的暂行办法》中，企业兼并被分为四种形式，即承担债务式、购买式、吸收股份式、控股式。将控股式作为企业兼并的一种方式，混淆了兼并、合并与掌握控股权的界限。合并、营业受让方式的转让方式较为烦琐，而基于股份自由转让原则，掌握控股权方式则较简单。更何况，在目标公司经营层不支持情况下，受让人以合并、营业受让方式与企业结合，完全不可能，而收购人跨过经营层直接向股东发出收购要约，则可能因而掌握控股权。竞争控股权的方式包括委托书收购、市场收购、协议收购、要约收购。在公司控股权竞争法中，股东权依股东竞争态度可分为消极股东权及积极股东权。消极股东权是指股东售股退出权，积极股东权是指股东控股竞争权，股东的控股竞争权是股权内容的一部分。

对每一个股东来讲，控股权这种对公司的终极控制权只不过是一种可能的权利，而不是一种实在的权利，因为股东大会采取股份多数表决原则，它需要股东掌握一定数量的投票权才能实现。因此，股东并不享有对公司的终极控制权，股东只享有股东大会的投票权，实际享有公司控制权的是股东大会，股东只是通过股东大会上的投票权来间接控制公司，而一个股东能否真正实现他对公司的控制权，则取决于他所掌握的股东大会的投票权是否能左右公司董事会的人选（张舫，1998）。股东大会作出决议由出席会议的持半数以上表决权的股东同意通过。因此，取得超过半数的股份的"股权"，即取得了"控制权"。但对特别事项的决议，往往应持有比公司章程所订特别决议的出席股数和表决权数还多的股权，方能形成"绝对"控制权。所以，我们认为，控制权目的在于控制公司运营中的主要决策，以确保控制权人的利益，控制权人必须持有一定量的股权，但控制权的行使方式为表决权的行使，故影响控制权的关键在于表决权的数量，而不是股份的数量，尽管二者在多数情况下是不可分的。有些股权并不含表决权内容，如无表决权的优先股。就现代股份公司来讲，其发行在外的股票往往可以多达几千万股乃至几亿股，拥有30%甚至10%的股份即可能享有控股权。所以，掌握多少比例的股权可以称为控股权，也应视具体情况而定。在我国国有公司实践中，国家拥有有限责任公司50%的股份就可以称为拥有控股权，拥有股份有限公司30%的股权，即可以称为拥有控股权。

（1）股东表决权。股东表决权（Shareholders Voting Right）又称股东议决权，是指股东基于其股东地位而享有的，就股东大会的议案作出一定意思表示的权利。有的学者认为：表决权为一种共益权，表决权的行使固然要体现股东的利益和要求，但由于公司的意思表示是多个股东表决权之行使汇集而成的，表决权之行使又必然介入公司和其他股东的利益，此种介入形式既可表现为对公司和其他股东利益的尊重和促进，又可表现为对公司和其他股东利益的限制和压抑。本书认为，表决权应属自益权：对于大股东，其行使表决权目的在于控股从而控制公司；对于小股东，其行使表决权亦不会从公司利益出发，首先也是从其自身利益出发。至于表决权之行使结果为众力的综合，并不能说明其性质为共益权。依据我国《公司法》第 106 条第 1 款之规定，"股东出席股东大会，所持每一股份有表决权"。一股一表决权与资本多数决原则是互为前提的。如果不采取资本多数决原则，公司之运作则难以进行，如许多国家的公司法规定行使某种表决权的股东必须符合一定的股数和一定持股期间的要求，此种限制理念是从维护公司利益的社会正义着眼，预防个别股东滥用表决权。一股一表决权原则为强制性法律规范中的效力规定，但亦是有例外的。如无表决权股份、多重表决权股、自己股份、相互持股、零股份等情况，这些例外情况对控股权的形成有实质性影响。

（2）控制权争夺方式。要想控制一家公司，首先必须掌握该公司的选举权，而获得选举权的最简单方法当然是购买该公司的股票，这种购买股票的权利被称为控股竞争权。股东有意识的积累股份并去竞争董事会才能转化为控股权。控股权竞争者所积累股权达到一定数量足以争夺控股权，一般都是以一定数量股权为目标进行收购，要约收购或协议收购就成为控股权竞争的基本方式。在非上市公司及有限责任公司，兼并（包括协议收购）也是控股权竞争的基本方式，但相比之下，收购制度比兼并规范得多也典型得多。公司法意义上的合并一般消灭了一方或双方主体资格，不存在控股权竞争的问题，营业权转让也是如此。所以收购是控股权竞争的主要方式。以收购的内容为标准，收购可以分为资产收购与股权收购。前者是指一公司以现金或股票购买另一公司的全部或部分资产的一种收购方式，后者是指以获取他公司的控制权而收购或取得他公司的一种股权及经营权，但并不导致他公司人格的消灭。

收购方式在我国《证券法》中亦作了规定，但未规定非上市公司收购方式，这就使得证券法调整对象难以扩及广大的非上市公司。另外，我国一向采取间接融资方式，银行往往成为企业的最大债权人，资本市场还不够成熟，故收购发生率不高。应当说，收购的目的在于运作控股权，而现代社会控股权的取得目的已不单单是经营与控制企业，更多地在于资本运营，将收购后的企业再次出卖，以获得较高的投资回报，而无须投入过多成本与精力来参与公司经营的监督。中国企业收购方式兴起于20世纪80年代初，最早被称为兼并/购并等，在很大程度上并不适用公司法。目前，我国企业购并的形式主要有三种模式：有偿购并、无偿购并及破产购并等。有偿购并最初为局部实验，后为行政法规确认，1992年我国颁布的《全民所有制企业转换经营机制条例》中将之规定为企业自主权的一种；无偿并购则是指通过国有资产无偿划拨的方式重新配置国有资产，通常发生在主管部门管辖之下的两个国有企业之间；而破产兼并主要是指通过兼并方式来接管一个破产企业，实质上是有偿购并的一种方式。有偿购并在实践中又有承担债务方式、购买方式、取得营业资产方式、取得公司股份方式等。

（3）保持控制权的方法。大部分情况下，大股东、董事与管理层是一致的。在所有与控制相分离或内部人控制的情况下，公司的股权运营往往是由公司经营人员（主要是董事阶层）操作的，公司控制权的争夺有时甚至就是为了董事利益（陈共等，2000）。在控制权争夺的过程中，外部集团试图在企业的董事会中获得代表席位，这个外来者被称为"持不同意见者"或"反叛者"，试图削弱"当权者"或现有董事会的控制地位。由于企业的管理层通常对企业拥有有效的控制权，因此代表权争夺通常被认为是针对现有管理层。经营者作为企业的控制者，在公司面临被兼并的情况下，一定会尽力的保持控制权。所以，如果一家企业想要获得对另一家企业的控制权，典型的情况是，他从那家企业的管理层和董事会中寻求对兼并的支持。在除此之外的敌意收购中，一家企业想要获得对另一家企业的控制权会遇到经营层的障碍，其方法是多样化的，主要有股份稀释、发行可转换债券、资产锁断、引发善意的收购、溢价购回股票、反接管修订、代表权争夺、所有权结构变更等。

2 控制权相关理论：公司治理的理论基石

2.1 新制度经济学的控制权理论

2.1.1 新制度经济学理论认为合约"不完全性"造成合约控制机制失灵

在新古典经济学的一般均衡理论中，整个交易是和谐的，整个经济的运作完全由市场价格机制来调节，而且市场机制的运作没有不确定性，也不需要交易费用，因此也不需要任何制度安排。新制度经济学的合约理论对交易费用进行了探讨，又称为生产的制度结构的研究，生产制度结构包括价格理论、合约安排、组织形式和制度变迁。科斯（Coase，1937，1960）发表了《企业的性质》和《社会成本问题》，由此发展为企业合约论、制度合约论和法律合约论。从 20 世纪六七十年代开始，在科斯原创性理论基础上构建了现代企业合约论，其中最有影响的是委托－代理理论和交易费用理论。在现代社会中，由于交易方式、交易组织、交易物品等因素复杂化，不同的合约安排促成了人们交易方式的多样化，而不同的交易方式的选择是人们减少交易费用实现资源有效配置的重要手段，合约安排对社会经济发展起到了十分重要的作用。

在新古典经济学中，阿罗—德布鲁的一般均衡理论表明，所有的合约都是价格和数量的交易，这种交易能够在有秩序不混乱没有干扰的情况下顺利进行和完成。即每一交易都是市场供求关系的均衡点，每一份合约都能够严格地履行和实施。合约都是完全的。但是，该模型的完全合约是建立在个人的完全理性、获得信息的完全性与对称性以及交易成本为零的假设基础上的，而现实经济中存在合约失灵，尽管我们可以接近完全合约的一般均衡点，但是合约的不完全性是一种常态，合约的完全性是一种特例。

一般来说，完全合约模型是建立在以下假设的基础上，即个人理性的假设：稳定的偏好局限条件下的选择和个人效用最大化；环境市场的假设：没有不利的第三方的外在性、完全与对称的信息、众多可选择的合约伙伴和交易费用为零。在这样的假设条件下，不仅合约行为能够完全的描述，而且合约条款能够得到完全严格履行。但是，在现实经济生活中，完全合约只是合约理论研究的起点，只要放松完全合约假设条件，合约总是不完全的。合约的不完全也称为"完整的不完全合约"。科洛斯曼和哈特认为，合约的"不完全性"主要包括以下三个方面的内容：①由于个人的有限理性，合约不可能预见一切；②由于外在环境的复杂性和不确定性，合约条款不可能无所不包；③由于信息的不完全和不对称性，合约当事人或合约的仲裁者不可能证实一切。所有这一切造成了合约控制机制的失灵。

2.1.2　新古典产权学派认为效率最大化要求企业剩余索取权安排和控制权安排应该对应

产权归属是决定企业绩效的决定因素。新古典产权学派关于公司所有权和控制权的理论认识，在阿尔钦和德姆塞茨（Alchian & Demsetz，1972）、曼内（Manne，1965）、詹森和麦克林（Jensen & Meckling，1976）、哈特（Hart，1995）以及张维迎（1999）等人的有关论著中得到了充分体现。虽然这些学者研究企业的视角各有不同，但在三个根本性问题上是一致的：第一，他们都认为利润最大化是企业最重要的目标，因而企业的最终控制权应该由最具有追逐利润动机的人拥有；第二，在具体的所有权安排中，出资者不仅是唯一的剩余索取者，而且应该掌握企业重大决策的审批权和关键性的人事安排；第三，在剩余索取权与剩余控制权的关系中，他们认为二者对应是有效率的企业所有权结构和控制权结构的基本要求。

新古典产权学派的这些观点，从其对股份公司的研究中可以明显看出。阿尔钦和德姆塞茨（Alchian & Demsetz，1972）及詹森和麦克林（Jensen & Meckling，1976）等认为，建立有证券持有者支配的董事会，把控制管理者的权限落实到风险承担者身上，是一种有效率的公司内部所有权安排。哈特（Hart，1995）不仅支持股东投票制度，而且还特别论证了一股一票规则的重要性。曼内（Manne，1965）虽然更强调外部接管力量的作用，认为"只有接管为公司经理间的竞争效率提供了一些保证并借此为大量没有控制权的小股东的利益提供了强有力保护"，但是他并没有否定股东拥有投票权的制度安排，相反，曼内依赖的接管市场只不过是通过投票权集中和主体转移，发挥监督职业经理作用而已。张维迎（1999）在回顾现代企业理论时指出，"至少从奈特（Knight，1921）开始，经济学家就认识到，效率最大化要求企业剩余索取权的安排和控制权的安排应该对应（Matching）（Milgorm & Roberts，1994）。可以说，这种对应是理解全部企业制度（包括治理结构）的一把钥匙"。当然，此处引证的只是新古典产权经济

lass学派关于企业所有权结构和控制权结构较有影响的一部分，但其他从不同角度和论证方法得出的认识与此观点并没有根本分歧。

2.1.3 超产权理论认为竞争所触动的控制机制是决定企业长期绩效的一个基本因素

传统产权理论的科学性主要是强调企业内部结构的合理化和有效约束，其局限性是忽视了对交易成本及企业外部性问题的协调性分析，因为产权成为制约效率的一个基本变量，是基于交易成本不为零的假设。事实上企业作用于市场的过程并不可能是随意的超然的，它还必须支付运用价格机制的成本（Coase，1937）。在科斯提出"企业是市场契约的一种替代"的定理后，西方许多经济学家对产权作出了更宽泛的界定，并系统地分析了交易成本外部性问题、市场结构性及竞争性问题与产权的内在逻辑，并从以下三个方面有针对性地修补和发展了传统产权理论：①认为传统产权理论所认证的对剩余利润占有是企业拥有者追求效益的基本激励动机的不完全性。②认为资产归属性决定了企业拥有者对资产关切的激励机制的不严格性。③认为产权私有化只是决定企业绩效的内部条件。超产权理论并不是对传统产权理论的否定，从理论的系统性和发展性来看，超产权理论从根源上回答了决定企业绩效的实质问题。其内涵为：①超产权理论认定了市场竞争是利润激励机制驱动经营者努力投入的先决条件。②超产权理论还认为竞争所触动的企业治理机制是决定企业长期绩效的一个基本因素。③超产权理论在分析竞争产权及企业治理结构的相关逻辑时，又特别强调经营者的能力及其所掌握的资源对企业绩效的影响。超产权理论更广泛地解释了影响企业绩效的关键因素及其之间的基本关系。

2.1.4 利益相关者理论强调企业的所有权和控制权应由利益相关者共同分享

利益相关者理论是在批评新古典产权理论观点基础上发展起

来的。该理论反对出资者是企业的最终所有者，强调企业的所有权和控制权应由出资者、债权人、职工、供应商、用户等利益相关者共同分享。M. 布莱尔（Blair，1999）、杨瑞龙和周业安（2000）等人的著作比较全面地介绍了利益相关者理论的发展和演变，并对发展利益相关者理论提出了许多深刻见解。

同新古典产权学派相对立，利益相关者理论的主要观点体现在三个方面：①反对从剩余权利分配的角度研究公司控制权，认为将公司的剩余控制权和剩余索取权赋予股东是一种错误做法。他们认为股东缺乏足够力量去控制经理人员和防止公司资源的滥用，来自接管市场的压力也会导致经理人员的短视行为。②与新古典产权理论强调以股东收益最大化为企业目标不同，该理论强调公司目标是为社会创造财富。③认为股东以外的利益相关者，特别是公司职工可能是比股东更有效的公司监管者。这是因为股东分散导致搭便车行为盛行，使单个股东对代理人的监管失灵；另一方面是许多外部股东并不了解企业内部信息，相反具有公司专用化技能的职工可能是一种更好的选择。在剩余索取权和剩余控制权上，正如杨瑞龙和周业安（2000）所说，企业所有权和控制权的核心是"通过选择恰当的契约安排来实现剩余索取权和控制权的对应，以确保企业的决策效率"。

2.1.5 公司治理实质上要解决的是因为所有权和控制权相分离而产生的代理问题

公司治理要处理的是公司资本供给者确保自己可以得到投资回报的方法问题。比如，资本所有者如何使管理者将利润的一部分作为回报返还给自己？他们怎样确定管理者没有侵吞他们所提供的资本和将其投资在不好的项目上？他们怎样来控制管理者？等等（Shleifer & Vishny，1997）。所以，公司治理实质上要解决的是因所有权和控制权相分离而产生的代理问题。或更简单地说，它要处理的是公司股东与公司高层管理人员之间的关系问题。

从更广泛的意义上说，公司治理结构是用以处理不同利益相关者即股东、贷款人、管理人员和职工之间的关系，以实现经济目标的一整套制度安排（钱颖一，1995）。而近期的研究则如前所述，大多数集中于投资者（外部人）如何监督和约束经理人员（内部人）。代理问题的实质是使用权和控制权的分离（Shleifer & Vishny，1997）。而所有权与控制权的分离意味着重要的决策机构并不承担它们决策所产生的财富效应的后果，即决策功能与风险承担功能事实上发生了分离（Fama & Jensen，1983）。当然在不同的公司类型中，这种分离的程度并不相同。比如在开放型公司（Open Corporation）和封闭型公司（Closed Corporation）之间，这种分离的程度就有极大的差别。一般地说，前者的分离程度总要大于后者。由于两权分离程度的差异，这两类公司之间的公司治理也就有了很大的不同。比如在内部决策体系上，封闭型公司适合于将决策管理（Decision Management）和决策控制（Decision Control）相结合，统一掌握在一些代理人手上。与封闭型公司不同，开放型公司要有效地控制因决策管理与剩余风险承担相分离而产生的代理问题，需要使决策管理和决策控制相分离。

2.2 控制权并购的动因假说

2.2.1 自负假说

罗尔（Roll，1986）提出的自负假说认为，由于经理过分自信、血气方刚，所以在评估并购过程中会犯过于乐观的错误。在并购过程中，并购方企业认定一个潜在的目标企业并对其价值（主要是权益价值）进行评估。当评估结果低于权益（股票）的市场价值时，便不会提出报价，只有当估价超过当前的市场价值时才会提出报价并作为竞价企业进行并购尝试。如果没有协同效应且资本市场有效，那么估价的平均值等于当前市场价值。并购支付的溢价只是一种误差，是竞价者在估价中所犯的错误。

罗尔指出，并购方或许没有从他过去的错误中汲取教训，或者会自信其估值是正确的。这样，并购就有可能是并购方的自负引起的。这种理论的前提是市场具有很强的效率，依据这个前提，一方面，股价反映了所有公开或未公开的信息，资源的再配置不会给资本市场上的投资者带来收益；另一方面，并购有效理论又是建立在市场低效率的基础上的。这样，理论的矛盾就在这里出现了。不过，罗尔认为自负假说只是提供了一个比较的基准，况且，自负假说并没有要求经理着实去追求自我利益。经理也许会出于好意，但在决策中却会犯判断错误。罗尔提出的自负假说或许有一定意义，但作为实际并购现象的理论解释，由于要求假定存在很强的市场效率，所以其前提与现实是存在差距的。现代企业理论表明，企业存在的原因正在于市场运行并非是无摩擦的。第一，规模经济是由于资产的专用性而产生的。第二，在团队生产中产生的管理是建立在反映个人特征的企业特有信息基础上。企业信息是有价值的，这恰恰因为信息是有成本的。第三，某些交易成本会导致市场交易内部化（一体化）。所以，资产专用性、信息成本和交易成本等"不完善因素"使得单个地生产投入在企业内仍保持单个或分立的形式是低效的，并购很可能是一种促使企业资源在企业之间再配置的有效途径。

2.2.2 自由现金流量假说

所谓自由现金流量，是指在企业已有现金流量中扣除再投资现金支出之后剩下的现金流量。詹森（Jensen，1986，1988）对企业并购进行研究之后构建了自由现金流量假说。他认为，由于股东与经理之间在自由现金流量派发问题上的冲突而产生的代理成本是造成并购活动的主要原因。这个问题可以分成两个方面来理解。一方面，股东（委托人）与经理（代理人）在企业战略选择上是有严重的利益冲突的，代理成本是不能妥善地解决这些利益冲突而产生的。当这种代理成本很高时，并购将有助于减少这些成本。另一方面，代理成本又恰恰可能是由并购造成的，因为经理可以运用自由现金流量来并购别的企业。詹森认为，如果企业有效率、并且希望股东价值最大化，那么，这部分自由现金流量就应该派发给股东。自由现金流量的派发，将会减少经理控制之下的资产规模，并相应缩小经理的权力。这样可以降低代理成本。当经理试图通过发行新股来融资时，他会在更大程度上受制于资本市场的监督和约束。但是，经理常常并不将这些自由现金流量派发给股东，而是投资于回报率很低的项目，或者大举并购别的企业，以扩大企业规模，由此造成更高的代理成本。除了当前自由现金流量的派发问题会引起股东与经理矛盾之外，经理承诺支付的将来现金流量也是一个问题。在詹森看来，如果以发行债券来换取股票，那么，经理所做的将来支付现金承诺会比其他任何股利政策（即将来支付股利给股东的承诺）有效，因为债券的还本付息是固定的。但是，增加债务比例会增大破产的可能性，这也可以看做是债务的代理成本。因为当企业选择高风险的项目时，是以增大债权人的风险为代价而使股东受益。詹森认为，最佳债务比率是在债务的边际成本等于债务的边际收益之时出现的。

自由现金流量假说运用"自由现金流量"的概念来解释股东和经理之间的矛盾冲突，并进而解释并购行为的起因，的确使理论的研究更深入一步。但是，正如詹森本人所承认的，他的理论不适于分析成长型企业，因为这种企业的确需要大量的资金投入。这就不能不使这种理论的适用范围受到很大的限制。

2.2.3 控制权增效假说

刘文通（1998）认为，公司兼并收购的基本动因在于获取公司控制权增效。所谓"控制权增效"，是指通过取得公司的控制权，而使公司效率改进和价值增大的效果。控制权增效假说主要包括以下三个相互联系的命题：①兼并收购的基本动因，在于获取"控制权增效"。②"控制权增效"分为"事前增效"和"事后增效"。其中"事前增效"是指取得公司控制权之前，对效率改进和竞争增大的效果所作的评估；"事后增效"则是指取得公司控制权之后，事实上得到的对效率改进和价值增大效果。两者的比较，在很大程度上决定着兼并的成败。③"控制权增效"对整个经济的效率改进有可能带来积极影响，也有可能带来消极影响。

2.2.3.1 兼并收购的基本动因在于获取"控制权增效"

对于市场，可以依照不同的标准作不同的划分。为了便于我们对兼并收购活动的研究，我们可以将经济市场划分为产品市场、要素市场和企业市场三个层次。其中，产品市场是最古老最基本的市场，在这个市场上，参与者进行商品的买卖交易。在要素市场上，交易的对象是土地、劳动、资本等生产要素。依据这种划分，我们可以看到，三种市场实际上处于不同的层次上。从产品市场到要素市场再到企业市场，呈现出越来越复杂，越来越高级的趋势。

从这三个层次市场参与各方的基本目的来考察，我们就可以更清楚地看到这三者的区别和联系。在产品市场上，买方想取得产品的"使用价值"，而卖方则要实现产品"价值"；在要素市场上，买方想取得对要素的控制和使用的权利，卖方则要取得要素的报酬和收入；在企业市场上，买卖双方的焦点则集中在企业的当前收益和未来收益能否满足各自的不同判断和评估上。虽然要素市场中的资本市场与企业市场在某种程度上是有相同意义的，但我们的这种划分所要特别强调的是，企业是多种要素的组合。

企业市场也就是兼并市场，兼并收购的目的就在于获得对企业的控制权，通过运用控制权而产生控制权增效。

控制权是指对公司的所有可供支配与利用的资源的控制和管理的权力。控制权与所有权和经营管理权既密切相关，又都各不相同。

就控制权与所有权的关系来说，所有权是最终索取权，控制权从属于所有权。拥有全部的所有权，当然拥有合约权利之外全部的剩余控制权。但是，在所有权这一端，只要所有者并非只有同一个人或同一个机构，而是人数众多，那么，这些所有者就有一个如何组合如何投票表决的问题。在一股一票的原则下，从理论上讲，只要某人或某机构对公司拥有 51% 以上的所有权比重（股权比重），则其将对公司拥有难以被别的所有者挑战的控制权。在股份分散的大公司中，获取公司控制权所需的所有权比重甚至还可以更低。假设某股东拥有某公司股份为 a，对该公司拥有控制权地位所需最少股份为 a_{min}，那么该股东只要拥有多于 a_{min} 股份的股票，就可居于控制地位。我们假设 a_c 为可居于控制地位的股东所掌握的股份，则有 $a_c \in [a_{min}, 100]$（a，a_c，a_{min} 均为以百分比表示的参数）。处于控制权之外的股东（局外股东）如果人数越多，则越难以达成一致，a_{min} 就可以越小。至于两个或两个以上势均力敌的股东居于控制地位的情况，则可以看做是这些股东的一种合作。而不处于控制地位的股东对这些掌握控制权的股东有两种态度：满意或不满意。若满意，则可能会"忠诚"于管理层；若不满意，则可能会"呼喊"或"退出"。

就控制权与经营管理权之间的关系而言，控制权是根本性的，经营管理权是从属性的。经营管理权受制于控制权，但控制权又大都要通过经营管理权来实施和贯彻，二者有不同分工。掌握经营管理权的经理人员可以不是股东，而是具有经营管理才能的能人，但控制权却是要以所有权为根据的。

所以，我们不妨将所有权、控制权和经营管理权三者的关系概括为：控制权是以所有权为根据的经营管理权。正是这种控制权，可以为公司制定和实施各种措施和对策，并通过管理、支配和利用公司的各种资源，取得某一高度上的效率水平。控制权在不同的"管理团队"手中，就会达到不同的效率水平。这是控制权增效存在的前提和基础。如果所有权（股权）的买卖并没有导致控制权变换，那么，这便是一般的（证券）投资行为。如果所有权（股权）的买卖达到规模，将会导致控制权变更，那么，这便是兼并收购行为。兼并收购之所以会发生，对目标方来说，在于高于现价的标购溢价；对兼并方来说，就在于比溢价还要高的控制权增效。

2.2.3.2 "事前增效"和"事后增效"

当某个管理团队（也有可能是单个的管理者）把某个公司列为兼并收购的目标时，该团队就会花费一定的时间和精力，去评估目标公司的现状与前景，并由此得到他们对于获取控制权之后可能达到的效率水平，也即得到他们对"控制权增效"的评估。当兼并收购完成之后，这个管理团队将获得对公司的控制权。他们将运用这种权利去构建新的激励约束关系、信息传递关系和公司内部的管理层级关系、改变投资战略和投资政策、调整财务杠杆或重组资产机构、建立公司与其他利益相关者的新关系，等等。他们将在其力所能及的范围内和水平上，使置于他们控制之下的公司达到某一效率水平。这个客观的效率水平便在事实上确定了一个"事后增效"。

"事前增效"和"事后增效"可能会不尽一致，甚至有较大差别。而造成差别的主要原因可以分为主观原因和客观原因两类。就主观原因来说，由于人的理智和能力的有限性，往往会使得管理团队在评估目标公司和自身公司的状况和前景时，产生种种与客观情况不尽相符的偏差。就客观原因来说，主要体现为信息非对称性和组织整合的困难性两点。信息在兼并方和目标方之间的分布是很不均匀的。双方通常更了解自身公司及相关行业的情况，而对对方的情况在事前有许多是无法掌握的。当然，在另一些情况下，信息的分布也可能正好相反，如目标方认识不到自身公司的价值，而兼并方却因某种原因而能认识到。所以信息非对称性是一个普遍存在的重要事实。在组织整合方面，由于公司这种组织的制度安排与许多因素有极微妙的联系，所以，有时即使在正式约束方面（如董事会、总经理等的安排和配置）似乎较容易整合，在非正式约束方面（如人心所向、情绪反应等）却是很难整合的。人文观念和传统文化等非正式因素会通过影响人的行为而影响到整合的难易。

"事前增效"与"事后增效"的差异直接影响到兼并收购的成败。如果"事后增效"大于"事前增效"，兼并就会很成功；如果"事后增效"小于"事前增效"但大于支付溢价所需成本，则兼并还是成功的。但如果"事后增效"不仅小于"事前增效"，而且还小于支付溢价所需成本，则会导致兼并的失败。"事前增效"与"事后增效"的概念，对于研究兼并的成败结果非常有用。我们在研究兼并收购过程时所说的控制权增效，除特别指明者之外，均指"事前增效"。

2.2.3.3 "控制权增效"对整体效率的影响

"控制权增效"对整体效率的影响，是比较难作客观评判的。从不同的角度出发，往往会得出极不相同的判断，并可能由此导致国家对兼并控制有不同的政策倾向。本书试图借鉴福利经济学上的几个常用术语，将"控制权增效"对整体效率的影响划分为帕累托改进型、卡尔多—希克斯改进型和帕累托非效率型三种。其中，前两种是积极影响型，国家应鼓励和保护；后一种是消极影响型，国家应反对和禁止。

在帕累托改进型中，兼并各方以及整个经济的状况均因兼并行为而得到改善，且无任何一方受损。这是一种皆大欢喜的情形。在卡尔多—希克斯改进型中，虽然有人（譬如说竞争对手）因兼并行为而受损，但整个经济的状况却是改善的。这很可能是一种最普遍的情形。在上述两种情形中，整个经济的效率得到了改善，所以政策上应允许并加以保护。

在帕累托非效率型中，除了兼并双方有可能受益之外，整个经济是受损的。这种类型通常出现在垄断性兼并中。由于垄断，致使竞争秩序受到破坏。垄断的固定价格虽有利于垄断企业，却有损于消费者的利益，有损于整体经济的效率，所以，政策上应限制和反对。

2.3 控制权增效相关的理论模型

2.3.1 委托收购的控制权增效模型

刘文通（1998）代表性地提出了控制权在不同状态下的增效模型，下面将简要介绍。

在收购股权的情形中，目标公司股东人数众多且持股分散。向这众多股东出价标购，会产生"搭便车问题"。"搭便车问题"使那些局外人介入接管活动以改善其业绩的激励大为降低。从理论上说，解决这个问题的可行办法有三种：第一种方法是让标购者在接管之后对目标公司剩余股票进行稀释。譬如，让标购者向目标公司提供高价投入品，或从该公司低价购买产出品，使标购者能从接管中获利。第二种方法是，将兼并过程分成两阶段进行，在第一阶段中向那些愿意出售股票的股东支付较高的溢价，当收购的股票达到足以接管的数额后，接管该公司。接管后不急于改善公司业绩，使股价维持相对较低水平。在第二阶段，通过收购这个股价水平上的股票，达到兼并的目的。事实上这也是"稀释"的一种，通过这种办法，能使收购者获利。第三种办法是，大股东或局外收购者先秘密地收购股票，达到一定限度或数额后才宣布收购股权的消息。这样，也能使收购者有机会获利。前两种方法，都属于用"稀释"来解决问题，但较为复杂，各行为主体之间的相互影响与对策选择盘根错节。所以我们将对第三种方法展开论述。我们将从标购者初始持股的水平出发，研究在可能有"搭便车"行为的情况下，不同行为主体各自所作的选择。理论上，标购者初始持股水平可分为持有一部分股票和没有持股两种情形。在前一种情形中，根据小股东的情况可分为有最低估价和没有最低估价两类。

2.3.1.1 大股东有初始持股，小股东有最低估价的情形

从目前我国沪深股市的股权结构来说，在上市公司中居于控股地位的最大股东，在公司总股本中所占份额从百分之十几到百分之七八十不等。所以，大股东的持股水平要达到什么样的程度才可居于控股地位，只能视具体情况而定。不过，如果某大股东在公司股本中的持股比例超过了50%，则其他股东就很难挑战

该大股东的地位。在下面的论述中，我们假定，当大股东的持股比例达到 50% 时，则处于控股地位，掌握着公司的控制权。

假设某大股东（或主要持股公司）拥有的股票占公司总股本的百分比为 a（$a < 0.5$），他监督和研究公司运作情况需花费一定的成本，该成本记为 $C(I)$，其中，I 是他找到公司业绩途径的概率。相应的控制权增效为 Z，这是个随机变量，假设这个随机变量有一连续的累计概率函数 $F(Z)$。那么，Z 的取值将大于零并小于等于其最大值 Z_{max}，记为 $Z \in (0, Z_{max})$。这就是说，当该大股东花费了成本 $C(I)$ 之后，他以概率 I 取得控制权增效 Z，$Z \in (0, Z_{max})$，以概率 $(1-I)$ 不获取新增价值，即新增价值为 0。概率 I 可以看做是研究强度，成本 $C(I)$ 随研究强度 I 的增大而增大。而控制权增效 Z 则可以看做是换掉没效率的管理层，或者改变公司投资政策和营运政策所取得的利润的折现值。

在上述假设下，该大股东为了进一步控制公司，将需标购比例为 $(0.5-a)$ 的公司股票。设 C_T 为收购股权的成本，标购价为 $q+\pi$，其中 q 是在现管理层控制下的公司利润现值，π 是额外加价。需要注意的是，q 很可能小于股价，π 要大于接管时支付的溢价，因为股价在一定程度上反映公司被接管的可能性。还需注意的是，接管之后，公司价值将变为 $q+Z$，假设该大股东对风险的态度是中性的。由于 $C(I)$ 是沉淀成本，如果这位大股东所能获取的控制权增效大于其所支付的收购成本和标购溢价，那么，他将作出标购的决策，这就是说，在下式成立时，他将作出标购的决策：

$$0.5Z - (0.5-a)\pi - C_T \geq 0 \qquad (2.1)$$

假设小股东们也是风险中性的，且只知道大股东初始持股比例 a、收购成本 C_T 和控制权增效的概率分布 $F(Z)$，而并不知道具体的控制权增效 Z。如果 π 对他们而言也是未知数，那么他们对 Z 的最佳预测，也就是在上式成立时的期望值，这可以由下式给出。

$$E[Z \mid 0.5Z - (0.5 - a)\pi - C_T \geq 0]$$

经变换，可表达成

$$E[Z \mid Z \geq (1 - 2a)\pi + 2C_T]$$

这是考虑到 $F(Z)$ 的条件期望值。假设条件所指的"小股东有一个已知的相同的最低价"，就是这个期望值。只有当大股东所支付的额外加价大于或等于这个期望值时，小股东们才会卖出他们手持的股票。用数学语言可表达成，当且仅当下式成立时，他们才会卖出股票：

$$\pi - E[Z \mid Z \geq (1 - 2a)\pi + 2C_T] \geq 0 \tag{2.2}$$

我们假定，当小股东卖出或不卖出他们的股票都可以取得相同收益时，他们将会作出卖出股票的选择。我们进一步假设，$\pi^*(a)$ 是满足（2.2）式的最小的 π，那么，大股东的标购出价将为 $q + \pi^*(a)$。给定 $\pi^*(a)$，那么满足（2.1）式的最小的 Z 将可以确定，这个 Z 的值记为 $Z^c(a)$。

均衡值 $\pi^*(a)$ 和 $Z^c(a)$ 是 a、C_T 和 $F(Z)$ 的函数，但不是控制权增效 Z 的函数。小股东们将不会接受小于 $q + \pi^*(a)$ 的出价，即使该价高于市场价。由于每一个小股东所持股份的份额非常小，因而这些小股东将相信他们个人作出的卖或不卖的选择不至于影响最后结果。如果大股东收购到了足够的份额，但某小股东仍持有其股份，那么该小股东将相信其股价的值为 $q + \pi^*(a)$。

$\pi^*(a)$ 是随 a 的增大而减少的。这就是说，股东初始拥有的股票越多，他的收购价就会越低。这表明，给定研究强度 I，

收购的可能性将随 a 的增大而增大。而 a 值很大时， $Z^c(a)$ 值就很大，这样，收购的可能性就更大。至于研究强度 I，太小了可能会难以掌握到足够的信息，太大了又可能会得不偿失，所以存在一个最优值，我们以 $I^*(a)$ 表示。 $I^*(a)$ 是随 a 的增大而增大，因为大股东的初始持股比例越大，通过研究和监督公司而改进业绩使该大股东获得的收益也越大。

公司价值将等于 q 与公司未来业绩改善的期望值之和，即

$$V(a,q) = q + I^*(a)\{1 - F[Z^c(a)]\} \cdot E[Z \mid Z \geqslant Z^c(a)] \quad (2.3)$$

从前面的分析中，可以得出两点结论：

第一，大股东持股比例增大，将会使收购溢价减少，公司市价增大；

第二，收购的管理成本以及其他交易成本增大，将会使收购溢价增大，公司市价减少。

在上述条件下，只要标购的溢价等于小股东们对收购完成之后公司业绩改善的期望值，这些小股东们就愿意卖出他们的股票，收购就会成功。

2.3.1.2 大股东有初始持股，小股东无最低估价的情形

为简化起见，假设上面分析的管理层控制下公司的价值 q 为零，小股东是否售出股票的决策是随机的，以 $P(\pi)$ 代表小股东接受标购的概率， π 仍表示收购溢价， W 为收购者希望购买的那部分流动在外的股票的比例值（ $w = 0.5 - a$ ）。这样， $P(\pi)$ 的解就是在均衡点上成功收购的概率。如果作出收购决策，那么，收购者将选择使预期收益最大的收购价格。这样，问题就可以表述为

$$\max \pi [aZ + (Z - \pi)w]P(\pi) \quad (2.4)$$

对 π 求一阶导数，并令其为零，可得

$$P'[aZ + (Z - \pi)w] - wP = 0 \qquad (2.5)$$

当收购溢价大于小股东的期望值时，即 $\pi > E(Z \mid \pi)$，小股东将售出他们的股票；而当收购溢价小于小股东的期望值时，即 $\pi < E(Z \mid \pi)$，小股东将不会售出他们的股票。如果收购溢价等于小股东的期望值，即 $\pi = E(Z \mid \pi)$，那么，他们售出股票的决策将是随机的。用博弈论的语言来说，在 $\pi = E(Z \mid \pi)$ 的情况下有一个混合策略均衡；如果收购的出价使得那些股东对卖或不卖股票的决策是无差异的，那么，这些股东的行为将是随机的。以 $\pi = Z$ 代入（2.5）式中，移项后可得

$$P'/P = w(a\pi) \qquad (2.6)$$

上式两边对 π 求积分，可得成功收购股权的概率函数为

$$P(\pi) = k\pi^{\frac{w}{a}} \qquad (2.7)$$

其中 k 是积分常数。当收购价大于 $Z_{\max}$ 时，由于小股东不售出股票反而不划算，所以他们肯定会售出股票，即 $P(Z_{\max}) = 1$。这样，概率函数也可以表达为

$$P(\pi) = (\pi \mid Z_{\max})^{w/a}$$

从上式可以看出，$P(\pi)$ 随 π 的增大而增大。如果要使收购者作出收购选择，那么，收购者的"控制权增效"应该较大，使得其预期净利润为正，也就是

$$a\pi P(\pi) - C_T = a\rho^{0.5/a} Z_{\max}^{w/a} - C_T > 0$$

从上式可知，预期利润，随收购溢价 $\pi (= Z)$ 的增大而增大。当预期净利润为零时的 Z 记为 Z^C，通过上式可求得：

$$Z^C = (C_T \mid a)^{2a} (Z_{\max})^{2w}$$

可见，当 a 趋近于零时，Z^C 趋于无穷大。就是说，小股东是

不可能作出收购和接管的决策的。总之，Z 值高的标购者，将会出高价提出标购，因为这会增大他成功的概率。Z 值低的标购者，从成功的收购中所获得的收益较小，所以不是很愿意通过提高他们的收购价来增大成功的概率。由于 Z 值高的标购者失败的机会成本很高，所以他们愿意提高他们的收购价以增大成功可能性。

2.3.1.3 收购之前并无大量持股的情形

假设标购者对收购所能产生的控制权增效 Z 只有标购者自己才清楚，其余小股东并不清楚。标购者为了达到控股目的，需在公开市场上购买目标公司一定份额的股票，假设最大份额为 a_{max}（$a_{max} < 0.5$）。目标公司的不同股东 i（$i = 1, 2, \cdots, n$）将有不同的最低售出价，记作 R_i，该值可能会高于市场现价，而标购者是不清楚 R_i 的具体值的。当标购者在公开市场上收购目标公司股份达 a 之后，将会公开宣布以标购价 B 有条件溢价收购份额为（$0.5 - a$）的股份，以达到控制目标公司的目的。假设不对少数股东作"稀释"，那么风险中性的股东将不愿售出他们的股票，除非标购价大于预期的控制权增效。这些小股东的"搭便车"条件可表达为

$$B \geqslant E(Z \mid B, a) \tag{2.8}$$

在 $B > R_i$ 以及满足（2.8）式的条件下，代表性股东将会售出他的股票。我们把收购成功的概率记为 P（B）。由于公开收购的份额加上 a 不能小于 0.5，所以 P（B）应该是在标购价 B 大于最低售出价的情况下的概率。该概率的分布是为大家所知道的。

我们假设，悄悄地收购 a 份额的股票是在市场价为零的条件下完成的，以 V（$B, a; Z$）表示标购者的溢价收购预期价值，那么，在（2.8）式得到满足的条件下，

$$V(B,a;Z) = P(B)[0.5Z - B(0.5 - a)]$$

对风险中性的收购者来说，这个问题也可以表述为条件极值：

$$\max V(B,a;Z)a,B$$
$$s.t. \quad B \geq E(Z \mid a,B)$$

2.3.2 企业法人控制权的融资效应模型

杠杆收购在企业收购与反收购中的普遍运用以及杠杆收购所导致的关联企业资本结构的变化引起了经济学家的极大兴趣。在20世纪80年代后期，如何从理论上说明资本结构变化对企业控制权分配的影响，成为金融经济学家普遍关心的一个问题。这样，在当时，就出现了一批从股权契约享有投票权、债权契约没有投票权的角度来探讨资本结构变化如何影响企业法人控制权竞争的理论研究成果。其中，比较有代表性的有哈维斯和拉费夫（Harris & Raviv，1988a）、舒尔兹（Stulz，1988）和伊斯纳尔（Lsrael，1991）等。哈维斯和拉费夫、舒尔兹的模型从杠杆收购与反收购中资本结构变化对股东股权权益的现金流收益最大化、特别是企业内部经营管理者控制权收益最大化的角度，分析了资本结构变化与企业控制权竞争的相互影响；伊斯纳尔的模型探讨了资本结构变化对企业现金收益在拥有投票权的股权索取权和没有投票权的债权索取权之间分配的影响（潘敏，2002）。

2.3.2.1 哈维斯和拉费夫模型

哈维斯和拉费夫（Harris & Raviv，1988a）认为，企业的资本结构部分地决定了企业经营管理者和外部股东之间的股权持有比例，而经营管理者和外部股东之间的股权比例分布直接决定了企业被收购的可能性以及收购时收购者的支付价格。因此，资本结构影响着企业被收购的概率和收购时的价格。

2.3.2.2　舒尔兹模型

舒尔兹（Stulz，1988）的分析框架与哈维斯和拉费夫（Harris & Raviv，1988a）的分析框架基本相同。但是，舒尔兹将分析的重点放在了现任经营管理者股权的变化对外部股东预期收益以及收购发生概率的影响方面。舒尔兹认为，随着现任经营管理者在企业中持股比率的上升，外部竞争者进行要约收购时提供给企业外部股权者的股权溢价（Premium）将上升，但同时，要约收购实际发生的概率也会降低，外部股东实际获得的股权溢价收益也会减少。

2.3.3　最优企业法人控制权配置契约设计模型

不完备金融契约理论所探讨的问题是，企业家如何设计一个金融证券契约，以解决金融契约事后剩余控制权的有效分配。在企业收购与反收购的控制权竞争中，如果现任经营管理者和外部竞争者之间存在着控制权私人利益的冲突，并且，两者的经营能力均无法事前确认，那么，企业的所有者就有必要事前设计一种有效的金融证券。该金融证券必须具有解决现任经营管理者和外部竞争者之间利益冲突的有效机制，并能够确保企业价值的最大化。

在探讨企业法人控制权有效配置的证券设计方面，股权契约的一股一票、多数票决定的法人控制权配置特征备受关注，较多的学者考察了股权契约的这种特征在何种情况下是最优的。其中，比较代表性的有格鲁斯曼和哈特（Grossman & Hart，1988）、哈维斯和拉费夫（Harris & Raviv，1988b，1989）等。

3 控制权变更：制度
路径和模型分析

3.1 公司控制权界定和演进的分析框架

3.1.1 从企业所有权到企业控制权的形成

在现代经济学中，所有制指的是所有权的制度安排，即所有权组织形式，它反映法定的所有权主体对客体的权利关系。由于所有权客体不仅限于实物资产，虚拟资产、人力资产也是一种所有权客体，因而所有制类型的分析就复杂化了。从企业的角度看，所有权以两种不同的形态存在着：一种是资本的所有权；一种是企业的所有权。"资本所有权不应与企业所有权混为一谈"（刘汉民，2002）。

从合约经济学的角度看，资本所有权是指经济主体对投入企业的生产性要素或资源（在企业称为资本）的初始所有权。狭义的资本所有权指的是股权，广义的资本所有权既包括股权，也包括债权和人力资本所有权。资本所有权在企业具体体现为收益权和投票权（剩余控制权），是由所有权主体享有的。至于分享比例和权重，是由许多因素决定的，如资本结构、法律和习俗、要素的供求关系、资产的专用性和流动性、风险态度等，不同企业会有很大的不同。需要注意的是，资本所有权界定和配置既要考虑资源或物品的物理和技术特性，也要考虑其经济特性，包括非相容性使用、规模经济、共享性、交易成本、剩余以及波动性供求等（斯密德，1999）。资源的特性不同，给人们带来的相互依赖关系也不同，从而，即使是相同的制度或权利安排，也会带来不同的绩效。一般地，资源按照物理特性，可以分为两类：非相容性使用资源（或称私人物品）和共享性资源（或称公共物品）。

前者是指一种资源有一个或多个非相容性物理用途和使用者，一个人拥有了一种权利，就排除了其他人使用的可能，从而出现了通过交换获取报酬的可能。后者是指一种资源能满足两个或两个以上（但不是无限多）人的需要而不会减少价值，即一定范围内增量使用者的边际成本等于零。

企业所有权指的是企业权利主体对投入企业的资本（包括股权资本、债权资本和人力资本）进行实际运营的决策权，包括决策控制和决策经营。在法玛和詹森（Fama & Jensen，1983）看来，剩余索取者（股东）同时也是剩余风险承担者。剩余风险承担与决策经营的分离导致了决策经营与决策控制的分离。当决策经营者不是主要的剩余索取者，因而也不承担主要的剩余风险损失时，决策经营者就有可能偏离剩余索取者的利益，产生代理问题。通过企业所有权的配置和重新配置，即治理制度安排，可以有效地解决代理问题。一种可能的制度安排是，让有钱人充当决策经营者（企业家），掌握剩余索取权和控制权（张维迎，1996）。另一种有效的制度安排是让决策控制与决策经营分离（Fama & Jensen，1983）。也就是说，决策控制者负责审批、监督重要的决策，并选择、解聘和奖励重要的决策经营者；决策经营者负责提出建议并执行已批准的决策。前者适用于规模较小的、不复杂的公司，后者适用于规模较大的、复杂的公司。不过，决策控制和决策经营分离的程度和形式在不同的国家是不一样的，它由董事会制度决定。

从法律意义上说，董事会是公司的最高决策者和内部监督者，是由全体董事组成的公司法定必备常设机关。董事会的职能实际上分为两部分：管理（经营）职能和监督（控制）职能。有的国家采取双重董事会制，把管理职能和监督职能分开，如德国、荷兰、奥地利、韩国等，同时存在理事会（管理委员会）和监事会（监督委员会）；有的国家则实行单一董事会制，把执行管理职能的董事（执行董事）和执行监督职能的董事（非执行董事）组合在一个董事会中，如美国、英国、意大利、比利时、瑞典、瑞士等；有的国家则没有要求必须有非执行董事或监事会，如日本、法国、丹麦等。

资本所有制作为资本所有权的制度安排，表现为资本结构或所有权结构（股权结构）。企业所有制作为企业所有权的制度安排，表现为公司的治理结构。公司治理结构一方面受制于资本结构，另一方面受各个国家和企业所处的具体的制度环境的影响，如政治、经济、市场、法律、传统、习俗和意识形态等。

3.1.2 控制权变更产生和发挥作用的机理

其实，早在亚当·斯密时代，经济学家们就注意到了所有权和经营权的分离。亚当·斯密曾说，股份公司这种企业制度不可能发展起来，因为经理是为别人理财，股东是委托别人为自己理财，这无论如何也不比自己为自己挣钱的私人经营企业更有激励。在斯密看来，股份制度由于无法解决激励与控制的问题是不能持续发展的。现代公司制企业发展的历史驳斥了这个观点。哈佛商学院的著名教授钱德勒认为，现代化大企业经历一个长足的发展，职业经理人取代"强盗大亨"管理企业，管理得井然有序，并不比自发的市场经济秩序更差。然而，面对华尔街丑闻，人们进一步意识到，公司的控制权机制并不会自动地、天然地发挥作用，如果没有良性的运转机制和与之配套的约束机制，失去制衡的企业高层经理们有可能严重危害公司的健康发展。

按照现代企业理论，企业是一系列契约的组合。而且，作为契约，企业是一种不完备的契约；于是，就产生了剩余索取者和剩余控制权（简称控制权）。在治理结构层次上，剩余索取权主要表现为在收益分配优先序列上"最后的索取权"；控制权主要表现为"投票权"，即契约中没有说明的事情的决策权（张维迎，1996）。说得再具体一点，企业控制权可以理解为排他性利用企业资产、特别是利用企业资产从事投资和市场运营的决策权（周其仁，1997）。那么，企业中谁应拥有剩余索取权和剩余控制权呢？在所有者同时又是经营者这种古典式企业中，情况很简单，所有者同时拥有剩余索取权和控制权。但在现代企业比如说股份制企业中，情况就要复杂得多了。在典型的公司治理结构中，股东是剩余索取者，他们的收益来自于企业扣除了所有固定的合同支付之后的余额（利润），是不确定的，带有很大的风险性，因而，他们拥有控制权，掌握着契约中没能明确规定的公司决策权。

从伯利—米恩斯命题出发，现代企业理论认为，所有权和控制权的分离使股东与管理者之间形成一种委托代理关系（Berle & Means，1932；Alchian & Demsetz，1972；Jensen & Meckling，1976；Fama & Jensen，1983）。在这一委托代理分析框架中，作为委托人的股东总是希望作为代理人的管理者能够从股东利益最大化出发来管理公司。但是由于股东和管理者之间存在信息不对称（Grossman & Hart，1986），而且代理人本身又有道德风险问题（Holmstrom，1988，1982），因此，股东必须要通过一定的控制机制对管理者进行监督和约束。公司的控制机制包括内部和外部两部分，前者主要指公司管理者内部竞争、董事会的构成和大股东的监督等（威斯通等，1996）；后者则指代理投票权竞争（Proxy Contest）、要约收购（Tender Offers）或兼并（Mergers）以及直接购入股票（Direct Share Purchase）（Manne，1965）。詹森后来把公司控制机制按照公司经营中的四种"控制力量"重新分为：资本市场、法律/政治/法规制度、产品和生产要素市场以及以董事会为主的内部控制机制（Jensen，1993）。但詹森的分类基本上还是停留在曼尼划分的内部和外部的框架里。

但是，在现代企业中，为了使企业能更迅速地适应外界环境的变化，增强企业的竞争能力，加快企业的发展，作为企业所有者的股东，除保留可以通过投票来选举董事会等少量决策权外，将其余的大部分决策权交给了董事会，而董事会又将大部分经营管理决策权交给了由他们选择和聘用的经理。事实上，在现代企业里，并不拥有充分剩余索取权的企业家拥有了充分的企业控制权（周其仁，1997），这不仅对公司的治理结构产生了重大影响，而且使得作为经营者的经理人员的收益构成发生了很大变化，"控制权收益"成了经营者最主要的收益来源。这种情况不仅在华尔街，在我国国有企业中也表现得十分突出，所以也就不难解释，内部人控制产生的根源了。

关于控制权变更理论发展史上有三个主流观点认为：第一，在由公司各种内外部控制机制构成的控制权市场上，无论是公司内部控制机制还是外部控制机制中的代理投票权竞争机制都不能起到应有的作用，只有收购才是其中最为有效的控制机制。第二，外来者对公司的收购非但不会损害公司股东的利益，实际上还会给收购双方股东带来巨大的财富。第三，长期来看，任何主张干预和限制恶意收购的主张结果可能会削弱公司作为一种企业组织的形式，并导致人类福利的降低（沈艺峰，2000）。

3.2　上市公司控制权变更的福利效应

图 3.1 和图 3.2 中 DD' 是某种商品的需求曲线，c_1 是控制权变更前的平均成本曲线和边际成本曲线。为便于说明起见，这里假设平均成本和边际成本是常数。把消费者剩余和生产者剩余之和定义为总社会福利，则当价格等于边际成本时，总社会福利最大。

现在假定控制权并购后经过整合，控制权变更节约了成本，但同时也引起了该商品市场价格的上涨。图 3.1 和图 3.2 说明了两种不同的情况。图 3.1 表示控制权变更前的价格等于平均成本和边际成本，即控制权变更前没有市场势力，控制权变更后，成

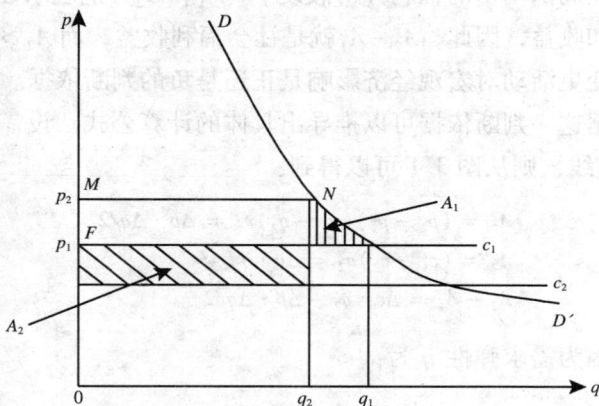

图 3.1　控制权变更前没有市场势力

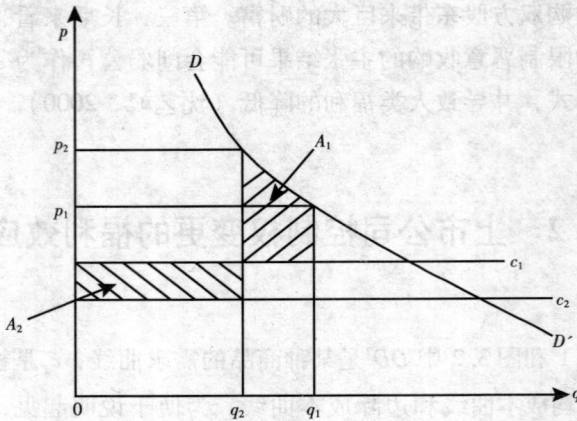

图 3.2 控制权变更前存在市场势力

本从 c_1 降到 c_2，但价格由 p_1 升到 p_2；图 3.2 表示控制权变更前存在市场势力，即 $p_1 > c_1$，其他条件与图 3.1 相同。用阴影部分面积 A_2 表示控制权变更导致的资源节约，即福利收益，阴影部分 A_1 表示控制权变更导致价格上涨，消费者剩余减少而引起的福利损失。在局部均衡的福利分析假设下，A_1 和 A_2 分别表示社会福利的损失和收益，因此，$A_2 - A_1$ 就是社会福利收益，而 $A_2 > A_1$ 就是控制权变更活动对宏观经济影响是正还是负的判断依据。

根据这一判断依据可以推导出具体的计算公式。设需求曲线 DD′ 是直线，则从图 3.1 可以得到：

$$A_1 = (p_2 - p_1)(q_1 - q_2)/2 = \Delta p \cdot \Delta q/2$$
$$A_2 = (c_1 - c_2)q_2 = \Delta c \cdot q_2$$
$$A_2 - A_1 = \Delta c \cdot q_2 - \Delta p \cdot \Delta q/2 \tag{3.1}$$

又因为需求弹性 η 为：

$$\eta = \frac{\Delta q/q_1}{\Delta p/p_1} \tag{3.2}$$

把等式（3.2）代入等式（3.1），当 $A_2 > A_1$，则

$$\frac{\Delta c}{p_1} - \frac{1}{2}\eta\frac{q_1}{q_2}\left(\frac{\Delta p}{p_1}\right)^2 > 0 \qquad (3.3)$$

当 $p_1 = c_1$ 时，即不存在市场势力，不等式（3.3）为：

$$\frac{\Delta c}{c_1} - \frac{1}{2}\eta\frac{q_1}{q_2}\left(\frac{\Delta p}{p_1}\right)^2 > 0 \qquad (3.4)$$

如果控制权变更前存在市场势力，即 $p_1 > c_1$，那么根据图 3.2，净福利 $A_2 - A_1$ 为：

$A_1 = \left[(p_1 - c_1) + (p_2 - c_1)\right](q_1 - q_2)/2$

$A_2 = (c_1 - c_2)q_2$

$A_2 - A_1 = (c_1 - c_2)q_2 - \left[(p_1 - c_1) + (p_2 - c_1)\right](q_1 - q_2)/2$

若令 $k = p_1/c_1$，则 $A_2 - A_1 > 0$ 可转化为如下形式：

$$\frac{\Delta c}{c_1} - \left[\frac{1}{2}k\left(\frac{\Delta p}{p_1}\right) + (k-1)\right]\eta\frac{\Delta p q_1}{p_1 q_1} > 0 \qquad (3.5)$$

如果控制权变更前存在市场势力，只要满足（3.5）式的条件；如果控制权变更前没有市场势力，只要满足（3.4）式的条件。因此控制权变更对整个经济的影响是正的；反之，是负的。如果 A_1 的面积恰好等于 A_2 的面积，那么控制权变更是中性的。

若令（3.4）式和（3.5）式为零，这时获得的成本节约与控制权变更的价格对福利的影响刚好抵消，那么 $\Delta c/c_1$ 即为抵消控制权变更的负影响所必须的成本节约率。

需要说明的是，这里是以把从消费者手中转让到生产者手中的效用看成是中性的假设为前提的，如果放宽这种假设，更着重于对消费者损失的考虑，则会增加控制权变更的社会成本，因而需要更大的成本节约才能使控制权变更对社会有益。

3.3 公司控制权变更的微观效率分析

大量研究表明，不论是在美国还是在欧洲、亚洲等国家中，大部分公司都具有较高的股权集中度。公司存在或不存在大股东在很多方面都是根本不同的。在股权高度分散的公司中，作为代理人的经理人员的行为选择有可能偏离并损害作为委托人的股东的利益，其原因在于，对代理人的监督成为一种"公共产品"，普遍存在的"搭便车"问题使得代理人只受到较少的监督。但在存在大股东的公司中，大股东会主动承担起监督代理人的责任，其原因在于，由于大股东在公司中拥有较大比例的股权份额，因此大股东从监督中获得的收益足以弥补其监督成本。在极端的情况下，大股东甚至会自己经营公司或者主动发起"接管"活动以加强对公司的控制。因此，在股权高度分散的公司中，公司治理的主要问题是"委托代理"问题，即股东如何选择管理者并对其施加适当的激励、约束问题；但在存在大股东的公司中，公司治理的主要问题已转变为大股东对小股东和其他企业价值最大化的"剥夺"以及对大股东滥用股权的监督问题（朱均笙，2002）。

集中和分散的所有权另外一个根本的不同在于，在这两种所有权结构下，公司控制权的转让方式也是不同的。在较为分散的所有权结构下，公司的控制权是"可竞争的"，潜在的竞争者可以通过直接购买股份或发出收购要约等方式获得公司的控制权，我们称这种控制权转让方式为公司控制权转让的"要约收购方式"；但在存在绝对控股股东的所有权结构下，公司的控制权是"不可竞争的"或"锁定的"，潜在的竞争者只有与控股股东谈判并经过后者的同意后才能获得公司的控制权，我们称这种方式为公司控制权的"协议转让方式"。

我们知道，掌握和运用公司控制权可以获得两方面的净收益，一为"控制权的共享净收益"，二为"控制权的私人净收益"。我们把由于大股东改善公司管理和监督所导致的公司价值提高称作"控制权的共享净收益"，因为这一价值提高的好处不仅由大股东享有，而是由公司所有的股东享有。它由公司价值提高与提高价值所付出的成本之差表示。大股东也可以利用所掌握的控制权攫取将小股东排除在外的公司收益。我们把这一收益称作"控制权的私人净收益"，因为它只由大股东私人享有。它是大股东私自攫取的公司收益与为此所付出的代价相减得出的。控制权的私人收益既可以是货币化的，如过高的报酬和支出，将公司资金用于获取私人收益，转移公司资源，利用内部信息，控制权的额外补贴等；也可以是非货币化的，如生产中的协同或大股东的私人声望以及来自权力和控制的效用等[①]。控制权的私人成本包括大股东剥夺其他相关利益者利益在近期所付出的寻租成本和在远期存在声誉下降的风险等。假设公司控制权的在职拥有者和潜在拥有者之间的主要区别在于他们获取控制权收益的能力从而影响公司价值的能力不同。为了论述的方便，假设某一公司控制权的在职拥有者获取控制权共享收益为 Va，获取该共享收益大股东花费的成本为 Ca，那么共享净收益的能力为 Ra（$Ra = Va - Ca$）。获取控制权私人收益为 Pa，获取该私人收益所花费成本为

---

① 控制权的共享净收益和控制权的私人净收益的存在可以通过对大宗股份转让价格的分析得到验证。在大宗股份转让中对三种股票价格的分析是重要的：转让宣布前的交易价格、转让时的交易价格和宣布后的交易价格。如果转让时的价格高于宣布后的交易价格，这是因为购买者获得了控制权的私人净收益；如果转让时的价格高于宣布前的交易价格，这一溢价或者反映了控制权的共享净收益，或者反映了控制权的私人净收益，或者二者兼而有之。

Ka，则该股东私人净收益的能力为 Ha（$Ha = Pa - Ka$），相应地，假设某一潜在拥有者的上述两种净收益分别为 Rc 和 Hc，其中 $Rc = Vc - Cc$，$Hc = Pc - Kc$，这里 Vc、Cc、Pc、Kc 分别表示控制权共享收益和取得共享收益的成本、私人收益和取得私人收益的成本。$Rc - Ra = \Delta R$、$Hc - Ha = \Delta H$，对控制权变更双方主体可能的选择进行分析，得到的备选博弈结果（当然如果要模拟真实变更演进，必须考虑到双方的能力大小和发生变更的概率大小）如表3.1 所示。

表3.1 控制权变更的效率分析

可能变更情况	含 义	股东价值最大化观点效率评价	企业价值最大化观点效率评价	图3.3 中对应位置
（1）$Rc > Ra$ 且 $Hc > Ha$	新控制者获取共享净收益和私人净收益的能力均大于原控制者	严格有效率	如$\triangle R > \triangle H$,有效率;如$\triangle R < \triangle H$,无效率	MEDG 矩形区域
（2）$Rc > Ra$ 且 $Hc = Ha$	新控制者获取共享净收益能力大于原控制者,但获取私人收益能力上两者相等	严格有效率	严格有效率	线段 ME
（3）$Rc > Ra$ 且 $Hc < Ha$	新控制者获取共享净收益能力大于原控制者,但获取私人净收益能力小于原控制者	若$\triangle R > \triangle H$,有效率;若$\triangle R < \triangle H$,无效率	严格有效率	MNFE 矩形区域
（4）$Rc = Ra$ 且 $Hc > Ha$	新控制者获取共享净收益能力等于原控制者,但获取私人净收益能力大于原控制者	严格有效率	严格无效率	线段 DE
（5）$Ra = Rc$ 且 $Hc = Ha$	新控制者获取共享净收益和私人净收益的能力均等于原控制者	严格无效率	严格无效率	E 点

可能变更情况	含　义	股东价值最大化观点效率评价	企业价值最大化观点效率评价	图 3.3 中对应位置
(6) $Ra = Rc$ 且 $Hc < Ha$	新控制者获取共享净收益的能力等于原控制者,但获取私人收益的能力小于原控制者	严格无效率	严格无效率	线段 AB
(7) $Rc < Ra$ 且 $Hc > Ha$	新控制者获取共享净收益的能力小于原控制者,但获取私人净收益能力大于原控制者	若 $\triangle R < \triangle H$,有效率;若 $\triangle R > \triangle H$,无效率	严格无效率	BCDE 矩形区域
(8) $Rc < Ra$ 且 $Hc = Ha$	新控制者获取共享净收益的能力小于原控制者,但获取私人净收益的能力等于原控制者	严格无效率	严格无效率	线段 BE
(9) $Rc < Ra$ 且 $Hc < Ha$	新控制者获取共享净收益和私人净收益的能力均小于原控制者	严格无效率	严格无效率	ABEF 矩形区域

资料来源：作者整理。

　　我们认为评价公司控制权效率的标准，不同的理论指导能得出不同的结论。在企业理论制度史上，存在股东价值最大化主义观点和相关利益者观点。股东价值最大化主义观点主要是基于传统经济发展平台，评价的角度主要是从实物资本出发，包括股权资本和债权资本。其主要理论基础是经纪人假说和效用最大化观点。如果某项经济活动符合资本回报最大化，实现股东利益最大回报，那么我们认为该经济活动是有效的。另一种理论观点则是随着新经济发展和全球经济民主化发展，不仅仅从实物资本角度，而且从人力资本出发来考虑经济活动的经济效率。由于企业目标的多重性，把企业目标等同于利益相关者中任何一方或几方

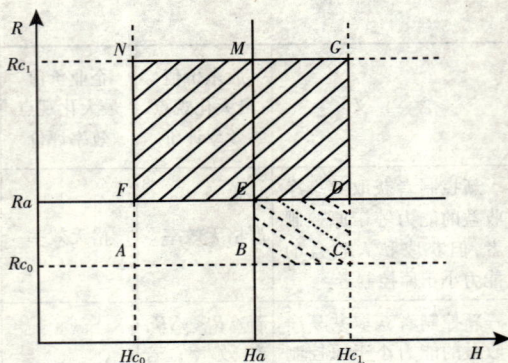

图 3.3　控制权变更的效率分析

注：图中实线为实际位置，虚线为可能位置。阴影部分 NGDF 为企业价值最大化观点评价控制权有效率变更区域。阴影部分 NGDF 和 BCDE 为股东价值最大化观点评价控制权变更有效区域。

假定 1：$ME（\triangle R）>ED（\triangle H）>0$；

假定 2：$ME（\triangle R）>EF（\triangle H）>0$；

假定 3：$BE（\triangle R）>BC（\triangle H）>0$。

的目标都是不准确的。从企业角度看，所有权以两种不同形态存在着：其一是企业所有权；其二是资本所有权。从静态看，企业是一系列契约的集合，表现为法律制度框架，包括相关利益者的共同契约和资本、劳动的单一治理契约。从动态来看，企业是一种再谈判机制，利益相关者之间的企业所有权分配只是一种准解决状态，企业的利益格局始终是动态调整的。按照企业利益最大化的观点，从公司控制权变更的可能结果来看，表 3.1 中的（2）和（3）两种变更情况是严格有效率的，即要使控制权转让有效率的充要条件为 $Ra > Rc$ 且 $Ha \leqslant Hc$；（4）、（7）和（8）三种变更情况是严格无效率的，即公司控制权无效率转让的充要条件 $Ra \leqslant Rc$ 且 $Ha \geqslant Hc$。如果公司控制权转让完全是一种市场化行为，则（5）、（6）和（9）三种变更情况不会发生，但在特殊情

况下（如政府行为推动等）也可能发生，也是无效率的。表 3.1
中的（1）这种情况比较特殊，可作具体分析如下：如果 $\Delta R >
\Delta H$，转让就是有效率的；如果 $\Delta W = \Delta B$，就与（5）这种情况类
似，是无效率的（考虑到转让成本的存在）；如果 $\Delta R < \Delta H$，转
让也是无效率的。按照股东价值最大化观点，在控制权变更的可
能结果中，（1）、（2）和（4）三种变更情况表明控制权变更有
效率的充要条件为 $Rc > Ra$ 且 $Hc \geqslant Ha$ 或者 $Rc \geqslant Ra$ 且 $Hc > Ha$ 两
种情形。严格无效率是（5）、（6）、（8）和（9）几种情况，表
明控制权变更无效率的充要条件为 $Rc < Ra$ 且 $Hc \leqslant Ha$ 或者 $Rc =
Ra$ 且 $Hc \leqslant Ha$。这表明如果完全按照市场机制配置控制权，根据
经济人假设和效用最大化原则，按照帕累托最优和福利经济学来
度量这几种情况将不会发生。另外，（3）和（7）两种情况属于
有条件的效率变更，基本原则是在变更发生时，如果共享净收益
和私人净收益的总和大于 0，那么我们认为从股东角度来说，资
本得到了较优配置，资本的剩余要求权和控制权得到了满足。

3.4　控制权并购交易博弈均衡模型

哈特等人近期的研究成果证明，企业所有权可以用剩余控制
权来定义。其中，剩余控制权是指"决定资产最终契约所限定的
特殊用途以外如何被使用的权利"（Grossman & Hart，1986；Hart
& Moore，1990），简称企业控制权。我国国有企业形成的历史特
殊性决定了任何国有企业都不能消除关于如何使用企业各种资源
的决策过程和决策权（周其仁，1997）。在此把我国企业控制权
理解为广泛意义上的控制权，不仅包括企业经营权，也包括授予

企业经营管理人员特定控制权以外的契约控制权（接近法玛和詹森所指"决策控制权"，即剩余控制权）。因而在此把企业控制权定义为：企业经营者排他性使用各种企业资源的决策权。

控制权收益主要指各种非货币形态收益，包括指挥别人带来的满足感、可享受到的有形和无形在职消费，甚至还包括可以利用控制权进行寻租的机会和权利，比如大股东利用控制权优势侵占中小股东的收益和经营者利用控制权牟取出资者利益。一般而言，货币收益（资本增值和投资机会获利等）由企业所有者——剩余索取者占有，控制权收益（非货币收益）由拥有企业控制权的内部经理人员直接占有，但是在某种情况下，控制权的非货币收益转化为货币收益，当然这种货币收益是控制权实际拥有者采取非正当手段获取的，这种情况也是各种证券市场制度设计者要极力规避和改进的。由于存在外部经理人市场，企业经营管理者获取企业控制权的前提除了该经理人才智方面的基本因素外，在目前缺乏行之有效的监督机制条件下，掌控企业控制权的另一个非常重要因素是该经理人的好声誉。下面试利用企业声誉模型构建控制权并购交易博弈均衡分析。

3.4.1 控制权收益静态模型

股东因为拥有财产所有权进而拥有企业所有权才具备权利竞争力，所有资本财产所有权是股东获取企业权利的决定因素。对于股东来说，影响控制权争夺的主要因素是股东股权比例和股东占有企业股权数量占自己总资产比例。股东控制权争夺基本要素（刘冰，2002）为：$R_g = \alpha f(a)$，$\alpha = f(\varepsilon)$，其中，$0 < \alpha \leq 1$，$0 < \varepsilon \leq 1$。a，α，ε 分别表示股东股权比例、股东争夺控制权的积极性和股东占有企业股东数量占自己财产的比例。一般来说，$a \uparrow$，$R_g \uparrow$；$\alpha \uparrow$，$R_g \uparrow$。$\alpha \uparrow$ 同时 $a \downarrow$，或者 $\alpha \downarrow$ 同时 $a \uparrow$，则 $R_g \downarrow$。

在本模型中，我们假定企业经营者拥有企业股份为 β（$0 < \beta <$

1），企业其他（$1-\beta$）股份配置给大股东和众多小股东等额拥有。其中大股东拥有股份 a_1，其中，（$1-\beta$）$\geqslant a_1$，其余的（$1-a_1-\beta$）由众多分散的小股东等额拥有。为分析便利，这里假定企业内部各股东之间收益函数是一致的。实际上，股东之间的利益往往是不一致的。大股东对企业的控制在一定程度上存在对小股东的损害（Grossman & Hart，1988；Harris & Wnviv，1988）；大股东之间也有利益不一致（Jeffery，1995），大股东对更大股东（超大股东）的控制收益有分享作用，这种分享作用与大股东集团的所有权大小和大股东数量有关。具体而言，当大股东数量没有达到一定限度，无法分享控制权收益，即超大股东存在对其他大股东损害；当超过这一限度后，分享控制权收益与大股东数量具有凹性关系（周刚等，2002）。

为验证假说，这里使用变量（Johnson et al，2000；王克敏等，2002）如下。企业经营者拥有公司现金流量部分为 b_1（$0 \leqslant b_1 \leqslant 1$），余下部分假定由股东根据资本同权原则分享，具体为大股东 a_1（$1-b_1$），小股东为（$1-a_1-\beta$）（$1-b_1$），其中 a_1（$1-b_1$）$\geqslant$（$1-a_1-\beta$）（$1-b_1$），即 $a_1 \geqslant$（$1-\beta$）/2。企业留存收益为 I。企业经营者能从留存收益中转移 S_1 作为私有财产，大股东通过转移价格等方式能从留存收益中转移 S_2 为私有利益，当然两者都能利用转移利润 S_1、S_2 获取收益。其中，S_1 代表被企业经营者侵占的公司利润数量，S_2 代表被大股东侵占的公司利润数量。大股东和企业经营者从公司侵占利润数量总额为 S，在此我们定义 $S = S_1 + S_2$。

在模型中，我们强调的是所有权结构在侵害激励机制中起关键作用。假设侵占是有成本的，企业经营者侵占数量为 S_1 的资产所负担的成本为 C（S_1）$= S_1^2/2k_1b_1$，大股东侵占数量为 C（S_2）$= S_2^2/2k_2a_1$（$1-b_1$）。其中，k_1，k_2 代表企业经营者和股东通过金字塔形的所有权结构及其持有的优先股份从而使其现金流量所有权具有更高控制权能力。一个较大的现金流量所有权杠杆 k 意味着侵占的成本较少，因为企业经营者和大股东对企业具有更加有效地控制。从上述假设中可以看出，$S - C(S)$ 对 S 是下凹的，即随着侵占数量增加，侵占边际价值下降。

由于投资者的风险规避性影响到其经济行为。一般地，我们假设企业经营者和大股东都具有不变地风险规避度，分别为 R 和 r。我们假设，公司企业经营者和大股东除去侵占后的留存利润存在 n 个投资机会选择（投资项目），每个投资机会都产生收益总额为 π，包括可观测和可证实的显性收益率 $\pi_1 > 1$，同时还产生不可观测且不可证实（或可观测但不可证实）的隐性收益 $\pi_2 > 1$，$\pi = \pi_1 + \pi_2$。按照拥有公司现金流比例收益分配原则，大股东利益最大化为：

$$\max_{s_2} U(S_2;\pi,k_2,b_1,a_1,r) = ra_1(1 - b_1)(\pi_1 + \pi_2)(I - S_1 - S_2) + S_2 - C(S_2)，即$$

$$\max_{s_2} U(S_2;\pi,k_2,b_1,a_1,r) = ra_1\pi(1 - b_1)(I - S) + S_2 - \left[S_2^2/2k_2a_1(1 - b_1)\right] \tag{3.6}$$

企业经营者利益最大化为：

$$\max_{s_1} U(S_1;\pi,k_1,b_1,R) = Rb_1(\pi_1 + \pi_2)(I - S_1 - S_2) + S_1 - C(S_1)，即$$

$$\max_{s_1} U(S_1;\pi,k_1,b_1,R) = Rb_1{}^*\pi(I - S) + S_1 - S_1^2/2k_1b_1 \tag{3.7}$$

上述（3.6）式和（3.7）式表明企业所有权结构存在激励和控制两方面效应。一方面，两式右端第一项表示所有权的激励效应，即现金流量所有权水平 $a_1(1 - b_1)$ 和 b_1 代表了由于大股东和企业经营者较多侵占而造成的较少投资，从而给相关利益者（企业经营者给股东，大股东给高级管理层、员工和债权人等）

带来的损失。等式右端第三项表示所有权结构的控制效应，即随着企业经营者和大股东的控制权 $k_2 a_1 (1 - b_1)$ 和 $k_1 b_1$ 的上升，侵占成本下降。通过对上面两式求导，求出最优侵占量如下。

大股东最优侵占量：

$$S_2{}^* (\pi, k_2, a_1, b_1, r) = k_2 a_1 (1 - b_1) [1 - \pi r a_1 (1 - b_1)]$$

企业经营者最优侵占量：

$$S_1{}^* (\pi, k_1, b_1, R) = k_1 b_1 (1 - R \pi b_1)$$

在考虑到侵占量情况下，大股东最优持股量：

$$a_1{}^* = \frac{S_1}{(1 - b_1) \sqrt{2 k_2 r (I - S)}}$$

假设侵占总量少于留存利润 I。企业股票总价值为企业总价值减去被大股东和企业经营者侵占的资产价值，表述如下：

$$V^* = \pi (I - S_1 - S_2) = \pi \{ I - k_1 b_1 (1 - R \pi b_1) -$$
$$k_2 a_1 (1 - b_1) [1 - \pi r a_1 (1 - b_1)] \}$$

显然，从上式可以看出，企业价值 V 是大股东股份 a_1 的凹函数，因此存在如下命题：①企业价值 $V(a_1)$ 是大股东股份 a_1 的凹函数，并且当且仅当 $a_1{}^*$ 配置给大股东而其余 $(1 - \beta - a_1{}^*)$ 等额配置给分散小股东时，企业价值最大。②从大股东最优持股量等式可以看出：其他因素不变，$b_1 \uparrow$，$a_1{}^* \uparrow$；其他因素不变，$r \downarrow$，$a_1{}^* \uparrow$；其他因素不变，$k \downarrow$，$a_1{}^* \uparrow$。因此，大股东拥有的最优股份与其风险规避度和公司所有权结构存在某种反向关系，而与企业经营者所拥有的公司现金流部分存在某种正向关系。这表明，随着股东拥有的股份增加，企业经营者从公司内部进行控制的收益也在增强；股东趋向于提高本身拥有的股份份额，从而适度规避风险。

3.4.2 控制权收益侵占不完全信息动态博弈模型①

在上述模型中，我们考虑的是控制权侵占的静态模型。有关经营者和股东之间的控制权安排的博弈模型分析较多，Holmstrom（1982）在 Fama（1980）思想基础上，建立了代理人声誉模型，直接证明了声誉可以作为显性激励的替代物，从而为声誉对企业经营者激励效应问题研究首开先河。国内，李军林（2002）指出：声誉效应是企业经营者的重要激励机制，在声誉效应激励下，国有企业经理人员（尤其杰出经营者）运作企业控制权具有经济效率。为简便起见，我们利用 Kreps 和 Wilson（1982）以及 Milgrom 以及 Roberts（1982）的声誉模型分析大股东对相关利益者的不完全信息动态博弈。

我们构建大股东的单阶段效应函数如下：

$$U = -\frac{1}{2}\pi^2 + \phi(\pi - \pi^e) \tag{3.8}$$

这里 π（$0 < \pi < 1$）代表大股东对企业相关利益者剩余的实际侵占率（可表示为大股东超出股份和规定之外赢得的收益和对利润的占有率），也可以理解为大股东对企业的一种无效渎职行为（包括推卸责任、滥用公司各相关利益者资金、利用身份地位直接侵占公司财产等）。π^e（$0 < \pi^e < 1$）表示各相关利益者对大股东侵占的预期侵占率。ϕ 表示大股东类型。$\phi = 0$ 表示合作型大股东，即该大股东不侵占相关利益者的剩余，或者说大股东行为对企业经济有效；$\phi = 1$ 表示非合作性大股东，即大股东侵占相关利益者剩余，其行为对企业是无效的。在此假定 $\phi = 0$ 的先验概率为 p_0，$\phi = 1$ 的先验概率则为 $1 - p_0$（即在 $t = 0$ 时，相关利益者认为大股东为合作型的概率为 p_0；不合作型的概率为 $1 - p_0$）。

---

① 声誉模型分析参考了张维迎（2000）的研究，但是作者进行了深化。

方程（3.8）说明：①若 $\phi=0$，即大股东为合作型时，方程
（3.8）变为 $U=-\frac{1}{2}\pi^2$，只有大股东不侵占相关利益者剩余时，
即 $\pi=0$ 时才能使其效用最大化，而对于合作型大股东来说，不
侵占相关利益者剩余是其最佳选择，这与其类型是一致的。②若
$\phi=1$，即大股东为非合作型时，由于 $0\leq\pi\leq1$，只要 π^e 充分小，
就能保证不等式 $U=-\frac{1}{2}\pi^2+\pi-\pi^e\geq0$ 恒成立。因为 π^e 为相关
利益者对大股东的预期侵占率，我们假定大股东是理性的，他明
确与相关利益者之间是一个多次重复博弈，为了获取长期效用最
大化，大股东可能会在博弈最后一个阶段之前一直采取合作策
略，大股东对相关利益者的预期侵占率随着合作推进其边际效用
不断减少。这作为一个不完全信息重复博弈纳什均衡，随着博弈
次数增加，π^e 值不断减少（Kreps et al，1982）。$U\geq0$ 意味着：
①大股东不侵占相关利益者剩余带来了收益，优于一开始就侵占
的策略。②大股东侵占相关利益者剩余能为其带来效用增加，同
时大股东是非合作型的。③效用函数方程（3.8）能反映两种类
型大股东行为偏好，这与模型假设和实际分析在逻辑上是一致
的。否则，若 π、π^e 不能使企业大股东效用 $U\geq0$，非合作型大股
东就没有合作必要，模型就与实际问题大相径庭。同时对大股东
类型 ϕ 的设定使我们把分析重点放在非合作型大股东上（即 $\phi=0$
类型大股东）。

在单阶段博弈中，因为 $U=-\frac{1}{2}\pi^2+\pi-\pi^e$，所以 $\frac{\partial U}{\partial\pi}=1-\pi$，
故企业大股东最优侵占率为 $\pi^*=1$，且 $\phi=1$。此时 $U=-\frac{1}{2}$，
$\pi^*=\pi^e=1$，即相关利益者的预期侵占率与大股东实际侵占率相等。
这说明在一次性博弈中，理性的非合作大股东是没有必要合作的。

假定博弈重复 t 阶段。令 Y_t 为 t 阶段企业大股东选择合作型策略的概率，X_t 为相关利益者认为大股东选择合作型策略的概率。在均衡条件下，$X_t = Y_t$。如果在 t 阶段相关利益者没有观测到大股东侵占行为（即 $Y_t = 1$），那么根据贝叶斯法则（Bayes Rules），相关利益者在 $t+1$ 阶段认为大股东是合作型的后验概率为：

$$P_{t+1}(\phi = 0/\pi_t = 0) = \frac{P_t \times 1}{P_t \times 1 + (1 - P_t)X_t} \geqslant P_t \qquad (3.9)$$

其中 P_t 是 t 阶段大股东为合作型的概率，1 是合作型大股东不侵占相关利益者剩余的概率。方程（3.9）说明：如果大股东没有侵占剩余，相关利益者认为大股东是合作型的概率向上调整（若 $X_t \leqslant 1$，严格不等式成立；若 $X_t = 1$，等式成立）。这表明如果大股东本期选择合作从而不侵占剩余，那么相关利益者认为大股东在下期是合作类型的概率是递增的。即在这种情况下，大股东获取声誉和信任的机会增大，从而有可能取得长期收益。

如果大股东本期选择不合作（$Y_t = 0$），则相关利益者认为大股东下期是合作型的概率为：P_{t+1}（$\phi = 0/\pi_t = 1$）$=$ $\frac{P_t \times 0}{P_t \times 0 + (1 - P_t)X_t} = 0$，这就是说，如果相关利益者本期观测到大股东侵占其剩余，那么就知道大股东是非合作型的，在下一阶段大股东将会面临失去声誉和信任的危险。因此不到最后阶段，大股东选择不合作的侵占行为是非理性的，这也是在本质上不合作大股东有积极性合作的原因。

让我们考虑最后两个阶段的博弈解。在 t 阶段（最后阶段），大股东没有必要建立合作声誉，非合作型大股东的最优选择是 $\pi_t = \phi = 1$，相关利益者对大股东侵占的预期侵占率为：$\pi_t^e = \pi_t \times (1 - P_t) = 1 \times (1 - P_t) = 1 - P_t$，非合作型大股东此时的效用水平为：

$$U_t = -\frac{1}{2}\pi_t^2 + (\pi_t - \pi_t^e) = -\frac{1}{2} + [1 - (1 - P_t)]$$

$$= P_t - \frac{1}{2} \tag{3.10}$$

方程（3.10）表明：因为 $\partial U_t / \partial P_t = 1 > 0$，非合作型大股东最后阶段的效用是声誉的增函数。$P_t$ 越大，即以前相关利益者越认为大股东是合作型的，该大股东在最终阶段侵占相关利益者剩余带来的效用就越大。若 $P_t = 0$，即非合作型大股东在此之前侵占了剩余，非合作型大股东在最终就得不到信任和声誉带来的好处。这也说明，如果没有制度约束，在最后阶段大股东可以不管声誉，大肆侵占其他相关利益者剩余。

现在考虑 $t-1$ 阶段大股东的行为选择。假定非合作型大股东在 $t-1$ 阶段前选择不侵占相关利益者剩余，因而由方程（3.9）可知，$P_{t-1} > 0$，相关利益者认为非合作型大股东的预期侵占率为：

$$\pi_{t-1}^e = \pi_{t-1}^* \times (1 - P_{t-1})(1 - X_{t-1})$$

$$= 1 \times (1 - P_{t-1})(1 - X_{t-1}) \tag{3.11}$$

其中 $\pi_{t-1}^* = 1$ 为 $t-1$ 阶段的最大侵占率（即大股东 100% 侵占），$(1 - P_{t-1})$ 为大股东在 $t-1$ 阶段为非合作类型概率，$(1 - X_{t-1})$ 为相关利益者认为非合作型大股东侵占剩余的概率。

令 δ 为大股东的贴现因子，它用来表示大股东本期和下期效用之间的贴现关系，也可以表示非合作型大股东冒充合作型大股东的耐心程度。为简单起见，在此仅考虑纯战略，即 $Y_{t-1} = 0, 1$（因为当两种纯战略带来的期望效用相等时，参与人才会选择混合战略，知道了最优战略条件也就知道了混合战略条件）。

在 $t-1$ 阶段，大股东有侵占相关利益者剩余和不侵占相关利益者剩余两种战略选择，两种战略选择所形成的总效用增加如下：

（1）若非合作型大股东在 $t-1$ 阶段选择侵占相关利益者剩余，即 $Y_{t-1}=0$，$\pi_{t-1}{}^{*}=\pi_{t-1}=1$，则 $P_t=0$，即在 $t-1$ 阶段，相关利益者观测到由此引起的企业效益下降后，在 t 阶段肯定认为该大股东不可能是合作类型的（$P_t=0$）。此时，由于 $\pi_t{}^e=1-P_t$，$\pi_t=1$；而 $P_t=0$，故 $\pi_t{}^e=\pi_t=1$。假设相关利益者在 $t-1$ 阶段的预期侵占率为 $\pi_{t-1}{}^e$，由方程（3.10）和方程（3.11）及其上面已知条件可知，那么非合作型大股东的总效用为：

$$U_{t-1}(\phi=1)+\delta U_t(\phi=1)=-\frac{1}{2}\pi_{t-1}{}^2+(\pi_{t-1}-\pi_{t-1}{}^e)+$$
$$\delta\left[-\frac{1}{2}\pi_t{}^2+(\pi_t-\pi_t{}^e)\right]$$
$$=-\frac{1}{2}+1-\pi_{t-1}{}^e-\frac{1}{2}\delta$$
$$=\frac{1}{2}-\pi_{t-1}{}^e-\frac{1}{2}\delta \tag{3.12}$$

其中 $\pi_{t-1}{}^e$ 结果如方程（3.11）所示。

（2）若非合作型大股东在 $t-1$ 阶段选择不侵占相关利益者剩余，即 $Y_{t-1}=1$，且 $\pi_{t-1}=0$，则非合作型大股东的总效用函数为：

$$U_{t-1}(\phi=1,\pi_{t-1}=0)+\delta U_t(\phi=1,\pi_t=0)$$
$$=-\frac{1}{2}\pi_{t-1}{}^2+(\pi_{t-1}-\pi_{t-1}{}^e)+\delta\left[-\frac{1}{2}\pi_t{}^2+(\pi_t-\pi_t{}^e)\right]$$
$$=-\pi_{t-1}{}^e+\delta(P_t-\frac{1}{2}) \tag{3.13}$$

因此，若（3.13）式大于（3.12）式，则表示大股东在 $t-1$ 阶段不侵占相关利益者剩余的行为要优于侵占相关利益者剩余行为。故若下列条件满足，则 $\pi_{t-1}=0$ 要优于 $\pi_{t-1}=1$：

$$-\pi_{t-1}{}^e+\delta\left(P_t-\frac{1}{2}\right)\geq\frac{1}{2}-\pi_{t-1}{}^e-\frac{1}{2}\delta\Rightarrow P_t\geq\frac{1}{2\delta}$$

因为在均衡条件下，相关利益者的预期 X_{t-1} 等于大股东的选择 Y_{t-1}，则若 $Y_{t-1}=1$ 构成非合作型大股东的均衡战略，$X_{t-1}=1$，从而 $P_t=P_{t-1}$。因此上述条件意味着：

$$P_{t-1} \geqslant \frac{1}{2\delta} \tag{3.14}$$

就是说，如果相关利益者在 $t-1$ 阶段认为大股东是合作型大股东的概率不小于 $1/2\delta$，非合作型大股东就会假装合作型大股东，即非合作型大股东选择不侵占相关利益者剩余要优于侵占相关利益者剩余。换言之，大股东的声誉越好，维持声誉的积极性就越高。从而我们也可达到该博弈的纳什均衡战略：只要 δ 足够大，非合作型大股东在 $t-1$ 期选择不侵占相关利益者剩余，在 t 期选择侵占相关利益者剩余。

导致上述结论的原因是，非合作型大股东在选择 $t-1$ 阶段对策时，将面临眼前利益和未来利益的权衡。假设相关利益者不了解大股东真实类型（从而剩余预期侵占率 $\pi_{t-1}{}^e < 1$），若非合作型大股东在现阶段利用这个声誉侵占相关利益者剩余（即选择 $\pi_{t-1}=1$），其在现阶段效用为 $U_{t-1}(\phi=1,\pi_{t-1}=1)=\frac{1}{2}-\pi_{t-1}{}^e > -\frac{1}{2}$，

但是其声誉被毁坏后，其下阶段效用为 $U_t(\phi=1)=-\frac{1}{2} < P_t-\frac{1}{2}$。另一方面，若非合作型大股东把声誉保持到下阶段（即选择 $\pi_{t-1}=0$），其在现阶段的效用为 $U_t(\phi=1,\pi_{t-1}=0)=-\pi_{t-1}{}^e < \frac{1}{2}-\pi_{t-1}{}^e$，但在下阶段效用为 $U_t(\phi=1)=P_t-\frac{1}{2} > \frac{1}{2}$。因此，非合作型大股东的主要问题是在现阶段利用自己声誉还是在下阶段利用自己声誉。假如 P_{t-1} 足够大，δ 充分接近于 1，非合作型大股东的最优选择是下阶段（而不是现阶段）利用自己声誉。

即不合作型大股东的最优选择是在 $t-1$ 阶段都选择合作，最后阶段才选择侵占相关利益者剩余，从而实现自己长期效用最大化。事实上，如果 $P_{t-1} > \frac{1}{2\delta}$，在均衡情况下，相关利益者预期的大股东侵占率为 $\pi_{t-1}^e = (1-P_{t-1})(1-X_{t-1}) = (1-P_{t-1})(1-Y_{t-1}) = 0$，非合作型大股东在 $t-1$ 阶段的效用为 $U_{t-1}(\phi=1, \pi_{t-1}=0) = -\pi_{t-1}^e = 0$，即在任何情况下非合作型大股东都能获取最大效用。

该博弈均衡战略解的存在，必须 $P_{t-1} \geq \frac{1}{2\delta}$，即只要 δ 足够大，该式才能成立。由前述分析可知，δ 表示贴现因子，在分析大股东侵占的静态均衡模型时，由决定大股东权利竞争力模型，在此我们构建贴现因子函数为：

$$\delta = \frac{1}{r\phi(R_g)} = \frac{1}{r\phi[\alpha f(a)]} = \frac{1}{r\phi[f(\varepsilon) \cdot f(a)]}$$

其中 $0 < \alpha, \varepsilon, a \leq 1$，$a, \alpha, \varepsilon$ 分别表示股东股权比例、股东争夺控制权的积极性和股东占有企业股份数量占自己财产的比例。r 表示大股东风险偏好。

3.4.3　董事会独立性和总经理控制权监督的博弈分析

国内外学者通过大量建立模型来研究董事会和总经理行为，主要是分析董事会成员选举过程以及董事会如何发挥作用。这里我们把选取董事会成员的过程假设为一个以总经理为首的经理人员与董事会（或者是总经理和董事会）之间的谈判对策模型。由于在我国上市公司的董事会和高管人员构成中，存在严重的内部人控制问题，为简便起见，这里我们假定模型的行为主体是董事会和公司总经理。模型主要分析在控制权委托代理过程中，董事会和作为代理人主体的总经理行为博弈过程，涉及总经理面对控制权的努力程度和董事会监督总经理的成本和收益分析。

由于在固定工资下的监督问题比较简单，而且随着现代公司治理发展，经理期权方兴未艾，所以研究在激励工资下的监督问题更有现实意义。假定总经理选择努力水平为 a，假定总经理能力遵循均数为 u_1，方差为 σ_1 的正态分布 (u_1, σ_1)，那么总经理能力我们定义为 $\hat{u}$，由于董事会对现任总经理能力的了解程度比新任总经理要多，即 $\sigma > \sigma_0$，σ 是对现任总经理能力的评价精确度，比对新任总经理的评价要高些。董事会的期望收益为 $B(a, \hat{u})$，$C(a, \hat{u})$ 为成本函数，$C' > 0$，$C'' > 0$，且 $C(0, 0) = 0$。为简便起见，我们假定 a 只有两个取值：$a = 0$ 表示偷懒；$a = 1$ 表示工作。董事会的期望收益为 $B(a, \hat{u})$。假定工资合同为 $w = \alpha + \beta x$。董事会观测信息为 $x = a + \hat{u} + \varepsilon$，其中 ε 服从正态分布 $(0, \sigma^2)$。如果总经理具有不变绝对风险规避度，总确定性等价收入为：

$$T = B(a, \hat{u}) - \frac{1}{2}\rho\beta^2\sigma^2 - C(a, \hat{u})$$

最优化意味着：

$$\beta = \partial C/\partial a + \partial C/\partial \hat{u} \text{（总经理）}$$

$$\beta = \frac{\partial B/\partial a + \partial B/\partial \hat{u}}{1 + \rho\sigma^2(\partial^2 B/\partial a^2 + \partial^2 B/\partial \hat{u}^2)} \text{（董事会）}$$

上述条件意味着，σ^2 越大，总经理得到的激励越小，总确定性等价收入越低，即代理成本越高。

为简单起见，在此假定 $B(a, \hat{u}) = a + \hat{u}$，$C(a, \hat{u}) = a^2/2 + \hat{u}^2/2$，因而 $\partial B/\partial a = 1$，$\partial B/\partial \hat{u} = 1$，$\partial C/\partial a = a$，$\partial C/\partial \hat{u} = \hat{u}$，$\partial^2 C/\partial a^2 = 1$，$\partial^2 C/\partial \hat{u}^2 = 1$。那么，总确定性等价收入为：

$$T = \beta - \frac{1}{2}\rho\beta^2\sigma^2 - \frac{1}{2}\beta^2 = \beta - \frac{1}{2}\beta^2(1 + \rho\sigma^2) = \beta - \frac{1}{2}\beta^2 \times \frac{1}{\beta}$$

$$= \frac{1}{2}\beta = \frac{1}{2}\left(\frac{1}{1 + \rho\sigma^2}\right)$$

显然，如果董事会要降低方差 σ^2，总确定性等价收入就可以提高。降低 σ^2 的办法是加强监督，但是监督是要花费成本的，董事会必须在收益和成本之间寻求平衡。令 $M(\sigma^2)$ 为监督的成本函数，满足 $M(\infty)=0, M(0)=\infty$，$M'(\sigma^2)<0$ 且 $M''(\sigma^2)>0$。净福利函数为：

$$\pi(\sigma^2)=\frac{1}{2}\left(\frac{1}{1+\rho\sigma^2}\right)-M(\sigma^2)$$

董事会的问题是选择最大化上述福利函数的 σ^2。最优化福利条件为：

$$\frac{1}{2}\frac{\rho}{(1+\rho\sigma^2)^2}=-M'(\sigma^2)$$

上述简化分析没有考虑一些重要因素。为了分析这些因素效应，现在假定：$B(a,\hat{u})=h_1 a+h_2\hat{u}-km_1$，$M(a,\hat{u})=m_2/\sigma^2+[pT+(1-p)\max\{0,\hat{u}\}-\bar{k}m_1]/\sigma^2$，$C(a,\hat{u})=b_1 a^2/2+b_2\hat{u}^2/2$，在此我们可以将 h_1、h_2 分别解释为总经理努力和能力的边际生产率，m_1 是董事会获取总经理信息 X 的概率，其意义在于描述董事会对总经理监督强弱。董事会监督无效程度为 km_1，m_1 为严格的凸函数，k 是董事会不愿意行使监督职权程度。$p(0<p<1)$ 是董事会对总经理监督的概率，m_1 可表示为 $m_1=d(p)$，且 $m_1''<0$。$\bar{k}$ 表示某种程度上董事会的集体偏好，而且一般而言，根据投票原理，$\bar{k}$ 多数情况下取中间值。m_2 解释为监督的困难程度（m_2 越大，监督越困难）。b_1、b_2 解释为努力和能力的边际成本系数（b_1、b_2 越大，边际成本越高）。

最优化条件为：

$$\beta=C'(a,\hat{u})=b_1 a+b_2\hat{u}\,(总经理)$$

$$\beta=\frac{B'}{1+\rho\sigma^2 C''}=\frac{h_1+h_2}{1+\rho\sigma^2(b_1+b_2)}\,(董事会)$$

总确定性等价收入为：

$$T = B(a,\hat{u}) - \frac{1}{2}\rho\beta^2\sigma^2 - C(a,\hat{u}) = h_1 a + h_2\hat{u} - km_1 -$$

$$\frac{1}{2}\rho\beta^2\sigma^2 - \frac{b_1}{2}a^2 - \frac{b_2}{2}\hat{u}^2$$

董事会选择最优化为：

$$U = T - M(a,\hat{u})$$

则：

$$\partial U/\partial\sigma = \partial T/\partial\sigma - \partial M/\partial\sigma = 0$$

化简为：

$$\sigma^2 = \frac{1}{\rho\beta}\sqrt{2\rho[m_2 + pT + (1-p)\max\{0,\hat{u}\} - km_1]}$$

代入 $m_1 = d(p)$ 得：

$$\sigma^2 = \frac{1}{\rho\beta}\sqrt{2\rho[m_2 + pT + (1-p)\max\{0,\hat{u}\} - \bar{k}d(p)]}$$

对代理成本求导得：

$$\partial\sigma^2/\partial m_2 > 0, \partial\sigma^2/\partial\bar{k} < 0$$

$$\frac{\partial\sigma^2}{\partial p} = \frac{2}{\beta\sqrt{\lambda}}[T - \max\{0,\hat{u}\} - \bar{k}d'(p)]$$

其中：

$$\lambda = 2\rho[m_2 + pT + (1-p)\max\{0,\hat{u}\} - \bar{k}d(p)]$$

因为 $d''(p) < 0$，设 p_0 为董事会对总经理监督的概率极值点，则：

当 $p > p_0$ 时，$\partial\sigma^2/\partial p > 0$；当 $p < p_0$ 时，$\partial\sigma^2/\partial p$ 符号无法确定。

　　根据前面假设和分析，我们可以得出以下结论：① m_2 表示董事会对总经理监督困难程度，由分析 $\partial\sigma^2/\partial m_2 > 0$ 说明，监督越困难，监督边际成本越高，董事会监督积极性也就越低。当然，较多监督仅指董事会将选择较低的 σ^2，而并不意味着董事会在监督上花费较多的支出和精力。② $\bar{k}$ 表示某种程度上董事会的集体偏好，而且一般而言，根据投票原理，$\bar{k}$ 多数情况下取中间值。我们知道，在董事会和总经理就积极性和能力设计的控制权配置成本和收益谈判过程中，总经理如果要避免监督过多问题，可选择的策略之一为提高 $\bar{k}$ 值，减少董事会监督动力。$\bar{k}$ 值大小可说明董事会独立性强弱，董事会集体偏好函数表述为：$\bar{k} = f$（董事会构成，内部董事和外部董事及独立董事比例，董事会成员薪酬等），从上述分析 $\partial\sigma^2/\partial\bar{k} < 0$ 可知，随着董事会集体偏好的增强，即董事会独立性的增强，董事会对总经理监督费用将趋向于递减。这可能是 $\bar{k}$ 越大意味着董事会监督动力越低，从而对总经理监督成本也随之减少。③ $p(0 < p < 1)$ 是董事会对总经理监督的概率，m_1 可表示为 $m_1 = d\,(p)$，且 $m_1'' < 0$。从分析结果看出，当 $p > p_0$ 时，$\partial\sigma^2/\partial p > 0$；当 $p < p_0$ 时，$\partial\sigma^2/\partial p$ 符号无法确定。说明董事会对总经理的监督强度增加对监督成本的影响是递减的，在董事会对总经理监督的概率达到极值点之后，随着监督强度增大，监督成本下降，这或许是董事会监督也有其幅度，如果超出一定幅度范围，其监督动力就趋于下降，所以监督成本下降。这也说明董事会作为现代公司治理的一项主要制度设计有其本身局限性。在董事会不能发挥作用的地方，需要外部作用机制补充。这也与国外相关研究一致。在此之前，董事会对总经理监督强度对监督成本的影响是不确定的。

4 我国上市公司控制权的
变更现状分析

4.1 高管人员更换的文献综述

公司高层更换长期备受学术界关注和重视，主要原因有二：其一公司高层更换是"理解约束经理人力量的关键变量"（Jensen & Warner，1988），其二它是衡量公司内部治理效率的重要指标。相关文献研究内容主要包括以下三个方面。

一是高层更换在公司治理机制中的作用。一般认为，资本市场对公司治理机制失效存在一种长期的自动矫正机制，它能更换低效的经理层，鼓励经理层与股东利益保持一致。公司治理主要包括内部治理机制和外部治理机制。一方面，企业发挥重要作用的内部机制有：发挥董事会的监督作用（Fama，1980）；公司经理之间相互监督（Fama & Jensen，1983）；大股东监督（Shleifer&Vishny，1986）。在目标股份回购（绿箱）（Klein & Rosenfeld，1988）、不成功控制权争夺（DeAngel & DeAngelo，

1988；Mulherin & Poulsen，1994）、防卫性股份回购和特殊股利（Denis，1990）等措施之后紧接而来的是高级管理层频繁更换。这些研究暗示，内外力对管理层变动的可能性产生了一个强大的合力。然而，还不十分明确导致这些变动和其结果的力量之间相互作用的精确特性。另一方面，还有一种观点认为董事们在认识企业问题和反对高级官员过程中是无效的，尤其是在需要强硬决策来解决问题时更是如此。Jensen（1986）认为，当董事会失效时，敌意接管等外部控制机制发挥更大作用。Manne（1965）也指出，接管市场等外部机制能发挥矫正经理层低效的作用。Morck等（1989）研究发现，当公司绩效水平低于它所在产业平均水平时，董事会就比较容易评价高层管理者。当整个产业不景气时，董事会就很难判断管理者是否应为公司低效负责。在这些情况下，变更管理者的控制权竞争等外部机制就很有必要。

二是对高层更换本身的研究。主要包括：①高层更换原因，大量的研究集中在公司经营业绩的优劣、股权结构与高层更换之间的关系，分析经营业绩在更换高级管理人员中所起的作用，以探析公司治理的科学程度。例如，Martin 和 McConnell（1991）研究了控股权的转移是否会影响公司高级管理人员的更换，研究结果表明经营业绩低劣的公司容易发生控股权的转移，同时控股权的转移将提高高层更换的可能性。Gilson（1989）和 Hotchkiss（1995）研究了财务困境与高管人员更换之间的可能性等。Kang 和 Shivdasani（1995）、Denis 等（1997）分别分析了日本和美国上市公司股权结构对高层更换的影响。DeFond 和 Park（1999）专门研究了竞争对总经理更换的影响。Goval 和 Park（2001）研究了总经理与董事长兼任对高管更换的影响。②高层更换的变更机理。如高层更换中老的高管人员去了何处，新的高管人员来自哪里，又如外部独立董事与高管人员更换之间的关系。相关的研究如 Weisbach（1988），Parrino（1997）等。我国证券市场起步较晚，相关的研究更是寥若晨星。

三是高层更换的效应研究。主要包括两类指标：①会计绩效指标，研究高层更换前后经营业绩的变化趋势。相关的经验研究如 Murphy 和 Zimmerman（1993）分析了首席执行官更换前后经营业绩的变化，以及首席执行官更换对有关会计指标的影响。朱红军（2001）分析了我国上市公司高管人员更换的现状，考察了更换的原因以及可能引起的一些结果。研究结果发现，从对外披露的原因来看，辞职和工作调动是使用最多的托词。但是，高管人员的年龄、以前年度的经营业绩和大股东的更换是影响高管人员更换的重要原因。②市场绩效指标，研究高级管理人员的变化对股东财富或股票价格的影响，相关的研究有 Furtado 和 Rozeff（1987），Bonnier 和 Bruner（1989）等。Warner 等（1988）和 Weisbach（1988）的研究主要集中在股票和绩效收益以及首席执行官变动，Jensen 和 Murphy（1990）对绩效薪酬偿付进行了观测和研究了高层管理激励，Gibbons 和 Murphy（1990）主要研究对首席执行官相关绩效评价，Gilson（1990）研究了管理层变动和金融危机，Murphy 和 Zimmerman（1993）围绕管理层变动的绩效计量进行了研究，Blackwell 等（1994）在得克萨斯银行的内部绩效评价和绩效计量的研究，Borokhovich 等（1996）和 Parrino（1997）重点关注了首席执行官变动和局外人继任，Mikkelson 和 Partch（1997）研究的是接管行动和管理层变动之间的关系，Denis 等（1997）侧重于对管理层变动绩效关系的过程记载。

综观国内外研究，西方有关公司高层变更的研究较早，已经形成了比较成熟的理论体系，对指导西方公司治理实践发挥了重要作用（朱琪，2003）。但是相关研究主要集中在对宏观效应和微观作用机理的研究，并未对控制权变更过程中的相关指标进行细化，而且由于研究样本对象和研究期间的差异，不同研究者得出的研究结论往往难以一致。国内研究刚刚起步，主要集中在董事会的独立性、董事会规模、股权结构和公司绩效之间的关系方面。但是在这些研究中，股权结构中并没有突出控制权变更中大股东股权结构和公司股权集中度，而股权高度集中恰恰是我国股权结构的鲜明特征；绩效指标选取往往局限于某一类指标，未从动态和静态角度全面概括分析高管人员变更后财务指标和市场指标的变化。另外，相关研究在研究期间上所取区间往往较少，没有从中国控制权市场角度全面分析把握高管变动，尤其随着我国公司治理实践的研究和实践的不断深入发展，提出了许多全新的学术课题，这些都需要在研究中得到体现。

4.2 我国控制权变更现状分析

4.2.1 样本与高层更换的一般数据

4.2.1.1 样本公司高层变换现状

为保持样本数据连续性，取得较长的年份数据，同时考虑到我国上市公司上市初期的实际情况，按照国外文献的一致方法，我们根据《中国证券报》上公布的资产重组部分公告信息，按照1993年底之前上市的175家公司作为基准，首先排除2家遭停牌（琼民源和苏三山两家），然后从剩下的173家公司中随机地在沪深股市中各排除10家和7家公司，最后以这156家公司作为研究对象，收集这些公司1997—2001年各年上市公司兼并和收购中董事长和总经理（总裁）的变动情况，以某公司某年的高层更换情况作为一个观察值，则共得到780个观察值（156

个公司×5年=780公司·年）。另外随机选取了上市公司股权变动中大股东发生变更的公司249家（249个公司×1年=249公司·年）。共计405家样本公司。本书从我国实际情况出发，收集了以下三种更换的数据：①董事长（总经理）变动。是指董事长（总经理）不再担任原有职务。此类更换主要反映公司高层的总体变动情况。②董事长（总经理）非常规离职（Nonroutine Departure），这是指董事长（总经理）不再担任董事长和总经理的任一职位，其离职的当年的年龄低于59岁，并且其离职原因不属于常规离职，即不是由期满离任、换届改选、死亡、重大疾病和坐牢等自然更换和重大股权变动、重大升迁等非自然更换原因造成的。此类更换是由董事会主动作出的，其目的可能是约束管理层，是以董事会为核心的企业内部治理机制约束管理层的重大决策，因此，研究这些更换，从这些更换与其他因素（如股权结构、董事会构成和激励性报酬）的关系可以分析出各种因素对企业内部治理机制的影响。此类更换是国外分析企业内部治理机制的最重要切入点（Jensen，1993；Warner et al.，1988）③董事长（总经理）因股权变动离职。是指董事长（总经理）不再担任董事长和总经理的任一职位，并且是由于重大股权变动（控股股东或第二大股东变动）造成的。此类更换反映了股权变动（主要是通过收购）对高层更换的作用。样本公司每年各类高管变更具体情况见表4.1。

表4.1 样本上市公司高管变动情况（1997—2001）

年份 \ 更换	董事长更换			总经理更换		
	变动总数	非常规离职	股权变动离职	变动总数	非常规离职	股权变动离职
1997	38	12	28	53	28	23
1998	46	16	29	48	26	16
1999	55	21	33	76	37	25

更换年份	董 事 长 更 换			总 经 理 更 换		
	变动总数	非常规离职	股权变动离职	变动总数	非常规离职	股权变动离职
2000	69	20	49	89	43	31
2001	78	21	44	93	43	32
小 计	286	90	183	359	177	127
更换率	27.82%	8.75%	17.80%	34.92%	17.22%	12.35%

资料来源：作者根据《中国证券报》样本公司公告整理。

从表 4.1 中我们可以得出以下结论：

第一，从我国上市公司高层总体变动情况来看，这些公司的董事长和总经理变动率分别为 27.82%（286/1029）和 34.92%（359/1029），与其他国家和地区相比，这一数值超常地高。美国 CEO 变动率一般为 12% 左右，Gibson（2000）的研究中八个新兴市场（包括印度、巴西、韩国、马来西亚、中国台湾等）的平均 CEO 变动率为 12.2%。导致我国如此高的高层变动率的原因可能有以下几点：①我国上市公司业绩较差并呈逐年下降之势，有些上市公司只是通过业绩包装上市圈钱，上市后企业内部治理结构和管理机制并无根本改观，企业绩效每况愈下，这直接导致了高的高层变动率；并且，多种原因导致了频繁的股权变动和资产重组，这又导致了更多的高层变动。②与美英等国分散持股和德日等国交叉持股的治理模式不同，我国上市公司几乎都由国家或国有企业绝对控股，社会公众持有的流通股份有限，多数高层管理人员不是从经理市场中选拔的，而更多的是控股股东任命，其整体素质难以保证，这也导致了较高的高层变动率，在高层变动最频繁的 1999 年、2000 年、2001 年，很多高层更换是由于协议并购或者无偿划拨等重大股权变动造成的。③与我国证券市场制度设计有关。我国证券市场发展的历史表明，从一开始我国证券市场就是为解决我国国有企业融资不足而为这些企业提供造血功能，由于我国上市公司大部分由国有企业转制而来，不可避免受到政府机构影响，企业的政府主管部门受认识主体在时间和空间上的局限以及客观环境的不确定性等因素的影响，往往对企业高层仅凭一己好恶产生变更，而不是从经理人市场角度引入竞争机制产生更迭。④与我国经济转轨过程中市场监管的宏观发展环境也不无关系。我国正处于建设社会主义市场经济过程中，无论是企业理论还是企业改革和发展的实践都还处于一个不断认识和改进时期；中国证监会等上市公司监管部门在政策力度上和监管重点上也还存在一个不断摸索过程，这些客观情况使我国上市公司高管管理企业的风险大大增加。一旦企业内部股权发生变动和外部监管环境发生变化，上市公司高管不可避免要受到影响。

　　第二，从我国上市公司高层总体变动时间序列看，董事长变动的次数逐年增加，到 2001 年达到最高，反映了我国上市公司董事长变更呈现比较规则的变化；总经理变动除 1998 年稍有下降外，其余各年逐年增加，到 1999 年已趋于稳定，每年在 70—90 次之间；董事长和总经理非常规离职的次数均呈先增加后下降的趋势；董事长和总经理因股权变动离职则在 1997 年以前几乎没有，之后则迅速增加。

　　4.2.1.2　控制权变更和接管总体概况

　　我们从各年的《上海证券报》、《中国证券报》和《证券时报》以及巨潮资讯网（www.cninfo.com.cn）收集了 1993—2001 年发生的并购事件作为样本。表4.2 是发生控制权变更和接管事件的年度分布情况。在样本选取过程中，考虑到研究惯例和样本的代表性，如果一家公司在某一年度发生了两起或者两起以上的并购事件，一般只取一次；如果这些并购事件发生在不同年度，则以多起并购事件分别记入。其具体情况如表4.2 和图 4.1 所示。

表 4.2　1993—2001 年我国上市公司控制权变更和

接管活动发生的频率与金额

年　　份	1993	1994	1995	1996	1997	1998	1999	2000	2001
国有、法人股转让		3	1	9	31	68	80	97	142
其中：协议转让		3	1	7	24	48	54	66	98
无偿划拨				2	7	20	26	31	44
二级市场收购	1	1	2	2	2	2	1	6	4
其他形式：抵债、诉讼							3		
总　　计	1	4	3	11	33	70	84	103	146
总金额（亿元）		0.94	5.7	6	26.5	97.9	209	262	238

资料来源：作者根据《中国证券报》公告整理。

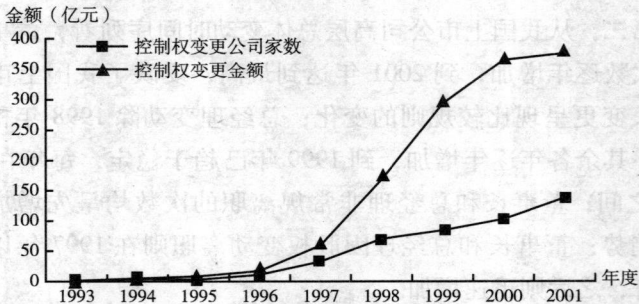

图 4.1　我国上市公司控制权变更和接管活动总体趋势

　　从表 4.2 和图 4.1 中可以看出，我国上市公司的并购活动正日益发展，1995 年到 2000 年呈近似直线上升趋势，这与我国证券市场近几年的蓬勃发展态势是一致的。同时根据西方经典并购理论，公司并购主要是与被并购公司业绩水平相关。我国上市公司并购的基本发展态势也与我国上市公司的基本业绩水平发展状况是一致的。

但是我们也应该看到，这种发展状况与国外证券市场尤其是美国上市公司无论在公司家数还是在金额上都无法相提并论，当然这与我国经济总体规模不无关系，但是更主要的还是我国资本市场与西方资本市场相比在制度层面上尚欠发展有关。我国上市公司经过十多年发展，在规模数量和质量上都取得了巨大发展，具体情况如表4.3所示。

表4.3 1995年以来各大类上市公司情况

指标	1995		1996		1997		1998		1999		2000		2001	
	家数	比例(%)	家数	比例(%)	家数	比例(%)	家数	比例(%)	家数	比例(%)	家数	比例(%)	家数	比例(%)
工业	183	56.66	313	59.06	456	61.21	537	63.10	611	64.52	706	64.89	744	65.26
商业	45	13.93	68	12.83	86	11.54	86	10.11	86	9.08	94	8.64	95	8.33
地产	26	8.05	28	5.28	27	3.62	27	3.17	28	2.97	27	2.48	30	2.63
金融	3	0.93	4	0.75	4	0.54	4	0.47	5	0.53	4	0.37	5	0.44
公用事业	27	8.36	40	7.55	7	7.52	63	7.40	69	7.28	84	7.72	91	7.98
综合	39	12.07	77	14.53	116	15.57	134	15.75	148	15.62	173	15.90	175	15.35
合计	323	100	530	100	745	100	851	100	947	100	1088	100	1140	100

资料来源：基本资料来自中国证监会指定披露媒体《上海证券报》、《中国证券报》和《证券时报》，以及巨潮资讯网（www.cninfo.com.cn），作者进行了加工整理。

但是我国公司并购市场基本上还是一个准兼并市场，与西方成熟资本市场相比有较大差距。其具体特征如下：①从近几年发生的并购案例的数量看，1997年33起，1998年70起，1999年84起，2000年103起，2001年138起。并购趋势存在一个加速发展的过程。②从并购的平均交易金额来看，1997年为6200万元，1998年为8800万元，1999年为9000万元，2000年上半年为16500万元。这说明，1999年以前并购交易规模的增大是缓慢的，2000 年则急剧扩大，增幅（与1999 年比）达83％。并购交易规模扩大的原因有二：第一，上市公司经过多年发展，经营实力有了很大提高，资产规模有了显著扩张，控制上市公司的成本也相应提高；第二，国有企业有"退"有"进"进入落实阶段，上市公司中国有股的比重一般都较大，从而交易的金额也都较大。可以断言，我国今后并购的规模还会越来越大，与世界接轨的大型并购也不会太遥远。③从并购的平均溢价率来看，除1997 年较高（32.5％）外，1998 年、1999 年、2000 年三年基本保持稳定，分别为 17.6％、17％、18％。这说明在股权的定价方面没有什么大的变动，市场对上市公司的价值定位在各种因素的综合影响下保持稳定，股权的投资正逐步趋于企业的真实价值。

4.2.2 高管人员更换原因陈述

结合表 4.1 和表 4.2 可以看出大量公司更换了董事长或者总经理，还有许多公司在一个年度既更换董事长又更换总经理。究竟是什么原因引起公司高管人员的更换，其中是否存在一些普遍性的规律，这正是本书需要探索的一个重要论题。笔者查阅了这些公司在更换高管人员时公开披露的公告，试图通过这种途径窥见一斑。然而由于我国证券市场信息披露是一个逐步规范的过程，早期的一些公司在更换高管人员时并未披露任何信息，因此本书只收集了公开证券媒体上 1997—2001 年间上市公司年报和中报等中披露的董事长和总经理变更原因信息。从表 4.4 中可以看出，样本上市公司披露的更换高管人员的原因多种多样。通过分类整理，我们列示了董事长更换的原因和总经理更换的原因。

结合表 4.3 和表 4.4 可以发现，1997—2001 年间共有 286 家公司更换了董事长，除 1 家公司原因不明外，样本公司的临时性公告说明了更换原因，同期间共有 359 家公司更换了总经理。因为董事长或者总经理的更换将可能引起企业经营战略或者人事等

表 4.4　样本公司董事长和总经理变更原因

董事长变更原因披露	董事(董事长除外)变更	董事长单独变更	小计	各类变更原因所占比例	总经理变更原因披露	管理层(总经理除外)变更	总经理单独变更	小计	各类变更原因所占比例
死亡	1	1	2	0.49%	死亡	1	1	2	0.52%
退休	10	1	11	2.71%	退休	5	10	15	3.91%
辞职	17	8	25	6.16%	辞职		4	4	1.04%
调任	2		2	0.49%	调任		1	1	0.26%
免职	3	1	4	0.96%	免职	2	4	6	1.56%
工作辞职	1	1	2	0.49%	工作辞职		24	24	6.25%
换届改选	37	5	42	10.34%	换届改选		39	39	10.16%
人事变动		1	1	0.25%	人事变动				
工作需要调动	14	74	88	21.67%	工作需要调动	4	116	120	31.25%
股权变动		183	183	45.07%	股权变动		127	127	33.07%
股东改派	3		3	0.74%	股东改派		1	1	0.26%
政策变动	2		2	0.49%	政策变动	2	3	5	1.30%
业务繁忙	1	1	2	0.49%	业务繁忙				
涉嫌违纪	1	1	2	0.49%	涉嫌违纪				
健康原因	4	4	8	1.97%	健康原因	5	3	8	2.08%
期满离任	16	3	19	4.68%	期满离任	2	1	3	0.78%
另有任用	1		1	0.25%	机构调整	1		1	0.26%
个人原因辞职	6	2	8	1.97%	个人原因辞职	2	25	27	7.03%
不明	1		1	0.25%	求学深造	1		1	0.26%
临时性公告合计	120	286	406	100%	临时性公告合计	25	359	384	100%

资料来源：作者整理。

方面的变动，会对股东的财富产生影响，所以上市公司应该充分披露有关信息。从上市公司关于高管人员更换原因的信息披露来看，大部分的董事长更换是由于股权变动、辞职或者工作调动所致，股权变动、辞职和工作调动导致的变更分别占 63.98%（183/286）、2.79%（8/286）和 25.87%（74/286），其余主要原因是身体健康状况和董事长期满离任；而总经理的更换原因中有三个主要原因，一是股权变动，占总更换数量的 35.38%（127/359），二是工作调动，占 32.31%（116/359），换届选举处在第三位，占 10.86%（39/359），另外引起总经理更换的原因主要有个人原因辞职和因为工作辞职。

总体而言，公司自身披露的原因中主要为股权导致大股东变更、高管人员的辞职、换届选举、工作调动或者辞去一部分职务。但是，这些原因究竟是否为高管人员更换的真正原因，单从上市公司的信息披露来看，不得而知。如果一个高管人员由于经营业绩低劣而被"炒鱿鱼"，公司是否会披露真正的原因，答案往往是否定的。通常为了照顾经理人的面子，在对外公布时总会用一些冠冕堂皇的理由来掩盖事实的真相。因此，为了分析高管人员更换的真正原因，本书进一步利用上市公司的财务数据或者其他资料进行分析。

4.2.3　高管人员更换与相关因素之间的关系

4.2.3.1　高管人员的年龄

一般而言，企业单位职工正常的退休年龄为 60 岁。当高管人员年龄达到退休年龄规定时，离开工作职位，这是正常的更换。本书由于数据所限，不能够从年龄角度对上市公司控制权变动作出解释，但是从样本公司总体换届选举情况和前期研究（龚玉池，2001；朱红军，2002）来看，可以粗略地认为年龄是影响高管人员更换的一项重要因素。

4.2.3.2 股权结构、大股东变更与高管人员更换

自从曼尼提出收购市场是一种对经理人的有效制约以来，一些重要文献，如 Jensen 和 Ruback（1983）强调了公司控制权市场在解决股东—经理人矛盾中的突出作用。DeFond 和 Park（1999）通过对大量美国公司数据进行分析，验证了高度竞争行业的总经理更换的频率比低度竞争行业高的假设。产品市场竞争被广泛地认为是一种有效的外部治理机制。从长远来看，市场竞争会自动导致企业治理结构的完善。同时，充分竞争有利于董事会更有效地识别 CEO 的能力，因此竞争对企业内部治理机制作用的发挥有着重要的正面作用。Jensen（1993）更是总结性地指出：在四种解决股东—经理人矛盾的机制中（产品和要素市场、政治和法制制度、以董事会为首的内部控制机制和资本市场），由于产品和要素市场反应太慢，政法制度太笨重，内部控制机制又已经被证明不能使经理人最大化企业价值，而资本市场则提供了一种企业在产品市场业务失败前就实现企业转变的机制。一些实证成果也探索了收购对高层更换的作用，Denis 和 Denis（1995）通过实证分析发现，外部因素（如被收购的威胁、外部大股东的压力等）通常是非常规更换的主要原因。

股权结构的差异，对股东和企业相关人员所产生的激励和约束也不同。Kang 和 Shivdasani（1995）发现，股东身份对总裁更换有着重要的影响。Denis 等（1997）研究了 1394 家美国上市公司管理层持股对企业高层更换的影响，发现公司高层持股较低其更换可能性大于高层持股较高的公司。当存在外部大股东时，高层更换对业绩的敏感性提高。在我国，上市公司股份主要分为国有股、法人股和普通股三部分，控股股东则多是国有股股东或法人股股东。国有股一般由政府、国有资产重组机构或国有独资企业持有，由于国有股事实上的产权主体"缺位"，在国有股占控

股地位的公司中容易造成内部人控制，这就意味着这些公司的高层更换的可能性较低。法人股则多是各种企业持有，这些企业相对来说更能激励监督经理人。从上面的分析可以得出以下假设：在其他情况不变的条件下，控股股东为国有股股东时高层更换率比控股股东为法人股股东时低。

本书收集了 1997—2001 年间的大股东更换和高管人员更换的数据，从 405 家样本公司中随机选取了 376 家公司，并进行了相关性分析。具体数据分析结果见表 4.5。

表 4.5　高管更换与大股东变动的相关关系

		董事长	总经理	大股东
董事长	皮尔逊相关系数	1.000	0.231 **	0.109 *
	显著性（双尾）	—	0.000	0.036
	样本数	376	376	373
总经理	皮尔逊相关系数	0.231 **	1.000	0.101
	显著性（双尾）	0.000	—	0.052
	样本数	376	376	373
大股东	皮尔逊相关系数	0.109 *	0.101	1.000
	显著性（双尾）	0.036	0.052	—
	样本数	373	373	373

注：** 表示相关系数在 0.01 水平上显著（双尾）；* 表示相关系数在 0.05 水平上显著（双尾）。

表 4.5 列示了控股股东变更与高层更换的相关关系，其数据检验见表 4.6。经过卡方检验，控股股东变更与高管人员变更是同步的，并且非常显著。结果显示，大股东变更与总经理和董事长变更显著相关，同时董事长变动与总经理变更也显著相关。因此，可以认为大股东的变更是影响高管人员更换的一项重要原因。

表 4.6 统计检验

	董事长更换	总经理更换	大股东变动
R^2	193.883	270.069	214.716
df	1	2	1
Sig.	0.000	0.000	0.000

4.2.3.3 企业经营业绩与高管人员更换

从理论上讲，经营业绩的好坏可以作为评判一个经理人能力与勤勉程度的重要标准，但是考虑到我国上市公司中大部分为国家控股公司，公司的高管人员不但是职业经理人，而且担任政府官员的角色，要担负起一定的政府官员的功能，例如维持社会安定，支持地方公共设施发展等。在这种特殊的背景下，经营业绩是否仍被作为评价企业经理人业绩的标准就带来了一些疑问。

根据国外的研究成果，公司的经营业绩或者股价业绩均是影响高管人员更换的关键因素。公众公司董事会的一个重要作用是监督高层管理者，并在必要时替代它。Fama 和 Jensen（1983）说明，董事会能有效地实行控制，Mace（1971）认为董事会不能很好地做到这一点。Jensen（1986）认为，正是董事会的失误导致了敌意接管的出现。在该领域的前期工作，Coughlan 和 Schmidt（1985）、Warner 等（1988）、Weisbach（1988）认为，企业绩效不好提高了首席执行官（CEO）被替代的可能性。Hasbrouck（1985）、Palepu（1986）、Ravenscraft 和 Scherer（1987）、Morck 等（1988）观测了接管目标公司的特性。这些研究首先区分了在行业和企业特性的绩效失败，其次，比较了敌意并购和作为控制手段的内部轮换。例如，Warner 等（1988）考察了股票价格业绩与高管人员更换之间的关系，对 1963—1978 年间 269

家纽约证交所和美国证交所上市企业高层管理者变动进行了研究，这些管理者包括首席执行官、总裁和董事会主席，提供了关于替换无效率经理以及鼓励经理使股东财富最大化各种机制的最新证据，发现股票价格较差很可能导致管理者替换率增加，这与对首席执行官变动的研究相一致（Coughlan & Schmidt，1985；Weisbach，1988）。Gilson（1989）以1979—1984年期间经历了极其严重的股票价格下跌的381家美国公司为样本，研究了经营业绩与财务危机对高管人员更换的影响。研究结果发现，样本中遭遇了无法偿还到期债务、破产或者债务重组等财务危机的公司，52%更换了高管人员，而样本中没有遭遇类似情况的公司，尽管经营业绩很差，却只有19%更换了高管人员。Morck等（1989）研究发现，当公司绩效水平相对于它所在产业水平低时，董事会就比较容易评价高层管理者。当整个产业不景气时，董事会就很难判断管理者是否在犯错误。在这些情况下，变更管理者的控制权竞争等外部机制和董事会执行股东财富最大化的原则就很有必要。本书对代表样本公司绩效的每股收益和高管变更的相关关系进行了分析（参见表4.7、表4.8和表4.9），发现每股收益与董事长变动和总经理变动负相关，对样本的卡方检验说明样本数据是同步而且非常显著的。

表 4.7　企业经营业绩与高管变换相关关系

		EPS	董事长	总经理
EPS	皮尔逊相关系数	1.000	-0.112*	-0.106*
	显著性(双尾)	—	0.030	0.040
	样本数	376	376	376
董事长	皮尔逊相关系数	-0.112*	1.000	0.231**
	显著性(双尾)	0.030	—	0.000
	样本数	376	376	376

		EPS	董事长	总经理
总经理	皮尔逊相关系数	−0.106 *	0.231 **	1.000
	显著性（双尾）	0.040	0.000	—
	样本数	376	376	376

注：＊表示相关系数在0.05水平上显著（双尾）；＊＊表示相关系数在0.01水平上显著（双尾）。

表4.8 统计检验

	EPS	董事长变动	总经理变动
R^2	412.234	193.883	270.069
df	105	1	2
Sig.	0.000	0.000	0.000

表4.9 样本上市公司2000年和2001年行业绩效基本情况

行 业	2000年净利润（万元）	2001年净利润（万元）	净利润增长（%）	2000年EPS（元）	2001年EPS（元）	EP增长（%）
机电设备	2037.67	4241.35	108.15	0.14	0.17	21.43
轻 工	4896.68	7368.45	50.48	0.19	0.21	10.53
商 贸	3077.60	4475.53	45.42	0.16	0.19	18.75
文化产业	7587.34	8901.94	17.33	0.24	0.28	16.67
医疗卫生业	5531.16	6326.82	14.39	0.26	0.25	−3.85
农林牧渔	5145.69	5745.59	11.66	0.26	0.25	−3.85
运输业	13033.36	14469.53	11.65	0.26	0.25	−3.84
金属材料	20993.30	22973.08	9.43	0.25	0.27	8.00
金 融	28700.25	31237.90	8.84	0.25	0.23	−8.00
能源及设备	15355.90	16237.13	5.74	0.29	0.27	−6.90
建 材	5376.14	5582.66	3.84	0.22	0.19	−13.64
运输设备及零部件	8189.10	8453.84	3.23	0.23	0.21	−8.70
社会服务业	7912.24	8098.86	2.36	0.18	0.19	5.56
采选业	20279.01	20710.23	2.13	0.32	0.31	−3.13

续表 4.9

行　　　业	2000 年净利润(万元)	2001 年净利润(万元)	净利润增长(%)	2000 年EPS(元)	2001 年EPS(元)	EP 增长(%)
房地产	6544.19	6467.46	-1.17	0.18	0.19	5.56
食品饮料	8466.56	7644.31	-9.71	0.29	0.22	-24.14
纺织	6743.00	6086.52	-9.74	0.27	0.21	-22.22
信息产业	7294.28	6386.89	-12.44	0.25	0.24	-4.00
化　工	18232.33	15615.17	-14.35	0.20	0.17	-15.00
建筑业	10068.85	6753.33	-32.93	0.27	0.16	-40.74

　　资料来源：基本资料来自中国证监会指定披露媒体《上海证券报》、《中国证券报》和《证券时报》，以及巨潮资讯网（www.cninfo.com.cn），作者进行了加工整理。

　　一个有效治理结构的必要条件是业绩差的经理人被更换掉，同时新任命的经理人带来业绩一定程度的提高，因此，高层更换与企业业绩的关系被认为是度量企业治理结构效率的最重要指标之一。D. J. Denis 和 D. K. Denis（1995）从华尔街日报收集了 1985—1988 年间非因公司兼并引起的高管人员更换样本，共计 908 家。作者将样本分为两组，即强制性更换与正常更换，其中强制性更换须同时具有以下几项特征：第一，外部聘任，即继任者原先是企业的外部董事或者以前并未在本企业工作；第二，原高管人员离开该企业；第三，原高管人员离职时尚未达到退休年龄。为了评价高管人员的更换是否能够提高未来的经营业绩，他们考查了以更换年度为中心的前后各 3 个年度的财务业绩。研究结果发现，强制性更换的公司在更换前经营业绩显著地大幅度下降，并在更换后得到显著提高。为了将经营业绩与高管人员的互动影响关系做系统的研究，在本书第九章中，以 1997—2001 年间所有上市公司为样本，通过建立回归模型，检验了经营业绩与高管人员更换之间的关系。研究结果发现，经营业绩水平对高管人员更换确实具有显著的影响作用。但是，高管人员的更换并没有对经营业绩产生重大的促进作用，只是给企业带来显著的盈余管理。与这一研究结果相似的是龚玉池（2001）通过实证检验认为，常规更换对公司绩效的改善并无影响，而非常规更换对绩效的影响只是在短期有效但在长期是无效的。以上研究结果说明高管人员的更换并不能达到改善公司绩效的作用。也就是说，要有效推动公司绩效的提高，除了高管人员更换之外，还需要采取其他必要措施。

4.2.3.4　董事长和总经理兼任对高层更换的影响

董事长与总经理兼任在美国也比较常见。Farna 和 Jensen（1983）认为董事长和总经理两职合一会降低董事会监督管理层的有效性。Jensen（1993）指出董事长的重要作用之一是监督和激励总经理。一人兼任董事长与总经理意味着董事会监督水平的下降，会降低高层更换的可能性。Goval 和 Park（2001）发现总经理与董事长兼任将影响高管人员更换，此时董事会更加难以更换经营业绩较差的总经理。本书收集了 1997—2001 年样本公司董事长与总经理的兼任情况（参见表 4.10），在全部 1620 公司·年中，有 40 公司·年是董事长与总经理兼任的。在这 40 公司·年中，有 2 公司·年在下一年遭到了非常规离职，非常规离职的发生率为 5%（2/40），这大大低于全部样本的董事长非常规离职发生率 8.75%（90/1029）和总经理非常规离职发生率 17.22%（177/1029），并且笔者通过卡方检验，发现其差异在 1% 的水平下仍然显著。这说明董事长和总经理兼任导致了"管理者护卫"（Managerial Entrenchment），企业内部治理机制在一定程度上不能有效地发挥作用，收购等外部治理机制在此时起到了"公司控制的替代性机制"的作用，更能发挥其约束管理层的作用（Jensen，1993）。

表 4.10　董事长和总经理兼任对高管非常规更换影响情况

	样本数	董事长非常规离职		总经理非常规离职	
		更换数	发生率	更换数	发生率
董事长总经理两职合一	40	2	5%	2	5%
董事长总经理完全分离	81	22	11.78%	57	70.37%
董事总经理(董事长另外)	284	66	23.24%	118	41.55%

资料来源：作者整理。

4.2.3.5　继任高管人员来自何方

继任高管人员的来源主要有两种渠道，一是内部聘任，通过提拔内部经理人实现，二是从外部引进一位经理人来担任新的高管人员。Lazear 和 Rosen（1981）认为，内部聘任比外部聘任有以下三大好处：一是内部经理人比外部经理人更了解本公司的经营问题；二是公司为了解经理人选所付出的成本，获取内部经理人信息的成本要低于外部经理人；三是公司通过聘任内部经理人，可以增加内部聘任机制的激励作用，鼓励下层经理人努力工作。Bonnier 和 Bruner（1989）进一步指出，如果聘任外部高管人员将会中断公司原有的经营政策，并且市场会认为这是公司在向市场传递一个信号，即公司现在的状况实在太糟糕，以至于需要从外部引进一位更有魄力的经理来改变这一现状。但是，Furtado 和 Rozeff（1987）认为，在公司内部维持一个经理人市场有一定的成本。当公司规模下降时，随着内部经理人市场的重要性下降，适应该公司经营存在相当难度，外部聘任比内部聘任有优势。

与西方国家有所不同的是，我国上市公司中存在一股独大的普遍现象，而且大股东通常是国家或者国家利益的代言人（国有法人），这对经理人的任免产生很大的影响。虽然，继任高管人员的来源也存在内部聘任或者外部聘任等方式，但是，外部聘任往往聘请来自母公司或者其他关联经济实体（甚至政府）的经理人，如果从集团利益的角度来考虑，则都会体现为内部聘任。根据西方的观点，内部聘任要优于外部聘任，但这是基于继任经理人的原任职单位与他的新任职单位没有重要经济利益联系的前提。然而，在我国情况就大为不同，继任经理人往往来自母公司或者其他与新任职公司有重大关联利益的单位，这种聘任方式会产生一个重要的问题，继任经理人究竟在多大程度上代表其任职公司的利益？如果继任经理人代表母公司的利益，或者其他关联经济实体的利益，则就会增加侵害中小股东利益的可能性。考虑到我国上市公司的大股东控制现象，董事长来自母公司无可非议，但是，大量的继任总经理来自上市公司的母公司即大股东，特别是母公司的高管人员兼任了上市公司的高管人员时，则容易产生大股东侵害中小股东利益问题。本书在收集数据过程中发现，来自其他单位的继任高管人员，实际上主要来自上市公司的关联企业，包括同属一个母公司的兄弟公司，或者除了大股东以外的股东等。由于我国上市公司大部分属于国有控股公司或者国有控股公司的子公司，政府处于最高决策地位，来自政府的继任高管人员与来自母公司的高管人员的性质比较类似，行为方式也有相似之处。另外，在大股东控制的企业组织机制中，内部聘任的继任高管人员基本上也代表了大股东的利益（朱红军，2002）。综上所述，我国上市公司继任高管人员的聘任方式充分体现了大股东控制的机制，这种聘任机制为大股东侵害中小股东的利益提供了可能。

4.3　模型构建

　　我们的分析是建立在主成分基础上的。第一，我们经过变量缩减，运用主成分分析得到主成分向量。然后，在所得到的主成分基础上作为新的解释变量进行回归，目的在于判断解释变量和被解释变量之间的内在逻辑关系。基本回归模型如下：

Logistic 模型：

$$\Pr(CM) = \varphi_0 + \varphi_1 f_1 + \varphi_2 f_2 + \varphi_3 f_3 + \cdots + \varphi_k f_k + \varepsilon$$

其中：f_i 为主成分因子；k 为所选主成分个数，最后根据主成分分析结果而定；φ_i 为回归系数（$i = 0,1,\cdots,k$）；ε 为回归误差项。

4.4　实证研究结果及其分析

4.4.1　数据来源及其变量定义

我们收集了证监会要求上市公司公开披露消息的网站（中国证监会（www.cceu.com.cn）和巨潮网站（www.cninfo.com.cn））和报纸（例如《中国证券报》、《上海证券报》、《证券时报》等），逐一查对上市公司中报和年报相关数据，以 1993 年底上市公司为研究基准，以《中国证券报》、《上海证券报》上各年资产重组中兼并与收购栏数据为研究对象。研究样本来自上海和深圳证券交易所上市的公司，为了尽可能避免信息披露不真实，以及经济意义上已经破产的企业对结果的影响，研究在样本的选择上采取了一些筛选方法，将这些不合适的样本剔除。剔除的条件包括：①基准样本公司上市时间选择 1993 年 12 月 31 日之前；②1997 年至 2000 年间曾经因信息披露等原因被中国证监会处罚过的公司。③为避免 A 股、B 股以及境外上市股之间的差异，样本主要考虑那些只发行 A 股的公司。需要指出的是，在统计分析时应尽可能避免对数据选择的歧视性，但国内有一些研究并没有对此予以足够的重视。剔除数据不完整和数据异常的上市公司后，选取了1997—2001年的405个样本公司的相关观测数据进行了筛选，剔除其中由于数据异常的样本，最后对376个样本公司进行主成分分析，并在此基础上进行了逻辑概率回归，以便探讨控制权变更的内在原因和逻辑关系。

基本变量定义见表4.11。

表4.11　解释变量定义

变量		符号	定义
样本公司股权结构	总股本	ZGB	公司总股本数
	总流通股	ZLTG	公司流通股数量
	总非流通股	ZFLG	公司非流通股数量
	国有股	ZGYG	公司国有股总数
	法人股	ZFRG	公司法人股总数
	社会法人股	ZSHG	公司社会法人股总数
	募集法人股	ZMFG	公司募集法人股总数
	社会公众股	ZSGG	公司社会公众股总数
	内部职工股	ZNZG	公司内部职工持股总数
	高管股	ZGGG	公司内部高级管理层持股数量
前十大股东股份情况	流通股比例	LTG	前十大股东持有流通股比例
	非流通股比例	FLG	前十大股东持有非流通股比例
	国有股比例	GYG	前十大股东持有国有股比例
	法人股比例	FRG	前十大股东持有法人股比例
	第一大股东股份比例	DYG	公司第一大股东持股比例
	第一大股东性质	YGC	第一大股东是否为国有股,是为1;否则为0
	A10	A10	前十大股东持股比例总和
	A5	A5	前五大股东持股比例总和
	A9	A9	前十大股东中后九大股东持股数之和
	Z指数	Z指数	第一大股东持股数与第二大股东持股数之比
	W指数	W指数	第一大股东与后九大股东持股数之比
	Herf指数[①]	Herf	前十大股东持股比例平方和,表示股份集中度

续表 4.11

变量		符号	定义
财务指标	总资产	*SUM*	公司总资产的自然对数，表示公司总规模
	资产负债率	*DAR*	财务杠杆，企业负债账面价值比资产账面价值
	流动负债比例	*CDOTD*	流动负债与总负债之比，表明短期偿债压力
	每股净资产	*NPS*	所有者权益总额与总股本之比
	每股盈利	*EPS*	企业净利润比企业总股本数量
	净资产收益率	*ROE*	企业税后净利比股东权益，表示财务状况好坏
	主营业务利润率	*CROA*	公司主营业务利润与总资产之比，表明获利能力
	托宾 *Q* 值	*TQ*	公司市值与公司总资产账面值之比
	线下项目	*EM*	投资收益＋营业外收入＋补贴收入－营业外支出之差
	息税前收益	*EBIT*	公司净利润、财务费用和所得税之和
	息税前收益比率	*EBITOA*	息税前收益与总资产之比，表明公司毛利情况
	市盈率	*PE*	公司权益市场价值与账面价值之比
	市净率	*MBR*	股票市值（每股市价乘总股本）与净资产账面值之比

①赫芬戴尔指数（Herfindahl Index）是衡量集中程度的一个指数，定义为前 10 名大股东每人持股数的平方和。

4.4.2　主成分分析及其命名

运用 SPSS 统计分析软件，对 27 个原始变量进行了降维处理，浓缩数据提出主成分，通过内部依赖关系寻求该影响因素的基本结构。我们提取了 9 个变量（根据因子特征值和因子对总方差总贡献水平提取，这里选取的转折点为方差总贡献率大于 1 的系统默认值）作为主成分进一步分析的基础，这 9 个主成分萃取了原始变量 74.80% 的基本信息含量（见表 4.12 总方差分解表），以这 9 个主成分构建回归模型，可以达到既有效简化变量，又涵盖原始变量大部分信息的目的，我们认为这里对因子的提取方法是可以接受的。但是想要对 9 个因子进行主成分命名比较困难，因为从随后的因子负荷表（见表 4.13 因子负荷矩阵表）难

表 4.12 总方差分解表（Total Variance Explained）

成分	初始的因子特征值			因子提取的负载因子平方和			因子旋转的负载因子平方和		
	Total	% of Variance	Cumulative%	Total	% of Variance	Cumulative%	Total	% of Variance	Cumulative%
1	4.536	16.800	16.800	4.536	16.800	16.800	3.224	11.941	11.941
2	4.109	15.220	32.020	4.109	15.220	32.020	3.038	11.253	23.194
3	2.445	9.057	41.077	2.445	9.057	41.077	2.919	10.812	34.006
4	2.196	8.133	49.210	2.196	8.133	49.210	2.778	10.288	44.294
5	1.845	6.834	56.044	1.845	6.834	56.044	2.306	8.541	52.835
6	1.587	5.877	61.921	1.587	5.877	61.921	1.880	6.963	59.797
7	1.267	4.692	66.613	1.267	4.692	66.613	1.749	6.477	66.275
8	1.200	4.444	71.057	1.200	4.444	71.057	1.205	4.462	70.737
9	1.011	3.744	74.801	1.011	3.744	74.801	1.097	4.064	74.801
10	0.979	3.626	78.427						
11	0.964	3.570	81.997						
12	0.847	3.139	85.136						
13	0.828	3.067	88.203						
14	0.680	2.519	90.722						

续表 4.12

成分	初始的因子特征值			因子提取的负载因子平方和			因子旋转的负载因子平方和		
	Total	% of Variance	Cumulative%	Total	% of Variance	Cumulative%	Total	% of Variance	Cumulative%
15	0.485	1.798	92.520						
16	0.470	1.741	94.262						
17	0.408	1.512	95.773						
18	0.356	1.320	97.093						
19	0.271	1.003	98.096						
20	0.237	0.876	98.973						
21	0.137	0.509	99.482						
22	0.104	0.386	99.867						
23	1.749E−02	6.478E−02	99.932						
24	1.284E−02	4.755E−02	99.980						
25	4.187E−03	1.551E−02	99.995						
26	1.322E−03	4.898E−03	100.000						
27	4.000E−14	1.481E−13	100.000						

提取方法：主成分分析。

表4.13 因子负荷矩阵（Component Matrix）①

	成分								
	1	2	3	4	5	6	7	8	9
ZGYG	0.166	0.494	-0.101	-0.117	-0.268	0.110	-0.141	0.192	-0.253
ZFRG	-0.140	-0.404	0.301	0.163	0.350	-0.269	0.206	-0.219	0.165
ZSGG	-3.60E-02	-0.183	0.361	0.263	-0.604	0.533	1.430E-02	-0.158	4.502E-02
ZNZG	7.267E-02	-6.38E-02	-3.73E-02	0.106	8.254E-02	3.913E-02	-0.197	0.622	0.410
ZGGG	-1.90E-03	-5.17E-03	0.132	8.536E-02	0.106	-7.99E-02	-0.272	0.494	-4.95E-02
ZFLG	6.925E-02	5.062E-02	0.596	0.288	-0.310	0.604	3.118E-03	-5.59E-02	6.309E-02
ZLTG	1.033E-02	3.682E-02	6.847E-02	0.161	-0.668	-0.614	4.677E-02	7.170E-02	3.433E-02
LNZGB	-3.35E-02	2.174E-02	-0.289	-0.186	0.649	0.577	-1.02E-02	-3.54E-02	-2.20E-02
DYG	0.310	0.880	-6.19E-02	-0.148	-5.13E-02	2.502E-02	4.246E-02	-7.86E-02	6.843E-02
LNHERF	0.339	0.821	0.220	-3.90E-02	7.834E-02	-5.97E-02	3.045E-02	-5.38E-02	5.790E-02
A10	0.324	0.588	0.664	5.864E-02	0.257	-0.101	-1.12E-02	2.213E-02	-2.63E-02
A5	0.350	0.670	0.563	2.905E-02	0.240	-0.119	-1.84E-02	2.420E-02	-2.73E-02
A9	-4.02E-02	-0.430	0.701	0.222	0.302	-0.124	-5.84E-02	0.109	-0.102
Z指数	0.160	0.565	-0.175	-0.174	-0.170	0.184	-2.48E-02	3.719E-03	0.171

续表 4.13

	成 分								
	1	2	3	4	5	6	7	8	9
W指数	-0.118	-0.535	0.303	0.164	-9.92E-03	0.158	-2.99E-02	0.170	-9.97E-02
DAR	-0.243	-0.150	0.243	-0.659	-0.109	1.273E-03	-0.149	0.145	-3.74E-02
CDOTD	2.839E-02	-4.50E-02	0.154	4.464E-03	0.112	-8.32E-02	0.126	-0.283	0.367
ROE	6.499E-02	9.114E-02	-3.54E-02	0.208	5.877E-02	3.201E-02	7.071E-02	0.164	-0.648
CROA	0.830	-0.290	-8.41E-02	6.417E-02	2.953E-02	-3.21E-02	-0.422	-0.173	3.633E-03
TQ	0.681	-0.317	6.352E-02	-0.247	-2.38E-02	1.697E-02	0.398	0.143	5.243E-03
EM	-0.820	0.308	5.049E-02	1.990E-02	8.495E-03	3.278E-02	0.434	0.161	1.710E-03
PE	0.756	-0.288	1.818E-02	-0.283	-6.04E-02	3.897E-02	0.405	0.116	-4.66E-02
EBIT	0.261	5.015E-02	-0.191	0.313	-4.58E-03	0.134	0.129	0.382	0.334
EBITOA	0.864	-0.311	-7.29E-02	5.496E-02	7.097E-03	-3.10E-02	-0.337	-0.141	1.430E-02
MBR	0.774	-0.286	2.455E-02	-0.263	-5.12E-02	3.559E-02	0.409	0.120	-7.10E-02
EPS	0.285	0.120	-0.274	0.739	7.636E-02	-3.28E-02	0.217	-4.84E-03	-3.39E-02
NPS	0.206	0.186	-0.336	0.672	0.107	-3.13E-02	6.754E-02	-2.32E-02	-8.16E-02

提取方法：主成分分析。

注：①提取了9个成分。

以看出因子和解释变量之间的相关性。因此这里我们对因子选择主成分因子提取方法、采用方差最大（Varimax）法进行因子旋转、指定巴特立特法（Bartlett）计算因子得分，得到新的因子负荷表（见表4.14旋转后的因子负荷矩阵表），我们认为新的因子负荷矩阵比较好地反映了各因子与解释变量之间的相互关系。

表4.15是主成分因子命名表。第一个因子主要概括了样本公司股权集中情况，包括前十大股东持股比例之和、前五大股东持股比例之和以及反映前十大股东股权集中程度的赫芬戴尔指数（各股份比例的平方和），因此可以把第一个因子命名为"股权集中度"；第二个因子主要反映了各持股股东所持股份比例的相对大小，代表了股权结构均匀性，包括 Z 指数等，这里命名为"股权对比度"；第三个因子集中反映了公司生产经营的基本盈利状况和公司财务发展情况，主要包括主营业务利润率水平、线下项目的盈余水平和息税前收益与总资产比例，我们命名为"基本盈利能力"；第四个因子提取了公司样本有关市场绩效表现，包括反映公司市值和股价变动情况的托宾 Q 值、市净率和市盈率，这里定义为"企业市场绩效"；第五个因子主要说明公司在可持续发展方面的基本保障水平，主要通过资产负债率、每股收益和每股净资产水平来反映，我们命名为"长期负债水平"；第六个因子所表述的因素主要是公司内部股权流动情况，包括样本公司总体社会公众股水平等解释成分，定义为"股权流动性"；第七个因子表达了企业规模的信息，包括企业总资产的对数值，命名为"企业规模"；第八个因子表明了企业内部职工持有股份水平，是上市公司经济民主化的重要指标，所以我们称为"经济民主化水平"；第九个因子是有关企业的净资产收益率和流动负债占总负债比例的信息，这两个指标主要说明企业偿还债务能力和企业面对破产机制的程度，这里称为"企业破产压力"。

表 4.14 旋转后的因子负荷矩阵（Rotated Component Matrix）①

	成分								
	1	2	3	4	5	6	7	8	9
ZGYG	0.210	0.528	2.969E-02	-1.15E-02	-4.53E-02	6.385E-02	8.577E-02	4.480E-02	0.401
ZFRG	3.321E-02	-0.658	-7.57E-02	2.322E-02	6.442E-02	-0.119	1.278E-02	-0.120	-0.373
ZSGG	-0.154	-2.56E-02	1.547E-02	-3.18E-03	-2.15E-03	0.923	0.153	-9.14E-02	-2.54E-02
ZNZG	-3.74E-02	-3.68E-03	3.603E-02	1.110E-02	1.716E-02	-2.25E-02	-2.30E-02	0.785	-6.13E-02
ZGGG	0.127	-0.152	5.106E-02	-0.104	-7.80E-02	-6.58E-02	3.982E-02	0.473	0.272
ZFLG	0.250	-7.11E-02	-1.26E-02	4.364E-04	2.101E-02	0.917	-4.98E-02	3.364E-02	-1.26E-02
ZLTG	-3.71E-02	6.523E-02	-2.03E-02	2.098E-03	4.318E-02	-1.85E-02	0.925	4.053E-03	4.401E-03
LNZGB	-7.32E-02	8.338E-02	-2.77E-02	-1.24E-04	2.093E-02	-0.111	-0.922	1.232E-02	1.211E-02
DYG	0.586	0.737	-3.09E-02	2.192E-02	0.108	-7.49E-02	-8.08E-03	-7.52E-02	-2.33E-02
LNHERF	0.789	0.465	-7.06E-03	1.587E-02	0.111	-3.71E-02	2.157E-02	-3.20E-02	-4.00E-02
A10	0.981	-2.48E-02	2.716E-02	2.828E-02	5.296E-03	8.009E-02	1.096E-02	3.495E-02	5.811E-03
A5	0.974	9.426E-02	3.407E-02	2.536E-02	2.928E-02	1.661E-02	1.457E-02	3.070E-02	2.104E-02
A9	0.274	-0.852	6.050E-02	2.260E-03	-0.116	0.160	1.950E-02	0.118	3.166E-02
Z指数	0.207	0.666	-2.69E-02	-6.25E-04	4.965E-03	5.403E-02	-5.11E-02	5.273E-02	-6.11E-02
W指数	-0.203	-0.545	1.594E-02	5.197E-02	-9.77E-02	0.310	-2.10E-02	0.144	0.124

续表 4.14

	成 分								
	1	2	3	4	5	6	7	8	9
DAR	-6.21E-02	-2.71E-02	-9.23E-02	2.954E-02	-0.783	-1.80E-02	7.961E-03	3.219E-02	4.873E-02
CDOTD	0.109	-0.110	7.722E-03	2.946E-02	2.648E-02	8.913E-03	-3.36E-03	-9.22E-02	-0.492
ROE	9.710E-02	-8.99E-02	-5.28E-02	5.764E-02	0.222	-2.82E-02	-3.80E-02	-0.141	0.646
CROA	1.641E-02	-5.99E-03	0.954	0.255	0.131	3.312E-03	2.531E-03	3.139E-02	-1.31E-02
TQ	1.918E-02	-6.18E-02	0.234	0.864	-2.64E-02	1.151E-02	3.436E-03	4.301E-02	-3.68E-02
EM	-1.73E-02	8.408E-03	-0.953	-0.274	-3.72E-02	-1.01E-02	-2.84E-03	-2.98E-02	1.019E-02
PE	1.822E-02	1.375E-02	0.281	0.917	-1.96E-02	1.775E-03	-6.02E-04	-8.03E-03	5.662E-03
EBIT	-3.88E-02	0.147	-6.63E-03	0.207	0.145	7.839E-02	-2.32E-02	0.504	-9.24E-02
EBITOA	1.944E-02	-2.23E-02	0.918	0.345	0.145	3.911E-03	4.409E-03	4.400E-02	-2.49E-02
MBR	3.348E-02	1.158E-03	0.289	0.925	1.082E-03	1.328E-02	-5.56E-04	-1.23E-02	2.829E-02
EPS	3.077E-02	1.412E-03	5.510E-02	5.621E-02	0.869	2.659E-02	3.443E-02	4.769E-02	7.133E-02
NPS	2.435E-02	6.495E-02	9.040E-02	-9.26E-02	0.789	-6.02E-02	3.583E-03	3.171E-02	0.127

提取方法：主成分分析。
旋转方法：Kaiser 标准化下的方差最大法。
注：①旋转集中在重复 9 期。

表 4.15 主成分命名表

主成分	1	2	3	4	5	6	7	8	9
PCN	SCP	SIR	BEA	MP	LDEBT	LPSR	ES	ICR	SDC

注：PCN—主成分命名；SCP—股权集中度；SIR—股权对比度；BEA—基本盈利能力；MP—企业市场绩效；LDEBT—长期负债水平；LPSR—股权流动性；ES—企业规模；ICR—经济民主化水平；SDC—企业破产压力。

4.4.3 参数估计及其分析

利用回归分析软件，我们在主成分分析基础上同时得到主成分因子值（选择回归法可以达到目的）。以主成分因子值为解释变量，以企业控制权是否变更为被解释变量（若控制权变更，则取值为 1；否则取值为 0）。由于一般回归模型的干扰的非正态性、干扰的异方差和无法一定保证线性概率模型中估计量在给定自变量条件下发生的条件概率大于 0 且小于 1，我们采用 Logistic 模型估计控制权变更的可能性大小。

调用 SPSS10.0 中的 Logistic Regression 过程，使用全变量法（Enter 选项）来估计 Logistic 模型，判断统计量为 Wald 统计量。表 4.16 列示了有关统计结果。模型中的 X^2 表示模型中系数从整体上是否显著，类似于一般线性模型中的 F 统计量。X^2 统计量对应概率为 0.0354，这表明模型中的自变量从整体上对因变量是显著的，并且效果很好。拟合优度 R^2 使用的是由 Nagelkerke 修正的统计量，在事件服从一个区间上的平均分布时，拟合优度存在一个上限 1/3。我们得到的拟合优度 R^2 为 0.242，考虑到分类选择模型的拟合优度一向很低，因此我们可以认为我们的模型拟合效果较好。Logistic 模型回归分析的统计结果显示，9 个主成分因子中，只有常数项、股权对比度（SIR）、长期负债水平（LDEBT）和企业破产压力（SDC）四个解释变量在模型中的作用均显著，且在显著作用的解释变量中，长期负债水平的解释显著性水平最高。从其系数来说，股权对比度（SIR）、股权集中度（SCP）、基本盈利能力（BEA）、企业市场绩效（MP）、长期负债水平（LDEBT）、股权流动性（LPSR）和经济民主化程度（ICR）的系数为负，说明这些主成分因子对被解释变量控制权变更的作用为负相关，同时企业规模（ES）和破产压力（SDC）系数为正，说明这些变量对被解释变量的作用为正相关。长期负债水平的预期符号与模型显示符号不一致，在模型中表现出长期负债水平越高，控制权变更越不容易发生，这可能是高管等内部人为剩余控制权收益的不可补偿性等原因，可能从管理上采取各种措施，提高控制权变更的成本和代价，使得控制权难以发生变更。

表 4.16　Logistic 模型参数估计及其显著性检验

自变量	预期符号	参数值（B_i）	参数标准差	Wald统计量	自由度	显著水平	Odd 值（e^{Bi}）
Constant	?	−0.5798	0.1097	27.9120 ***	1	0.0000	
SCP	−	−0.1019	0.1086	0.8797	1	0.3483	0.9031
SIR	−	−0.1451	0.1126	2.6601 *	1	0.0976	0.8649
BEA	−	−0.0249	0.1091	0.0521	1	0.8195	0.9754
MP	−	−0.0882	0.1170	0.5690	1	0.4507	0.9155
LDEBT	+	−0.2533	0.1268	3.9876 **	1	0.0458	0.7763
LPSR	?	−0.0809	0.1529	0.2795	1	0.5970	0.9223
ES	?	0.0787	0.1052	0.5594	1	0.4545	1.0818
ICR	−	−0.1019	0.1287	0.6266	1	0.4286	0.9032
SDC	+	0.1763	0.1293	1.8596 *	1	0.0727	1.1927

| X^2:211.623 | 显著水平:0.0354 | Nagelkerka R^2:0.242 | 样本数:376 |

注：*** 表示相关系数在 1% 的水平上是显著的；** 表示相关系数在 5% 的水平上是显著的；* 表示相关系数在 10% 的水平上是显著的。

4.5　现实冲突与国际比较

4.5.1　美国公司并购的现状和原因分析

由于公司控制权变更主要发生在兼并与收购市场中，而且企业并购动机开始也是追求对目标企业的控制权（即使存在有些财务公司通过收购企业进行整合，然后再分拆上市，但是在开始也要控制企业），因此分析美国公司并购能够了解其公司控制权变更的基本趋势。在20世纪80年代和90年代美国公司治理发生了巨大变化。在1980年前，公司治理并不活跃。然而，20世纪80年代以来出现了大规模兼并、接管和重组浪潮。这些行动以其使用杠杆收购和敌意兼并而著称。而且，许多公司在敌意收购压力下并未被收购重组，这使其成为收购目标公司的吸引力大为减弱。在20世纪90年代公司治理模式又改变了。1990年兼并行动在经历了一阵突然而又简短的下滑后，收购重又反弹到20世纪80年代的水平。但是，杠杆收购和敌意兼并显著减少了。同时其他公司治理机制发挥了更大作用，尤其是经理股票期权制和公司董事会与持股者的更多介入。

4.5.1.1　美国公司在20世纪80年代并购的主要特征

（一）并购行动蓬勃发展

就一个更长的历史视野而言，美国从19世纪晚期到20世纪中期的并购活动时间序列证据显示，超过GDP2%到3%的并购活动是不正常的。

（二）杠杆收购剧增

20世纪80年代的并购活动是以杠杆收购的大量使用为特征的。杠杆收购者购买其他公司主要通过借款而非发行新股或单独使用手头现金。其他企业要进行重组，也要通过借款回购他们自己的股份。最终一些企业在杠杆收购中变成了非上市公司。在一个杠杆收购中，投资者经常联合在位经理人借款回购所有公众拥有的公司股份以便完全掌握公司的所有权。

杠杆收购与公司治理中的三个主要变化有关。第一，通过提供给经理人在收购公司中的大量期权改变经理人激励。杠杆如果很高，对经理人来说要合算一些。其目的是给经理人以从事收购的激励，并且努力工作还清债务，同时也增加股东价值。第二，杠杆收购活动所导致的高债务加强了对公司经理人的财务约束。经理人不可能再认为资本的使用没有成本。相反，不能带来足够资本回报意味着要拖欠借贷资金。这种情况与低杠杆企业中对资本成本的认识形成鲜明对比。第三，杠杆收购的发起者和投资者紧紧地监督和控制着他们所购买的公司。杠杆收购公司董事会不大会被大股东所控制。

（三）敌意并购大量盛行

在 20 世纪 80 年代，美国几乎超过半数的主要公司收到了敌意并购协议书，敌意并购被界定为在没有得到并购目标公司经理人同意情况下进行收购（Mitchell & Mulherin，1996）。甚至那些实际并未被并购的公司也经常重组公司对付敌意并购压力，特别在公司侵占者购买了大部分股份情况下更是如此。在 20 世纪 80 年代，有 20% 到 40% 的发盘收购是在职经理人发起的。到 90 年代，就只有 15% 不到了。在 90 年代兼并总数与敌意并购数量大致相同。而且对 20 世纪 80 年代和 90 年代的差异来说这是保守估计，因为并未包括大股东的敌意并购压力。

（四）金融市场变得更活跃

20 世纪 80 年代的并购浪潮是由美国公司内部治理机制的失败引起的。自从 20 世纪 30 年代以来，随着公司的不断壮大，管理激励变得越来越弱，经理人股权在收缩，股东变得更广泛而分散。没有人能观察到 J. P. 摩根和其他投资者在 20 世纪早期所形成的管理方式。董事会被设计成股权的监护人，但是，董事会在履行其职责时是无效的。公司的最大缺陷之一是它用成功部门的现金补偿运作不理想部门，而不是把这些自由现金流还给投资者。公司管理失误最终在 20 世纪 70 年代引起了资本市场的反应。杠杆收购、杠杆合并、敌意接管和股份回购都成功削减了自由现金流量。因为伴随着债务服务的需要，激励经理人找到方法创造现金以偿还利润。

20 世纪 80 年代力量平衡从公司利益相关者转移到公司股东手上，因为机构持股者数量上升了。从 1980 年到 1996 年，大机构投资者使其股份所有权倍增了，从不足 30% 上升到超出了 50%。同时，个人持股者所持股份比例则减少了，从 1970 年的 70% 减少到 1980 年的 60%、1994 年的 48%。机构投资者所有权的转变对理解为什么公司接管高潮出现在 20 世纪 80 年代是个关键。以致 20 世纪 80 年代被称为"对抗的十年"。

4.5.1.2 20 世纪 90 年代美国公司治理和并购表现迥异

在 20 世纪 80 年代后期，接管和兼并行动浪潮结束了。接管数量、转为非上市公司的数量、杠杆收购的使用数量在 20 世纪 90 年代都大幅度地下降了，反接管法案和对杠杆收购施加的明显政治压力、高收益债务市场的崩溃、信用制度的破碎都对并购数量减少提供了解释。从那以后，反杠杆收购的政治压力和信用制度破碎都消失了，未达投资标准的债务市场复苏了。同时既不使用极端杠杆收购又不使用敌意收购的行动达到了 20 世纪 80 年代的水平。这也说明了反接管法案有了成效。

（一）增加以激励为基础的补偿计划

基于资产的 CEO 补偿计划在快速增长。每年 CEO 期权值（以发行值计量）大量增加。结果在 1994 年基于资产的补偿计划占 CEO 总补偿计划的将近 50%，比较而言在 1980 年只有不到 20%。基于资产的补偿计划的增长提高了 CEO 对绩效报酬给付的敏感性，从 1980 年到 1998 年大约基于资产的补偿计划增长了 10 倍（Hall & Liebman，2000）。在此期间绩效报酬的增长同 20 世纪 80 年代杠杆收购中基于资产的 CEO 补偿计划增长保持了同比增长。由杠杆收购的发起人支付了大笔费用，更重要的是，杠杆收购公司的首席执行官通过基于资产的补偿计划而变得富有，这也使其更有可能获取公众公司的首席执行官的职位。

（二）被迫承认资本成本

杠杆收购的第二个显著特征是杠杆足以迫使管理层认为资本是昂贵的，因为杠杆收购必须使资本的获利能足以偿付债务的利息。公司（包括一些咨询企业）现在试图通过新绩效措施和补偿计划达到一种相同效果。这些计划比较了资本利润率（通常由公司或部门的税后利润）和资本成本（如投资者所需要的税后利润）。也就是说，资本品被用以评估资本的平均成本。这就要求公司董事会成员和首席执行官认为经理人把他们的投资看得很宝贵。

然而，我们有理由相信这些计划并未对杠杆收购中的负债形成什么约束，也有证据认为这些计划有杠杆收购一样的效应。实施经济附加值（EVA）指标的企业改进了运营效率。配置了资产和减少了投资。股份回购在很大程度上是没有实行公司控制的一个实例。这要求公司作出决策达到股东利益最大化目标。例如，像 Mckinsey 公司（麦肯锡公司）这样的咨询企业通常用股东价值度量其咨询行为的效果。

（三）紧密监督

杠杆收购的第三个显著特征是股东和董事会有了更紧密的监督。这可能存在几个原因，持股者在 20 世纪 90 年代比 80 年代更紧密地监督经理人。正如早就提到的一样，职业股民和机构投资者在不断增加。从 1980 年到 1996 年，大机构投资者几乎领航了整个股市，它们由占股市市值的不足 30% 上升到超出 50%。这个变化意味着职业投资者（他们有强烈动机去追求更高的股利）可以监督不断增长的大部分公司。同时也有证据说明 20 世纪 90 年代公众公司的董事会在监督代理人上比过去更加积极了。最高管理者和执行官经常获得不断增长的基于资产的补偿。

（四）规则和税制的变化

20 世纪 90 年代其他两类公司治理机制也发生了改变：一是规则，二是税制。

在 1992 年，美国证券交易委员会（SEC）要求上市公司提供高层经理人补偿计划和企业绩效尤其是股票业绩之间关系的更详细披露。该要求讨论起来有好几方面的效应。这要求董事会关注股票业绩。公司现在在代理人公告中定期披露公司和行业的市场股票业绩。这表示从 20 世纪 80 年代前期有了一个较大转变，公司更可能关注每股盈利（EPS）、企业价值增长和其他可能或不可能影响公司股票业绩的措施。而且，这些要求使得基于资产的一揽子补偿计划更易于产生实际效用。即使经理人的补偿是以股票业绩为基础，但是公司董事会更少可能受到股东批评。

4.5.1.3 美国公司治理模式的复归和追随

从历史来看，美国公司治理使用以资产为基础的补偿机制，例如回购上市公司本身股份和资本市场允许一定数量接管者。近年来，其他国家也向美国模式靠拢。在欧洲，对董事会和行政官使用股票期权数在增加。日本取消了经理人股票期权上附加的大量税收惩罚。在过去几年，法国、德国和日本都使公司更易于回购其股份。最后，欧洲大陆在敌意并购上也有所增加。

20 世纪 70 年代和 80 年代，许多观察家强烈批评了美国的资本市场和治理机制并把目光投向其他机制，尤其是德日体制，认

为它们优于美国公司的治理机制（Porter，1992）。但从 20 世纪
80 年代中期开始，美国公司治理重新发现了自身价值，而其他
国家企业看来也在追随美国公司治理模式。

**4.5.1.4　导致美国公司 20 世纪 80 年代和 90 年代并购差异
的原因**

在资本市场上不断增长的持股者后面的真正操盘者和持股者
股票价值提高都可追溯到国际和国内的管制解除和新的通信信息
技术发展，所有这些在 1990 年之前就开始了。与此同时，随着
大量机构投资者的加入，资本市场变得更加强大。与强大投资者
同时存在的是不断提高的公司业绩潜力引起了接管行动、垃圾债
券和杠杆收购。一方面，资本市场使持不同意见的公司被剥离了；
另一方面，资本市场有助于消除过剩生产能力，并且资本市场约束
那些忽视持股者的经理人重视其他投资人的利益（朱琪，2003）。

经理人本能地利用合法手段和借助政治和公众支持与收购行动
作斗争。他们的成功使得敌意收购在 20 世纪 90 年代变得代价更高
昂。到那时为止，经理人、董事会和机构持股者杠杆收购和其他以
市场为导向的重组也能做到这一点。归功于利润丰厚的股票期权计
划，经理人能从公司重组中分享市场利润。持股者变得越来越像盟
友而非敌人。这就解释了为什么在 20 世纪 90 年代重组能维持如此高
比例。在 20 世纪 80 年代和 90 年代持股者价值占据了主导地位至少
部分是因为资本市场在进行必要的管制解除和技术革新上的结构改
革方面有比较优势。因此，可能在需要公司减少重组时，持股者
价值和市场优势也随之减弱。尽管如此，20 世纪 90 年代的美国公
司治理比 80 年代早期表现出来的可能要存在更多的市场导向特性。

**4.5.2　我国上市公司控制权变更的潜在治理冲突和未来演
变趋势**

本章分析了我国上市公司高管人员更换的现状，并考察了更

换的原因以及可能引起的一些结果。公司高管人员更换自身披露的原因中主要为股权导致大股东变更、高管人员的辞职、换届选举、工作调动或者辞去一部分职务。从本章的深入分析可以看出，高管人员年龄结构、大股东更换、公司绩效好坏以及公司领导权结构等因素是高管变更的重要原因。当然，高管人员的更换并不能从根本上改变这些企业经营业绩低少的现状，无法显著提高经营绩效，带给企业的仅是显著的盈余管理行为。高管人员更换后，继任者中略多于一半的人数来自母公司以及与母公司相关的其他单位和政府部门，反映出上市公司大股东控制的现状，这可能会引起一定程度的大股东侵害中小股东利益问题。

这些结论对于了解我国上市公司的公司治理机制的现状有重要的意义。为了进一步改善我国上市公司的治理机制，有必要减持国有股比例，增加对由大股东控制产生的侵害中小股东利益的约束；培育经理人市场，重视高管人员的经营业绩，做到任人唯贤；尽可能分开大股东与上市公司的资产、财务与人员上的关联等。为了进一步完善我国上市公司治理结构，我们有必要采取以下措施：①促进市场的充分和公平竞争，为企业创造一个竞争性的市场环境（林毅夫等，1997）；②加快国有股减持步伐，培育以法人为持股主体的股权结构（Xu & Wang，1999）；③加强收购市场的培育和进一步规范；④重视董事长和总经理兼任导致的企业监督机制的弱化。

近年来我国上市公司股权交易与以往相比在本质上正在发生着变化。并购不再像以前那样全是通过对第一大股东的股权受让，从而改变对上市公司的控股权。今天有些收购甚至在不涉及第一大股东的情况下，通过购买第二、第三大股东股权的方式获得对上市公司的控制，如华闻集团试图通过受让众多法人股小股东的股权控制上市公司；还有干脆是直接减小第一大股东的持股比重，将原第二股东抬至台前。另外收购也不再是简单的一步到位，例如草原兴发经历四次收购才实现了上市公司控制权的转移。

另外，并购市场中股权争夺和收购中的金融手段创新是我国上市公司并购的又一发展趋势。委托书收购、吸收合并开始在中国进行尝试，胜利股份、川金路、燃气股份的股权之争更是将市场搅得沸沸扬扬。随着相关法律、法规的颁布，交易方案设计、利益安排、信息披露、规范操作的专业化要求，使投资银行有了施展专长的更广阔的市场空间。最大的区别也许在于：以前的并购往往是曲线上市，为亏损企业的壳资源实现重组，从而获得上市的一系列实惠。现在的并购已是实实在在的战略性并购，并购双方以各自核心竞争优势为基础，通过优化资源配置的方式，创造大于各自独立价值之和的新增价值。中国历史上第一次战略性并购时代已经到来。

4.6　结论和启示

（1）本章分析了上市公司高管人员更换的现状，并考察了更换的原因以及可能引起的一些结果。公司高管人员更换自身披露的原因中主要为股权导致大股东变更、高管人员的辞职、换届选举、工作调动或者辞去一部分职务。从本章的深入分析可以看出，高管人员年龄结构、大股东更换、公司绩效好坏以及公司领导权结构等因素是高管变更的重要原因。

（2）主成分分析显示，导致高管变更的主成分有：股权集中度；股权对比度；基本盈利能力；企业市场绩效；长期负债水平；股权流动性；企业规模；经济民主化水平；企业破产压力。Logistic 模型回归分析的统计结果显示，9 个主成分因子中，只有常数项、股权对比度、长期负债水平和企业破产压力四个解释变量在模型中的作用均显著，且在显著作用的解释变量中，长期负债水平的解释显著性水平最高。从其系数来说，股权对比度、股权集中度、基本盈利能力、企业市场绩效、长期负债水平、股权流动性和经济民主化程度的系数为负，说明这些主成分因子对被解释变量控制权变更的作用为负相关，同时企业规模和破产压力系数为正，说明这些变量对被解释变量的作用为正相关。

（3）随着大量机构投资者的加入，美国资本市场变得更加强大。与强大机构投资者同时存在的是不断提高的公司业绩潜力引起了接管行动、垃圾债券和杠杆收购。一方面，资本市场使持不同意见的公司被剥离了；另一方面，资本市场有助于消除过剩生产能力，并且资本市场约束那些忽视持股者的经理人重视其他投资人的利益，经理人本能地利用合法手段和借助政治和公众支持与收购行动作斗争。持股者变得越来越像盟友而非敌人。在20世纪80年代和90年代持股者价值占据了主导地位，至少部分是因为资本市场在进行必要的管制解除和技术革新上的结构改革方面有比较优势。20世纪90年代美国公司治理比80年代早期表现出来的可能要存在更多的市场导向特性。

（4）从控制权变更的角度看，为了进一步改善我国上市公司的治理机制，有必要减持国有股比例，增加对由大股东控制产生的侵害中小股东利益的约束；培育经理人市场，重视高管人员的经营业绩，做到任人唯贤；尽可能分开大股东与上市公司的资产、财务与人员上的关联等。为了进一步完善我国上市公司治理结构，我们有必要采取以下措施：①促进市场的充分和公平竞争，为企业创造一个竞争性的市场环境；②加快国有股减持步伐，培育以法人为持股主体的股权结构；③加强收购市场的培育和进一步规范；④重视董事长和总经理兼任导致的企业监督机制的弱化。

5 控制权变更中大股东掠夺与相关利益者保护

5.1 大股东掠夺与投资者保护：问题的缘起和意义

公司治理的任务在于通过促进利益各方（股东、管理层、客户、储运商、债权人和金融市场上潜在投资者等）的协作，实现利益各方的激励相容，以达到保护股东的利益和实现其他公司目标。投资者保护问题是公司治理的核心问题之一，也是公司治理所要实现的基本目标。它源于代理问题①，核心内容是防止内部人（管理层和控股股东）对外部投资者（股东和债权人）的

---

① 代理问题是指委托人和代理人之间的委托代理关系，即代理的内部关系问题。斯蒂格利茨指出委托—代理关系即是"委托人（如雇主）如何设计一种报酬体系（一份契约）来驱动另一个人（其代理人）为委托人的利益行事"。代理关系主要涉及委托人如何聘选、激励和监督代理人这三个方面。它的产生是与股份公司股权和管理权相分离联系在一起的。1932 年 Berle 和 Means 最早提出"所有权与控制权相分离"的论点。

"掠夺"（Expropriation）。这种掠夺对投资者的损害主要是由于小股东在公司治理中的弱势地位，造成这种地位的理论原因有两个：代理成本与"掠夺"。具体表现在：①管理层机会主义行为带来的损害，即委托代理成本，这种损害是所有股东包括中小股东都要承受的。②来自控股股东的损害，在企业理论中称其为"掠夺"，他是指控股股东利用其控制地位，通过损害小股东利益增加自身利益的行为。"掠夺"在公司股权比较分散的情况下，主要表现为管理层的机会主义；在股权集中于控股大股东的情况下，体现为管理层和控股股东对中小股东与债权人的双重侵害①。

但实际上小股东在公司治理中基本上处于弱势地位，特别是随着公司资本基础的扩大，股份日益分散化，小股东越来越远离公司的最终控制权。这种弱势地位主要源于四个原因：①"理智的冷漠"。所谓理智的冷漠（the Rational Apathy Problem），是指在股权分散的情况下一个小股东为对公司的重大事宜作出投票决定，需要付出相当的成本去获得必要的信息并对这些信息进行加工并作出决策。对小股东而言，一般说来为作出理智的判断而付出的成本要大于因投票而获得的利益。因此一个理智的股东会对积极行使投票权持冷漠的态度。②"搭便车"问题。所谓"搭便车"问题（Free-riding Problem），是指在存在众多独立股东的情况下，对公司管理层的监督在相当程度上具有"公共物品"（Public Goods）的特征。在此情况下，每个股东都希望其他股东行使监督权，自己从中获利，而不愿自己积极参与监督，因为监督的成本由自己支付，而收益却由所有股东共享。由此导致的结

---

① 控股股东对小股东侵害问题根源在于中小股东相对处于弱势地位，中小股东弱势地位又是因为小股东和控股股东之间信息不对称、"搭便车"及中小股东持股比例小从而控制权弱。

果必然是无人愿意行使监督权。③小股东因持股比例低对公司没有控制权，在选举董事、决定合并等重大决策方面不具有决定作用。按照伯利和米恩斯的看法，控制权是指决定公司董事的权利。在存在大股东的情况下，大股东在董事选举方面具有决定作用；在股份高度分散情况下，管理层实际上拥有控制权。不论哪种情况，小股东都不可能取得对公司的控制权。在管理者控制的情况下，管理者追求自身利益最大化，损害出资者的利益。在大股东控制的情况下，大股东利用控制地位通过自我交易等方式"掠夺"小股东。小股东由于"搭便车"和"理智的冷漠"，难以对管理者进行有效的监督，也难以对大股东的行为作出有效的抵抗。④小股东的权利常常受到漠视或限制。管理层或大股东常常通过各种方法限制小股东的权利，如限制小股东的投票权，限制小股东用通讯方式投票等，这进一步削弱了小股东在公司治理中的地位，使小股东股份的控制功能受到很大影响，进而影响到股份的收益功能。

在很大程度上，公司治理和投资者保护就是外部投资者藉以防止权利被内部人剥夺的一套机制。这里的外部投资者指所有的不控制公司的投资者，包括分散的中小股东、非控股的大股东、小债权人和大债权人/主银行。"掠夺"有以下多种形式：第一，采取各种形式间接掠夺其他相关利益者利益。主要包括：①转移定价（Transfer Pricing），如以高于市场价格向公司出售大股东的物业、以低于市场利率向公司借款或以高于市场利率借款给公司。②转移资产（Transfer of Assets），如通过董事的自我交易（Self-Dealing）将公司资产转移出去。③追求非利润最大化目标，如大股东与公司争夺商业机会，占用公司资源。④定向发行和回购证券（Targeted Issues and Repurchases of Securities），包括将公司的控制性股份售给计划掠夺公司的个人或机构和发行股票稀释小股东的股份价值等。⑤为大股东或者其他关联人士提供巨额债务担保。

第二，直接侵占相关利益者的利益。主要表现在：①在职高消费和管理层高工资，包括装修豪华的办公室，购置昂贵小汽车，一掷千金地招待客人和出行，以及大股东等在公司任职支取过高的薪酬。②为管理层和其他关联人士支取过高薪金。

第三，利用股权优势侵占相关利益者的权利。主要有以下几种表现形式：①关键人物在母公司和上市公司双重任职或者安排自己的家族成员在公司担任领导职务。②随意决策，公司内部缺乏科学的决策机制，管理层随意决策。③对小股东权利的限制，如限制小股东的投票权，限制小股东用通讯方式投票等，削弱小股东在公司治理中的地位，使小股东股份的控制功能受到很大影响，进而影响到股份的收益功能。又如支付不同红利，通过降低小股东股份的市场能力增加大股东股份的市场能力，以及阻止向小股东支付红利，迫使其以低价出售股票给控制者。

内部人对小股东掠夺现象的广泛存在，使得投资者保护具有特别重要的意义：

第一，有利于减少公司代理成本，提高公司价值。良好的投资者保护可以提高公司内部人掠夺投资者的成本，减少代理成本，保证公司运行和发展的质量与效率，增强投资者信心，提高公司价值和外部融资能力。

第二，有利于金融体系的发展。良好的投资者保护是金融体系稳定和健全的基础，投资者保护越好，金融体系就越发达，抗风险能力就越大。

第三，有利于实体经济的增长。通过健全公司内部机制，巩固金融体系基础，良好的投资者保护提高了资源配置和使用效率，推动实体经济增长。

5.2 并购交易中大股东掠夺的实证分析

在世界上大多数国家公司治理中，集中的所有权结构是一种普遍现象，而随之产生的大股东掠夺小股东行为也成为困扰各国公司治理的核心问题。我国上市公司大股东掠夺小股东问题日益受到广泛的关注，但迄今还没有人对我国上市公司大股东掠夺程度进行过比较精确的测量，本书对此进行了研究。

本节各部分安排如下：首先对大股东掠夺问题进行了理论回顾和分析；第二部分对大股东掠夺度进行测算；第三部分回归分析了影响大股东掠夺的一些因素变量；最后给出结论。

5.2.1 大股东掠夺：理论回顾

大股东对小股东的"掠夺"是一个普遍性的话题，特别是在公司所有权集中程度较高的国家，大股东的"掠夺"相当常见。Claessens 等人（1998）曾对东亚地区 2658 家公司进行实证研究，发现存在着广泛的对小股东的掠夺现象。Zingales（1994）的研究则显示意大利的掠夺问题很突出。Weisbach（1988）发现日本存在主银行的公司比其他公司要支付更高的平均利率。Frank 和 Mayer（1994）调查了一些德国银行抵制外部投资者接管其控制企业的案例，认为主要原因是这些银行害怕会失去来自于控制企业关系的利润。这说明在日德以银行控制为核心的治理体制中，存在着银行作为大股东利用控制权地位损害公司利益和其他股东利益的现象。上述实证研究显示，许多国家都存在控股股东的"掠夺"，但程度差异颇大，这和各国公司所有权中大股东的地位有关，也与各国对小股东的法律保护有关。Porta 等

（1998）曾对 27 个富裕国家的大公司的所有权结构进行了实证考察，发现符合伯利和米恩斯标准的现代公司（即股权高度分散、存在所有权与控制权分离的公司）并非普遍情形，即使在美国和英国，存在大股东的公司仍然占多数，在这些国家中大部分的大公司仍由家族或国家控制。控制性股东一般通过直接加入管理层或金字塔式股权结构拥有比现金流权利（即持有股票代表的收益权）更大的控制权。因此他们认为，对许多国家的大公司来说，公司治理的主要问题并非是限制不负责任的职业经理人扩展企业帝国的行为，而是抑制大股东对小股东的"掠夺"（LaPorta 等，1998）。由此可见，对于许多国家来说抑制大股东掠夺对改善公司治理具有重要的现实意义。

一般的金融理论认为，公司股东根据它所持有的股份比例得到公司的收益。但是，大量的研究表明，持有大宗股权的大股东往往会得到与他所持股份比例不相称的、比一般股东多的额外收益（Fama & Jensen，1983；De Angelo，1985；Demsetz & Lehn，1985）。这部分额外的收益就是大股东利用控制权为自己谋求的私利，也就是大股东对小股东进行掠夺获得的收益。

Bradley（1980）分析了美国控制权市场上发生的 161 项企业间收购出价，发现收购方对被收购企业股份的平均收购出价要高于当时市场交易价格约 13%。于是，他认为被收购企业股票价格的这一溢价不是来自收购方对企业的净现金流量的索取权，而是来自对被收购企业资源的控制权。Barclay 和 Holderness（1989）分析了 1978—1982 年间，在纽约证券交易所和美国证券交易所发生的 63 项私下协议的大宗股权交易价格，发现该交易价格要明显地高于消息被宣布后的市场价格，平均溢价水平达到 20%。他们认为这一溢价反映了控制权的价值。Lease 等（1984）研究表明，当一个企业有两种发行在外的股票，两种股票别的权利都一样，仅在投票权上有所区别，则拥有较多投票权的股票通常比拥有较少投票权的股票存在 5% 的溢价。他们还指出，这一溢价并不总是为正，溢价随着时间的变化而变化。

郎咸平（2001）研究了亚洲上市公司中的家族控股企业，发现许多公司的第一大股东和第二大股东串谋一起剥削其他小股东，亚洲家族企业仍存在着掠夺小股东的本质，传统性的公司治理措施无法保护小股民。胡汝银（2000）则分析了中国上市公司现行的公司治理结构，指出中国上市公司治理结构可概括为关键人模式，关键人通常为公司的最高级管理人员或（和）控股股东代表，具有几乎无所不管的控制权，且常常集控制权、执行权和监督权于一身，并有较大的任意权力。在这种模式下，控股股东严重侵害了中小股东利益。唐宗明等（2002）选择了1999—2001 年间，沪深两市 88 家上市公司共 90 项大宗国有股和法人股转让事件作为样本，分析股权的转让价格，发现样本公司的平均转让价格高于净资产价值近 30%。

综合来看，国内外研究对大股东掠夺和投资者利益保护产生了浓厚兴趣，尤其是发达国家对此领域的研究比较系统化和数量化了，这与西方 20 世纪末的经济民主化运动有很大关系。国内理论界对此问题的研究刚刚起步，理论成果寥寥无几，无论是分析的广度还是深度都无法与国外文献相比，这可能与我国长期注重规范分析有关。仅有的实证研究文献也可能受研究样本和资料收集所限，在研究结论的代表性上可能对该领域实践的指导作用有所局限。

5.2.2 大股东掠夺描述统计

我国上市公司大宗股权转让和交易极其频繁，并且主要是持有上市公司国有股和法人股的控股股东向其他法人转让股份，由于国有股和法人股不能公开上市流通①，它们的转让主要是通过私下协议转让的方式进行，并且这种转让往往涉及上市公司控制权转移，这为笔者研究分析控制权溢价（即大股东掠夺）问题提供了很好的样本。本书借鉴唐宗明等（2002）的研究方法对我国上市公司控制权变更（主要是大股东股权变更）进行分析。

5.2.2.1 样本数据的收集

为便于与我国以前理论和实证研究比较分析，笔者选取了1997—2001年间发生的224项大宗股权转让作为样本数据，所有的样本数据都来自上市公司关于股权转让的公告及上海证券交易所和深圳证券交易所的数据库。在选取样本的时候，满足以下条件的大宗股权转让才进入样本：①股权转让的双方都是出于自愿，并按照市场交易的规则进行股权转让交易，剔除了那些由于上市公司股东涉及担保诉讼等事项导致的股权被强制拍卖产生的股权转让；②涉及的被转让股权仅包括不能公开交易流通的国有股或法人股，虽然有些上市公司的流通股也会产生较大数额的转让，但它们占总股本的比例毕竟太小，其中包含的控制权也很少；③样本中涉及的股权转让都已经完成，其中国有股的转让都已得到财政部门或有关政府管理部门的批准。

5.2.2.2 计量模型

由于很难直接测算大股东对小股东利益的掠夺程度，实证研究主要是用间接的方法进行测量。如果控制权意味着能够通过掠夺小股东利益为自己谋求私利，市场就会对控制权进行定价。这样，当企业的所有权结构发生变化或出现兼并收购等涉及控制权转移事件时，控制权的价值就会反映在企业股票价格中或以某种

---

① 该情况在股改后变化较大，尤其大小非解禁后更是如此。

方式影响股票价格的变动，通过观测这些股份的交易价格变化就可以从中测算控制权的价格，从而间接了解大股东对小股东的掠夺度。以 P_A 表示大宗股权转让的每股交易价格，P_B 代表被转让股份的每股净资产，则转让溢价（即控制权的价格 CP）定义为：$CP = (P_A - P_B)/P_B$。

由于我国上市公司的国有股和法人股不能公开上市交易[①]，所以缺少多个买方和卖方参与竞价的公开透明的市场化价格形成机制，大都是买卖双方在对转让股份进行价值评估的基础上，通过一对一的谈判确定股权转让价格，这为笔者的研究带来难度。为了分析的方便，笔者假设被转让股份每股价值就等于其每股账面净资产。理由是：首先，净资产值是国际通用的资产定价基准。其次，我国上市公司的国有股或法人股不能流通，流动性很差，市场对其定价将低于具有同样收益但流动性高的资产（唐宗明等，2002）。第三，虽然在 224 个样本里，被转让的股权都是有收益的资产，但由于上市公司很少分派现金红利以及股份不流通，持有这些股份的股东并不能得到持续的现金流入和从二级市场获取投资或投机收益。

5.2.2.3 实证结果及分析

表 5.1 对这些股权转让的样本在统计上进行了概括描述。从表 5.1、表 5.2、表 5.3、表 5.4、表 5.5 可以看出我国股权转让的基本情况。国外一般认为，超过 5%（或更严格的 10%）的股权转让就意味着控制权的转移，研究样本的股权转让比例平均达28.64%，远远高于国际标准。在 224 项股权转让中，基本股权结构如表 5.1 所示。在表 5.2 所示的样本公司前十大股东基本情况中，第一大股东为国有股的样本公司占了 59%，这里必须要说

---

① 研究日本上市公司还未股改，故国有股与法人股不允许公开流通。

表5.1　大宗股权交易公司总体股权结构描述统计

	样本数	最小值	最大值	中位数	标准差
未流通股数	221	4. E + 07	2010000000	137318014. 6875	153739836. 2769
流通股数	221	0. 00	569589808. 00	80619744. 9186	76892311. 5911
总股本	222	0. 00	2410000000	216956057. 9862	209226321. 2964
国有股数	167	0. 00	450520000. 00	84919405. 8319	84996045. 5312
法人股数	144	0. 00	789000000. 00	57465558. 1667	87536071. 9824
募集法人股数	125	0. 00	1221000000	47190742. 2240	118860386. 8724
社会公众股数	215	0. 00	446237740. 00	70870482. 2047	61049860. 4609
内部职工股数	53	0. 00	920000000. 00	35804076. 2264	126026670. 9204
B 股	26	1. E + 07	459589808. 00	102567071. 7308	101192602. 5550
高管股	21	2420. 00	455000. 00	106001. 3810	146953. 7337
有效样本	220				

表5.2　样本公司前十大股东基本情况

	样本数	最小值	最大值	中位数	标准差
最大股东持股比例	222	0. 32	74. 82	36. 0708	15. 7180
性质(是否为国有股)	222	0. 00	1. 00	0. 5901	0. 4929
A10(前十大股东持股比例之和)	222	0. 47	89. 36	59. 1360	12. 5759
十大股东流通股占总股本比例	221	0. 00	65. 47	1. 8547	5. 7878
十大股东非流通股占总股本比例	222	0. 00	88. 58	57. 2897	13. 4389
十大股东国有股占总股本比例	221	0. 00	88. 58	27. 8690	24. 6837
十大股东法人股占总股本比例	222	− 16. 23	79. 99	29. 3488	24. 3757
A5(前五大股东持股比例之和)	222	0. 42	88. 88	55. 9556	13. 2296
HERF(赫芬戴尔指数)	222	0. 11	5598. 17	1785. 1761	1213. 3237
有效样本	220				

表5.3　大宗股权交易样本公司基本财务状况

	样本数	最小值	最大值	中位数	标准差
净资产收益率	222	− 574. 00	621. 15	− 3. 9999	78. 4006
资产负债率	222	0. 64	452. 12	54. 7114	44. 5206
每股净资产	222	− 6. 17	6. 18	2. 0578	1. 3479

	样本数	最小值	最大值	中位数	标准差
资产总额	222	168053251	1.737E+11	1.85E+09	1.164E+10
转让股份总额	222	200.00	276721.20	8454.6885	25141.6159
转让价格(元/股)	222	0.00	29.86	1.6876	2.5603
总价格(万元)	222	0.00	200000.00	8256.7055	16221.7240
转让股份占总股份比例	224	1.87	99.81	28.7932	17.7413
有效样本	222				

表5.4   样本公司大宗股权转让溢价分析

	样本数	最小值	最大值	中位数	标准差
转让股权溢价水平	223	−7.56	26.54	1.108E−02	2.4165
转让股权溢价总值(万元)	223	−274897	211338.18	3356.3308	29673.5862
溢价总值占转让总值比例(%)	155	−5332.34	9636.94	17.8287	930.1246
溢价总值占主营业务收入比例(%)	221	−1600.57	2455.77	2.2721	302.1271
溢价总值占公司总资产比例(%)	223	−494.48	1007.88	0.7529	94.0533
溢价总值占公司总利润比例(%)	223	−12956.66	17371.32	38.3355	1814.6302
溢价总值占公司净利润比例(%)	223	−14879.12	25969.74	9.3100	2148.2405
有效样本	153				

明,本书所指的国有股是专指国家股,如果包括国有法人股权则该比例会更高。同时也可以看出,样本公司股权集中度非常高,最大股东所占总股本比例平均达到近36%,前五大股东持股比例占总股本比例更是达到了近56%。表5.3显示,转让的价格在

每股 0 元（即无偿划拨）到 29.86 元之间变动，平均为 1.69 元，而股份被转让公司的平均净资产收益率却只有 -3.3%，这一比率要低于转让股份公司的每股净资产，也远低于沪深两地上市公司的平均净资产收益率①，这表明业绩较差公司股权容易被转让。另外，从资产负债率来看，转让股份公司的平均资产负债率高达 54.71%，从另一个侧面反映了股权转让公司的业绩在同行业中属于较差位置，在资本市场竞争中处于劣势地位。

Barclay 和 Holderness（1989）发现，美国上市公司大宗股权转让中，约有 2/3 购买股权的企业和其所购买股份的企业的经营主业是相同的，这说明国外的股权购买可能更多地出于经营协同战略考虑或是为了减少同业竞争。而在我国资本市场上，新股东购买大宗股权入主上市公司的目的可能更多的是为了实现"借壳上市"，甚至是仅为了制造题材在二级市场上炒作获利。表 5.4 对样本的溢价情况进行了统计描述。

在 154 个有效样本中，上市公司大宗股权转让价格平均要高于其每股净资产的 1.11%，最高溢价水平为 2654%，最低为 -756%，显示溢价水平相差很大。溢价总值占大宗股份转让总值和样本公司主营业务收入的平均比例分别为 17.83% 和 2.27%。同时溢价总值占大宗股权转让公司总资产、当年总利润和当年净利润的平均利润分别为 0.75%、38.34% 和 9.31%。这一溢价水平反映了上市公司控股股东对少数股东权益的剥削和掠夺程度。

由前面的分析知道，带有控制权的股权的转让价格高于其净资产的溢价部分反映了控股股东对从控制权中获取私利的预期。那么，当转让价格低于净资产时，则在某种程度上反映了控股股

---

① 2000 年上市公司加权平均净资产收益率为 7.66%。

东对获取私利小于其付出的成本的预期。因为，控股股东为获取私利是要付出成本的，这些成本包括：①掠夺过程中的资源耗费。控股股东通常采用关联交易、价格转移等手段掠夺公司资源或是少数股东的权益，在这一过程中要耗费成本。此外，家族控制的企业常常采用金字塔形或交叉持股等方式控制上市公司，这些所有权结构都会便利控股股东通过对少数股东或公司利益相关者的利益掠夺谋取私利，但也会带来相应的组织成本和税负的增加。②由掠夺导致的大股东声誉的损害。控股股东掠夺过度会在市场上形成不好的名声，这会降低上市公司再次融资的股票发行价格，严重的甚至导致融资失败。③由掠夺带来的可能遭受法律诉讼的风险。如果控股股东承受的成本超过预期的收益，他就不会购买这些股份，除非这些股份能够以一定的折扣出售，以使得新的控股股东的未来预期收入大于预期成本。而原有的控股股东也愿意以较低的价格出售（唐宗明，2002）。

5.2.3 大股东掠夺的决定因素分析

这里用回归的方法对上述 224 个样本进一步分析其控制权转让溢价的影响因素。

5.2.3.1 被解释变量

溢价水平（PC）的指标设定。本书使用（P_A—P_B）/P_B作为被解释变量，其变化反映了溢价水平的变化。

5.2.3.2 溢价影响因素假说

包含控制权的大宗股权的转让价格溢价反映了控股股东从控制权中获取私利的水平。笔者借鉴唐宗明等（2002）的研究，但是在具体选取因变量和自变量上考虑的因素要多一些。主要目的是方便与前者研究结论进行比较，以期待得出比较符合实际的结论。假设这种利益掠夺受以下八个方面因素影响：①国家股比例。大宗股权转让公司国有股比例的高低能够反映代理成本的大小和股权结构状况，国有股在中国证券市场上不能够自由流通，而且国家一般不会容许对国家股权的稀释和对国家权益的侵占。但是，由于国有股权的所有权虚位，在企业中代表国家持有上市公司股权的高管层往往存在机会主义倾向，控制权权益的不可补偿性也会促使国有股的代理人增加溢价的成本。因此，本书假定随着国家股比例增加，控制权溢价与国有股比例呈反向变动关系。②社会公众股比例。我国上市公司股权比较集中，社会公众股在一定程度上代表了中小股东的利益。由于小股东存在"搭便车"心理，不能有效行使控制权维护自己的权益，只能采取"用脚投票"的形式取得收益，大股东往往利用其优势股权地位侵占小股东利益。因此，本书假定，随着社会公众股比例上升，大股东所获私利就越大。③股权集中度。本书采用前十大股东持股比例和十大股东持股比例平方和（即赫芬戴尔指数）来代表股权集中度的变化。股权越集中，说明大股东的地位越强。本书假定随着股东集中度的提高，控制权溢价越大。④流通股比例。在中国证券市场上，控股股东利用控制权获取私利的方法之一就是利用股权转让题材（及市场对重组的预期），在二级市场上通过炒作股权被转让公司的可流通股票获利。而有关的研究表明，公司的流通盘小，进行炒作所需的资金就相对要少一些，技术上也更容易，因此，流通盘较小的公司的大宗股权较受潜在的控股股东欢迎，其发生股权转让和重组的概率也要大一些，但流通盘过小反而不利于炒作。因此，上市公司可流通股数也会对该公司大宗股份的转让溢价产生影响。⑤转让股权比例。股权占上市公司总股本的比例越高，它所代表的对公司决策的投票权或控制权就越多，因此，溢价水平与持股比例呈正向变动关系。但是，随着持股比例的上升控股股东从增加的股份中获取的边际私利是逐渐递减的，因此，当控股股东的持股比例过高，并且实现对各个公司的控制所要求的持股比例不一样时，溢价水平和持股比例之间没有明显的关系。因此，本书预计随着被转让股份比例的增加，转让价格的溢价水平也相应提高，两者呈正向变动关系。⑥企业规模。企业的规模会对控股股东掠夺的成本和收益产生重要影响。一方面，企业规模越大，控股股东从掠夺公司资源和其他股东利益中获取的收益也就越多，但是控股股东谋取私利的成本也相应要大一些；另一方面，规模大的公司受到来自政府部门、机构投资者、证券分析师等各方面的监督和关注也比较多，公司运作相对比较规范，信息也比较透明，中小投资者面临的信息不对称问题不是太严重。因此，企业规模对控股股东谋取私利的影响是模棱两可的。⑦财务杠杆。一般说来，债务还本付息的强制性约束会导致企业持续的现金流流出，这会减少企业持有的自由现金流，使控股股东无法把更多的现金投向有利于他获取私利的项目上，从而在一定程度上限制控股股东对少数股东的掠夺程度。因此，债务与溢价之间呈负向变动关系。这里假定中国上市公司的财务杠杆与控股股东掠夺程度之间为负相关关系。⑧财务状况。企业的财务状况用股份转让当年企业的净资产收益率来表示。企业净资产的收益率越高，预期的收益越高。另一方面，如果企业的财务状况不佳，控股股东要付出更多的时间和精力监督管理人员和参与公司决策，同时控股股东预期获利也会减少，因为可供控股股东掠夺的资源和能向控股股东支付的报酬和津贴会相应减少。因此，净资产收益率与溢价水平应成正比关系。

5.2.4　回归方程

$$PC = \alpha + \beta_1 TSP + \beta_2 SUM + \beta_3 ZLTG + \beta_4 ZGYG + \beta_5 ZSHG$$
$$+ \beta_6 A10 + \beta_7 Herf + \beta_8 DYG + \beta_9 DAR + \beta_{10} ROE + e$$

具体变量定义见表5.5。

表 5.5　解释变量定义

变　　　量		符　号	定　　　　义
股权交易	被转让股份比例	TSP_0	被转让股份占公司总股本的比例
	被转让股权比例	TSP_1	被转让股份占非流通股总数的比例
	转让比例小于25%	TSP_2	如果被转让股份占公司总股本比例小于25%，就取实际值；否则都等于25%
	转让比例超过25%	TSP_3	如果被转让股份比例小于25%，就取值为0；否则为实际值减去25%
股权结构	总流通股	$ZLTG$	公司流通股数量
	国有股	$ZGYG$	公司国有股总数
	社会法人股	$ZSHG$	公司社会法人股总数
	第一大股东股份比例	DYG	公司第一大股东持股比例
	A10	$A10$	前十大股东持股比例总和
	$Herf$	$Herf$	前十大股东持股比例平方和，表示股份集中度
绩效	总资产	SUM	公司总资产的自然对数，表示公司总规模
	资产负债率	DAR	财务杠杆，企业负债账面价值比资产账面价值
	净资产收益率	ROE	企业税后净利比股东权益，表示财务状况好坏

5.2.5　实证结果及分析

本书用 OLS 对方程进行估计，误差项考虑到异方差性进行了修正。表5.6为方程回归分析结果。表5.6中调整的拟合优度水平在0.211到0.225之间，说明这些变量有足够的能力来解释大宗股权转让溢价水平的变化，每个回归方程的 D–W 统计检验都非常显著，表明方程整体非常显著。在这些回归中，被转让股份占总股本的比例和占非流通股比例的系数都是正的，且在1%水平显著。为了进一步分析被转让股份比例与溢价之间的关系，笔者沿用 Barclay 和 Holdemess（1989）的方法，把被转让股份按比例大小分为小于25%和大于25%两段，然后分段进行回归。结果表明，对被转让股份比例小于25%的大宗股权，估计的系数

表5.6 大宗股权交易溢价水平变量的影响因素回归分析

被解释变量：溢价水平	方程Ⅰ	方程Ⅱ	方程Ⅲ	方程Ⅳ
截距	0.193 (1.143)	0.179 ** (3.132)	0.846 (1.601)	8.208E−02 ** (3.061)
TSP_0	5.39E−03 * (−5.596)			
TSP_1		2.53E−03 * (5.451)		
TSP_2			4.37E−02 *** (−2.103)	
TSP_3				1.02E−03 ** (−3.090)
$ZLTG$	1.044 *** (1.673)	1.043E−08 *** (1.669)	9.353E−09 (1.500)	1.065E−08 *** (1.708)
$ZGYG$	−4.28E−09 (−1.113)	−4.30E−09 (−1.117)	−3.878E−10 (−1.010)	−4.31E−09 (−1.118)
$ZSHG$	2.779E−10 (0.038)	3.275E−10 (0.045)	3.878E−10 (0.054)	1.503E−10 (0.021)
$A10$	−3.43E−0.3 (−0.171)	−4.15E−03 (−0.208)	−8.59E−04 (−0.043)	−4.55E−03 (−0.228)
DYG	1.415E−03 (0.089)	1.507E−03 (0.094)	−2.41E−04 (−0.015)	1.728E−03 (0.108)
$Herf$	4.262E−05 (0.265)	4.532E−05 (0.281)	7.069E−05 (0.440)	4.423E−05 (0.274)
ROE	1.211E−02 * (6.481)	1.208E−02 * (6.449)	1.211E−02 * (6.527)	1.213E−02 * (6.482)
DAR	1.430E−03 (0.317)	1.486E−03 (0.330)	1.641E−03 (0.367)	1.485E−03 (0.329)
SUM	−3.71E−10 *** (−1.658)	−3.69E−10 *** (−1.645)	−4.03E−10 (−1.109)	−3.71E−10 *** (−1.656)
R^2	0.262	0.261	0.272	0.260
可调整 R^2	0.213	0.212	0.225	0.211
D−W检验	1.967	1.964	1.971	1.964
显著性	0.000	0.000	0.000	0.000
观测数	224	224	224	224

注：①括号内为 t 统计量。②* 表示在1%的信心区间内显著；** 表示在5%的信心区间内显著；*** 表示在10%的信心区间内显著。

也为正，且数值较其他分类为大，在5%水平显著。而对比例大于25%的股权，系数为正且比较小，并在5%的水平显著，这表明溢价水平（大股东获取的私利）与被转让股份比例之间基本呈线性关系，且大股东从控制权中获得的私利随着持股比例的上升而递增，只是在不同转让股份水平时大股东所获控制权收益也不同。随着转让股份的增加，控股股东所获私利边际收益递减，这一点与经济学规律一致。但是与唐宗明等（2002）的分析结果明显不同，这可能是由样本选择期间和样本量大小造成的。

上市公司企业规模和溢价水平之间为负相关关系，且在10%水平显著，这表明大股东利用控制权获取的私利随着企业规模的扩大而减少，原因在于规模大的企业受到的监督比较多，信息相对透明，大股东对公司和少数股东进行掠夺的成本较高。研究还发现，净资产收益率变量与溢价水平之间呈正相关关系，且在1%水平上极其显著。这表明上市公司净资产收益率越高，显示该公司基本绩效越好，控股股东利用控股地位掠夺投资者的机会成本就越低，空间也越大，自然其私利就越高。这一点也与唐宗明等（2002）的结论明显不同。另外，方程中上市公司总体流通股比例和溢价水平之间的关系呈现出显著正相关（10%显著水平），该结论与其他研究结论不一致，也与我们的研究假设相左。这可能是由于流通股比例越高，股权越分散，控股股东利用其控股地位在二级市场进行炒作就越容易，当然流通股比例也不是越高越好，流通股比例过高则掠夺成本要大幅上升。流通股比例过小说明公司总炒作空间不大，不利于控股股东获取私利。

本研究没有发现资产负债率的高低与溢价水平之间有显著的统计上的关系，这表明在我国债务约束并不能起到限制大股东剥削的作用。此外，股权集中度和第一大股东持股比例和溢价水平之间不存在显著的统计关系，说明股权过度集中则容易在几个大股东之间形成利益平衡，对少数大股东过分追求私利的企图起到了抑制作用。

5.2.6 结论

本节以上市公司大宗股权转让数据为样本，对我国上市公司大股东利用控制权掠夺中小股东的行为进行了实证分析。结果表明，控制权价格与大股东可能从控制权中获得的私有收益成正相关关系，平均控制权溢价近 1.11%，说明控制权溢价并不是非常高，但是不同转让情况的溢价水平相差很大。需要指出的是，由于上市公司信息披露不完全，大股东掠夺程度有可能被低估，如上市公司为关联公司提供贷款担保的信息，在股权转让时购买方就有可能不知道，而担保会给上市公司带来潜在的财务风险。并且公司规模越大，中小股东利益受掠夺程度越小。溢价水平（大股东获取的私利）与被转让股份比例之间基本呈线性关系，且大股东从控制权中获得的私利随着持股比例的上升而递增，只是在不同转让股份水平时大股东所获控制权收益也不同。上市公司净资产收益率越高，显示该公司基本绩效越好，控股股东利用控股地位掠夺投资者的机会成本就越低，空间也越大，自然其私利就越高。这一点也与唐宗明等（2002）的研究结论明显不同。另外，上市公司总体流通股比例和溢价水平之间关系呈现出显著正相关，该结论与我们的研究假设不一致。

5.3 上市公司控制权变更的投资者利益
保护与企业绩效

5.3.1 文献回顾

对公司治理、股权结构与企业绩效之间关系的研究，学术界最近 30 年来取得了深入的进展，积累了相当多的文献。从

Modigliani 和 Miller（1958）的投资现金流理论，Jensen 和 Meekling（1976）的契约理论，到 Grossman 和 Hart（1986）、Hart 和 Moore（1990）的财产权和剩余控制权理论可以看出，理论的发展越来越强调公司治理对投资人权益的保护。Shleifer 和 Vishny（1997），LaPorta 等（1998，2000）的研究均表明，公司治理、股权结构与企业绩效之间存在着非常密切的联系。而公司治理很大程度上是外部投资者为保护其利益免于被公司内部人攫取的一组制度安排。他们认为，以银行为中心还是以市场为中心不是区分各国金融体制和公司治理机制的有效方式，从法律对投资人利益保护的视角出发能更好地理解国家间公司治理的差异情况。其经验研究结果显示：在法律对投资人保护较好的普通法系国家，公司治理机制更为合理，资本在企业间的配置更有效率；而在法律对投资人保护较弱的大陆法系国家，企业具有更高的股权集中度并受强制性股利政策的约束。这可能是对投资人保护较弱的国家发展起来的一种对投资人保护的替代机制。

在股权结构与企业绩效的关系方面，Jensen 和 Meckling（1976）认为，提高对企业有控制权的内部股东的股权比例，能有效地产生管理激励，降低代理成本，提高企业价值。同时，代理成本的水平还取决于法规和合同设计。McConnell 和 Servaes（1990）认为公司价值是其股权结构的函数，其经验研究结果表明托宾 Q 值与企业内部人持有股份之间具有曲线关系，当内部股东的持股比例从无到有并逐步增加时，托宾 Q 值随其不断上升，并在内部股东持股比例达 40%—50% 时实现最大，然后开始下降。

从以上对国外文献的综述中我们可以概括出以下两点：①对企业外部投资人利益的保护是重要的。对投资人保护的法律、契约及其行使效力的差异会导致公司治理机制的差异，并影响企业的经营业绩。好的公司治理机制应能够使公司内部人与外部人的利益实现平衡，并与其对应的公司控制权相一致。②股权结构与企业绩效之间存在着区间效应，合理的股权结构能为企业带来更高的价值。

当前国内对公司治理、股权结构与企业绩效之间关系的经验研究，主要有以下几种代表性的观点：①一种观点认为国有企业效率不高、资本结构不合理的原因是企业产权关系不明晰造成的，因此主张改革的核心是明晰产权（张维迎，1996）。②一种观点认为，国企效率不高、债务危机的根源在于不公平竞争条件下形成的预算软约束。改革应着眼于努力创造公平的竞争环境（林毅夫，1997）。另外，李稻葵、李山（1996，1998）认为，国企存在的问题主要是最终控制权结构与资本结构的不对称，改革必须使两者对称才能够既治标也治本。③还有一种观点认为，国有企业绩效低下主要原因是股权结构的不合理。许小年（1997）对沪、深两市上市公司的经验研究结果表明，国有股比例越高的公司，绩效越差；法人股比例越高的公司，绩效越好；个人股比例与企业绩效基本无关。何浚（1998）分析了上市公司中的内部人控制问题，其经验研究结果显示，国有股在公司总股本中所占的比例越大，公司的内部人控制就越强。孙永祥、黄祖辉（1999）的经验研究发现，随着第一大股东所持股权比例的增加，托宾 Q 值先是上升，当第一大股东所持股权比例达到50%后，托宾 Q 值开始下降。魏刚（2000）的经验证据表明，公司高级管理人员的持股数量与企业绩效不存在"区间效应"，高级管理人员的报酬水平与企业规模存在显著的正相关关系，与其所持股份存在负相关关系，并受所处行业景气度的影响。陈晓、江东（2000）认为，不同类型的股东在公司治理结构中发挥的作用是状态依存的，股权结构的多元化对公司业绩的正面影响取决于行业的竞争性。在提高行业竞争性的基础上，通过适当减持国有股比例，提高法人股和流通股的比例，将能改善公司的治理结构。等陈小悦等（2002）对深交所 1996—1999 年除金融性行业以外的上市公司股权结构与企业绩效之间的关系所进行的经验研究表明，在公司治理对外部投资人利益缺乏保护的情况下，流通股比例与企业业绩之间负相关；在非保护性行业第一大股东持股比例与企业业绩正相关；国有股比例[①]、法人股比例与企业业绩之间的相关关系不显著。国有股减持和民营化必须建立在保护投资者利益的基础上，否则将不利于公司治理的优化和企业绩效的提高。

从以上对国内文献的综述我们也可以看出，关于股权结构与企业绩效之间关系的经验研究，目前还没有形成较为一致的意见。但行业的影响似乎不容忽视，法人股和流通股对企业绩效的影响似乎是正面的。

5.3.2 研究目的

从上述的文献回顾中可以看出，由于研究目的、样本区间和研究期间存在差异，目前国内文献对这一问题的研究还很不深入，结论似是而非。这些文献的不足主要表现在：①分析方法过于简单，基本上是以净资产收益率（ROE）为被解释变量，以股权结构为解释变量的回归分析。②对企业绩效指标的考虑不够全面。目前文献仅考察了 ROE 与股权结构的关系，而对托宾 Q 值等市场指标与股权结构的关系都没有进行深入考察；由于 ROE 是证监会对上市公司进行首次公开发行（IPO）、配股和特别处理（ST）的考核指标，企业对这一指标进行盈余管理（Earnings Management）的现象十分严重，仅用这一指标来进行经验研究显

---

① 该文所指国有股仅指国家股，不包括国有法人股。

然存在欠缺。③没有对研究期间所发生的会计事件产生的影响进行控制。如在研究窗口内企业进行的配股、被 ST、管理层发生变动、为了取得配股权和防止被 ST 而进行的利润操纵等对企业的绩效指标都可能会产生根本性的影响。

本节的研究目的就是要对上述文献回顾的结论进行经验性验证。在陈小悦等（2001）研究基础上，试图弥补上述不足，并在研究方法和手段上进行全面改进的情况下，选取代表性的会计绩效指标和市场指标反映相关利益者保护情况，为上述结论寻找一些合理的经验支持。

5.3.3 研究假设

在上市公司的治理结构中，股东对经营者的内部制约机制主要是股东通过股东大会的直接监督，外部制约机制则主要是股票市场的反应，以及经理人市场对高层管理人员的评价。下面我们将从这四个方面着手分析我国上市企业中国有股、法人股、流通股以及行业差异在相关利益者保护中的作用。

5.3.3.1 国有股

根据中国《公司法》的规定，股份公司国有股权管理的第一条原则就是要贯彻以公有制为主体的方针，保证国有股权依国家产业政策在股份公司中的控股地位。因此，对国有股（包括国家股和国有法人股）而言，各级政府和主管部门是产权主体。从股东监督的角度来看，一方面，国家及其代理人所具有的特殊地位使这种监督难免带有行政色彩，导致对企业过多的干预，难以给予经营者充分的自主权；另一方面，由于行政机关并不直接分享投资决策带来的财富效应，因而缺乏足够的经济利益驱动去有效地监督和评价经营者，从而使经营者往往能够利用政府在产权上的超弱控制，导致公司的内部经理人远离接管的威胁，流通股股东难以对公司的经营状况产生有效的监督和激励，经理人才市场和公司的控制权市场难以形成，形成事实上的内部人控制。虽然国有股比例的提高也意味着获得政府保护，享受税收优惠的可能性上升，同时处于控股地位的政府行政机关对经营者拥有人事上的任免权，在一定程度上减轻了内部人控制的程度，但在总体上内部人控制和由此引发的道德风险应对企业的绩效产生更大的负面影响，享受的特权的行使既不是通过法人治理结构这种内部治理机制来实现，又不是基于市场竞争规则来进行，而仅仅是一种控制权的行政配置。

在一个成熟、有效的资本市场中，如果经营者管理不善，公司效益的下降必然引起股价的不断跌落，当股价跌到一定程度时，就很可能成为"敌意收购"的目标，这对经营者而言，意味着失去工作、高工资以及与职位有关的种种特权。因此，在外部接管的潜在威胁之下，经营者不得不努力提高公司业绩。但在我国现阶段虽然国有股可以通过协议进行转让，但转让标准往往包括政治性考虑。

综上所述，国有股的产权不明晰和不可流通性可能引发道德风险，在国有股占控股地位的上市公司中容易形成"事实上"[1]的内部人控制，企业的经理人员可能会以出资者的利益为代价，利用所控制的资本为自己谋取利益，致使企业整体效益低下，力图扭转这一现象是推行股权多元化的基本动因。因此，我们的第一个研究假设（H_1）是：在其他条件相同的情况下，由于对国有股投资者的利益缺乏保护，国有股比例的变化与企业业绩的变化负相关[2]。

---

① 这种内部人控制之所以称为"事实上"的内部人控制，是与东欧企业的"法律上"的内部人控制相对比。

② 高的国有股比例也同时意味着企业获得政府保护、享受税收优惠待遇的可能性上升，当这一影响大于道德风险成本时，国有股比例也可能与企业的业绩正相关。

5.3.3.2　流通股

从理论上讲，流通股是我国上市公司股权结构中惟一可在公开股票市场上交易的股票，流通股股东可通过参加股东大会投票选举和更换董事会成员来对公司管理层实施监控。然而，在目前阶段，流通股只占总股本的约 1/3，且大多数流通股股东为个人股东，机构投资者甚少，个人股东的有限资金决定了流通股的分布较为分散，同时，流通股股东基本上为外部投资者，这必然带来监督不力和预算软约束。由于目前多数流通股股东资金有限，承担风险的能力较低，他们容易由投资转为投机，企图从股价波动中获取资本增值的机会，因为他们是最有动机去密切关注投资对象经营业绩的股东。

小股东为了参加股东大会、履行监督职责需要付出一定的成本，当他们认为对企业进行监控的成本超过预期收益时，就不会参加股东大会。即便决定参加股东大会，他们也将难以有所作为，这是因为根据我国《公司法》的规定，股东大会决议的表决是按照出席股东大会的股东所代表的股份来计算。因此，当流通股小股东的利益与法人股等大股东的利益相冲突时，小股东的利益很难得到照顾。对小股东而言，股东大会形同虚设。

但是，尽管绝大多数流通股股东难以通过股东大会左右管理层行为，他们却是惟一可随时"用脚投票"的股东。在无法直接"用手投票"的前提下，他们可"用脚投票"：抛售或拒绝购买上市公司的股票，需要通过配股吸引投资的管理层或内部人必须在某种程度上赢得众多小股东的信任。这种约束力量对内部人产生了一定的制约作用。据此分析，我们产生了第二个研究假设（H_2）：在其他条件相同的情况下，由于对外部投资者的利益缺乏保护，流通股比例与企业绩效之间应不存在显著的正相关关系。

5.3.3.3　法人股

我国上市公司的法人股（不包括国有法人股）可分为发起法人股和募集法人股两大类，发起法人股还可进一步细分为境内发起法人股和外资法人股。与国有股不同，当前我国的法人股虽然不能上市流通，但可以根据协议转让。且法人股都是倾向于长期投资，容易对经营者进行监督。法人进行股权投资的动机在于获得投资收益、跨行业经营以及实现规模经济等等。由于目前法人股尚不能在股票市场上自由流通，所以上市公司的分红派息是其获得投资收益的主要途径，这也决定了法人股东一般不会以"投机"代替"投资"，倾向于从事长期投资。虽然难以通过在股票市场上自由转让股票影响股价而间接地影响公司的经营，但他们能更有力地通过在股东大会上投票，在董事会中占有一席之地，直接参与公司的决策。在国有股股东缺位严重，流通股股东又难以参与企业管理的情形下，法人股大股东可能成为事实上的经营者或内部人。根据 Jensen 和 Meckling（1976）的观点，内部股东的持股比例越高，其利益与相关利益者的利益就越一致，因而越有动力去监督经营者，而且愿意为此付出高的监督成本和激励成本。因此，我们的第三个研究假设（H_3）是：在其他条件相同的情况下，法人股比例的变化与企业业绩的变化正相关。

5.3.3.4　行业因素

良好的股权结构可能依行业而异。例如，运用美国上市公司的数据，Defond 和 Park（1999）发现：高层管理人员（CEO）的变动率与行业的保护性水平具有显著的正相关关系，即在较低保护或者甚至完全竞争的行业，CEO 的变动频繁，而在保护性较强的行业，CEO 的变动频率相对较低。他们的解释是相对业绩评价有助于提高董事会识别不称职 CEO 的能力，而行业有助于提高相对业绩的评价作用。根据 Shleifer 等人（2000）的研究结论，在公司治理对外部投资者利益缺乏保护的大陆法系国家，公司的股权有集中的趋势，这是投资者为保护自身利益而做出的自然反应。因此，可以假设，在公司治理对外部投资者利益缺乏保护的情况下，随着第一大股东持股比例的提高，企业经营业绩应朝好的方向发展。

由于我国上市公司的股权结构基本上不是市场的自然演变形成，很多都是对国有企业进行改制的结果，且股权结构随行业的不同而变化。在国家重点保护、关系到国计民生的石油化工、能源、原材料行业，第一大股东基本上为国有股股东，第一大股东持股比例的提高所带来的监督效果易被国有股自身的缺陷所抵消。因此，在保护性行业，第一大股东持股比例与企业绩效之间的正相关关系应该不存在。而在非保护性行业，公司股权结构的形成更多地来自于市场的压力而不是政府干预，第一大股东更多地为法人股而不是国有股。根据 Jensen 和 Meckling（1976）的观点，企业内部股东的持股比例越高，其代理成本就越低，因此，法人股比例应与公司业绩正相关。由此可以认为，在外部投资人利益缺乏保护的情况下，Shleifer 等人（2000）关于第一大股东持股比例应与企业业绩正相关的结论可以成立。根据以上的分析，本书提出了第四个假设（H_4）：在其他条件相同的情况下，第一大股东持股比例与企业绩效之间的关系应随行业保护性的不同而变化，非保护性行业第一大股东的持股比例应与企业的经营业绩正相关。

5.3.4　数据及其描述性统计

5.3.4.1　样本选择和研究变量设计

本书的样本数据全部来自中国证监会指定年报披露网站（www. sse. com. cn）和巨潮资讯网（www. cninfo. com. cn），以及中国证监会指定披露媒体《上海证券报》、《中国证券报》和《证券时报》。随机选取了 1997—2001 年发生控制权变更的发行 A 股股票上市公司，扣除样本数据异常和金融性公司之后，共得研究样本上市公司 376 家。

在变量的选取上，理论界不同研究者选取标准都不相同。例如，陈小悦等（2001）就认为，主营业务资产收益率（*CROA*）在反映公司绩效上比证监会规定的 *ROE* 相对稳定，被操纵的程度小。其可能的解释是，由于证监会将净资产收益率指标（*ROE*）作为公司首次公开发行（*IPO*）、配股（Rights Issue）和进行特别处理（ST）等的考核指标，目前企业对这一指标进行盈余管理的现象十分严重（Murphy 等，1993）。企业进行盈余管理（Earnings Management）的方式主要是通过会计方法的改变来操纵可操控的应计项目（Discretionary Accruals）和通过安排关联交易进行，在这方面，净资产收益率为企业进行盈余管理提供了非常广阔的空间。而主营业务资产收益率与 *ROE* 相比则具有一定的不可操控性，能够在一定程度上缩小企业盈余管理的空间。这是因为，当前计算这一指标的分母为总资产，它避免了计算 *ROE* 时很多企业账面净资产很小甚至为负的情况；另外，这一指标的分子考察的是主营业务的净利润，这就杜绝了应用非主营业务进行利润操纵的可能性。

为充分考虑到会计绩效和市场绩效的作用，本书选取了代表性变量主营业务收益率和托宾 *Q* 值。研究变量定义及其解释如表5.7 所示。

表5.7　解释变量定义

变	量	符　号	定　　义
股权结构	总流通股	*ZLTG*	公司流通股数量除以总股本数量
	国有股	*ZGYG*	公司国有股总数除以总股本数量
	法人股	*ZFRG*	公司法人股总数除以总股本数量
	内部职工股	*ZNZG*	公司内部职工持股总数除以总股本数量
	高管股	*ZGGG*	公司内部高级管理层持股数量总股本数量

变　　量		符　号	定　　义
前十大股东股份情况	国有股比例	GYG	前十大股东持有国有股比例
	第一大股东属性	YGC	第一大股东为国有股,取值为1;否则为0
	A5	A5	前五大股东持股比例总和
	Herf	Herf	前十大股东持股比例平方和,表示股份集中度
财务指标	主营业务利润率	CROA	主营业务利润比企业账面总资产数量
	托宾Q值	TQ	股权市值和债权账面价值合计数比总资产账面价值
	盈余管理	EM	线下项目合计数比总资产,其中线下项目(即非正常损益)等于投资收益、营业外收入、补贴收入三个项目的合计数扣除营业外支出之差
控制变量	管理层变动哑变量	MC	公司第一大股东发生变动的年份取1,其余年份取0

5.3.4.2　描述性统计和相关性分析

为了反映行业差异性,将样本资料按19个行业进行了归类整理,并将石油化工、能源和原材料行业并入了保护性行业,而将其他16个行业并入了非保护性行业。因为在保护性行业中,企业受到政府更多的优惠和保护;而在非保护性行业中,企业管理当局享有的优惠条件则要少得多,其管理行为与前者相比可能会有所不同。表5.8列示了样本描述性统计情况。样本公司国有股的平均比例为30%强,法人股平均比例占26.43%,因此可以认为样本公司股权结构大约是国有股、法人股和社会公众股各占1/3。另外,样本公司第一大股东是国家股的平均比例占了52.13%,且第一大股东在样本公司股本结构中平均占了35.75%,说明这些上市公司基本上属于相对控股状态。

表 5.8　样本公司相关变量描述性统计

	样本数	最小值	最大值	均　值	标准差
ZGYG	376	0.00	482.89	30.3674	35.9588
ZFRG	376	0.00	204.55	26.4306	25.3215
ZNZG	376	0.00	161.12	1.9159	10.1451
ZGGG	376	0.00	0.84	$4.628E-03$	$4.608E-02$
ZLTG	376	0.00	$2.1E+08$	1003993	12053304.9854
DYG	375	0.32	83.75	35.7499	16.2321
YGC	376	0.00	1.00	0.5213	0.5002
HERF	376	0.11	7014.86	1766.9773	1298.5203
A5	376	0.42	89.74	54.0315	14.4025
CROA	376	−80.87	60.26	0.5915	5.6278
TQ	376	−54.25	354.79	5.6717	25.1685
EM	376	−62.30	81.64	−0.6473	5.6600
CM	376	0.00	1.00	0.3617	0.4811
有效样本	375				

　　表5.9 对样本公司主营业务资产收益率（*CROA*）、托宾 *Q* 值（Tobin's Q）以及其他相关变量进行了 Pearson 相关检验。结果初步显示，国有股与法人股、第一大股东持股比例以及 *Herf* 指数显著相关。法人股也与第一大股东持股比例及其股权集中度显著相关。高管持股比例与内部职工持股比例显著相关。两个绩效指标之间也显著相关。但是在绩效指标与股权结构之间相关性不大，需要进一步探讨。相关关系矩阵表明，尽管不太显著，过高提高第一大股东的持股比例，不利于企业经营绩效的提高，这与研究假设 H_4 不相吻合，这可能与股权过于集中在国有股上有关。另外，虽然法人股比例与企业会计绩效之间的正相关关系并不太显著，但是市场绩效符号显示正相关，这可能说明样本存在会计盈余管理的问题，与企业管理当局有着

表 5.9 样本公司股权结构与相关绩效相关系数表

		ZGYG	ZFRG	ZNZG	ZGGG	ZLTG	DYG	HERF	CROA	TG
ZGYG	皮尔逊相关系数	1.000	-0.476**	-0.006	0.005	0.057	0.413*	0.412*	0.003	-0.038
	显著性(双尾)	—	0.000	0.911	0.929	0.269	0.000	0.000	0.954	0.457
	样本数	376	376	376	376	376	375	376	376	376
ZFRG	皮尔逊相关系数	-0.476**	1.000	-0.022	-0.027	-0.040	-0.360**	-0.325**	-0.031	0.053
	显著性(双尾)	0.000	—	0.674	0.601	0.438	0.000	0.000	0.544	0.304
	样本数	376	376	376	376	376	375	376	376	376
ZNZG	皮尔逊相关系数	-0.006	-0.022	1.000	0.104*	-0.016	-0.066	-0.069	0.066	0.039
	显著性(双尾)	0.911	0.674	—	0.044	0.761	0.202	0.181	0.199	0.449
	样本数	376	376	376	376	376	375	376	376	376
ZGGG	皮尔逊相关系数	0.005	-0.027	0.104*	1.000	-0.008	-0.048	-0.017	0.006	-0.020
	显著性(双尾)	0.929	0.601	0.044	—	0.871	0.352	0.749	0.910	0.697
	样本数	376	376	376	376	376	375	376	376	376
ZLTG	皮尔逊相关系数	0.057	-0.040	-0.016	-0.008	1.000	0.029	0.018	-0.005	-0.014
	显著性(双尾)	0.269	0.438	0.761	0.871	—	0.575	0.729	0.926	0.790

续表 5.9

		ZGYG	ZFRG	ZNZG	ZGGG	ZLTG	DYG	HERF	CROA	TG
	样本数	376	376	376	376	376	375	376	376	376
DYG	皮尔逊相关系数	0.413**	-0.360**	-.066	-0.048	0.029	1.000	0.952**	0.000	-0.031
	显著性(双尾)	0.000	0.000	0.202	0.352	0.575	—	0.000	0.994	0.555
	样本数	375	375	375	375	375	375	375	375	375
HERF	皮尔逊相关系数	0.412**	-0.325**	-0.069	-0.017	0.018	0.952**	1.000	0.012	-0.017
	显著性(双尾)	0.000	0.000	0.181	0.749	0.729	0.000	—	0.818	0.748
	样本数	376	376	376	376	376	375	376	376	376
CROA	皮尔逊相关系数	0.003	-0.031	0.066	0.006	-0.005	0.000	0.012	1.000	0.430**
	显著性(双尾)	0.954	0.544	0.199	0.910	0.926	0.994	0.818	—	0.000
	样本数	376	376	376	376	376	375	376	376	376
TQ	皮尔逊相关系数	-0.038	0.053	0.039	-0.020	-0.014	-0.031	-0.017	0.430**	1.000
	显著性(双尾)	0.457	0.304	0.449	0.697	0.790	0.555	0.748	0.000	—
	样本数	376	376	376	376	376	375	376	376	376

注：** 表示相关系数在 0.01 水平上显著（双尾）；* 表示相关系数在 0.05 水平上显著（双尾）。

强烈的将利润做大的动机有关，鉴于市场绩效往往能较真实说明企业绩效，这似乎能够表明法人股比例对企业存在正向监督的效果，这与研究假设 H_3 是一致的。国有股比例与公司市场绩效之间出现预期的负相关，尽管不太显著，这可能表明国有股比例高的企业的高绩效主要来自于政策的优惠、管理的更有效率和监督的压力，或者迫于市场和监管压力存在会计盈余管理问题。

流通股比例与企业绩效之间存在正相关关系，这与研究假设 H_2 不一致。这可能是因为我国目前股市投机多于投资，中小投资者持股主要用于赚取差价收益。而多数流通股股东资金有限，承担风险的能力较低，他们容易由投资转为投机，企图从股价波动中获取资本增值的机会，因此他们是最有动机去密切关注投资对象经营业绩的股东。另外，随着证券市场的规范和严格监管，流通股的根本结构也出现了一些变化，已经开始由原来的散户短期持有投机股市变为大战略投资者长期持有以便获取投资收益，这些大股东更有资金和技术实力关注和采取各种手段干预企业长期发展。

表5.10反映了各绩效指标及其相关变量在保护性行业与非保护性行业之间的差异及其显著性。由表5.10可以看出，除反映股权结构的内部职工股和高管股、第一大股东持股比例、反映股权集中度的 *Herf* 指数、反映管理层变动的哑变量 *MC*、反映盈余管理的变量 *EM* 之外，其余变量在两类行业中的差异都非常显著。除第一大股东持股比例两者之间的数值差异不大之外，处于保护性行业的公司有着更高的主营业务收益率（*CROA*）和国有股比例（*ZGYG*）；而处于非保护性行业的公司则法人股比例（*ZFRG*）和流通股比例（*ZLTG*）较高。两类行业其他指标的差异及其方向均与预期相符。

表 5.10 样本均值的差异检验

变　量	保护性行业均值	非保护性行业均值	T -test	Wilcoxon Z-test
ZGYG	32. 6111	23. 2374	− 1. 690(0. 094)	− 3. 571(0. 006)
ZFRG	24. 7620	31. 7330	1. 273(0. 078)	− 1. 695(0. 048)
ZLTG	39. 0260	49. 1372	− 1. 900(0. 020)	− 0. 065(0. 094)
ZNZG	1. 0692	2. 1823	0. 359(0. 721)	− 0. 196(0. 845)
ZGGG	$9. 778E − 03$	$3. 007E − 03$	0. 745(0. 458)	− 0. 299(0. 765)
DYG	34. 5736	36. 1214	− 1. 665(0. 099)	− 1. 978(0. 048)
YGC	0. 5889	0. 5000	0. 588(0. 558)	− 0. 590(0. 555)
A5	53. 3533	54. 2450	− 2. 249(0. 027)	− 2. 068(0. 039)
Herf	5584. 4346	1775. 9594	− 1. 086(0. 280)	− 1. 664(0. 096)
MC	0. 3444	0. 3671	− 0. 865(0. 389)	− 0. 866(0. 386)
EM	− 0. 8083	− 0. 5966	− 0. 269(0. 789)	− 0. 432(0. 666)
CROA	0. 8106	0. 5226	1. 369(0. 071)	− 1. 499(0. 013)
TQ	2. 9218	6. 5371	− 1. 248(0. 021)	− 0. 418(0. 076)
样本数	90	261		

注：表中 T-test 栏括号内数值为 t 统计量显著性（Prob > │t│），Wilcoxon Z-test 栏括号内数值为 Wilcoxon Z 统计量显著性（Prob > │t│）。

5.3.5　回归分析

为了进一步检验各绩效指标与其影响因素的关系，我们进行了如下的回归分析：

$$CROA_{it} = \phi_0 + D_1{}^*\phi_1 ZGYG_{it} + D_2{}^*\phi_2 ZFRG_{it} + \phi_3 ZLTG_{it}$$
$$+ \phi_4 ZNZG_{it} + \phi_5 ZGGG_{it} + \phi_6 DYG_{it} + \phi_7 YGC_{it}$$
$$+ \phi_8 A10_{it} + \phi_9 Herf_{it} + \phi_{10} MC_{it} + \phi_{11} EM_{it} + \varepsilon_{it} \qquad (5.1)$$

$$TQ_{it} = \phi_0 + D_1{}^*\phi_1 ZGYG_{it} + D_2{}^*\phi_2 ZFRG_{it} + \phi_3 ZLTG_{it}$$
$$+ \phi_4 ZNZG_{it} + \phi_5 ZGGG_{it} + \phi_6 DYG_{it} + \phi_7 YGC_{it}$$
$$+ \phi_8 A10_{it} + \phi_9 Herf_{it} + \phi_{10} MC_{it} + \phi_{11} EM_{it} + \varepsilon_{it} \qquad (5.2)$$

其中，D_1、D_2 为 0，1 控制变量，且 $D_1 + D_2 = 1$。其余变量

的解释同前。

由于股权结构三变量之和为 1，为了防止多重共线性影响，模型中将国有股和法人股比例指标分开进行了反映。

结合表 5.11 和表 5.12 进行分析，盈余管理在各模型中对企业财务绩效主营业务利润率和市场绩效托宾 Q 值的影响都高度显著，这说明我国存在控制权变更的上市公司绩效存在较高的盈余管理。第一大股东持股比例在 5% 的水平上对 $CROA$ 的影响是正向显著的，这进一步支持了 H_4 的研究假设。但是在市场绩效回归模型中，第一大股东持股比例在 10% 水平上与绩效指标负相关，这与研究假设 H_4 不一致，这可能说明市场对第一大股东持股比例的影响进行了修正，因为大股东利用二级市场炒作题材使中小股东利益受损，中小股东只有"用脚投票"。国有股比例对企业绩效的影响在各模型中方向不一致，也不显著，这可能表明，国有股对企业绩效影响的正反两方面的作用比较均衡。在各模型中，流通股比例对 $CROA$ 的正面影响并不显著，这与 H_2 的研究假设并不相符，反映了我国当前在证券市场对外部小股东利益缺乏保护的情况下，大股东利用控股地位对流通股进行炒作提高公司财务绩效指标。但是在市场绩效指标托宾 Q 值的回归方程中，流通股对企业绩效影响是反向的，但不显著，这与研究假设 H_2 一致，充分说明在股市操作上，对外部投资者缺乏利益保护机制。法人股对企业财务绩效和市场绩效的影响都是正向的，尽管并不显著，但是这在总体趋势上能够与研究假设 H_3 相符。

表 5.13 和表 5.14 分行业对 $CROA$ 和托宾 Q 值及其各变量之间的关系进行了回归。表中回归系数缺失是因为对该变量进行回归时，模型整体上不显著，或者导致模型存在多重共线性关系。表 5.13 显示，国有股比例指标中，能源行业、机械制造、金属

表5.11 关于模型 (5.1) CROA 的回归分析结果

变 量	预期符号	模 型 1	模 型 2	模 型 3	模 型 4	模 型 5	模 型 6
INTERCEP		-9.38E-02 (0.771)	3.911E-02 (0.830)	-9.17E-02 (0.717)	-0.103 (0.681)	2.899E-02 (0.872)	-0.107 (0.672)
ZCYG	-	-2.61E-04 (0.832)	-2.66E-04 (0.829)	-2.38E-04 (0.847)			
ZFRG	+				5.928E-04 (0.737)	6.019E-04 (0.733)	6.520E-04 (0.713)
ZLTG	-	2.591E-10 (0.936)	2.951E-10 (0.927)	2.353E-10 (0.942)	2.219E-10 (0.945)	2.803E-10 (0.931)	2.450E-10 (0.939)
ZNZG	+	2.292E-03 (0.553)	2.366E-03 (0.539)			2.415E-03 (0.531)	2.345E-03 (0.544)
ZGGG	+	0.274 (0.749)	0.211 (0.804)	0.327 (0.701)	0.343 (0.688)	0.225 (0.791)	0.290 (0.735)
DYG	-	6.385E-03** (0.043)		6.514E-03** (0.043)	6.625E-03** (0.042)		6.505E-03** (0.043)
YGC	-	-6.91E-02 (0.429)	-8.18E-02 (0.339)	-6.81E-02 (0.435)	-7.11E-02 (0.414)	-8.46E-02 (0.323)	-7.24E-02 (0.406)
A5	?	-1.53E-03 (0.700)	-2.24E-03 (0.557)	-1.48E-03 (0.709)	-1.77E-03 (0.663)	-2.54E-03 (0.516)	-1.85E-03 (0.650)
Herf	?	-3.71E-05 (0.742)	4.281E-05 (0.327)	-4.05E-05 (0.719)	-3.89E-05 (0.729)	4.556E-05 (0.309)	-3.54E-05 (0.754)
MC	-	2.804E-02 (0.731)	3.283E-02 (0.686)	2.611E-02 (0.748)	2.662E-02 (0.744)	0.033 (0.680)	2.865E-02 (0.725)
EM	-	-0.986*** (0.000)	-0.986 (0.000)	-0.986*** (0.000)	-0.986*** (0.000)	-0.986*** (0.000)	-0.986*** (0.000)
Adj-R^2		0.982	0.982	0.982	0.982	0.982	0.983
F-test		2080.917	2321.045	2316.195	2316.682	2321.495	2081.446
(Prob > F)		(0.000)	(0.000)	(0.000)	(0.000)	(0.000)	(0.000)

注：①表中括号内数值为参数估计值的显著性 (Prob > |T|)。②＊表示10%的显著性水平；＊＊表示5%的显著性水平；＊＊＊表示1%的显著性水平。

表 5.12 关于子模型（5.2）TQ 的回归分析结果

变　量	预期符号	模　型 1	模　型 2	模　型 3	模　型 4	模　型 5	模　型 6
INTERCEP	?	2.690 (0.583)	0.471 (0.929)	0.811 (0.911)	7.137E-02 (0.992)	7.137E-02 (0.992)	3.324E-02 (0.996)
ZGYG	−	-6.15E-03 (0.869)	-6.20E-03 (0.868)	-5.98E-03 (0.873)			
ZFRG	+				3.526E-02 (0.505)	3.526E-02 (0.505)	3.601E-02 (0.498)
ZLTG	−	-8.48E-09 (0.931)	-8.08E-09 (0.934)	-8.22E-09 (0.933)	-8.08E-09 (0.934)	-8.08E-09 (0.934)	-7.78E-09 (0.937)
ZNZG	+	2.758E-02 (0.814)	2.618E-02 (0.823)			3.006E-02 (0.797)	3.019E-02 (0.797)
ZGGG	+	-11.518 (0.656)	-12.411 (0.631)	-11.992 (0.643)	-11.043 (0.670)	-11.616 (0.653)	-11.713 (0.653)
DYG	−	-3.30E-02* (0.093)		-1.60E-02* (0.094)	-6.48E-03* (0.097)		-8.00E-03* (0.097)
YGC	−	4.498* (0.083)	4.363* (0.091)	4.337* (0.099)	3.984 (0.101)	3.981* (0.96)	3.967* (0.98)
A5	?,−	4.488E-02 (0.724)	4.613E-02 (0.707)	4.568E-02 (0.719)	3.109E-02 (0.809)	2.991E-02 (0.811)	2.985E-02 (0.817)
Herf	?	-9.37E-05 (0.978)	-3.10E-04 (0.830)	-1.35E-04 (0.969)	-1.48E-06 (0.979)	-4.96E-05 (0.973)	4.692E-05 (0.989)
MC	−	-0.215 (0.931)	-0.231 (0.925)	-0.238 (0.923)	-0.200 (0.936)	-0.183 (0.941)	-0.174 (0.944)
EM	−	-1.960*** (0.000)	-1.961*** (0.000)	-1.963*** (0.000)	-1.971*** (0.000)	-1.968*** (0.000)	-1.968*** (0.000)
Adj-R²		0.189	0.189	0.189	0.190	0.190	0.188
F-test		10.664	10.715	10.674	10.733	10.777	9.642
(Prob>F)		(0.000)	(0.000)	(0.000)	(0.000)	(0.000)	(0.000)

注：①表中括号内数值为参数估计值的显著性（Prob > |T|）。②*表示 10% 的显著性水平；** 表示 5% 的显著性水平；*** 表示 1% 的显著性水平。

表 5.13　关于 *CROA* 回归的行业分析结果

行　业	INTP	ZGYG	ZFRG	ZLTG	ZNZG	ZGGG	DYG
石油化工	0.844 (0.33)	-1.20E-02 (0.27)	-1.17E-02 (0.27)	-1.16E-02 (0.23)	-7.82E-03 (0.45)	5.75 (0.30)	8.43E-03 (0.09)
能　源	-2.97 (0.01)	2.53E-02 (0.04)	2.24E-02 (0.06)	2.98E-02 (0.01)			
原材料	-5.38E-02 (0.70)	1.20E-03 (0.49)	-7.41E-04 (0.60)	-1.95E-05 (0.94)	-1.79E-03 (0.85)	1.22E-02 (0.97)	4.88E-03 (0.08)
保护性行业	-4.13E-02 (0.69)	-1.58E-05 (0.99)	-5.79E-04 (0.60)	-1.05E-04 (0.65)	-3.54E-03 (0.52)	0.13 (0.61)	1.79E-03 (0.07)
机械制造	0.31 (0.04)	-2.25E-03 (0.07)	-9.39E-04 (0.45)	3.27E-10 (0.66)	3.40E-03 (0.62)		-9.05E-03 (0.03)
机械仪表	-1.89 (0.08)	1.50E-02 (0.26)	2.37E-02 (0.05)		1.25E-02 (0.68)	-0.66 (0.91)	5.37E-02 (0.20)
金　属	-98.58 (0.00)	-0.45 (0.00)	-4.26E-02 (0.51)	0.60 (0.01)	0.58 (0.00)	-369.87 (0.00)	1.58 (0.00)
运　输	1.42 (0.23)		-9.81E-03 (0.23)	-2.19E-02 (0.21)	3.58E-02 (0.03)		
纺　织	0.31 (0.25)		1.46E-03 (0.06)	-3.16E-03 (0.26)		-2.31 (0.57)	4.09E-03 (0.42)

续表 5.13

行　业	INTP	ZGYG	ZFRG	ZLTG	ZNZG	ZGGG	DYG
农　业	2.47	-1.27E-02	-4.08E-03	-2.58E-02	-3.20E-02		3.681E-03
	(0.27)	(0.23)	(0.52)	(0.28)	(0.31)		(0.78)
传播业	-1.07	2.49E-02	2.35E-02	-3.91E-02	0.14	-7.08E-02	0.12
	(0.63)	(0.14)	(0.07)	(0.15)	(0.35)	(0.99)	(0.10)
食品饮料	-1.38		8.42E-03	2.49E-02	5.18E-02	2.40	-2.76E-02
	(0.05)		(0.03)	(0.03)	(0.03)	(0.09)	(0.08)
建　筑	0.62	-1.83E-03	-1.95E-03	-7.76E-03	-8.31E-03	0.25	3.77E-03
	(0.01)	(0.39)	(0.32)	(0.00)	(0.06)	(0.74)	(0.53)
房地产	-0.62	6.28E-04	4.94E-04	2.22E-10	2.87E-03		1.80E-02
	(0.01)	(0.00)	(0.36)	(0.85)	(0.45)		(0.00)
商　业	0.23	-2.81E-05	-7.49E-04	-3.23E-03	8.34E-06	0.28	-1.21E-03
	(0.15)	(0.97)	(0.52)	(0.05)	(0.99)	(0.50)	(0.75)
信息技术	4.05E-03	4.87E-04	2.55E-03	-9.07E-04		-4.16	2.25E-02
	(0.99)	(0.85)	(0.33)	(0.73)		(0.12)	(0.08)
生化制药	5.43	-2.70E-02		-9.83E-02	-4.88E-02	15.59	
	(0.01)	(0.01)		(0.00)	(0.02)	(0.02)	
非保护性行业	-0.14	2.76E-05	4.56E-04	-1.96E-03	2.36E-03	1.35	1.00E-02
	(0.78)	(0.98)	(0.86)	(0.70)	(0.13)	(0.63)	(0.06)

续表 5.13

行　业	YGC	A5	Herf	MC	EM	F-test
石油化工	6.13E-02 (0.40)	3.39E-03 (0.55)	-1.05E-04 (0.35)	-0.12 (0.09)	-1.01 (0.00)	196.97 (0.00)
能　源	-0.15 (0.09)	5.79E-03 (0.36)	3.39E-05 (0.50)	-3.22E-02 (0.54)	2.84 (0.19)	7.93 (0.05)
原材料	-7.62E-02 (0.20)	1.99E-03 (0.49)	-1.13E-04 (0.22)	5.90E-03 (0.93)	-1.02 (0.00)	711.86 (0.00)
保护性行业	-1.88E-02 (0.61)	1.37E-03 (0.50)	-4.00E-05 (0.46)	-4.8E-03 (0.89)	-1.02 (0.00)	1129.24 (0.00)
机械制造	-4.36E-02 (0.46)	-1.97E-03 (0.35)	1.37E-04 (0.01)	1.91E-02 (0.68)	-1.21 (0.00)	288.09 (0.00)
机械仪表	-0.36 (0.41)		-6.12E-04 (0.21)	-0.13 (0.67)	-1.03 (0.00)	38.81 (0.00)
金　属	-4.44 (0.01)	1.18 (0.00)	-1.63E-02 (0.00)	-5.49 (0.01)	-0.59 (0.25)	5.15 (0.02)
运　输	0.56 (0.19)	-8.42E-03 (0.27)		-1.13 (0.10)		369.46 (0.04)
纺　织	5.62E-02 (0.12)	-6.25E-03 (0.05)	-1.02E-05 (0.89)	-9.23E-03 (0.76)	-0.97 (0.00)	471.57 (0.00)

续表 5.13

行 业	YGC	A5	Hef	MC	EM	F-test
农 业	0.18 (0.78)	-2.18E-02 (0.26)	1.50E-04 (0.49)	-0.17 (0.22)	-1.02 (0.00)	565.74 (0.00)
传播业		-1.66E-02 (0.53)	-1.38E-03 (0.13)	3.27E-02 (0.95)	-1.13 (0.00)	8.46 (0.00)
食品饮料	-1.41E-02 (0.78)	9.76E-03 (0.13)	3.79E-04 (0.08)	-0.26 (0.05)	-1.02 (0.00)	525.02 (0.00)
建 筑		-3.84E-03 (0.14)	-4.84E-05 (0.52)	6.42E-03 (0.87)	-1.07 (0.00)	1581 (0.00)
房地产	0.12 (0.04)	2.02E-03 (0.71)	-1.86E-04 (0.02)	2.77E-02 (0.55)	6.98E-02 (0.00)	4400 (0.00)
商 业	2.66E-02 (0.46)	-2.02E-03 (0.35)	2.37E-05 (0.63)	2.86E-03 (0.92)	-0.99 (0.00)	104324 (0.00)
信息技术	-0.25 (0.00)	6.03E-04 (0.88)	-3.73E-04 (0.06)	-9.91E-02 (0.20)	-1.06 (0.00)	21672.61 (0.00)
生化制药	-2.12 (0.01)		7.17E-05 (0.06)	1.62 (0.01)		7465.27 (0.00)
非保护性行业	-8.35E-02 (0.50)	-1.4E-03 (0.83)	-7.60E-05 (0.62)	5.19E-02 (0.63)	-0.99 (0.00)	1383.95 (0.00)

注：表中括号内数值为参数估计值的显著性（Prob > |T|）。

表5.14 关于 TQ 回归的行业分析

行　业	INTP	ZGYG	ZFRG	ZLTG	ZNZG	ZGGG	DYG
石油化工	25.03 (0.26)	-0.44 (0.12)	-0.43 (0.12)	-0.35 (0.15)	-1.09 (0.00)	9.11 (0.94)	0.46 (0.07)
能　源	-1.37 (0.17)	-2.47E-02 (0.05)	-4.08E-02 (0.03)	-1.19E-02 (0.13)			8.16E-02 (0.04)
原材料	-2.27 (0.79)	0.12 (0.24)	0.11 (0.19)		2.13 (0.00)	-56.14 (0.02)	-0.14 (0.73)
保护性行业	-0.88 (0.88)	0.11 (0.10)	0.14 (0.03)	1.43E-02 (0.29)	0.91 (0.00)	-21.59 (0.18)	-0.22 (0.37)
机械制造	7.69 (0.02)	-5.01E-02 (0.07)	-2.35E-02 (0.40)	5.42E-09 (0.75)	6.11E-02 (0.68)		-0.24 (0.01)
机械仪表	6.32E-02 (0.99)	-0.11 (0.21)	-2.64E-02 (0.73)	1.76E-03 (0.98)	-0.10 (0.55)	-33.27 (0.32)	-2.18E-02 (0.93)
农　业	3.52 (0.98)	-0.79 (0.15)		-0.51 (0.77)	0.87 (0.75)		
金　属	122.52 (0.00)	0.55 (0.00)	5.34E-02 (0.49)	-0.76 (0.01)	-0.72 (0.00)	458.77 (0.00)	-1.95 (0.00)
运　输	9.14 (0.26)		-7.44E-02 (0.28)	-0.12 (0.27)	0.15 (0.05)		

续表 5.14

行　　业	INTP	ZGYG	ZFRG	ZLTG	ZNZG	ZGGG	DYG
传播业	23.28	-0.22	-0.37	-0.23	7.65E-02	-141.58	1.70
	(0.48)	(0.37)	(0.06)	(0.56)	(0.97)	(0.20)	(0.10)
纺　织	-7.63	-7.85E-02	-2.36E-02	5.79E-02	-0.39	-133.33	
	(0.63)	(0.28)	(0.71)	(0.76)	(0.36)	(0.62)	
食品饮料	31.84	-7.46E-02	-0.17	-0.34	-0.46	-16.01	6.96E-02
	(0.06)	(0.24)	(0.09)	(0.07)	(0.10)	(0.41)	(0.23)
建　筑	11.28	-9.72E-02	-9.99E-02	-0.22	-0.33	-18.35	0.25
	(0.34)	(0.28)	(0.23)	(0.08)	(0.09)	(0.58)	(0.34)
房地产	0.72	-3.19E-03	-3.32E-03	-3.04E-09			-0.11
	(0.72)	(0.09)	(0.37)	(0.72)			(0.03)
商　业	-2.62	5.49E-03	5.32E-02	5.33E-02	0.41	-18.62	-8.36E-02
	(0.77)	(0.90)	(0.42)	(0.55)	(0.02)	(0.44)	(0.70)
信息技术	-5.46	3.76E-03	3.28E-02		0.13	-108.08	0.85
	(0.63)	(0.96)	(0.75)		(0.21)	(0.33)	(0.09)
生化制药	-44.99	0.22		0.81	0.40	-129.18	
	(0.01)	(0.02)		(0.01)	(0.02)	(0.03)	
非保护性行业	6.62	-8.82E-03	3.31E-02	-8.28E-02	-2.37E-02	-91.10	5.06E-02
	(0.66)	(0.85)	(0.66)	(0.58)	(0.86)	(0.27)	(0.87)

续表 5.14

行　业	YGC	A5	Herf	MC	EM	F-test
石油化工	2.84 (0.14)	0.14 (0.34)	-5.70E-03 (0.06)	-1.77 (0.33)	-3.96 (0.00)	4.89 (0.00)
能　源	0.21 (0.06)	7.47E-02 (0.03)	-1.58E-03 (0.03)	0.19 (0.03)	-19.03 (0.02)	23.56 (0.04)
原材料	2.88 (0.43)	-1.91E-02 (0.92)	1.12E-03 (0.85)	-4.23 (0.31)	-0.13 (0.86)	2.15 (0.03)
保护性行业	3.63 (0.10)	-6.64E-02 (0.58)	2.49E-03 (0.44)	-1.85 (0.41)	-0.57 (0.34)	2.11 (0.02)
机械制造	-1.139 (0.39)	-5.49E-02 (0.23)	3.81E-03 (0.00)	0.25 (0.81)	-24.48 (0.00)	40.84 (0.00)
机械仪表	0.27 (0.91)	1.04E-02 (0.92)	2.49E-03 (0.46)	0.19 (0.91)	-4.58 (0.00)	20.23 (0.00)
农　业	1.79 (0.90)	0.58 (0.68)		15.18 (0.38)	-16.64 (0.05)	5.67 (0.05)
金　属	5.42 (0.01)	-1.46 (0.00)	2.01E-02 (0.00)	6.82 (0.01)	-5.12 (0.00)	14.15 (0.00)
运　输	1.75 (0.33)		-1.12E-03 (0.28)	-5.25 (0.10)		177.38 (0.05)

续表 5.14

行 业	YGC	A5	Herf	MC	EM	F-test
传播业	18.41 (0.07)	-0.44 (0.28)	-1.94E-02 (0.15)	-16.19 (0.07)	-11.49 (0.00)	5.75 (0.00)
纺 织	-2.92 (0.25)	0.17 (0.37)	-1.69E-03 (0.76)	1.34 (0.57)	-8.47 (0.00)	7.75 (0.00)
食品饮料	-1.25 (0.22)	-0.25 (0.07)		1.18 (0.45)	-3.87 (0.37)	104.55 (0.00)
建 筑	2.33 (0.28)	-3.64E-02 (0.75)	-2.13E-03 (0.51)	-0.39 (0.83)	-27.28 (0.00)	21.53 (0.00)
房地产	-1.00 (0.02)	7.67E-02 (0.07)	5.26E-04 (0.44)		-10.77 (0.00)	18173
商 业	0.84 (0.69)	2.53E-02 (0.84)	1.28E-03 (0.65)	0.41 (0.82)	0.81 (0.00)	22.95 (0.00)
信息技术	-2.48 (0.53)	-0.15 (0.43)	-9.94E-03 (0.22)	-2.48 (0.53)	-5.72 (0.00)	437.33 (0.00)
生化制药	17.56 (0.01)		-5.94E-04 (0.07)	-13.43 (0.01)		3935.41 (0.01)
非保护性行业	5.08 (0.17)	-4.44E-02 (0.81)	-1.32E-04 (0.97)	0.11 (0.97)	-2.03 (0.00)	7.02 (0.00)

注：表中括号内数值为参数估计值的显著性（Prob ＞ │T│）。

行业、生化制药行业与主营业务利润率显著正相关，这进一步支持了 H_1 假说，房地产业主营业务利润率与国有股比例呈显著正相关，这可能与房地产业发展属于资本集聚型有关，近几年受政策影响该产业还有待规范。法人股指标中，能源业、机械仪表、纺织业、传播业、食品饮料业该指标均与 $CROA$ 显著正相关，其余产业该指标与 $CROA$ 并不显著相关，这也进一步支持了研究假设 H_3。关于流通股指标，能源业、金属制造业、食品饮料业中该指标与绩效指标显著正相关，建筑业、商业、生化制药业流通股比例与绩效指标呈显著负相关关系，这进一步说明流通股比例对企业绩效的影响是不确定的，不同行业得出的结论不同。石油化工业、原材料业、金属制造业、传播业、房地产业和信息技术业中第一大股东持股比例与财务绩效指标呈显著正相关关系，机械制造业和食品饮料业中该指标与主营业务利润率指标呈显著负相关关系。

从表5.14可以看出，能源业、机械制造业、机械仪表业、房地产业中国有股比例与市场绩效指标托宾 Q 值呈显著负相关，这与研究假设 H_1 是一致的。在金属制造业和生化制药业中国有股比例与托宾 Q 值显著正相关。能源业、传播业和食品饮料业中法人股比例与绩效指标显著负相关，其余产业各指标之间关系并不显著，这与研究假设 H_3 并不一致。金属制造业和食品饮料业中流通股比例与绩效指标呈显著负相关，生物制药业则表现出显著正相关，其余产业中没有显著关系，这表明用托宾 Q 值衡量绩效时，流通股比例在不同产业之间关系并不是明显。石油化工业、能源业、信息技术业中第一大股东持股比例与市场绩效指标呈显著正相关，机械制造业、金属制造业和房地产业中则表现出显著负相关关系。总体来看，企业盈余管理哑变量与绩效指标是显著负相关关系。

5.3.6 结论

通过前面分析可以看出，股权结构对企业绩效的影响与理论预期并不一致，而且不同的绩效衡量指标其表现也不一样。本书的四个假设，除了流通股假设以外，研究基本支持了其他三个假设。本书经验研究表明，在外部投资者缺乏利益保护情况下，流通股比例、股权集中度、第一大股东性质、内部职工持股比例、高管持股比例与企业绩效之间并不存在明显的正相关关系。在非保护性行业，第一大股东持股比例与企业绩效关系随绩效指标选取不同而不同；盈余管理在保护性行业和非保护性行业之间都基本上呈显著负相关关系；股权结构对企业绩效的影响随着行业不同而表现出很大差异。其中只有法人股比例基本上与企业绩效指标呈现显著正相关。本节为国有股减持和股权多元化提供了经验支持，表明了国有股减持的必要性和迫切性，论证了控制权变更中必须加强投资者保护、深化改革和完善公司治理的重要性。

从中国资本市场的长期发展考虑，完善保护小股东权利的法律条款特别是加大执法强度，是非常必要的。关于提高中国的股东保护水平，这里只简单提出几种改革思路，比如建立小股东权益保护机构，赋予小股东更多的权利如通信投票权、累计投票权、股东代表诉讼权等（陈小悦等，2001）。另外也可以借鉴德国经验，在即将设立的创业板市场中实施更加严格的会计制度和信息披露制度，充分体现对投资者更高程度的保护。国内公司海外上市和外资公司在境内上市都应得到积极鼓励，而外资收购本国企业包括上市公司的规定也应该放宽。证券监管机构应该拥有更大的监管处罚权力，更多地关注市场监管。

6　领导权结构与董事会特性

6.1　领导权结构与控制权变更效率

　　公司高层管理和董事会功能作为现代公司治理结构的核心内容，受到理论界和公司治理实践的普遍关注和重视。公司的领导权结构（即董事长与总经理的人选是否分离）是关系到董事会成员能否做到既互相监督又相互信任，既坚持创新又稳步发展，既增强独立性又有效行使治理职责的重要问题。国外的股东行为主义者指出，首席执行官（CEO）和董事长的职务应该分设，以便于其他董事会成员能够对 CEO 进行有效的监控。一些极端主义者甚至认为，为了增强董事会作为一个整体的监控能力，董事长一职应该授予企业外部的经理人。因此，在西方主流公司治理理论中，董事长和总经理两职重要的不是分离与否，而是在多大程度上分离。目前，在对中国上市公司的众多规范论述中，董事长与总经理的两职兼任往往被大家认为是阻碍公司绩效提高的一个重要因素，中国证监会也把总经理与董事长由不同的人员任职作为完善公司治理结构的一个重要措施。那么，在控制权变更的上市公司中两职分离和合一究竟起到了什么作用？两职合一与分设对控制权变更的公司治理效率有何显著影响？本节试图通过对中国上市公司的实证分析，来检验公司两职设置与治理效率和控制权变更之间的关系，对该问题做出解答。

6.1.1 中国控制权变更的上市公司领导权结构设置概况

对于领导权结构特征的描述，国内外学者有着不同的做法。于东智(2002)认为，公司的领导权结构反映了董事会的独立性和执行层创新自由的空间，它是公司内部治理结构的一个极其重要且高度可见的方面。领导权结构与公司绩效之间并不存在显著的线性关系，而且环境变量也未调和上述二者之间的联系。公司治理效率的根本决定因素在于合理的股权结构与市场化的人事任免机制。在现行的制度框架下，总经理兼任董事（不包括董事长）可能是一种较好的选择。国外学者通常将领导权结构划分为两种状态，即董事长与首席执行官（CEO）两职兼任（取"1"）和两职分任（取"0"）。国内学者中有一种代表性的观点认为，在中国的现实环境下，还存在一种中间状态，即总经理与副董事长或董事职务的合一，这种合一同样会影响到董事会监督有效性和确保经理层的创新积极性，尽管这种影响并不像董事长和总经理兼任那么大，但也不能小视。因此，把两职状态分为 3 种形式更加合理，即两职完全分离（取"0"）、两职部分合一（取"0.5"）和两职完全合一（取"1"）（吴淑琨等，2000；于东智，2002）[①]。为了使研究结论更精确，同时也便于研究结论之间的对比分析，我们采纳了国内学者对领导权结构的"三分法"

---

① 在中国上市公司的领导权结构中，全部设置了总经理（或总裁）一职，只有为数不多的公司设置了 CEO。所以，我们在考虑领导权结构问题时，研究的对象是总经理与董事长的合分问题。对于设置 CEO 的公司，我们将董事长与 CEO 的合分作为研究对象。

来研究中国上市公司的领导权结构状况。表 6.1 对 1997—2001 年度控制权发生变更的中国上市公司领导权结构基本状况进行了描述性统计。结果表明：在控制权变更的上市公司中，在随机选取的 376 家公司中，董事长与总经理两职完全分离的公司数为 70 家，占全部有效样本的百分比为 18.6%（70/376），两职部分分离的公司占了绝大多数，为 269 家，占全部有效样本的 71.54%（269/376），两职完全合一的公司数最少，只有 37 家，占有效样本比重为 9.84%（37/376）（根据何浚（1998）的研究，截至 1996 年底的 530 家上市公司中，两职兼任的比例高达 65%），这说明大多数控制权发生变更的中国上市公司都选取了两职部分分离的治理形式，中国证监会对上市公司规范初见成效，两职完全合一的公司已经处于少数。但是这里还不能简单地断定哪种领导权状态较好。

表 6.1　1997—2001 年样本公司领导权结构

两职状态 年度	0		0.5		1	
	N1（家）	Percent（%）	N2（家）	Percent（%）	N3（家）	Percent（%）
1997—2001	70	5.70	269	21.89	37	2.85

注：1997—2001 年我国上市公司兼并收购的总有效样本为 69 家、155 家、147 家、319 家、539 家公司。N1、N2 和 N3 分别代表以 1993 为基准的各年度兼并收购中两职完全分离、两职部分分离和两职合一的状态下所包含的公司数量；Percent 为各种状态下公司数量占当年年度兼并收购全部有效样本的百分比。

6.1.2　两职设置与治理效率的关系及研究假设的建立

目前，在两职设置对于治理效率具有何种影响的问题上，有着较长研究历史的国外学术界对该问题的认识也还存在着广泛的争论。反对两职合一者认为：①两职分设相对于两职合一可以避免公司在高管去职时发生大的财务危机和管理真空；②增强了董事会独立性，使其能对经理人员进行有效监督和激励；③两职合一经常与无效的公司治理信号相关联，比如敌意接管和毒丸计划的采纳等。支持两职合一者认为：①两职合一赋予首席执行官（CEO）较大权力，使其可以更及时准确应对外部环境的不确定性；②兼任总经理的董事长具有更多的关于企业及其相关产业知识和生产实践经验，相对于外部董事长而言，对公司具有更大的荣誉感和责任心。双方都从理论和经验实证上进行了分析。

学者们之所以对两种形式的领导权结构具有不同的观点，主要是由于他们依据的理论基础不同导致研究出发点不同。在公司治理理论中，对领导权结构设置进行解释的代表性理论有三种，这里在简介的同时进行了相应的评述，并得到了本书要检验的假设。

6.1.2.1 基于委托代理理论的两职分离假说

现代公司制的本质是委托代理制，由于委托人（股东）与代理人（经理层）之间的目标函数不一致与信息不对称而导致的监控不完全，两者之间存在激励不相容和代理人的机会主义行为，由此而引发了代理问题。代理问题的实质是使用权和控制权的分离（Shleifer & Vishny，1997）。而所有权与控制权的分离意味着重要的决策机构并不承担它们决策所产生的财富效应的后果，即决策功能与风险承担功能事实上发生了分离（Fama & Jensen，1983）。为了控制可能发生的潜在代理问题，公司将决策制定和执行权授予总经理，决策控制权授予董事长。所以，总经理对战略决策的执行负有首要的责任，董事会则负责批准和监控决策的执行。当高级管理层与股东的利益相冲突时，董事会是最重要的控制机制。如果两职合一，总经理将获得更大的权力基础，此时董事会的监控作用将相对削弱。代理问题、董事会的控制失败更多地与逆向选择相关，包括更高水平的年度报酬、金降落伞的授予、绿票支付、稀释财富的购并。所以，依据代理理论，董事长与总经理的两职合设将使董事会的独立性受损，并削弱董事会的控制作用，从而导致总经理的权力膨胀，引致了损害公司利益的动机和行为。公司经理人员对董事会的控制导致了董事会在行使其法定的治理职能上的无能。所以根据委托代理理论可以得出研究假设一 H_1：两职合一不利于控制权发生变更，两职合一与控制权发生变更的公司绩效负相关的理论推断。

6.1.2.2　基于现代管家理论的两职合一假说

现代管家理论与委托代理理论是两种截然相反的理论。委托代理模型的一个明确假定为经理人员是内在机会主义的代理人，以牺牲股东利益为代价来最大化个人福利。Donaldson（1990）通过对行为理论与组织理论相关研究成果的结合指出了代理理论的不完善之处。所以，两职合一将促进经理人员的有效行动，并导致公司后续期间具有更高绩效水平。一些研究支持该理论，比如，Harrison 等（1988）发现，当公司的绩效较差时，两职合一使经理人员被替换的可能性加大。Worrell 和 Nemec（1993）指出，在两职合一的公告发布后，股东收益随之上升。Donaldson 和 Davis 发现，在董事长兼任 CEO 的公司中净资产收益率较高。他们对此的理论解释是，代理理论可能只适用于经理阶层地位受到威胁（比如发生敌意接管）的环境，在此情况下，经理会以股东的利益为代价追求自身的利益。在企业持续经营的情况下，经理阶层的利益目标和股东的利益目标是相一致的。所以依据现代管家理论可以得出研究假设二 H_2：两职合一有利于控制权发生变更，两职合一与控制权变更公司的绩效正相关。

6.1.2.3　基于环境依赖理论的环境不确定性假说

董事会是一种用于管理企业对于外部的依赖性和减少环境不确定性的机制。一些研究表明，环境的不确定性在解释两职设置对公司绩效的影响中扮演着重要的角色。比如，Hambrick 和 Finkelstein（1987）指出，在高度不确定的环境中，由两职合一所提供的对增长的反应能力与权力的合并对公司而言是一项有效的资产。Boyd（1990）发现，在变化性较强的环境中营运的公司通过组建规模更小且具有领导权合一的董事会来对环境的不确定性做出高效的反应。所以，在高度不确定的环境中，身兼两职的经理人员可以使公司做出更快的决策应对环境变化，此时两职合一所带来的利益超出了任何潜在的代理成本。同时，一些关于战略决策制定的研究也表明两职合一对绩效的影响将随环境条件的变化而变化。Bourgeois 和 Eisenhardt（1987，1988）发现，决策速度在高度变化的环境中对于公司绩效是至关重要的。Judge 和 Miller（1991）的研究发现，决策制定的速度仅在高度不确定环境中与绩效相关。据此，战略管理学者们提出了关于领导权设置的环境依赖理论。环境依赖理论认为，一个有效的领导权设置状态将随环境条件的变化而变化。因为行业的压力不同，各行业理想的领导权结构可能是完全不同的。两职合一在特定的环境中可能会对公司绩效产生正向的影响。处于高度变化环境中的公司通过设置更简单的组织结构对环境动态性做出反应，会带来更快的反应速度与可行性。比如，两职合一通过提供给经理人员更广泛的权力基础和控制权，增加了经理人员的自由裁量权，使他们能更好地推行其做出的战略决策，并更可能克服组织的惰性。并且，单一的领导者能使组织对外部事件做出更快的反应，推进决策制定的可行性（于东智，2002）。综上所述，作为一种以战略视角来看待领导权设置的解释理论，环境依赖理论明确地指出了竞争性环境的变化度作为一种领导权设置与治理效率的有效联系机制，能够有效地解释董事长与总经理的两职设置的问题。它与代理理论并不矛盾。由此，得到研究假设三 H_3：对于处在高度变化行业中的公司而言，两职合一有助于控制权发生变更，两职合一与经营绩效正相关。

6.1.3 研究设计与统计检验

6.1.3.1 样本选择

本节分析参照了中国证监会的行业划分标准划分成 22 个行业。以 1997—2001 年共 5 年深市和沪市全部上市公司作为环境分析样本，剔除数据不完整和数据异常的上市公司，共得到 4648 个公司·年的观察数据，对其环境动态性进行了回归分析。根据国内外研究结果，本书样本基本选取的原则为：以 1993 年底前上市的公司为研究基准，以《中国证券报》、《上海证券报》上各年资产重组中兼并与收购栏数据为研究对象。研究样本来自在上海和深圳证券交易所上市的公司，为了尽可能避免信息披露不真实，以及经济意义上已经破产的企业对结果的影响，本研究在样本的选择上采取了一些筛选方法，将这些不合适的样本剔除。剔除的条件包括：①基准样本公司上市时间选择 1993 年 12 月 31 日之前；②剔除 1997 年至 2000 年间曾经因信息披露等原因被中国证监会处罚过的公司；③为避免 A 股、B 股以及境外上市股之间的差异，样本主要考虑那些只发行 A 股的公司。需要指出的是，在统计分析时应尽可能避免对数据选择的歧视性，但国内有一些研究并没有对此予以足够的重视。由于此项研究需要 5 个年度（1997—2001）的会计数据，这里以 1993 年 12 月 31 日以前上市并于 2002 年 4 月 30 日前公布年度报告的公司作为选择基准，首先排除 2 家遭停牌（琼民源和苏三山两家），然后从剩下的 173 家公司中在沪深股市中各排除 10 家和 7 家公司，这些公司存在领导人员的变更，但在 5 个年度内它们都保持有相同的两职状态。最后以这 156 家公司作为研究对象，收集这些公司在 1997—2001 年度末两职状态保持不变（即在 5 个年度内或者董事长与总经理两职分设或者两职部分合一或者两职完全合一）的情况，以某公司某年的高层更换情况作为一个观察，则共得到780个观察（156个公司×5年=780公司·年）。另外随机选取了上市公司股权变动中大股东发生变更的公司249家（249个公司×1年=249公司·年）。同时，根据在1997—2001年期间控制权发生变更的上市公司基本情况，剔除数据不完整和数据异常的上市公司，对405家控制权发生变更的样本公司随机选取376个公司·年作为样本分析对象。数据全部来自证监会要求上市公司公开披露信息的网站（中国证监会（www. cceu. com. cn）和巨潮网站（www. cninfo. com. cn））和报纸（例如《中国证券报》、《上海证券报》、《证券时报》等），对相关样本公司逐一查对公司中报和年报相关数据而得到基本数据。计算过程全部利用SPSS 10.0完成。

6.1.3.2　变量定义

（一）经营绩效

因为领导权结构的设置状况对公司绩效的影响不会全部反映在一个年度的财务报表中，而且长期的稳定联系对于我们理解上述二者之间的正确关系是至关重要的。所以，我们选用了1997—2001年5个年度的平均主营业务利润率（$CROA$）和平均托宾 Q 值（TQ）来表示公司的经营绩效。

（二）领导权结构状态的哑变量

我们设置了领导权结构哑变量 h_KZ 来反映公司的领导权结构状况，当总经理兼任董事长时 h_KZ 等于1；当总经理兼任副董事长和董事时 h_KZ 等于0.5；当总经理与董事完全分离时 h_KZ 等于0。

（三）环境变化性的计量指标

Dess 和 Beard（1984）基于 Aldrich（1979）的理论框架得出

了一个多维度的并能够对组织环境客观计量的模型。他们的模型由 3 个维度组成：①资源丰度（sg）。是指在一个行业中资源的丰足性，用 5 年期标准化的行业销售额增长来计量，具体计量方法见公式（6.1）。即将行业销售收入与时间哑变量进行回归，再用回归斜率的系数除以回归均值来加以计量。②动态性（sv）。是指在一个行业中的不稳定性或易变性，用 5 年期标准化的行业销售增长率的变动性来表示，具体计量方法见公式（6.2）。即将行业销售收入与时间哑变量进行回归，再用回归斜率的标准差除以行业收入的均值。③复杂性，指环境中的异质性与资源的集中度，用赫芬戴尔指数（$Herf$）来加以计量。具体计算方法是，先对每一个企业所占的市场份额加以平方，然后再将各项平方值加总。该数值为 1 表明该行业是完全垄断性的，为 0 则是完全竞争性的。这是两种极端的情况，一般介于 0—1 之间。Rasheed 和 Prescott（1992）所做的一项证实性的因子分析研究支持 Dess 和 Beard 的模型，他们的研究表明上述 3 因素结构能够解释环境变化的 94%。由于我们无法获取企业市场份额的数据，所以未进行因子分析。由于 Rasheed 和 Prescott（1992）的研究还证明，上述 3 个指标的相关系数都超过了 0.8，所以单指标也能较好地描述企业所处环境的变化性。因此，我们分别计算了资源丰度指标和动态性指标来描述样本中处于 22 个行业中的公司的环境变化性，以 5 个年度（1997—2001）的时间段为基础来计算各行业的资源丰度指标和动态性指标。各行业环境变化性指标的描述性统计见表 6.2，有关资源丰度指标和环境动态性指标的相关性检验见表 6.3。从相关系数来看，两类指标高度相关。

$$sg = \frac{回归斜率}{行业收入的均值} \tag{6.1}$$

$$sv = \frac{回归斜率的标准差}{行业收入的均值} \tag{6.2}$$

表6.2　各行业环境变化性指标

	行业五年均值	回归系数	标准差	F-test	Adj-R²	sg	sv
采掘业	5E+09	5.9E+08	7E+07	83.368(0.001)	0.017	0.1153	0.01271
传播与文化产业	3E+08	-7E+07	8E+06	95.827(0.003)	0.010	-0.2450	0.02663
电力,煤气及供应业	7E+08	-3E+07	4E+07	120.523(0.000)	0.019	-0.0387	0.05307
电　子	2E+09	5.7E+07	4E+07	96.062(0.008)	0.015	0.0376	0.02645
房地产业	5E+08	-5E+07	4E+07	81.420(0.033)	0.017	-0.1052	0.0884
纺织,服装,皮毛	6E+08	-4E+07	3E+07	81.548(0.001)	0.015	-0.0715	0.05755
机械,设备,仪表	8E+08	-2E+07	2E+07	74.837(0.060)	0.021	-0.0223	0.02352
计算机应用服务业	7E+08	-3E+07	2E+07	69.020(0.088)	0.046	-0.0469	0.03314
建筑业	2E+09	5.9E+07	6E+07	66.156(0.082)	0.031	0.0359	0.03355
交　通	8E+08	-2E+07	4E+07	67.297(0.086)	0.019	-0.0265	0.04774
金融,保险业	2E+09	9.3E+07	9E+07	65.096(0.095)	0.024	0.0483	0.04577
金属,非金属	2E+09	7E+07	2E+07	98.885(0.003)	0.012	0.0449	0.01541
零售业	1E+09	2.2E+07	2E+07	76.822(0.065)	0.022	0.0189	0.02063
其他制造业	4E+08	-6E+07	3E+07	63.023(0.082)	0.011	-0.1622	0.09392
农,林,牧,渔业	4E+08	-5E+07	4E+07	84.504(0.020)	0.018	-0.1268	0.10332
社会服务业	4E+08	-6E+07	4E+07	1.119(0.146)	0.027	-0.1285	0.08875
石油、化学、塑胶、塑料	1E+09	1.9E+07	2E+07	0.795(0.373)	0.023	0.0169	0.0196
食品,饮料	7E+08	-2E+07	3E+07	0.455(0.500)	0.016	-0.0296	0.04435
信息技术	9E+08	-6E+07	4E+07	1.119(0.146)	0.017	-0.0610	0.04215
医药,生物制品	6E+08	-3E+07	3E+07	66.137(0.086)	0.022	-0.0533	0.05006
造纸,印刷	4E+08	-5E+07	5E+07	64.090(0.096)	0.014	-0.1164	0.11192
综合类	4E+08	-6E+07	3E+07	95.500(0.019)	0.021	-0.1598	0.0696

样本数量:4648

表 6.3　sg 和 sv 变量的相关性检验

			sg	sv
斯皮尔曼（Spearman）的 P 检验	sg	相关系数	1.000	−0.723 **
		显著性（双尾）	—	0.000
		样本数	22	22
	sv	相关系数	−0.723 **	1.000
		显著性（双尾）	0.000	—
		样本数	22	22

注：** 表示相关系数在 0.01 水平上显著（双尾）。

6.1.3.3　样本数据的描述性统计

根据在 1997—2001 年期间控制权发生变更的上市公司基本情况，剔除数据不完整和数据异常的上市公司，对 405 家控制权发生变更的样本公司随机选取 376 家公司的 1997—2001 年度的基本财务指标进行主成分分析，从公共因子前后各变量的共同度选取了主营业务利润率（$CROA$）和托宾 Q 值（TQ）进行了描述性统计（见表 6.4）。进一步，我们又对 384 家公司的绩效状况以及控制权变更状态进行了分组统计（见表 6.5），结果表明：两职合一组的 $CROA$ 的均值最低，但是 TQ 的均值却最高。控制权变更状况则是两职合一的公司变动比例最低，两职完全分离公司变动比例居中，两职中间状态（指总经理兼任董事或者副董事长）则占了控制权变更公司比例的绝大比重。所以，我们仍然不能对哪种两职设置状态的治理效率更高和对控制权变更的影响更大作出判断。

表 6.4　样本公司描述性统计

项　目	公司数	最小值	最大值	均　值	标准差
$\overline{CROA}$	376	−80.87	60.26	0.5915	5.6278
$\overline{TQ}$	376	−54.25	354.79	5.6717	25.1685

注：$\overline{CROA}$ 为样本公司 1997—2001 年平均主营业务收益率；$\overline{TQ}$ 为样本公司 1997—2001 年托宾 Q 值。

表 6.5 1997—2001 年各种领导权状态样本公司的指标情况

年度 \ 指标	CM			$\overline{CROA}$			$\overline{TQ}$		
	$h-k_2$ $=0$	$h-k_2$ $=0.5$	$h-k_2$ $=1$	$h-k_2$ $=0$	$h-k_2$ $=0.5$	$h-k_2$ $=1$	$h-k_2$ $=0$	$h-k_2$ $=0.5$	$h-k_2$ $=1$
1997—2001	6.65	25.80	3.19	1.15	0.41	0.89	4.00	5.74	8.42

注：CM 表示各年度上市公司兼并收购中控制权变更样本公司在各领导权类型下的百分比分布情况。其余两栏的绩效指标为各种领导权状态组别的绩效指标均值，其中$\overline{CROA}$表示主营业务利润率，为上市公司当年主营业务利润除以公司总资产；$\overline{TQ}$表示托宾 Q 值，表示市场绩效的计量指标，为样本上市公司当年总股本和总负债的重置价值之和除以公司总资产的账面价值。年度栏和指标栏的交叉栏为各种领导权状态组别的 1997—2001 年控制权变更公司和年度绩效指标均值的均值。CM 的有效样本为 376；$\overline{CROA}$的有效样本数为 376；$\overline{TQ}$的有效样本数为 376。

6.1.3.4 统计检验

对于假设一 H_1 和假设二 H_2，我们采用了 4 种不同的统计方法来加以检验分析。

（一）K – S 检验

我们分别取资源丰度指标和环境动态性指标的均值 – 0.0488 和 0.0504 作为分界线对数据进行分组。高于平均值的公司归入高资源丰度组（$sg \geqslant -0.0488$）和高动态性组（$sv > 0.0504$），低于平均值的公司归入低资源丰度组（$sg < -0.0488$）和低动态性组（$sv < 0.0504$）。对分组回归所需的两组数据进行 K – S 检验，结果表明样本数据都显著未通过正态性检验，对其进行对数变换，重新进行检验表明服从整体正态分布。其中控制权变更哑变量服从泊桑分布（见表 6.6）。

（二）回归分析一

然后利用方程（6.3）分别对 4 组数据进行回归，再计算 F 值，结果表明（见表 6.7 和表 6.8），在平均托宾 Q 值的回归结果中，除低动态组样本两职状态哑变量与绩效指标负相关，其余

表6.6 分组回归三个指标的正态性检验结果

项　目	Kolmogorov-Smirnov Z 检验		
	统 计 值	自 由 度	显 著 性
CM	1.128	376	0.157 *
$\overline{CROA}$	7.992	376	0.000
$\overline{TQ}$	7.517	376	0.000

注：* 表示对该项检验分布为 Poison 分布，其余两项检验分布为正态分布。

表6.7 方程（6.3）样本公司各分类组别 $\overline{TQ}$ 指标的回归结果

分组标志	Beta	B	Std.	t	Sig. t	ARsq	F	Sig. F	DW	n
高资源丰度组样本	α_0	5.335	4.203	1.269	0.206	-0.006	0.001	0.981	2.008	175
	β_0	0.187	7.940	0.024	0.981					
低资源丰度组样本	α_0	2.289	3.222	0.701	0.478	0.008	1.648	0.201	1.423	201
	β_0 *	7.945	6.190	1.284	0.201					
高动态性组样本	α_0	1.429	3.133	0.456	0.649	0.102	2.046	0.154	1.885	195
	β_0	8.555	5.981	1.430	0.154					
低动态性组样本	α_0	6.110	4.211	1.451	0.149	-0.006	0.000	0.984	2.022	181
	β_0	-0.164	8.012	-0.021	0.984					
全部样本公司	α_0	3.766	2.604	1.446	0.149	-0.044	0.713	0.399	1.973	376
	β_0	4.191	4.964	0.844	0.399					

注：*** 表示相关系数在 1% 的水平上（双尾）是显著的；** 表示相关系数在 5% 的水平上（双尾）是显著的；* 表示相关系数在 10% 的水平上（双尾）是显著的。

表6.8 方程（6.3）样本公司各分类组别 $\overline{CROA}$ 指标的回归结果

分组标志	Beta	B	Std.	t	Sig. t	ARsq	F	Sig. F	DW	n
高资源丰度组样本	α_0	1.190	0.761	1.565	0.119	-0.005	0.151	0.698	2.020	175
	β_0	-0.558	1.437	-0.388	0.698					
低资源丰度组样本	α_0	0.552	0.869	0.635	0.526	-0.004	0.116	0.734	1.972	201
	β_0	-0.568	1.670	-0.340	0.734					

分组标志	Beta	B	Std.	t	Sig. t	ARsq	F	Sig. F	DW	n
高动态性组样本	α_0	0.439	0.902	0.487	0.627	0.017	0.057	0.811	2.006	195
	β_0	-0.412	1.722	-0.239	0.811					
低动态性组样本	α_0	1.265	0.731	1.730 ***	0.085	-0.004	0.238	0.626	2.023	181
	β_0	-0.679	1.392	-0.488	0.626					
全部样本公司	α_0	0.843	0.583	1.447	0.149	0.026	0.249	0.618	2.007	376
	β_0	-0.554	1.111	-0.499	0.618					

注：*** 表示相关系数在 1% 的水平上（双尾）是显著的；** 表示相关系数在 5% 的水平上（双尾）是显著的；* 表示相关系数在 10% 的水平上（双尾）是显著的。

各组样本两职状态哑变量与绩效指标正相关。但是各子样本组别数据进行方程回归整体并不显著；在平均主营资产利润率的回归结果中，所有组别样本进行方程回归时两职状态与绩效指标负相关，但是模型整体并不显著，只有低动态性组样本公司结果在 10% 统计水平上显著。二者的结论恰好相反。这说明绩效指标的选取会对回归结果造成影响。但是，上述的回归结果并不具有统计上的显著性。

在方程（6.4）中，CM_{it} 为因变量，为样本公司控制权变更的虚拟变量，$CM_{it} = 1$ 表示公司 i 在时期 t 发生控制权变更，$CM_{it} = 0$ 表示公司 i 在时期 t 没有发生控制权变更。

其中，$\text{Logit}(CM_{it}) = \text{Ln} \dfrac{P(CM_{it} = 1)}{1 - P(CM_{it} = 1)}$。其 Logistic 模型回归结果见表 6.9。结果表明，高资源丰度组子样本和低动态组子样本的回归模型中，两职状态与控制权变更正相关；低资源丰度组子样本和高动态组子样本的回归模型中，两职状态与控制权变更负相关。这与假设三不相符，但是各回归模型在整体上都不显著。

$$\text{Ln}(\bar{P}_{it}) = \alpha_0 + \beta_0 h\_KZ_{it} + \varepsilon_0 \tag{6.3}$$

$$\text{Logit}(CM_{it}) = \phi_0 + \phi_0 h\_KZ_{it} + \mu_0 \tag{6.4}$$

表 6.9　方程（6.4）样本公司控制权变更模型的 Logistic 回归结果

分组标志	参数（ϕ）	参数标准差	Wald统计量	自由度	显著水平	Odds 值（e^{ϕ}）	X^2	显著水平	Nagelk-erka R^2	样本数
高资源丰度组样本	0.118	0.585	0.041	1	0.840	1.125	0.041	0.840	0.000	174
低资源丰度组样本	−0.401	0.577	0.482	1	0.487	0.669	0.484	0.486	0.003	202
高动态性组样本	−0.354	0.586	0.366	1	0.545	0.702	0.367	0.545	0.003	195
低动态性组样本	0.064	0.576	0.012	1	0.911	1.066	0.012	0.911	0.000	181
全部样本	−0.143	0.410	0.122	1	0.727	0.867	0.122	0.727	0.000	376

（三）方差分析

本模型对假设采用了子样本比较的方法。根据董事长和总经理两职完全合一、两职部分合一和两职完全分离的三种状态对子样本进行分类，然后通过统计分析它们之间的具体指标差异，从而检验假设。模型对各指标在样本间的方差差异进行了比较（结果见表 6.10），从中可以看出：在对托宾 Q 值均值和主营业务利润率均值进行的方差齐性检验中，两职的三类状态只有两职完全合一和完全分离的子样本组之间主营业务利润率指标比较时呈现方差无差异性，其余组别子样本之间呈现出方差显著差异。这里对该方差无差异性组进行了方差分析（见表 6.11 *CROA* 均值的 ANOVA 表），对其余方差显著性样本进行了 K – W 检验。从方差分析结果可知，该子样本组别主营业务利润率均值是无差异的，假设三不成立。

表 6.10　各指标两职总体方差比较分析结果

指　标	$\overline{CROA}$		$\overline{TQ}$		注：(1,0.5)表示 h_KZ = 1 和 h_KZ = 0.5 两个
子样本	(1,0.5)	(1,0)	(1,0.5)	(1,0)	子样本(37,269)：($F(37,269;0.95)=1.90$)
F^*	7.372	0.322	106.96	13.93	(1,0)表示 h_KZ = 1 和 h_KZ = 0 两个子样本(37,70)：($F(37,70;0.95)=2.04$)

注：表中 F^* 全部为 F-test 双尾检验值。

表 6.11　$CROA$ 均值的 ANOVA 表

	平方和	自由度	平方项均值	F 检验	显著性
组　　间	1.008E - 02	1	1.008E - 02	0.001	0.971
组　　内	802.740	104	7.719		
合　　计	802.750	105			

（四）K – W 检验

同样依据上述方法进行分组，对领导权结构三种状态的子样本之间的差异依据 K – W 值进行判断。结果显示（见表 6.12）：各组的值都在 10% 的水平上不显著。这说明在不同的环境因素下，各种领导权结构的绩效并没有显著差异。

表 6.12　各领导权状态下样本公司的 Kruskal-Wallis H 检验的 Chi-Square 表

分组标志	sg				sv			
	高		低		高		低	
P	$CROA$	TQ	$CROA$	TQ	$CROA$	TQ	$CROA$	TQ
Chi-Square	1.538	3.426	0.591	1.080	0.626	1.030	0.304	3.588
Asy. Sig.	0.215	0.064	0.442	0.299	0.429	0.310	0.581	0.058

注：$X^2 = 4.61$（$\alpha = 0.1$），K – W 检验的为两职状态三个子样本。样本总数为376。

（五）回归分析二

我们设计了方程（6.5）、方程（6.6）、方程（6.7）和方程（6.8）对样本数据进行检验。方程中的 h_KZ_sg 项表示 h_KZ 与

sg 的乘积，方程中的 h_KZ_sv 项表示 h_KZ 与 sv 的乘积。表 6.14 和表 6.15 的结果表明：①四组回归结果都比较理想，这表现在四组结果的 F 值都通过 10% 水平下的统计检验。②以相同的绩效指标为因变量应用方程（6.5）和方程（6.6）的回归结果显示 h_KZ_sg 与 h_KZ_sv 的系数符号显著不同，这与两职状态的环境依赖理论的预期一致。③CM_{it} 为因变量，为样本公司控制权变更的虚拟变量，$CM_{it}=1$ 表示公司 i 在时期 t 发生控制权变更，$CM_{it}=0$ 表示公司 i 在时期 t 没有发生控制权变更。其中，Logit（CM_{it}）= Ln $\dfrac{P（CM_{it}=1）}{1-P（CM_{it}=1）}$。表 6.13 显示的，方程（6.7）、方程（6.8）的 Logistic 回归结果说明，进行资源丰度性分组子样本两职状态与控制权变更正相关，动态性分组子样本两职状态与控制权变更负相关，但是各分组模型整体并不显著，这并未为假设三提供经验支持。

$$\text{Ln}(\overline{P_{it}}) = \alpha_1 + \delta_0 h\_KZ_{it}\_sg + \varepsilon_1 \quad (6.5)$$
$$\text{Ln}(\overline{P_{it}}) = \alpha_2 + \eta_0 h\_KZ_{it}\_sv + \varepsilon_2 \quad (6.6)$$
$$\text{Logit}(CM_{it}) = \phi_1 + \varphi_1 h\_KZ_{it}\_sg + \mu_1 \quad (6.7)$$
$$\text{Logit}(CM_{it}) = \phi_2 + \varphi_2 h\_KZ_{it}\_sv + \mu_2 \quad (6.8)$$

表 6.13 方程（6.7）和方程（6.8）样本公司控制权变更模型的 Logistic 回归结果

变量	参数	参数值（B_i）	参数标准差	Wald统计量	自由度	显著水平	Odds值（e^{Bi}）	χ^2	显著水平	Nagelkerka R²	样本数
h_KZ_sg	ϕ_1	-0.496	2.558	0.577	1	0.448		0.581	0.446	0.002	376
	φ_1	1.942	2.558	0.577	1	0.448	6.974				
h_KZ_sv	ϕ_2	-0.449	0.169	7.101 ***	1	0.007		0.812	0.368	0.003	376
	φ_2	-4.079	4.554	0.802	1	0.371	0.017				

注：*** 表示相关系数在 1% 的水平上（双尾）是显著的；** 表示相关系数在 5% 的水平上（双尾）是显著的；* 表示相关系数在 10% 的水平上（双尾）是显著的。

表 6.14　方程（6.5）和方程（6.6）样本数据分类组别

$CROA$ 指标的回归结果

分组标志	系数	B	Std.	t	Sig. t	ARsq	F	Sig. F	DW	n
h_KZ_sg	α_1	0.815	0.388	2.099 **	0.036	-0.011	5.752	0.038	2.013	376
	δ_0	5.954	6.866	1.867 *	0.086					
h_KZ_sv	α_2	0.946	0.459	2.063 **	0.040	0.052	6.997	0.029	1.917	376
	η_0	-12.121	12.138	-2.999 **	0.031					

注：*** 表示相关系数在 1% 的水平上（双尾）是显著的；** 表示相关系数在 5% 的水平上（双尾）是显著的；* 表示相关系数在 10% 的水平上（双尾）是显著的。

表 6.15　方程（6.5）和方程（6.6）样本数据分类组别

TQ 指标的回归结果

分组标志	系数	B	Std.	t	Sig. t	ARsq	F	Sig. F	DW	n
h_KZ_sg	α_1	4.623	1.737	2.661 ***	0.008	0.012	4.826	0.064	1.978	376
	δ_0	-27.904	30.704	-1.709 *	0.064					
h_KZ_sv	α_2	4.420	2.053	2.153 **	0.032	-0.001	4.020	0.082	1.974	376
	η_0	42.753	54.309	1.987 **	0.043					

注：*** 表示相关系数在 1% 的水平上（双尾）是显著的；** 表示相关系数在 5% 的水平上（双尾）是显著的；* 表示相关系数在 10% 的水平上（双尾）是显著的。

6.1.4　结论

综上所述，对发生控制权变更的上市公司来说，环境变量显著调和了领导权状态与公司绩效之间的关系，但是并未对控制权变动产生显著影响，而且领导权结构的哑变量与公司绩效也具有显著的线性相关性，因此假设一和假设二成立，但是在不同分组类别中，领导权结构对绩效产生的正反面影响不同。我们的研究结果与环境依赖理论以及国内一些学者的观点相符。所以，我们认为两职设置会对公司绩效产生显著影响，但是对控制权变更的可能性并不会产生显著影响，至少在中国现阶段的情况是这样。

6.2　董事会特性与控制权效率

6.2.1　董事会结构、董事会规模、董事会行为及其治理合约

大量实证研究说明了公司治理系统的结构和效率。文献的一个重要视角是，高管决策表现出受到了执行官补偿、接管威胁、董事会监督和其他控制机制的影响。这里主要着眼于限制董事会规模以便提高其效率。国外大量文献研究发现，在大多数美国公司中存在企业价值和董事会规模之间的负相关关系。

有关董事会改革的批评和建议近年来激增。Monks 和 Minow（1995）提出了对此问题研究文献的概述。董事会改革依赖于如下前提条件，即董事会监督能提高经理人决策的质量。许多观察评论家敦促，董事会应有大量外部董事，这些董事拥有大额公司股份，首席执行官只有有限权力来确定董事会议程和任命新的董事，并且严格的首席执行官绩效评估都会按部就班地执行。如前所述，限制董事会规模开始出现在一些改革议程中，尽管只有Lipton 和 Lorsch（1992）和 Jensen（1993）把董事会规模确认为高度优先项目。

一些实证研究显示，董事会结构与公司绩效相关。但是这些研究极大地忽略了董事会规模。相反，调研者经常研究外部董事的重要性和董事的资产所有权。

通过研究董事会的构成，Hermalin 和 Weisback（1991）发现，企业董事会和外部董事比例之间并无关系。然而，该结论并未得

到 Baysinger 和 Bulter（1985）的支持，他们认为，假如董事会包括更多外部董事，该公司会运转得更好。其他研究发现，由外部董事主导的董事会更可能代表股东利益。例如，Weisback（1988）（首席执行官更迭），Byrd 和 Hickman（1992）（公开标购出价），Brickley 等（1994）（毒丸计划采用和控制权拍卖）。Rosenstein 和 Wyatt（1990）发现对任命外部董事存在积极的投资者反应。

　　公司治理系统随着国际市场而变化。Kaplan（1994）认为，美国公司治理系统通常是以市场或短期股东为导向，而日本和德国的治理系统是关系导向系统。在美国，一些内部机制和外部机制为管理者提供了激励，促使股东财富达到最大值。通过机构股东和大股东监督经理人，存在比较完善的公司外部控制权争夺市场，董事会通常被有资产所有权的外部董事和首席执行官支配，而且最高层主管有资产所有权。分析日本和德国企业，发现经理被银行、大公司股东和其他公司间关系组合所监督。而且，这种状况维持了很长时间。除此之外，公司控制权争夺的外部市场很小。

　　德国企业治理机制的一个重要特征是法律要满足董事会双重机制的需求。董事会任命管理委员会和向监督委员会报告。监督委员会将给管理委员会一份5年期合同，管理委员会根据合同管理企业，除非监督委员会要求管理委员会解散。Kaplan（1994）认为，管理委员会主席的作用类似于美国首席执行官并是接管中出价人第一个所要考虑的问题。原则上，监督委员会所起的作用类似于外部董事（非董事会成员），这些外部董事不是由首席执行官所任命或管理的。董事会成员包括资本拥有者（银行）和雇员。除此之外，银行持有选票代理投票权的特权，并对公司的治理和管理有相当的影响。John 和 Senbet（1998）认为，德国股市交易量较少，并且盛行着由其他企业拥有企业股票所有权。除此之外，德国大公司的股票所有权比美国的大企业更为集中。

在日本，管理者的资产所有权相对比美国同行要小一些。大股东有时被认为是消极的，且在董事会中外部董事所占的比例较低（如 Kaplan（1994）发现，在他的企业样本中，其中 41.2% 的企业有外部董事）。Kang 和 Shivdasani（1995）指出，大多数日本公司的董事是长期雇员，而且在董事会中待相当长时间。董事由股东大会选举产生并且不超出 2 年任期。职位最高的成员是董事长。多数公司也有一位主席，通常是一位前任董事长。日本公司董事长的作用无可非议相当于美国首席执行官，日本企业董事会主席一般有美国首席执行官的权力。可作比较的可能是两个国家的企业高级主管。在日本，这个团体由具有法定权利、代表企业的董事代表组成。虽然董事长总是董事代表，但其董事会主席可能不是。日本公司治理比美国公司更倾向于较多的意见一致导向，受首席执行官的支配较少。

在美国，董事会成员由 1—3 年期股东选举产生。董事会负责选择、酬劳、监督，而且如果有必要，解雇最高管理成员。Mace（1986）、Lorsch 和 Maclver（1989）认为，美国公司董事会被在设定董事会日程和选择新董事中起主导作用的首席执行官所控制。美国公司董事会由现存和退休主管或非主管组成，而非公司层级组织和首席执行官以下组成。董事被归类为内部董事、高管董事和其他的非独立董事。既没有为企业工作，也没有与企业有广泛业务联系的董事被归类为外部董事。雇员被归类为内部董事。

董事会成员分为两类：高管董事和非高管董事。其中高管董事是公司的职员，非高管董事进一步被分为两类：独立董事和非独立董事。对于监督而言，最有效的董事是独立非高管董事。在 Bosch（1991）报告中，独立董事定义为没有大量持股，既不是企业的前任职员，又不是一个职业顾问（也不是个人），对企业而言不是重要的供应商或顾客，总体上与企业没有明显的合约关系。

有关董事会股票所有权。Morck 等（1988）发现，不同水平的董事股票所有权与托宾 Q 值之间存在尽管非单调但是显著的关系，这说明一定水平的董事会股票所有权有系统性好处。McConnell 和 Servaes（1990）、Hermalin 和 Weisbach（1991）报道了同样结果，同时，Bagnani 等（1994）发现，债券持有者利润与董事会股票所有权存在非单调关系。

Lipton 和 Lorsch（1992），Jensen（1993）和其他对小型董事会支持者反对说，董事会规模独立于其他董事会特征而影响公司治理结构。如上所述，他们的认识集中在生产率损失上，当董事会规模变大到一定程度，董事会规模将导致公司治理结构效率变差；另一个研究视野来源于组织行为学研究，例如，Steiner（1972）和 Hackman（1990）。按照 Jensen（1993）的说法就是"随着董事会组织在规模上的变大，它们变得更加缺乏效率，因为相互协调和激励约束过程问题超过了许多人将要获得的好处"。

对董事规模重要性的实证研究稍显单薄。Holthausen 和 Larcker（1993），认为在这些变量中董事会规模有可能影响到执行官补偿和公司绩效。Holthausen 和 Larcker（1993）的研究结论显示在董事会规模和首席执行官补偿价值之间存在正向关系。Holthausen 和 Larcker（1993）没有发现在董事会规模和公司绩效之间关系的一致性证据。

验证董事会规模的一个明显问题是董事会的数量可能是内生的，并且作为其他变量的函数，如公司规模、绩效或者首席执行官偏好。Byrd 和 Hickman（1992）的管理者特性假说认为，高能力的首席执行官可能使用独立董事装饰董事会以便使股份持有者看来有经济性监督；类似结论可能是有关好的首席执行官都愿意小型董事会围绕他们，因为小型董事会的许多力量（例如董事构成比例、性质等）有可能影响董事会规模，这里不能认为在董事会规模和企业价值之间存在确定价值关系。这里提出了本书的主要研究结论，即在企业价值和董事会规模之间负相关。

Lipton 和 Lorsch（1992）说明：“……在大多数董事会中的行为准则是非功能和职责上的，因为董事很少批评高管的政策并且对公司绩效也很少做出公正坦率的决定。相信这些将会随着董事数目增加而增加。”Lipton 和 Lorsch 建议道：把董事规模限定为 10 人，其优先规模是 8 人或者 9 人。该建议相当于如下推测，即便董事会的监督能力随着董事会规模增加而增加，利润也不会超过如下成本：更慢地做出决策，对管理者绩效更不公正的决定，和对厌恶风险行为的偏离。Jensen（1993）实施了该计划，指出在董事会议厅以真理和诚实为代价更多地强调了礼貌和仪式，并且强调当董事会超出了 7 个或 8 个人时，他们不太可能有效地发挥作用，对首席执行官来说也容易控制一些。

一些证据说明，降低董事会规模对机构投资者、持异议董事和寻求改进处于困境公司的公司侵占者是优先考虑的问题。Kini 等（1995）提出了证据说明，在成功地对经营绩效不佳企业发盘收购后公司董事会规模缩小了。按照 Monks 和 Mihow（1995）的研究，小型董事会最近出现在一些著名公司的公司治理彻底检查中，例如通用动力公司、国际商用机器公司、欧美石油公司、时代华纳公司和西屋电器公司。公开报道中机构投资者的压力有助于这些变化。David Yermack（1996）提出了证据说明董事会绩效与小型董事会更有效的理论是一致的，认为只有小型董事会公司具有较高市场价值。他使用托宾 Q 值作为市场估值的近似值，发现 1984—1991 年间 452 家大型的美国工业样本公司在董事会规模和公司价值上存在负相关关系。该结果强有力说明了对公司规模、产业成员资格、内部股份所有权、增长机会和其他公司控制权治理结构之间的多重控制。具有小型董事会的公司也在财务指标上表现出更有利可图的价值，同时提供了补偿和解雇威胁中的更强的首席执行官绩效激励。

当董事会规模比较小时，公司可获取较高市值。对经营绩效和获利能力的测定在研究时段内是与企业内部董事规模呈负相关。在企业运营绩效不佳时，较小规模的董事会更可能解雇首席执行官。同样地，证据也显示首席执行官补偿对较小规模的董事会的公司绩效表现具有极大敏感性。David Yermack（1996）的样本企业股利公告在公司规模上有显著的变化，这说明当董事会收缩时投资者反应积极，当董事会规模扩大时投资者反应消极。

董事会规模和企业价值方面的负相关关系对检验其他解释提供了强有力证据。可引入变量用以控制企业规模、产业、董事会构成、内部股票所有权、增长机会的出现、企业分拆、公司年纪和不同公司治理结构。这些变化并未改变如下结论：在资本市场上小董事会公司市值更高。

该结果的另一个解释是，董事会规模引致了以前公司绩效。处于困境中的企业都增加了董事以提高监督能力。本书进行了大规模检验以获得一个视角观测董事会规模和公司价值之间的因果关系。这些检验也显示，董事会更换率在企业运营绩效不佳后增加了，董事会规模在此期间对绩效不太敏感，保持了相对稳定（朱琪，2003）。

6.2.2 数据来源、现状描述及其假说

6.2.2.1 样本来源

为了避免样本产生如下问题：当年上市公司由于必须满足

盈利标准而存在可能的信息披露不真实现象，而且由于上市时间较短而被研究机会相对较小；在会计上已经破产企业样本并没有被剔除，这样就会对整个分析产生影响，因为这些公司只是法律框架意义上的公司，在财务会计上这些公司的公司治理和公司绩效数据已经不再可信。这里以1993年前上市的公司为基准选取了在沪深两市上市的376家上市公司1997—2001年度的资料作为样本对象。之所以选取这个年度段公司样本，主要是受获取董事会成员信息资料约束。通常在上市公司年报和中报上披露了上市公司董事会成员个人背景资料。关于董事会成员分类，本书以董事个人资料中的"曾任、历任、现任"职务为依据，结合公司历史沿革和前10大股东情况，判断每名董事类别，然后以公司为单位，计算每个公司董事会构成比例。

内部董事和法人董事判断标准为：①内部董事，主要指目前占据股份公司内部工作岗位的董事，通常包括股份公司总经理、副总经理、财务总监、董事会秘书、职工等。他们也可能同时在股份公司兼任党委纪委领导、工会领导等。②法人代表董事，主要指在法人股东单位任专职，而在股份公司兼职的董事。从职务上讲，他们可能在原单位任董事、监事、高级管理人员、党委纪委领导、工会领导，从从业来讲，他们属于企业、研究所、高校、政府、行业团体等。

独立董事（Independent Director）是指不在公司担任除董事外的其他职务并与其所受聘的公司及主要股东不存在可能妨碍其进行独立客观判断的关系的董事。2001年8月16日，中国证监会颁布《关于在上市公司建立独立董事制度的指导意见》（以下简称《指导意见》），这意味着我国在上市公司运行的规范化上又向前迈出了一大步。其实，早在几年前，我国的一些上市公司就已开始建立独立董事制度。按照《指导意见》，独立董事定义实际包含两层含义，一是独立董事不是公司在职雇员；二是独立外部董事与公司没有直接和密切商业利益关系。在国外较早的文献中，学者仅仅把董事按照其是否同时也是公司雇员分为内部董事（公司雇员）和外部董事（非公司雇员）。例如 Fama 和 Jensen（1983）曾给出如下定义："公司董事会通常包括外部董事，外部董事即非内部管理者的董事会成员。他们经常占有多数席位。外部董事职责是充当内部管理人员争端的仲裁者，执行涉及内部管理者和剩余索取者之间严重代理问题的任务"。Weisbach 和 Hermalin（1988）等的定义更为简单："外部董事即为非公司全日制雇员"。他们用"灰色董事"来定义那些与公司有紧密联系但是又不是公司全日制雇员的董事，Borokhovich 等（1996）沿用这一定义。后来的研究者认为这些定义没有考虑到相关利益者关系，在此标准上引入了独立外部董事概念。Byrd 和 Hickman 把董事细分为内部董事、关联外部董事（Affiliated Outside Director）和独立外部董事（Independent Outside Director），所谓关联外部董事，是指那些虽然不是公司全日制雇员但是又通过某种方式与公司发生关联关系的董事，例如商业银行、投资银行、律师、咨询顾问以及客户，所谓独立外部董事是指除董事职位外与公司没有任何关联，包括个人投资者和学者等董事。Rosenstein 和 Wyatt（1990）、Brickley 等（1994）、Whidbee（1997）也作出了大致类似定义。本书研究使用了我国《指导意见》中的内部董事分类。而且内部董事一般在上市公司年报和中报披露资料中也有说明。主要来自与股份公司没有投资和业务关系的其他单位，并在股份公司兼任董事的专家或者社会知名人士。通常有高校的学者教授、行业团体成员、退任政府官员、管理咨询公司顾问、律师等。最后是其他董事，主要包括专务董事。

6.2.2.2　理论假设

（一）非高管董事

理论界对非高管董事作用存在激烈争论（吴淑昆等，2001）。一种观点认为，一个股东占多数的董事会并不是最佳董事会结构，因为投资者出于分散风险考虑，会使得企业业绩对股东利益没有太大关系。在内部经理市场存在竞争前提下，全部由高管董事组成的董事会结构也许更为合适（Fama，1983），这是因为"经营活动风险性特点以及减少风险为主要任务的使命决定了必然赋予经理人员相当程度的随机处置权"（陈传明，1997），从而使企业和环境保持协调发展。另一种观点认为，作为构成企业契约的各相关利益主体，包括股东在内的各利益主体应得到尊重和保护。如果董事会缺乏足够独立性，会使总经理等高层管理人员的权力过度膨胀，导致董事会对高管监督成本过高，尤其在我国股权高度集中在少数大股东手中情况下导致高管利用职权（特别是剩余控制权）牟取非正常收益，严重削弱董事会监督高层管理执行人员的积极性和有效性，从而损害大股东和相关利益者的剩余索取权的实现。在此情况下引入非高管董事可以增加董事中的客观性和独立性（Tricker，1984）。对企业控制权变更来说，保持董事会独立性可以加强对经理等高管的监督，从而减少高管对控制权变更提高要约价格，因此重要的是在什么情况下保持多大程度上的董事会独立性，这有利于总经理加强对相关利益主体尤其是股东的关注。需要指出的是，非高管董事和独立董事并非同一概念，前者是从工作职务角度分为高管董事和非高管董事，非高管董事指的是不担任公司具体职务的董事；而后者则是从利益角度分类，包括内部董事和外部董事，内部董事又包括高管董事和非高管董事，外部董事主要是指独立外部董事。独立董事是一个范围较广的概念，除了这个条件，还不能与公司有任何利益关系，包括与公司相关利益者有直接和间接的利益关系（例如第三方关系，公司的律师、会计师和投资银行等相关工作人员），也不能是公司以前的员工。

假设一：非高管董事相关假定。即控制权变更与非高管董事的比例过高或者过低负相关。公司绩效与非高管董事比例过高或者过低负相关。控制权变更和公司绩效与非高管董事比例适当正相关。

（二）独立董事

国外实行独立董事制度较早，对于独立董事制度与公司绩效的关系，有人做过许多调查研究，得出的结论却不相同：其一，独立董事制度与公司绩效正相关。如 Welsbach（1988）发现，以总经理为首的经理人员的升迁与公司业绩的相关性在外部董事较多的公司要相对强得多，其原因是外部董事多的董事会独立性比内部董事控制的董事会要强。美国投资者责任研究中心（IRRC）（2000）在 1998 年所作的一个研究发现，在 31 个董事会的独立性等于或低于 20% 的公司中，5 年内股东总回报率为 52.5%；而在 38 个董事会的独立性等于或高于 90% 的公司中，5 年内股东总回报率为 64.0%。在 231 个独立性低于 50% 的董事会中，其平均的 5 年内股东总回报率为 78.1%；而 231 个董事会独立性为 80% 或更高的公司的 5 年内股东回报率则达 93.1%。IRRC 的研究还显示，董事会的独立性与公司的价值也呈正相关，这表明具有积极的独立董事的公司比那些具有被动的非独立董事的公司运行更好。其二，独立董事制度与公司绩效负相关。Daily 和 Dalton（1993）所做的一项研究发现，那些绩效高的公司恰恰是独立性依赖较少的公司。Agrawal 和 Knoeber（1996）同样发现，外部董事制度与反映公司绩效的托宾 Q 值具有负相关关系。其三，独立董事制度与公司绩效不相关。如 Laura（1996）利用有关的公开资料对董事会构成与公司绩效的关系进行了比较，结果表明独立董事的比例与公司整体业绩之间没有相关关系，因而不能说明独立董事能提升公司业绩，改善治理水平。

尽管在独立董事制度与公司绩效关系的研究上有不同的结论，但综览这类文献发现，认为独立董事制度与公司业绩不相关甚至负相关的调查时间大部分处于20世纪90年代中期以前，而20世纪90年代后期以来的调查研究却越来越多地显示独立董事制度从总体上是有利于公司绩效提高的。众所周知，20世纪90年代后期以后，独立董事制度才真正开始引起各国广泛关注并完善之（这表现在各种类型的公司治理准则的相继出台），而在此之前的独立董事制度还很难称得上是一种制度，抑或尚不完善，其在公司治理中的作用还没有完全体现出来。如达亚（Dahya）等（2001）以460家英国上市公司为样本，研究了英国上市公司治理准则发布前后CEO更换与企业业绩的相关关系，发现英国上市公司治理准则发布后CEO更换率增加了，并且采纳英国上市公司治理准则的公司的CEO更换对企业业绩的敏感性增强了，进一步分析发现敏感性的增强是由非高管董事（或独立董事）增加造成的，这说明了非高管董事的增加导致董事会更有效的CEO更换决策。另外，Barnhart和Rosenstein（1998）研究表明，独立外部董事比例和公司业绩之间存在一种曲线关系。

近一段时期，国内对独立董事制度也进行了比较多的研究，但基本上集中于理论分析，着眼点主要在于从不同的角度探讨独立董事与内部管理人员的关系，或如何完善公司治理结构，甚至还有不少人仍拘泥于要不要在我国引入独立董事制度问题，而对于独立董事制度与公司绩效之间的关系的实证研究，则极少有人涉及。独立董事制度设立的最终目的是通过公司治理结构的改善，提高公司的绩效。独立董事制度如果提高了公司的绩效，表明它已经达到一个相对完善的程度；否则，独立董事制度就可能是存在缺陷的，需要找出问题，不断完善。目前在英美等国，独立董事制度在公司发展中扮演着日益重要的作用。在我国，独立董事制度同样有助于公司治理的完善和公司绩效的提高，这已无须理论上的反复论证，关键在于通过实证分析寻找差距，继而找出相应的完善措施。

一般认为，独立董事应由经济学家、行业技术专家、退休的政府官员和具有丰富管理经验的在职或离职的经理人员、董事担任。他们能从不同的角度对公司经营战略决策提供意见，保证公司战略决策的正确性；同时，又能对公司内部经营管理者进行有效的监督，保证公司经营战略决策的有效实施。随着公司业务的日益复杂化，人力资本在公司的价值显得更为重要。具有不同从业经验的独立董事们，可以在很大程度上有效地解决公司决策和监督两大难题，为公司绩效的提高奠定基础。所以有以下假说：

独立董事比例是衡量董事会独立性的一个重要方面。独立董事超过半数的委员会，我们称之为独立的委员会；独立董事超过半数的董事会，我们称之为独立的董事会。独立董事比例的提高有利于加强董事会和委员会的客观性和独立性，使得独立董事在董事会具有一定的影响力，进而影响董事会的决策。独立董事在解除不称职高级经理、建立"奖勤罚懒"的激励机制、限制对股东不利的公司收购等方面发挥着积极的作用。针对我国的实际情况，对于大股东与经理层所做出的一些内幕交易、关联交易，独立董事能够及时制止，可以减少不合理交易对公司造成的损失，改善公司的业绩。故有以下假说：

假设二：独立董事相关假设。即独立董事比例与控制权变更显著相关。独立董事比例与公司绩效存在显著正相关。独立董事比例与公司绩效存在一种函数关系。

（三）内部董事、法人董事和专家董事

我国上市公司内部董事主要是原国有企业的领导班子，在内部董事过多的董事会，董事会成员和高官人员大量重复，导致职能不清，国有企业的内部人控制现象可能大量存在，由于国有企业控制权收益的不可补偿性（张维迎，1998），导致由国有企业转制过来的上市公司高管和内部董事对控制权变更产生抵制，造成控制权转换成本过高；同时内部人控制也大大降低了董事会对经理班子的监督和控制职能，经理等高管形成对董事会的反向控制，作出损害投资者和其他相关利益者的决策。当然，作为内部董事的原国有企业经营管理人员，由于对企业运营和内部运作具有较多的管理经验和专门知识，一定程度能够比单纯从外部经理人市场选聘高管董事起到减少交易成本，提高交易绩效作用。

法人董事由于其特殊的历史沿革和独特作用在我国公司治理中有其重要地位。一是法人董事是公司经理和法人股东沟通的内部桥梁，可以为公司运营提供重要的战略资源关系（李有根等，2001），能够确保公司在重大决策上与控股股东取得支持。二是较多法人董事由于可以以法人股东作为后盾，在董事会和公司治理中能够发挥重要的权利制衡，有效抑制侵害大股东和相关利益者的行为。三是法人董事由于对相关行业发展拥有较多的信息和资源，从而减少企业长远发展的机会成本，避免复杂的经济风险行为。但是，法人董事也有较多弊端，比较突出的是大股东操纵董事会，有可能存在内幕交易、市场操纵和关联交易，发生非法担保和私自挪用上市公司内部资金获利等不当行为，损害其他利益者。专家董事过低不利于保持董事会的客观性和独立性。伴随着经济民主化的发展浪潮，西方国家普遍认为企业应该保障所有相关利益者的利益契约。法人董事从其来源看，其行为不可避免地打上大股东烙印，内部董事由于利害相关，也难以在公司内部发展中保持公正立场，由此广大中小股东的利益没有办法保证。但是如果专家董事过多，一是相关制度没有配套，董事会内部运转可能失灵，决策机制和董事会工作制度也没有为专家董事发挥作用提供有效保障，二是专家董事一般为相关行业知名人士，其本身就是诸事繁杂，难以抽出时间和精力他顾，由于存在内部信息不对称问题，在没有充分了解企业内部情况时，容易被经理等高层欺诈和贿赂，滋生经理层败德行为，使企业的可持续发展难以维持。

假设三：内部董事、法人董事假设。控制权变更和公司绩效与内部董事、法人董事比例过高或者过低负相关。控制权变更和公司绩效与内部董事、法人董事比例适当正相关。

（四）董事会行为

一个有效的公司治理体系存在多重机制来规范经理的代理行为和确保股东利益。各种不同公司治理体系的关键机制之一是董事会。争论一般集中在：监督管理者的行为，治理机制最优化和股东财富最大化。因而董事会监督管理者的一个重要机制是解职威胁或由于经营不佳而解雇管理者。所以董事会作为一种监督机制，通过充当监督者角色，能够显著影响公司的政策，并在企业经营不佳时采取正确行动解雇无效管理者。在这种机制中，董事会的行为直接与董事会产生作用的方式和董事会治理效率相关。一方面，如果董事会成员经常定期会晤和磋商公司事务，无疑有助于加强对公司内部事务的熟悉程度，在一定范围内免于信息不对称导致内部人控制而使企业利益受损，这对管理层将起到监督作用，有利于公司绩效的提高。同时，由于提高了董事会独立性，管理层的变更将与企业本身绩效直接相关，在某种意义上来说有助于控制权的流动。另一方面，董事会经常举行会议，需要时间和精力，所形成的决议往往受董事会成员的知识和能力局限，其有效性并不能得到全面保证，而管理层实行决议是需要花费成本的，因此，过多的董事会会议往往对公司绩效起到了相反作用。

假设四：董事会行为假设。控制权变更和公司绩效与董事会会议比例显著相关。

6.2.3 假设检验模型及其结果分析

6.2.3.1 假设检验模型

$$\bar{p} = \alpha_0 + \beta_0(Board\ Composition) + \varepsilon_0 \tag{6.9}$$

$$\bar{p} = Control\ Variables + \alpha_1 + \beta_1(Board\ composition) + \varepsilon_1 \tag{6.10}$$

$$\bar{p} = \alpha_2 + \beta_2(Board\ Composition) + \lambda_2(Board\ Composition)^2 + \varepsilon_2$$
$$\tag{6.11}$$

$$\text{Logistic 模型：} Pr(CM) = \alpha_3 + \beta_3(Board\ Composition) + \varepsilon_3 \tag{6.12}$$

$$\bar{p} = \alpha_5 + \beta_5 SB + \phi_5 FM + \phi_5 NS + \eta_5 BC + \theta_5 IS + \varepsilon_5 \tag{6.13}$$

$$\text{Logistic 模型：} Pr(CM) = \alpha_6 + \beta_6 \ln(SB) + \lambda_6 MI + \phi_6 FM +$$
$$\phi_6 NS + \eta_6 BC + \theta_6 IS + \varepsilon_6 \tag{6.14}$$

在上述模型中，各变量定义为：（1）董事会构成（*Board Composition*）是指某一类董事会成员数量占董事会全体成员数量的比例，可以使用不同分类方法进行表示：①内部董事构成比例（*IB_R*）、法人董事构成比例（*LB_R*）。②非高管董事构成比例（*ZB_R*），这里非高管董事是指不在上市公司中担任行政职务的董事，与独立董事是有严格区别的。③样本公司董事会中独立董事比例（*ID_R*）。（2）$\bar{p}$表示 1997—2001 年共五个年度样本公司绩效算术平均值。其中绩效指标包括：$\overline{ROE}$表示净资产收益率平均数（等于各年度净利润除以股东权益）；$\overline{CROA}$表示主营业务收益率平均数（等于各年度主营业务收益率除以总资产）；$\overline{TQ}$表示托宾 Q 值的算术平均数（等于各年度公司市值（债务市值与股东权益市值之和）除以公司总资产重置成本）；$\overline{EBITOA}$表示息税前收益占总资产比率平均数（等于净利润、财务费用和所得税之和除以总资产）；$\overline{MBR}$表示市净率均值（等于各年股票市值除以净资产账面值，即等于每股市价乘总股本数除以净资产账面值）。

（3）控制变量。无论是托宾 Q 值还是市净率等等来衡量的公司绩效都可能受到许多其他因素共同作用。例如 Fama 和 French 指出，除市场指数外，公司股票价格实际上还受到公司规模及其公司权益账面价值与市场价值之比的影响。Morck、Shleifer 和 Vishny 则认为影响托宾 Q 值的其他因素包括负债比率、公司规模及其公司所处行业。为了尽可能控制这些因素影响，我们分别在检验模型中加入了以下控制变量：公司规模（使用公司总资产的自然对数 ln（size）表示）；公司权益市场价值与账面价值之比（使用市盈率的自然对数（ln（P/E））表示）；负债比率（使用公司总负债与公司总资产比率（DAR）表示），公司所处行业（SIC），设置为名义变量，SIC_1 到 SIC_{21} 分别表示：工业电力、工业电子、工业纺织、工业化工、工业机动车、工业家电、工业建材、工业冶金、工业造纸、工业制药等行业归入工业产业、房地产、公共事业、金融、商业和综合等大类产业分类。如果为该产业，则哑变量为 1，否则为 0。（4）董事会行为使用董事会召开会议次数表示。董事会召开会议有例会和临时会议，例会是指定期召开会议，临时会议是不定期的、遇到必要事项时由董事长随时召集会议。本书借鉴于东智（2002）的做法，将董事会以通信方式和书面形式召开的会议次数排除在年度会议次数之外。这里使用 MI 表示董事会活动强度，代表调整后的年度董事会展开会次数。FM 表示该公司召开的非正式会议次数，在此定义为该公司该年董事会召开的会议次数与研究样本中全部年度（1997—2001）董事会召开的会议次数均值之差。即：$FM = MI - \overline{MI}$。

（5）董事会规模使用该公司所在年度年报中披露的公司董事会总人数（SB）表示，包括内部董事人数和外部董事人数的总和。

（6）董事会中持股人数比例，该指标（使用 NS 表示）是指该年该公司董事会中持有股票的董事人数之和与董事会规模之比。

（7）董事会中董事领取报酬人数比例（BC），表明董事会本身独立性和激励情况。（8）独立董事是否领取报酬或者补贴（IS），是关系到独立董事是否能够在涉及企业重大经营决策和管理监督中保持积极性和独立性的关键，如果报酬过高，独立董事容易受到内部经营管理层和企业内部具体经营事务约束，难以真正做到真正独立，而且过高也加大了代理监督成本。但是独立董事参加企业大量会议活动需要许多时间和精力，如果过低，对独立董事难以产生持久吸引力，导致独立董事制度设计难以达到预定效率。

6.2.3.2 结果分析

（一）描述性统计和相关性检验

自变量和因变量的描述性统计见表 6.16 和表 6.17。有效样本容量为 96。我国控制权发生变更的上市公司董事会规模平均人数为 9.46 人；内部董事平均人数为 2.41 人，占董事会人数比例平均为 23.95%；法人董事人数平均为 5.09 人，占董事会人数比例平均为 54.09%；376 样本公司中只有 99 家上市公司聘请了独立董事，独立董事平均人数为 2.06 人，独立董事占董事会人数比例平均为 5.80%；非高管董事人数平均为 7.20 人，占全部董事会人数比例的平均数为 75.84%。我国《公司法》规定，董事会人数最少 5 人，最多不超过 19 人。从样本公司董事会构成看，控制权变更的上市公司非高管董事占了绝大比重，由于非高管董事主要由不在本公司担任高层管理职务的人士构成，在一定程度反映了这些公司的内部控制度的大小，因为一类董事比例的增加意味着其他类董事比例的减少，从非高管董事所占比例超出

70%来看，这些上市公司内部控制度应该低于30%，与前几年内部控制度非常严重相比这些公司的内部控制程度已经得到了一定程度缓解。法人董事一般是控股股东在本公司选派的代表，很大程度上维护着大股东利益，这些控制权变更的公司法人股东代表占到董事会总人数的50%多，说明大股东对控制权变更是有一定影响的。样本公司的独立董事比重只有5%强，相比西方国家公司董事会结构，我国公众公司董事会中独立董事比重还有待提高。从董事会结构与绩效指标的相关关系来看，法人董事比例、独立董事比例与平均托宾Q值显著正相关。内部董事比例与平均托宾Q值显著负相关。这支持了假设二，部分支持了假设三。非高管董事与平均托宾Q值负相关，但是结论并不显著。这与假设一并不相符。

表 6.16　董事会人数和相关比例及其财务指标描述性统计

	样本数	最小值	最大值	均　值	标准差
董事会人数	373	5.00	19.00	9.4611	2.6216
内部董事数	339	0.00	9.00	2.4100	1.4493
法人董事数	376	0.00	15.00	5.0984	3.1136
独立董事数	99	0.00	6.00	2.0606	1.0382
非高管董事数	375	0.00	19.00	7.2080	2.8368
内部董事比例	372	0.00	80.00	23.9513	16.2691
法人董事比例	373	0.00	100.00	54.0931	27.4622
独立董事比例	373	0.00	60.00	5.8029	11.1690
非高管董事比例	373	0.00	100.00	75.8448	16.7176
ROE 均值	376	-36666.00	621.15	-195.6939	2280.7557
CROA 均值	376	-80.87	60.26	0.5915	5.6278
TQ 均值	376	-54.25	354.79	5.6717	25.1685
EBITOA 均值	376	-60.65	62.82	0.6635	4.9712
MBR 均值	376	-269.99	534.66	9.1711	54.5706
有效样本	96				

表 6.17　董事会行为及其合约激励指标描述性统计

	样本数	最小值	最大值	均 值	标准差
MI	232	1.00	16.00	6.3190	2.6987
FM	234	-6.00	10.00	0.2650	2.7496
SB	373	5.00	19.00	9.4611	2.6216
NS	373	0.00	1.00	0.2663	0.2631
BC	373	0.00	1.00	0.3943	0.2647
IS	74	0.00	4.00	0.6622	0.9108
有效样本	38				

董事会会议次数样本公司平均每年为 6.32 次，非正式会议平均次数为 0.27 次。董事会持股人数比例平均为 26.63%，董事会中董事领取报酬人数比例（*BC*）表明董事会本身独立性和激励情况，平均为 39.53%，独立董事领取报酬或者补贴（*IS*）占样本总数比例平均为 66.22%。从董事会行为与绩效指标的相关关系来看，董事会中持股人数比例与控制权发生变更的可能性显著正相关，与平均托宾 Q 值显著正相关。董事会中领取报酬人数、独立董事领取报酬人数与息税前收益占总资产比率平均数和托宾 Q 值平均数显著正相关。董事会正式会议次数和非正式会议次数与绩效指标正相关，但是并不显著。这并没有与假设四相符。需要进一步的检验。

（二）方差分析

表 6.20 是在控制权发生变更的不同状态下对各变量进行方差齐性检验和方差分析。从表中可以看出，内部董事比例、非高管董事比例、平均净资产收益率小于 10%，说明这三组样本数值方差显著性不等。进一步对其他方差没有显著性差异的变量进行方差分析表明其他变量针对控制权发生变更的不同状态分类的检验并不显著。这说明这些变量与控制权发生变更的状态关系并不显著。

表 6.18 相关研究变量之间的 pearson 相关系数矩阵

		IB_R	LB_R	ZB_R	ID_R	ROA均值	CROA均值	TQ均值	EBITOA均值	MBR均值
IB_R	相关系数	1.000	−0.373**	0.007	−1.000**	−0.020	−0.031	−0.110*	−0.048	−0.038
	显著性(双尾)	—	0.000	0.893	0.000	0.700	0.554	0.033	0.360	0.469
	样本数	372	372	372	372	372	372	372	372	372
LB_R	相关系数	−0.373**	1.000	−0.359**	0.372**	0.028	0.056	0.113*	0.077	0.009
	显著性(双尾)	0.000	—	0.000	0.000	0.589	0.282	0.028	0.138	0.870
	样本数	372	373	373	373	373	373	373	373	373
ZB_R	相关系数	0.007	−0.359**	1.000	−0.025	0.044	−0.051	−0.073	−0.065	0.012
	显著性(双尾)	0.893	0.000	—	0.634	0.400	0.327	0.158	0.212	0.818
	样本数	372	373	373	373	373	373	373	373	373
ID_R	相关系数	−1.000**	0.372**	−0.025	1.000	0.019	0.033	0.109*	0.049	0.039
	显著性(双尾)	0.000	0.000	0.634	—	0.715	0.530	0.035	0.341	0.454
	样本数	372	373	373	373	373	373	373	373	373
ROE均值	相关系数	−0.020	0.028	0.044	0.019	1.000	0.016	0.016	0.019	0.004
	显著性(双尾)	0.700	0.589	0.400	0.715	—	0.763	0.764	0.710	0.934
	样本数	372	373	373	373	376	376	376	376	376

续表 6.18

		IB_R	LB_R	ZB_R	ID_R	ROA 均值	CROA 均值	TQ 均值	EBITOA 均值	MBR 均值
CROA 均值	相关系数	-0.031	0.056	-0.051	0.033	0.016	1.000	0.430**	0.987**	0.507**
	显著性（双尾）	0.554	0.282	0.327	0.530	0.763	—	0.000	0.000	0.000
	样本数	372	373	373	373	376	376	376	376	376
TQ 均值	相关系数	-0.110*	0.113*	-0.073	0.109*	0.016	0.430**	1.000	0.544**	0.790**
	显著性（双尾）	0.033	0.028	0.158	0.035	0.764	0.000	—	0.000	0.000
	样本数	372	373	373	373	376	376	376	376	376
EBITOA 均值	相关系数	-0.048	0.077	-0.065	0.049	0.019	0.987**	0.544**	1.000	0.560**
	显著性（双尾）	0.360	0.138	0.212	0.341	0.710	0.000	0.000	—	0.000
	样本数	372	373	373	373	376	376	376	376	376
MBR 均值	相关系数	-0.038	0.009	0.012	0.039	0.004	0.507**	0.790**	0.560**	1.000
	显著性（双尾）	0.469	0.870	0.818	0.454	0.934	0.000	0.000	0.000	—
	样本数	372	373	373	373	376	376	376	376	376

注：** 表示相关系数在 0.01 水平上显著（双尾）；* 表示相关系数在 0.05 水平上显著（双尾）。

表 6.19 董事会行为和合约激励等指标的 Spearman 秩相关系数

Spearman			MI	FM	SB	NS	BC	IS	CM	TQ均值	EBITOA均值
	MI	相关系数	1.000	1.000**	-0.080	-0.251**	0.071	0.271	0.112	0.090	0.044
		显著性(双尾)	—	—	0.226	0.000	0.283	0.100	0.089	0.170	0.509
		样本数	232	232	232	232	232	38	232	232	232
	FM	相关系数	1.000**	1.000	-0.088	-0.233**	0.082	0.271	0.123	0.092	0.033
		显著性(双尾)	—	—	0.182	0.000	0.212	0.100	0.061	0.163	0.615
		样本数	232	234	234	234	234	38	234	234	234
	SB	相关系数	-0.080	-0.088	1.000	0.041	-0.066	-0.253*	-0.059	-0.023	0.036
		显著性(双尾)	0.226	0.182	—	0.426	0.204	0.030	0.255	0.658	0.493
		样本数	232	234	373	373	373	74	373	373	373
	NS	相关系数	-0.251**	-0.233**	0.041	1.000	0.237**	-0.68	-0.136**	-0.118*	0.053
		显著性(双尾)	0.000	0.000	0.426	—	0.000	0.565	0.009	0.023	0.309
		样本数	232	234	373	373	373	74	373	373	373
	BC	相关系数	0.071	0.082	-0.066	0.237**	1.000	0.197	-0.073	-0.159**	-0.162**
		显著性(双尾)	0.283	0.212	0.204	0.000	—	0.093	0.159	0.002	0.002
		样本数	232	234	373	373	373	74	373	373	373

续表 6.19

		MI	FM	SB	NS	BC	IS	CM	TQ 均值	EBITOA 均值
IS	相关系数	0.271	0.271	-0.253*	-0.068	0.197	1.000	0.161	0.267*	0.441**
	显著性(双尾)	0.100	0.100	0.030	0.565	0.093	—	0.171	0.021	0.000
	样本数	38	38	74	74	74	74	74	74	74
CM	相关系数	0.112	0.123	-0.059	-0.136**	-0.073	0.161	1.000	0.011	-0.009
	显著性(双尾)	0.089	0.061	0.255	0.009	0.159	0.171	—	0.828	0.861
	样本数	232	234	373	373	373	74	376	376	376
TQ 均值	相关系数	0.090	0.092	-0.023	-0.118*	-0.159**	0.267*	0.011	1.000	0.226**
	显著性(双尾)	0.170	0.163	0.658	0.023	0.002	0.021	0.828	—	0.000
	样本数	232	234	373	373	373	74	376	376	376
EBITOA 均值	相关系数	0.044	0.033	0.036	0.053	-0.162**	0.441**	-0.009	0.226**	1.000
	显著性(双尾)	0.509	0.615	0.493	0.309	0.002	0.000	0.861	0.000	—
	样本数	232	234	373	373	373	74	376	376	376

注：** 表示相关系数在 0.01 水平上显著（双尾）；* 表示相关系数在 0.05 水平上显著（双尾）。

表 6.20　各变量方差奇次性检验和方差分析结果

变 量	Levene 检验值	自由度一	自由度二	显著性		方差和	自由度	均方差	F 检验（显著性）
$\overline{LB\_R}$	0.004	1	371	0.952	组间	372.425	1	372.425	0.493(0.4830)
					组内	280178.7	371	755.199	
					合计	280551.1	372		
$\overline{IB\_R}$	3.055	1	370	0.081	组间	8.507	1	8.507	0.032(0.858)
					组内	98188.966	370	265.376	
					合计	98197.474	371		
$\overline{ZB\_R}$	3.714	1	371	0.055	组间	34.779	1	34.779	0.124(0.725)
					组内	103930.6	371	280.136	
					合计	103965.4	372		
$\overline{ID\_R}$	0.102	1	371	0.750	组间	8.530	1	8.530	0.794(0.323)
					组内	46397.002	371	125.059	
					合计	46405.532	372		
$\overline{ROE}$	5.736	1	374	0.017	组间	8022902	1	8022902	1.545(0.215)
					组内	1.9E+09	374	5194304	
					合计	2.0E+09	375		
$\overline{CROA}$	0.724	1	374	0.395	组间	14.482	1	14.482	0.457(0.500)
					组内	11862.763	374	31.719	
					合计	11877.245	375		
$\overline{TQ}$	0.001	1	374	0.982	组间	70.232	1	70.232	0.111(0.740)
					组内	237475.6	374	634.961	
					合计	237545.8	375		
$\overline{EBITOA}$	0.395	1	374	0.530	组间	9.456	1	9.456	0.382(0.537)
					组内	9257.679	374	24.753	
					合计	9267.135	375		
$\overline{MBR}$	0.146	1	374	0.703	组间	2615.205	1	2615.205	0.878(0.349)
					组内	1114117	374	2978.923	
					合计	1116732	375		

（三）回归分析

表 6.21 是方程（6.8）和方程（6.10）关于董事会构成和公司绩效的回归分析。当采用平均托宾 Q 值进行回归时，内部董事比例、法人董事比例、非高管董事比例都与该指标显著正相关（具体回归系数见表 6.22），这与假设一和假设三是一致的。内部董事比例虽然也与该绩效指标正相关，但是并不显著。其余绩效指标与这些变量没有显著关系，这又一次表明选取不同回归指标会得出不同结论。

表 6.21　方程（6.8）和方程（6.10）与公司绩效回归分析结果

方程维数		ROE		CROA		TQ		EBITOA		MBR	
		一次	二次	一次	二次	一次	二次	一次	二次	一次	二次
LB_R	F	0.29	0.82	1.16	0.58	4.84	2.47	2.20	1.10	0.03	0.41
	P	0.589	0.440	0.282	0.560	0.028	0.086	0.138	0.334	0.870	0.662
	n	371	370	371	370	371	370	371	370	371	370
IB_R	F	0.15	0.83	0.35	0.56	4.56	3.20	0.84	1.03	0.53	0.64
	P	0.700	0.437	0.554	0.572	0.033	0.042	0.360	0.358	0.469	0.527
	n	370	369	370	369	370	369	370	369	370	369
ZB_R	F	0.13	0.63	0.39	0.41	4.46	3.09	0.91	0.83	0.56	0.52
	P	0.715	0.531	0.530	0.661	0.035	0.047	0.341	0.438	0.454	0.594
	n	371	370	371	370	371	370	371	370	371	370
ID_R	F	0.71	0.39	0.96	0.72	2.00	1.41	1.56	1.15	0.05	0.10
	P	0.400	0.680	0.327	0.487	0.158	0.246	0.212	0.319	0.818	0.907
	n	371	370	371	370	371	370	371	370	371	370

注：F 表示相关变量的 F-test 值；P 表示相关变量的 F-test 的显著性概率水平。N 表示相关回归样本数。

表 6.22 是平均托宾 Q 值与董事会结构中三个指标的具体回归分析。从表中可以看出,尽管绩效指标与三个变量之间显著存在一次曲线和二次曲线关系,但是比较各曲线拟合优度就可以得出二次曲线能够更好地拟合绩效指标与董事会三个变量之间的数量关系。

表 6.22 方程 (6.8) 和方程 (6.10) 变量之间
存在显著性水平的回归模型

变　量	方程	R^2(拟合优度)	自由度	F 检验	F 检验显著性	B0	B1	B2
$\overline{TQ}(ZB\_R)$	LIN	0.012	371	4.46	0.035	−6.7877	0.1647	
$\overline{TQ}(ZB\_R)$	QUA	0.016	370	3.09	0.047	12.1918	−0.4098	0.0041
$\overline{TQ}(LB\_R)$	LIN	0.013	371	4.84	0.028	0.0538	0.1044	
$\overline{TQ}(LB\_R)$	QUA	0.013	370	2.47	0.086	1.0965	0.0479	0.0005
$\overline{TQ}(IB\_R)$	LIN	0.012	370	4.56	0.035	9.8204	−0.1716	
$\overline{TQ}(IB\_R)$	QUA	0.017	369	3.20	0.042	12.4087	−0.4638	0.0053

注:变量栏内为因变量,括号内为该因变量的自变量。

表 6.23 是加入控制变量后董事会结构和相关绩效变量之间的回归关系。从表中可以看出,在加入控制变量后所有的方程拟合优度都显著提高了。并且模型都整体非常显著。模型表明市净率与法人董事比例显著负相关。

表 6.24 是方程 (6.11) 董事会结构与控制权变更的 Logistic 回归方程。回归分析结果表明,内部董事比例、独立董事比例与控制权变更之间存在负相关关系,法人董事比例、非高管董事比例与控制权变更之间存在正相关关系,但是所有模型整体并不显著。

表6.23 方程（6.9）加入控制变量后相关变量线性回归模型

因变量	ROE		CROA		TQ		EBITOA		MBR	
自变量	系数	显著性	系数	显著性	系数	显著性	系数	显著性	系数	显著性
常数项	1492.13	0.51	2.265	0.45	−8.843	0.662	2.377	0.446	−47.792	0.238
IB_R	5.09	0.34	−0.013	0.25	−0.090	0.216	−0.013	0.253	−0.035	0.813
LB_R	15.99	0.19	−0.005	0.431	−0.054	0.247	−0.005	0.436	−0.156 *	0.092
ID_R	1.59	0.85	−0.008	0.567	−0.033	0.754	−0.009	0.568	0.187	0.375
ZB_R										
Ln(P/E)	−272.77 ***	0.23	3.695 ***	0.000	28.737 ***	0.000	3.865 ***	0.000	62.039 ***	0.000
DAR	−25.41 ***	0.00	−0.069 ***	0.000	−0.489 ***	0.000	−0.072 ***	0.000	−0.669 ***	0.000
Ln(size)	−113.58	0.65	0.103	0.749	3.545	0.105	0.109	0.747	8.215 *	0.061
SIC	296.21	0.28	0.020	0.952	−0.065	0.097	0.020	0.953	1.135	0.801
D−W检验	2.032		1.904		1.765		1.906		1.750	
R²(ARsq)	0.062(0.043)		0.347(0.333)		0.401(0.389)		0.349(0.335)		0.429(0.417)	
F(Sigf)	3.201 ***(0.003)		25.791 ***(0.000)		32.508 ***(0.000)		26.013 ***(0.000)		36.476 ***(0.000)	
n	348		347		347		347		347	

注：*** 表示相关系数在1%的水平上（双尾）是显著的；** 表示相关系数在5%的水平上（双尾）是显著的；* 表示相关系数在10%的水平上（双尾）是显著的。

表 6.24 方程（6.11）Logistic 回归分析结果

自变量	参数值（B_i）	参数标准差	Wald 统计量	自由度	显著水平	Odd 值（e^{Bi}）	X^2	显著水平	Nagelkerka R^2	样本数
IB_R	−0.001	0.007	0.032	1	0.858	0.999	0.032	0.857	0.013	376
	−0.523	0.192	7.451 ***	1	0.006					
LB_R	0.003	0.004	0.494	1	0.482	1.003	0.496	0.481	0.027	376
	−0.706	0.241	8.608 ***	1	0.003					
ID_R	−0.003	0.009	0.069	1	0.794	0.998	0.069	0.793	0.015	376
	−0.541	0.121	19.951 ***	1	0.000					
ZB_R	0.002	0.007	0.125	1	0.724	1.002	0.125	0.724	0.018	373
	−0.729	0.503	2.096	1	0.148					

注：*** 表示相关系数在 1% 的水平上是显著的；** 表示相关系数在 5% 的水平上是显著的；* 表示相关系数在 10% 的水平上是显著的。

表 6.25 是方程（6.12）加入控制变量后的董事会行为、董事会规模与绩效指标之间的回归结果。从表中结果来看，只有市净率模型整体显著。平均市净率与董事会非正常会议次数显著正相关，这与假设四相符合。董事会中独立董事是否领取报酬或者津贴与平均市净率显著负相关。董事会规模与绩效指标负相关，这与西方经典理论认为董事会越大绩效越低的观点相一致，但是这并不显著。其余绩效模型都不显著。这再一次证实了不同的指标选取会得出不同结论。

表 6.26 是方程（6.13）有关董事会行为的 Logistic 模型回归分析结果。从表中可以看出，模型整体非常显著。董事会会议次数、独立董事领取报酬哑变量与控制权变更状态正相关，董事会非正式会议次数、董事会规模、董事会持股人数比例、董事会董事领取报酬人数比例与控制权变更哑变量负相关。这部分支持了假设四。

表 6.25 方程（6.12）加入控制变量后相关变量线性回归模型

因变量	ROE		CROA		TQ		EBITOA		MBR	
自变量	系数	显著性	系数	显著性	系数	显著性	系数	显著性	系数	显著性
常数项	-157.03	0.36	-0.15	0.81	1.34*	0.08	-0.14	0.82	21.24	0.20
FM	11.84	0.47	0.04	0.49	1.98E-03	0.97	0.04	0.49	6.48***	0.00
SB	2.18	0.86	-1.7E-03	0.97	-0.01	0.85	-1.8E-03	0.97	-1.51	0.24
NS	227.22	0.25	-0.15	0.84	-0.33	0.71	-0.15	0.83	-11.64	0.53
BC	-94.09	0.57	0.10	0.86	-0.30	0.69	0.11	0.86	0.81	0.96
IS	35.25	0.67	0.39	0.19	-0.72*	0.06	0.40	0.18	-15.98***	0.05
CM	176.27**	0.03	-0.47	0.12	0.55	0.14	-0.48	0.11	6.18	0.43
D-W 检验	1.776		2.126		2.027		2.120		1.299	
R^2(ARsq)	0.161(-0.001)		0.148(-0.017)		0.202(0.048)		0.150(-0.015)		0.430(0.319)	
F(Sigf)	0.991(0.448)		0.895(0.511)		1.309(0.283)		0.910(0.501)		3.890***(0.005)	
n	376		376		376		376		376	

注：*** 表示相关系数在1%的水平上是显著的；** 表示相关系数在5%水平上是显著的；* 表示相关系数在10%的水平上是显著的。

表 6.26 方程（6.13）Logistic 回归分析结果

自变量	预期符号	参数值（B_i）	参数标准差	Wald统计量	自由度	显著水平	Odd 值（e^{Bi}）
常数项		0.5827	9.7252	0.0036	1	0.9522	
MI	+	1.2054	13.3331	0.0082	1	0.9280	3.3381
FM	−	− 0.0803	0.8332	0.0093	1	0.9232	0.9228
SB	−	− 0.0620	0.1592	0.1517	1	0.6969	0.9399
NS	−	− 5.4000	2.2866	5.5772 **	1	0.0182	0.0045
BC	−	− 0.3957	1.8685	0.0449	1	0.8323	0.6732
IS	+	0.5271	0.9200	0.3283	1	0.5667	1.6940

X^2 :10.788   显著水平 :0.0952   Nagelkerka R^2 :0.330   Cox and Snell R^2 :0.247

负两倍对数似然估计值 :41.786   样本数 :741

注：*** 表示相关系数在 1% 的水平上是显著的；** 表示相关系数在 5% 的水平上是显著的；* 表示相关系数在 10% 的水平上是显著的。

6.2.4 结论

本节实证分析了董事会结构、董事会行为与绩效指标的相关关系。从董事会结构与绩效指标关系的研究结论来看：独立董事比例与平均托宾 Q 值显著正相关，内部董事比例、法人董事比例、非高管董事比例都与绩效指标平均托宾 Q 值显著正相关，其曲线拟合显示绩效指标与这三个董事会董事构成呈非常显著的二次曲线关系。市净率与法人董事比例显著负相关。平均市净率与董事会非正常会议次数显著正相关。董事会中独立董事是否领取报酬或者津贴与平均市净率显著负相关。从董事会结构、董事会行为与控制权变更的关系来看：内部董事比例、独立董事比例与控制权变更之间存在负相关关系，法人董事比例、非高管董事比例与控制权变更之间存在正相关关系，但是所有模型整体并不显著。董事会规模与绩效指标负相关，这与西方经典理论认为董事会越大绩效越低的观点相一致，但是这并不显著。董事会会议次数、独立董事领取报酬哑变量与控制权变更状态正相关，董事会非正式会议次数、董事会规模、董事会持股人数比例、董事会董事领取报酬人数比例与控制权变更哑变量负相关。另外，回归模型运用不同变量会得出迥然不同的结论。

7 所有权结构影响控制权
变动的实证分析

中国上市公司一般属于混合所有制，主要包括 3 类股东：国家、法人（或者机构投资者）及个人，大致是各拥有 30% 的股份。如表 7.1 所示。股份的集中度很高，绝大部分股份集中在国家股或者国有法人股上，社会公众股和其他持股只占少数。大量的实证研究表明（孙永祥等，1999；许小年等，2000；施东辉，2000；陈小悦等，2001），中国上市公司股份所有的集中程度及其构成对公司控制权变更有很大的影响：①股份集中程度与企业效益成正比。②法人股份所占比重对公司控制权变更有显著的正面影响；国家股份对公司控制权变更有负面影响；个人股份对公司控制权变更无显著影响。③国家股份占的比重越高，劳动生产率越低。这些研究结果显示：①机构投资者在公司治理中的重要作用。②国家股份的低效率。③如果股份持有过于分散所可能产生的问题。

表 7.1　上市公司历年股本结构统计表

单位：亿股

年份	国家股	发起法人股	外资法人股	募集法人股	内部职工股	其他未流通股	A 股	B 股	H 股	合 计
1990							2.61			2.61
1991							6.29			6.29
1992	28.50	9.05	2.80	6.49	0.85	0	10.93	10.25	0	68.87
1993	190.22	34.97	4.09	41.06	9.32	0.19	61.34	24.70	21.84	387.73
1994	296.47	73.87	7.52	72.82	6.72	1.10	143.76	41.46	40.82	684.54
1995	328.67	135.18	11.84	61.93	3.07	6.27	179.94	56.52	65.00	848.42
1996	432.01	224.63	14.99	91.82	14.64	11.60	267.32	78.65	83.88	1219.54
1997	612.28	439.91	26.07	130.48	39.62	22.87	442.68	117.31	111.45	1942.67
1998	865.51	528.06	35.77	152.34	51.70	31.47	608.03	133.96	119.95	2526.79
1999	1115.52	591.34	40.50	190.36	36.98	35.02	812.90	141.91	124.54	3089.07
2000	1473.92	643.75	46.20	214.21	24.29	33.62	1079.62	151.57	124.54	3791.73
2001	1561.85	651.71	48.50	221.32	24.44	16.60	1155.21	151.99	138.95	3970.57

资料来源：《中国证券期货统计年鉴》，2001。

7.1　引　言

公司治理一般定义为投资者为确保其投资权益而对公司管理者和内部人进行监控的机制和制度安排。理论界共识认为世界上具有代表性的公司治理模式有：英美模式和德日模式。在英美模式中，股份持有十分分散，如果企业绩效不佳，股东可以卖掉股份，该公司也可能在外部市场中招致敌意并购而被其他公司所有。在德日公司治理模式中，核心投资者拥有较大股份，股份的集中使核心投资者具有监控公司经营者的动机和能力，且股权集中度上该模式表现为企业之间的相互持股。如表 7.2、表 7.3、表 7.4 所示。英美模式和德日模式的重要区别在于，前一种模式是通过"市场纪律"；后一种模式是通过股东控制来达到公司治理的目标（许小年等，2000）。

表 7.2　德日美所有权集中度和企业控制特征对比

国　家	对资本市场依赖度	所有权集中度	企　业　控　制
德　国	弱	高度集中	银行控股和职工参与控制
日　本	弱	相对集中	债权人"相机治理"和法人交叉持股
美　国	强	相对较低	经营者控制和外部治理机制作用

资料来源：作者自己整理。

表 7.3　1993—1997 年发达国家资本市场规模

单位：百万美元

年　份	美　国		日　本		德　国	
	市值总价	占 GDP 比重（%）	市值总价	占 GDP 比重（%）	市值总价	占 GDP 比重（%）
1993	5136199	81.0	2999756	70.2	463476	24.2
1994	5067016	75.4	3719914	79.3	470519	22.9
1995	6857622	97.5	3667292	71.4	577365	23.9
1996	8484433	114.8	3088850	67.2	670997	28.5
1997	11308779	144.4	2216699	52.9	825233	39.4

资料来源：《世界经济形式分析与预测：1998—1999》，社会科技文献出版社 1998 年版。

表 7.4　德日美公司所有权集中度（占样本公司总数的百分比）

最大股东掌握投票权百分比（%）[1]	德国[2]（1994）	日本[3]（1995）	美国[4]（1994）
0 < x < 10	3.2	61.1	66.0
10 ≤ x < 25	6.9	21.3	17.4

续表 7.4

最大股东掌握投票权百分比（%）[①]	德国[②]（1994）	日本[③]（1995）	美国[④]（1994）
25 ≤ x < 50	16.7	12.9	13.0
50 ≤ x < 75	31.9	4.7	2.1
75 ≤ x < 100	41.3	—	1.5

注：①包括执行官和董事，不包括员工持股（ESOP）。②根据德国550家最大的上市公司资料整理。③根据日本1321家上市公司资料整理。④根据美国1500家上市公司资料整理。

资料来源：Helmut M. Dietl（1998），p. 124。

7.2　文献回顾与研究方法

从理论上讲，关于"市场为主"还是"所有制为主"的争论，都可以从文献中找到理论依据，如表7.5所示。但实证研究还没有定论。Demsetz和Lehn（1985）选取美国511家上市公司作为解释变量，以股权集中度作为被解释变量，将选取的若干量化指标和前五位的股东持股比例的赫芬戴尔指数（Herfindahl Index）、公司价值最大化、潜在控制、系统管制和企业产出的潜在享受作为分析样本，通过回归发现，股权集中度伴随着资产规模的扩大而降低；系统管制强的行业中公司股权集中度低于系统管制弱的行业中的公司股权集中度；对于高层领导在职消费问题，对股权集中度的影响程度并不确定。但是该分析结果回归方程的回归效果不显著，回归直线对样本点的拟合程度不高。Morck等（1988）对371个500强大公司实证研究发现，托宾 Q 值（Tobin's Q）与董事会成员持有股份有很强的线性关系。

Holderness 和 Sheehan（1998）分析了 114 个上市公司，其中有 1 个控股股东持有至少 50.1% 以上普通股的案例。如果控股股东是公司（机构），托宾 Q 值就高；如果这个控股股东是个人，则托宾 Q 值就低。McConnell 和 Serraes（1990）在对 1000 个公司样本进行研究发现，托宾 Q 值和机构投资者所持有股份份额有正相关关系。这些研究表明：①大股东持有股份与企业业绩有正相关关系；②与个人股东相比，机构投资者似乎能够更有效地监控公司的业绩。

表 7.5 两种观点比较

"市场为主"观点		"所有制为主"观点	
相 关 文 献	主 要 论 点	相 关 文 献	主 要 论 点
Fama（1980）	企业是一组合约，完善的经理人员外部市场机制可以有效约束经理人员,并解决由所有权和控制分离造成的激励难题	Grossman And Hart（1980）	如果公司股份过于分散，那么没有股东愿意监督经理行为，因为对监督者来说，监督费用大大高于回报
Hart（1983）	产品市场的竞争是对经理人员的另一种纪律约束机制	Shleifer And Vishny（1986）	股份的相对集中有利于并购市场的有效和完善化。大股东有能力获取监督的回报，从而愿意也有能力从事和提供监控。在过于分散持股公司很难实现
Jensen and Ruback（1983）	强调了市场对公司控制的作用		
Martin and McConnell（1991）	敌意并购市场限制了公司高层管理者忽视利润和所有者回报的行为		

资料来源：作者整理。

在 Demsetz 等人之后，Thomsen 与 Pederen（1998）、McGuckin 与 Nguyen（2001）对上市公司股权集中度形成原因进行了更为深入的研究。Thomsen 和 Pedersen 检验了产业与上市公司股权集中度的关系，在研究中，他们没有采用赫芬戴尔指数（Herfindahl Index）测量股权集中度，而是将股权集中度分为六种模式：①个人/家庭作为大股东（高集中度模式）；②分散的股份（低集中度模式）；③若干主要股东占主导地位（中集中度模式）；④外国公司的子公司（高集中度模式）；⑤政府股东（高集中度模式）；⑥合作式股权（Cooperatives Ownership）（低集中度模式）。他们选取了公司资产规模、销售增长率、净资产收益率、资本密集度、收益/销售额、R&D 支出作为分析变量，对六种股权集中度分别做了回归分析，最后得出了行业与股权集中度存在相关性；同时他们提出了公司绩效的变动对股权集中度变动有显著影响。McGuckin 和 Nguyen（2001）则另辟蹊径，从劳动力市场角度对股权集中度的影响加以研究。最后结合美国公司兼并案例考察得出了劳动力市场是一个影响股权集中度形成的因素。

7.3 上市公司所有权结构分析

上海证券交易所成立于 1990 年 12 月，深圳证券交易所成立于 1991 年 4 月。从那时起，上市公司数量、交易额和市场总值都迅速上升（如表 7.6 所示）。但是并不是所有股份都能上市交易，股份分类为国内 A 股，国外 B 股、H 股、N 股等（根据上市所在地划分），只有部分为个人持有的 A 股才可以在公开市场上进行交易①。

---

① 目前该项规定已放开，但作者在 2003 年成稿时还未有此项放开措施。故二级市场只有部分 A 股可流通。

表 7.6 我国证券市场总体态势

年 份	境内上市公司数(A、B 股)(家)	市价总值(亿元)	流通市值(亿元)	总股本(亿股)	筹资金额(亿元)	股票成交额(亿元)	投资者开户数(万户)	印花税(亿元)
1998.12	851	19505.65	5745.6	2527	56.24	992.38	3910.7	8.98
1999.12	949	26471.17	8214	3089	80.86	1368.2	4482	10.92
2000.12	1088	48090.94	16088	3792	273.59	3737.6	5801.1	29.79
2001.12	1160	43522.2	14463	5218	92.84	2079.3	6650.4	13.26
2002.9	1212	44243.44	14558	5639	160.72	1403.1	6851	5.61

资料来源：根据证监会网站（www.csrc.gov.cn）和《中国金融统计年鉴》相关数据整理。

在 A 股的股权结构中，国有股是被中央政府、地方政府或者全资国有企业持有的。这些股份的最终所有者是国务院。国有股不许公开交易，但是证监会批准后可以转卖给国内机构。法人股是被国内机构持有的股份，这些法人机构包括股份公司、非银行金融机构以及非独资的国营企业（有至少一个非国营股东）。非银行金融机构包括证券公司、投资信托公司、财务公司、共同基金（投资基金）和保险公司。可交易的 A 股主要由个人和一些国内机构持有并进行交易。对于最大交易股份数并没有限制，对于个人也没有最短投资期限的限制。但是一个公司想要上市，最少要有 25% 的股份为可交易 A 股，因此可交易 A 股只占总市值的很少一部分，这些 A 股的交易速度是极快的。职工股是公司上市时低价出售给职工和经理人员的一种股份，其性质类似于职工福利，但是并不与职工和经理工作成绩挂钩。一般在持有 6 个月到 12 个月后，公司可向证监会申请允许职工在公开市场上卖出股份。H 股和 N 股是那些在香港和纽约上市的股份。如表 7.6 所示，截至 2002 年 9 月，我国境内上市公司（包括 A 股和 B 股）数量为 1212 家，市值达 44243.44 亿元，总股本 5639 亿股，为我国国有企业筹资金额达 160.72 亿元。我国证券市场和证券制度创新获得了巨大发展。

7.4 所有制结构与公司控制权变更：实证研究

7.4.1 相关研究综述

7.4.1.1 内部持股比例与公司绩效的关系

Jensen 和 Meckling（1976）通过对内部持股与公司绩效的关系进行分析后认为，公司价值随内部持股比例的增加而增加。在股权分散的情况下，随着管理者所有权要求的减少，勇于进行管理创新的动力就会减少，其结果会导致公司价值的下降。反过来说，当管理者持股比例增加时，他们采取背离公司价值最大化的行为的同时，也会使自身股权的价值受到影响。因此，在内部人持有一定股份的情况下，他们的行为会在行使在职消费和最大化公司价值之间取得一个均衡。随着内部股权增加，因经营不善而被接管的可能性也会降低，而接管难度的增加反过来会强化管理者的不思进取（张红军，2000）。也就是说，内部持股实际上是一把"双刃剑"，在有利于增强股东监控动力的同时，也可能会阻碍公司控制市场机制的有效发挥。另外，对接管市场的分析表明，被接管企业的价值一般在被接管后是上升的（Kay，1994），而过高的内部持股会降低这种因接管而带来的公司价值增值的机会。关于这方面的实证研究，结果也并非一致。根据 Oswald 和 Jahera（1991）的统计，一些研究（如 Vance，1955，1964；Pfeffer，1972；Lee & Francis，1988）表明内部持股比例与公司绩效有显著正相关关系，但另外一些研究（如 Schmidt，1975；Lloyd et al.，1986；Kesner，1987）却发现两者间不存在显著性关系。

7.4.1.2 大股东、股权集中度与公司绩效的关系

针对所有权和控制权分离的分析思路就是大股东的存在以及提高股权集中度。其理由是既然在股权相对分散的情况下，股东出于"理性的无知"而采取"搭便车"行为。依照这样的逻辑，自然提高大股东的持股比例，使股权相对集中，就可以提高股东的监控动力。从这个角度讲，大股东的存在有利于公司价值的增加（Shleifer 和 Vishny，1997）。与此相对应的，Dernsetz（1983）认为企业的所有权结构是寻求公司价值最大化的结果，而且他和 Lehn（1985）通过对前 5 大股东、前 10 大股东持股比例以及代表股权集中度的赫芬戴尔指数与会计利润率之间关系的实证分析，没有发现显著的相关关系。他认为当企业的发展要求进行规模扩张时，就会产生一种压力，要求它的股份资本也要达到一定的规模，为此就要求助于分散的所有权结构，而分散与否将决定于因资本联合而减少的风险成本与由此增加的监督成本之间的平衡。

Eisenberg（1976）、Demsetz（1983）、Demsctz 和 Lehm（1985）、Shleifer 和 Vishmy（1986）以及 Morck 等（1988）的研究表明，即使在美国大公司，也存在相当程度的股权集中。Holderness 和 Sheehan（1988）对 1984 年美国 650 家上市公司股权结构所作的研究表明，有 114 家公司存在持股比例超过 51% 的大股东。对其他国家公司股权结构的研究发现了更为广泛的集中现象，这包括 Edwards 和 Fischer（1994）、Fwnnks 和 Mayer（1994）、Gorton 和 Sehmid（1996）对德国公司的研究，Prowse（1992）、Berglof 和 Perotti（1994）对日本公司的研究，Banea（1995）对意大利公司的研究，"欧洲公司治理网"对 7 个 OECD

国家的研究以及 Porta 等人（1999）对 27 个富有国家公司所有权
结构的研究。Porta 等人（1998）和 Claessen 等（2000）发现，
发展中国家的公司具有更高的股权集中度。

综上所述，西方关于公司股权结构与公司绩效的研究基本上
是按照这样的思路进行的：股权分散导致两权分离，使得股东对
经营者的监控动力和能力均随之下降，因此股东要承担经营者可
能的"败德行为"和"逆向选择"所带来的风险。相对应的就
有理由认为增加内部人持股比例或者增加大股东持股比例（或股
权集中度）会引致公司价值的增加。

7.4.1.3　关于中国上市公司股权结构与公司绩效的研究

许小年和王燕（1999）对 1993—1995 年 300 多家上市公司
的分析表明，法人股比例与公司绩效正相关，而且前 5 大股东和
前 10 大股东持股比例也与公司绩效（市值与账面值的比值、权
益报酬率和总资产报酬率）正相关，但国家股比例与公司绩效负
相关。孙永祥、黄祖辉（1999）则通过对股权结构影响公司治理
机制，进而影响公司绩效的分析，认为有一定集中度、有相对控
股股东并且有其他大股东存在的股权结构，总体上最有利于公司
治理机制的发挥，因而该种股权结构的公司绩效也趋于最大。从
他们的研究看，并没有十分显著的实证结果表明股权集中度（以
及第一大股东持股比例）与公司绩效之间存在相关关系，他们的
结论在更大程度上是理论分析的结果。另外，以托宾 Q 值作为衡
量中国目前上市公司的绩效指标是否合适仍值得商榷，因为中国
股票市场价格能否真正或者在多大程度上体现公司的绩效是值得
商榷的。徐二明和王智慧（2000）在对我国 1998 年的 105 家上
市公司进行分析后认为，大股东的存在有利于公司相对价值和价
值创造能力的提高，股权的集中与公司的价值成长能力也具有显
著的正相关关系。但是这些结论是在描述性统计基础上得到的结

论，而其回归分析的结果并没有反映出这些相关关系。张红军（2000）对我国1998年的385家上市公司的实证分析认为，前5大股东与公司价值有显著的正相关关系，而且法人股的存在也有利于公司价值的增加。但是他也指出由于大股东基本上是国家和法人实体，所以研究结果应解释为国家股东和法人股东持有的股权集中度与公司绩效的关系，并不能代表一般意义上的股权集中度与公司绩效的关系。

7.4.2 样本来源和模型概述

我们运用1999—2001年上市公司的集合数据（时间序列与横截面数据的集合），第一步先分析公司控制权变更与所有权集中程度的关系（先不分所有制构成）。这里，目的是为了调查小股东的"搭便车"问题以及大股东的作用。第二步检验国有股、法人股与个人股所占比重及其对公司控制权变更的影响。第三步再来考察所有制构成与集中程度的综合影响，进一步探讨国家和法人作为所有者（股东）的行为。职工持股和外国投资者不是本书的研究重点。

表7.7列出了1999—2001年间本章控制权并购研究样本的描述性统计。我们以1993年底前上市的公司为研究基准，以《中国证券报》、《上海证券报》上各年资产重组中兼并与收购栏数据为研究对象。研究样本来自在上海和深圳证券交易所上市的公司，为了尽可能避免信息披露不真实，以及经济意义上已经破产的企业对结果的影响，研究在样本的选择上采取了一些筛选方法，将这些不合适的样本剔除。剔除的条件包括：①基准样本公司上市时间选择为1993年12月31日之前；②剔除1997年至2000年间曾经因信息披露等原因被中国证监会处罚过的公司；③为避免A股、B股以及境外上市股之间的差异，样本主要考虑那些只发行A股的公司。但为对比需要，我们在分析中也列出了

表 7.7　上海证券交易所和深圳证券交易所上市的控制权

变更公司所有权结构

	年　度	样本数（个）	国有股（%）	法人股（%）	发起人股（%）	社会公众股（%）	B 股（%）
上海证券交易所	1999	16	17.0	16.8	4.9	40.4	11.0
			(22.4)	(21.9)	(9.1)	(30.0)	(16.6)
	2000	45	30.7	18.5	1.9	37.2	7.1
			(23.7)	(19.6)	(6.7)	(23.1)	(13.8)
	2001	64	25.8	13.5	10.5	44.1	4.9
			(27.0)	(17.4)	(18.5)	(41.1)	(11.7)
深圳证券交易所	1999	8	26.81	10.96	11.02	52.56	0.00
			(14.94)	(12.77)	(17.71)	(16.68)	(0.00)
	2000	27	13.60	22.66	5.98	41.29	5.39
			(19.57)	(20.93)	(27.31)	(14.62)	(10.94)
	2001	22	27.4	17.7	11.5	43.4	4.6
			(25.7)	(18.5)	(19.8)	(18.0)	(10.6)

注：表中括号内数据为所有样本公司各种股份所占比例的标准差。数据根据上市公司各年年报整理计算。

B 股结果。需要指出的是，在统计分析时应尽可能避免对数据选择的歧视性，但国内有一些研究并没有对此予以足够的重视。剔除数据不完整和数据异常的上市公司，所得样本公司数为 182 个。一般地，中国的上市公司属于混合所有制，有三大类股东：国家、法人、个人，投资者各拥有约 30% 的股份（1995 年底）。许多股份公司并不对职工发股，也没有发 B 股。如有的话也仅占总股份的 10% 左右。因此这两类股份不是本书研究的重点。从 1999 年到 2001 年，国有股所占比重是先上升后下降，这与我国整个证券市场国有股减持的大趋势不一致，我们认为这可能是样本公司选择标准不同造成的。社会法人股也表现出同样趋势，但是募集法人股和社会法人股相加则与整个证券市场的宏观发展相一致。社会公众股在 2000 年占的比重有所下降，我们考虑这是以 1993 年前上市的公司来衡量，2000 年兼并与收购项目中符合条件的样本公司较少所致。请注意，所有的股份构成的标准差都很高，说明公司间所有权构成有很大差别。

表 7.8 是 1999—2001 年上市公司股权集中度和公司绩效的描述性统计，可以看到，中国上市公司的股权结构和集中度差异很大。表示整个样本上市公司股权集中程度的赫芬戴尔指数的标准差极大，表示控制权变更样本公司的股权集中情况相差很大。前十大股东和前五大股东持股情况的最大值、最小值、均值和标准差上相差不大，表明样本公司股权表现出最大持股股东集中的趋势。我国上市公司大股东股权集中的情况分布比较明显。这与前期学者研究和我国证券市场制度设计及其上市公司发展历史是一致的。前十大股东具体持股情况见表 7.9，从各年上海证券交易所和深圳证券交易所第一大股东持股情况来看，所选样本公司在两个证券交易所第一大股东均值比较相近，各年之间变化不大，从总体情况来看，均值比较均匀，但是标准差比较大，表明各年各样本上市公司的第一大股东持股情况差异比较明显。

表 7.8　控制权变更公司股权集中度与绩效指标描述性统计

	样本数	最小值	最大值	均　值	标准差
EDI	99	3.73	83.75	37.3259	17.4355
HERF	99	30.20	7015.06	1802.7333	1506.0413
A5	99	10.78	88.65	51.4588	16.2277
A10	99	12.48	89.13	54.4917	15.8845
ROE	99	−165.21	28.32	4.2093	19.7174
NRET	98	−16088.06	1452.06	−338.3709	2295.7865
EPS	99	−0.94	1.18	0.1705	0.2860
PE	99	−129.90	2842.49	151.1016	361.8432
MTB	99	1.99	101.05	7.5178	10.1883
Valid N(listwise)	98				

表 7.9　1999—2001 年样本公司前 10 大股东持股比例
占总股份比重年均值

单位：%

年份	项目	1	2	3	4	5	6	7	8	9	10
上海证券交易所 1999 (16)	均　值	31.96	9.74	5.38	2.76	1.79	1.23	0.96	0.75	0.65	0.56
	标准差	16.09	7.23	5.13	2.35	1.47	1.15	0.76	0.62	0.52	0.44
2000 (35)	均　值	39.18	7.59	2.93	1.40	1.10	0.95	0.69	0.55	0.54	0.47
	标准差	16.86	8.22	3.52	1.37	1.17	1.04	0.67	0.48	0.52	0.42
2001 (48)	均　值	37.85	7.58	2.96	1.56	1.04	0.80	0.60	0.50	0.41	0.34
	标准差	18.41	7.91	3.22	1.77	1.28	1.12	0.66	0.54	0.41	0.32
总计 (99)	均　值	36.28	7.84	3.45	1.81	1.23	0.92	0.66	0.55	0.46	0.39
	标准差	22.04	7.29	3.55	1.84	1.28	1.05	0.66	0.52	0.42	0.35
深圳证券交易所 1999 (8)	均　值	27.43	9.22	4.86	2.12	1.49	1.23	0.98	0.77	0.68	0.62
	标准差	3.28	6.71	3.95	1.07	0.92	0.83	0.67	0.47	0.39	0.37
2000 (20)	均　值	27.44	11.55	5.75	3.20	1.85	1.57	1.06	0.81	0.70	0.55
	标准差	9.88	7.68	3.81	2.33	1.17		0.61	0.54	0.42	
2001 (18)	均　值	37.11	9.48	3.11	1.82	1.10	0.80	0.65	0.55	0.52	0.42
	标准差	16.80	8.81	2.22	1.83	0.77	0.65	0.49	0.48	0.44	
总计 (46)	均　值	31.22	10.34	4.56	2.47	1.49	1.21	0.89	0.70	0.63	0.51
	标准差	13.13	7.90	3.45	2.04	1.02	0.96	0.76	0.55	0.49	0.42

注：表中括号内数据为该年所有样本公司数。表格内数据根据上市公司历年年报整理计算。

表 7.10 列出各样本公司 1999—2001 年各部门的所有制构成，包括制造业、零售业、公共事业、房地产和综合性大型企业（Conglomerates）。在控制权变更的研究样本公司中，在上交所，国家拥有房地产业和公共事业的相当大的股权，而法人机构（包括社会法人股和募集法人股）在综合性企业中控股。可交易的 A

表 7.10　1999—2001 年发生控制权变更的各部门公司的所有权结构

行　业		样本数 （个）	国有股 （%）	法人股 （%）	发起人股 （%）	社会公 众股（%）	B 股 （%）
上海证券交易所	制造业	58	34.39 （24.60）	12.96 （12.23）	4.69 （11.95）	36.10 （26.29）	8.38 （14.72）
	零售业	13	21.58 （19.34）	20.12 （20.20）	10.95 （20.28）	38.34 （14.43）	3.67 （13.22）
	公共事业	4	40.88 （13.32）	18.42 （0.69）	0.00 （0.00）	23.90 （21.76）	0.00 （0.00）
	房地产业	12	40.66 （24.91）	2.88 （2.13）	11.50 （22.29）	42.54 （24.07）	9.06 （13.39）
	综　合	38	9.60 （20.82）	22.78 （26.48）	7.84 （14.21）	51.15 （48.65）	4.12 （10.76）
	总　体	125	26.33 （25.46）	15.90 （18.84）	6.80 （14.75）	41.13 （34.06）	6.39 （13.16）
深圳证券交易所	制造业	35	23.49 （22.57）	18.15 （18.58）	5.38 （13.89）	45.94 （17.14）	3.73 （9.93）
	零售业	4	15.05 （18.73）	27.76 （19.38）	0.00 （0.00）	37.41 （16.18）	14.30 （16.51）
	公共事业	4	45.15 （8.66）	1.14 （1.09）	11.06 （11.70）	23.90 （15.70）	5.00 （12.51）
	房地产业	7	11.19 （21.82）	35.42 （22.52）	20.18 （53.40）	47.40 （14.06）	4.93 （8.50）
	综　合	7	7.14 （18.88）	12.98 （12.78）	16.85 （25.83）	41.99 （11.76）	0.00 （0.00）
	总　体	57	20.78 （22.36）	19.10 （19.21）	8.82 （23.25）	43.70 （16.43）	4.34 （10.03）

注：表中括号内数据为所有各部门样本公司各种股份所占股份比例的标准差。本表数据根据各年上市公司年报整理计算。

股股东只在房地产和综合类样本企业中占较大份额（分别为42.54%和51.25%）。在深交所样本公司中，国家也只在公共事业行业部门占控股统治地位。法人股（包括募集法人股和社会法人股）在房地产业占绝对控股地位。可交易 A 股股东在制造业、房地产业和综合企业中均占重要地位。在两个证券交易所中，样本公司 B 股比重都不大。另外，国有股和社会公众股标准差比较大，表明这两类持股主体持股比重相差较大。

表 7.11 为研究目的而选择变量的考虑因素、定义、取值和预期符号。

表 7.11　变量选择列表

考 虑 因 素	自变量定义	自变量取值	预期符号
公司治理（CG） （决定收购难易）	董事长是否兼任总经理 第一大股东是否为国有 股权分散程度	是，$CM=1$；否，$CM=0$ 是，$SDI=1$；否，$SDI=0$ EDI 取第一大股东持股比例	－ － －
资产运营状况（CZ）	净资产收益率 净利润增长率 每股收益	ROE $NRET$ EPS	
价值低估程度（DV） （或炒作获利难易）	市盈率 市值/账面净资产	PE（取上一年最后一个交易日） MTB（取上一年最后一个交易日）	 －
企业规模（TA）	总股本 销售收入	$SIZE$：总股本数/上市公司均值 $SALE$：总销售收入/上市公司均值	 －
所有权集中度（CR）	赫芬戴尔指数 前五大股东股权比重和 前十大股东股权比重和	$HERF$ $A5$ $A10$	＋ ＋ ＋

考虑因素	自变量定义	自变量取值	预期符号
股权结构（GS）	国有股 法人股 境内发起人股 社会公众股 流通股（境内普通股） 不可流通股	GYG:国有股/总股本 FRG:法人股/总股本 $FQRG$:相应持股比例 $SGZG$:相应持股比例 LTG:相应持股比例 $ULTG$:相应持股比例	− + + + + −
买壳成本（PEN）	并购次数是否大于 1 次 每股净资产	是,$TM=1$;否,$TM=0$ PJZ	− −
行业特性	所在行业是否为制造业	是,$DUM=1$;否,$DUM=0$	不确定
企业负担	资产负债率	DAR	−
业务复杂与整合难易	主业利润/利润总额	$MAIN$	+

表 7.12 是股权结构和股权集中度各指标之间的相关系数，可以看到在股权集中情况方面，表示股权集中情况的第一大股东、前五大股东、前十大股东持股比例和 HERF 指数各指标与国家股比例正相关，都与法人股显著负相关，可以发现第一大股东主要是国家。国家股比例与法人股比例、社会公众股比例和流通股比例显著负相关。而流通股比例和国家股比例、B 股比例和非流通股比例显著负相关外。B 股比例与流通股比例显著正相关，与非流通股比例显著负相关。

表 7.13 是股权集中指标与各绩效指标的相关系数。从表中可以看出，HERF 指数和企业规模、第一大股东持股比例和第一大股东是否为国有股显著正相关，前五大股东和前十大股东持股情况与表示股权分散程度的第一大股东持股比例显著正相关。在绩效指标中，第一大股东、前五大股东、前十大股东和 HERF 指数都与绩效正相关，但是都没有表现出显著性。

表 7.12　相关系数表（1）

		HERF	A5	A10	GYG	FRG	FQRG	SGZG	B	LTG	ULTG
HERF	皮尔逊相关系数	1.000	0.776**	0.718**	-0.009	-0.199*	-0.046	0.113	0.059	0.113	-0.147
	显著性(双尾)	—	0.000	0.000	0.930	0.048	0.651	0.267	0.559	0.267	0.146
	样本数	99	99	99	99	99	99	99	99	99	99
A5	皮尔逊相关系数	0.776**	1.000	0.983**	0.119	-0.226*	-0.033	0.096	-0.060	0.096	-0.090
	显著性(双尾)	0.000	—	0.000	0.241	0.025	0.748	0.344	0.558	0.344	0.377
	样本数	99	99	99	99	99	99	99	99	99	99
A10	皮尔逊相关系数	0.718**	0.983**	1.000	0.142	-0.213*	-0.056	0.077	-0.59	0.077	-0.072
	显著性(双尾)	0.000	0.000	—	0.161	0.034	0.582	0.447	0.563	0.447	0.480
	样本数	99	99	99	99	99	99	99	99	99	99
GYG	皮尔逊相关系数	-0.009	0.119	0.142	1.000	-0.372**	-0.421**	-0.365**	0.161	-0.365**	0.536**
	显著性(双尾)	0.930	0.241	0.161	—	0.000	0.000	0.000	0.112	0.000	0.000
	样本数	99	99	99	99	99	99	99	99	99	99
FRG	皮尔逊相关系数	-0.199*	-226*	-0.213*	-0.372**	1.000	-0.068	-0.137	-0.098	-0.137	0.256*
	显著性(双尾)	0.048	0.025	0.034	0.000	—	0.501	0.175	0.337	0.175	0.011
	样本数	99	99	99	99	99	99	99	99	99	99
FQRG	皮尔逊相关系数	-0.046	-0.033	-0.056	-0.421**	-0.068	1.000	0.064	-0.043	0.064	0.105
	显著性(双尾)	0.651	0.748	0.582	0.000	0.501	—	0.532	0.675	0.532	0.300
	样本数	99	99	99	99	99	99	99	99	99	99

续表 7.12

		HERF	A5	A10	GYG	FRG	FQRG	SGZG	B	LTG	ULTG
SGZG	皮尔逊相关系数	0.113	0.096	0.077	-0.365**	-0.137	0.064	1.000	-0.266**	1.000**	-0.535**
	显著性(双尾)	0.267	0.344	0.447	0.000	0.175	0.532	—	0.008	0.000	0.000
	样本数	99	99	99	99	99	99	99	99	99	99
B	皮尔逊相关系数	0.059	-0.060	-0.059	0.161	-0.098	-0.043	-0.266**	1.000	-0.266**	0.525**
	显著性(双尾)	0.559	0.558	0.563	0.112	0.337	0.675	0.008	—	0.008	0.000
	样本数	99	99	99	99	99	99	99	99	99	99
LTG	皮尔逊相关系数	0.113	0.096	0.077	-0.365**	-0.137	0.064	1.000**	-0.266**	1.000	-0.535**
	显著性(双尾)	0.267	0.344	0.447	0.000	0.175	0.532	0.000	0.008	—	0.000
	样本数	99	99	99	99	99	99	99	99	99	99
ULTG	皮尔逊相关系数	-0.147	-0.090	-0.072	0.536**	0.256*	0.105	-0.535**	0.525**	-0.535**	1.000
	显著性(双尾)	0.146	0.377	0.480	0.000	0.011	0.300	0.000	0.000	0.000	—
	样本数	99	99	99	99	99	99	99	99	99	99

注：** 表示相关系数在0.01水平上显著(双尾)；* 表示相关系数在0.05水平上显著(双尾)。

表 7.13 相关系数表（2）

		HERF	A5	A10	CM	SDI	EDI	PE	MTB	SIZE
HERF	皮尔逊相关系数	1.000	0.776**	0.718**	0.004	0.214*	0.962**	0.039	0.043	0.234*
	显著性(双尾)	—	0.000	0.000	0.967	0.033	0.000	0.700	0.675	0.020
	样本数	99	99	99	99	99	99	99	99	99
A5	皮尔逊相关系数	0.776**	1.000	0.983**	0.147	0.064	0.748**	0.066	0.067	0.197
	显著性(双尾)	0.000	—	0.000	0.145	0.527	0.000	0.518	0.513	0.050
	样本数	99	99	99	99	99	99	99	99	99
A10	皮尔逊相关系数	0.718**	0.983**	1.000	0.179	0.015	0.682**	0.109	0.091	0.163
	显著性(双尾)	0.000	0.000	—	0.076	0.884	0.000	0.283	0.372	0.107
	样本数	99	99	99	99	99	99	99	99	99
CM	皮尔逊相关系数	0.004	0.147	0.179	1.000	-0.092	-0.010	-0.144	-0.080	0.055
	显著性(双尾)	0.967	0.145	0.076	—	0.364	0.921	0.155	0.429	0.588
	样本数	99	99	99	99	99	99	99	99	99
SDI	皮尔逊相关系数	0.214*	0.064	0.015	-0.092	1.000	0.291**	-0.019	-0.024	0.342**
	显著性(双尾)	0.033	0.527	0.884	0.364	—	0.003	0.850	0.810	0.001
	样本数	99	99	99	99	99	99	99	99	99

续表 7.13

		HERF	A5	A10	CM	SDI	EDI	PE	MTB	SIZE
EDI	皮尔逊相关系数	0.962**	0.748**	0.682**	-0.010	0.291**	1.000	0.028	0.050	0.270**
	显著性(双尾)	0.000	0.000	0.000	0.921	0.003	—	0.784	0.626	0.007
	样本数	99	99	99	99	99	99	99	99	99
PE	皮尔逊相关系数	0.039	0.066	0.109	-0.144	-0.019	0.028	1.000	-0.008	-0.044
	显著性(双尾)	0.700	0.518	0.283	0.155	0.850	0.784	—	0.940	0.663
	样本数	99	99	99	99	99	99	99	99	99
MTB	皮尔逊相关系数	0.043	0.067	0.091	-0.080	-0.024	0.050	-0.008	1.000	-0.215*
	显著性(双尾)	0.675	0.513	0.372	0.429	0.810	0.626	0.940	—	0.033
	样本数	99	99	99	99	99	99	99	99	99
SIZE	皮尔逊相关系数	0.234*	0.197	0.163	0.055	0.342**	0.270**	-0.044	-0.215*	1.000
	显著性(双尾)	0.020	0.050	0.107	0.588	0.001	0.007	0.663	0.033	—
	样本数	99	99	99	99	99	99	99	99	99

注：** 表示相关系数在 0.01 水平上显著（双尾）；* 表示相关系数在 0.05 水平上显著（双尾）。

7.4.2.1　所有权集中程度与样本公司的控制权变更情况

表 7.9 给出了样本上市公司前 10 大股东持股所占总股份的比重。如果所有权集中程度不重要，则 *KCH* 与 *CR* 之间无任何相关关系。

假设一（所有权集中程度无关假设）：在任何回归方程中，*CR* 的系数为零。

我们用 1999—2001 年上市公司的样本来检验公式（7.1）：

$$\text{Logit}(KCH_{it}) = \alpha_t + \sum_{i=1}^{s} \phi_{1t}DUM_{it} + \phi_{2t}TA_{it} + \phi_{3t}DAR_{it} + \phi_{4t}CZ_{it} +$$
$$\phi_{5t}PEN_{it} + \phi_{6t}MAIN_{it} + \phi_{7t}DV_{it} + \phi_{8t}CR_{it} + e_{it} \qquad (7.1)$$

其中 i 指样本，t 指时间（年）。*KCH* 为因变量，它是并购公司控制权变更类型的虚拟变量（0，1），Logit（KCH_{it}）＝ Ln $\dfrac{P\,(KCH_{it}=1)}{1-P\,(KCH_{it}=1)}$，其中样本并购公司发生控制权变更则 *KCH* ＝ 1；否则为 0。解释变量：*DUM* 为公司所在行业的虚拟变量（0，1）；*TA* 为样本企业规模；*DAR* 为公司负债占资产的比率（负债率或杠杆率，leverage）；*CZ* 为资产运营状况；*PEN* 为买壳成本，使用每股净资产衡量；*MAIN* 为控制权变更公司并购整合和业务复杂程度，使用主业利润和总利润比值表示；*DV* 为并购公司价值被低估程度，衡量控制权变更的获利难易程度；*CR* 为所有权集中程度；α_t 为截距，ϕ_{1t}、ϕ_{2t}、ϕ_{3t}、ϕ_{4t} 为相应解释变量的系数；e 代表误差项，它的协方差矩阵 Cov（e_j，e_k）为 0，其中 $j \neq k$，且方差 Var（e_j）$\neq$ Var（e_k）。由于 e_j 的方差因公司的不同而变化，本书中所报告的统计数字都是异方差有效一致的（Heteroskedasticity-Consistent）。具体变量定义见表 7.11。方程（7.1）回归的结果在表 7.14 中给出。

表 7.14 方程（7.1）结果输出

	B	标准差	Wald 统计量	自由度	显著性	e^B
截 距	−1.382	2.066	0.447	1	0.504	
CM	0.573	0.537	1.142	1	0.285	1.774
SDI	0.532	0.490	1.177	1	0.278	1.702
EDI	9.046E−02	0.059	2.372	1	0.023	1.095
ROE	−5.660E−02	0.077	0.537	1	0.464	0.945
EPS	3.346	3.174	1.112	1	0.292	28.389
PE	−1.097E−03	0.004	0.086	1	0.770	0.999
MTB	8.653E−02	0.077	1.260	1	0.262	1.090
SIZE	−0.154	0.285	0.291	1	0.590	0.858
SALE	0.335	0.240	1.956	1	0.062	1.398
HERF	−7.001E−04	0.001	0.829	1	0.036	0.999
A5	−0.194	0.107	3.274	1	0.070	0.824
A10	0.189	0.100	3.554	1	0.059	1.208
DUM	0.465	0.489	0.907	1	0.341	1.592
TM	0.539	0.512	1.108	1	0.293	1.714
PJZ	−0.124	0.327	0.142	1	0.706	0.884
DAR	−5.091E−02	0.022	5.586	1	0.018	0.950
MAIN	−3.904E−05	0.088	0.000	1	1.000	1.000

Nagelkerke R^2:0.195　　样本数:138　　X^2:130.025　　显著性水平:0.070

回归结果的拟合优度为 0.195，考虑到该拟合优度最大值为
1/3，且一般情况下比较小，并且卡方的显著性水平为 0.070，我
们有理由相信该方程较好地拟合了模型。由于 A5、A10 和赫芬戴
尔指数在 Logistic 回归方程中显著地不等于零（见表 7.12），其
中 HERF 为指数和前五大股东持股比例系数为负，前十大股东持
股比例系数为正，假设一被否定了，说明股权集中对我国上市公
司控制权变更起到了相反作用，因为在我国上市公司股权结构
中，股权绝大部分集中在国有股或者国有法人股，国家对股权的

稀释是严格控制的。股权集中程度与公司控制权变更（*KCH*）有显著的正相关关系，但它与前五大股东持股比例存在负相关关系。中国上市公司的前四名股东大部分为国家和法人股东，个人股东仅占极少一部分，这里 *A*10、*HERF* 衡量的仅仅是国家和法人股股权集中对 *MBR* 的影响，而不是一般情况下股权集中的影响。

7.4.2.2 所有权构成与公司控制权变更

我们现在来探讨所有权构成对公司控制权变更的影响。如果股权构成不重要，那么各种股东所占股份的比例在公司控制权变更回归方程中的系数就可能为零。我们先检验一下股权构成本身对公司业绩有无影响，然后再考虑把股权构成与集中程度都放进等式之后的综合影响。

假设二（股权构成无关假设）：在公司控制权变更 *KCH* 的任何回归方程中，股权构成 *GS* 的系数为零。

我们用公式（7.2）来检验假设二：

$$\text{Logit}(KCH_{it}) = \alpha_i + \sum_{i=1}^{s} \phi_{1t}DUM_{it} + \phi_{2t}TA_{it} + \phi_{3t}DAR_{it} + \phi_{4t}CZ_{it} +$$
$$\phi_{5t}PEN_{it} + \phi_{6t}MAIN_{it} + \phi_{7t}DV_{it} + \phi_{8t}GS_{it} + e_{it} \quad (7.2)$$

（7.2）式中变量定义与表 7.11 和前面模型相同。前 8 个变量都与（7.1）式相同；*GS* 代表各类股东持股占总股份的比重。

我们用 1999 年、2000 年、2001 年上交所和深交所符合要求的样本公司的集合数据（Panel Data）来检验。表 7.15 列出了上交所和深交所合计的 Logistic 回归方程结果。这是有关所有权结构和公司治理中的常用的方法。我们没有用"固定效用（Fixed Effect）"或"随机效用（Random Effect）"模型，是由于我们的时间序列较短，且有些变量如第一大股东持股比例和法人股持股比例等股权结构变量随时间变化不大。

表 7.15 显示，整个模型回归结果的拟合优度为 0.212，卡方

表7.15 方程（7.2）结果输出

	B	标准差	Wald 统计量	自由度	显著性	e^B
截 距	1.1045	1.7921	0.3799	1	0.5377	
CM	0.0809	0.5391	0.0225	1	0.8808	1.0842
ROE	−0.0168	0.0205	0.6785	1	0.4101	0.9833
EPS	−0.6184	1.3111	0.2224	1	0.6372	0.5388
PE	0.0007	0.0010	0.5529	1	0.4571	1.0007
NRET	0.0002	0.0001	1.2473	1	0.2641	1.0002
MTB	−0.0028	0.0347	0.0064	1	0.9361	0.9972
SIZE	−0.1646	0.3122	0.2780	1	0.5980	0.8482
SALE	0.1325	0.1961	0.4566	1	0.4992	1.1417
DUM	−0.5234	0.5043	1.0772	1	0.2993	0.5925
TM	−0.4312	0.5242	0.6767	1	0.4107	0.6497
PJZ	−0.1629	0.2881	0.3196	1	0.5719	0.8497
DAR	0.0075	0.0198	0.1446	1	0.7038	1.0075
MAIN	−0.0459	0.0367	1.5692	1	0.2103	0.9551
GYG	21.1528	9.2846	5.1904	1	0.0227	1.536E + 09
FRG	21.1656	9.2856	5.1956	1	0.0226	1.556E + 09
FQRG	21.1479	9.2866	5.1859	1	0.0228	1.529E + 09
SGZG	10.6895	12.1568	0.7732	1	0.0792	43894.557
B	21.1237	9.2849	5.1759	1	0.0229	1.492E + 09
LTG	10.6882	12.1555	0.7731	1	0.0792	43884.328
ULTG	−21.1621	9.2857	5.1939	1	0.0227	0.0000

Nagelkerke R^2:0.212　　样本数:138　　X^2:118.870　　显著性水平:0.065

的显著性水平为 0.065，说明方程拟合程度较好，同时说明这些
回归方程有足够的能力来解释控制权的变化。由于表 7.15 显示
回归方程中的 5 个所有权构成变量的关系显著地不为 0，假设二
被否定了。其中非流通股比例与控制权变更变量负相关，这可能
是因为我国控制权变更较少采用二级市场股份购买有关，占绝大

比重的国有股和国有法人股对控制权变更起到了阻碍作用。国有股、法人股和社会公众股比例系数为正，但是社会公众股的系数比国有股和法人股系数为小，说明在控制权变更可能性中，国有股和法人股的协议转让占了相当重要地位，而二级市场的发盘收购所起作用比较小。这也间接说明我国的控制权变更市场主要是一个政府主导的市场，是政策市，还远不是市场起主导作用的自由市。在所有的回归方程中都含有 5 个行业的虚拟变量作为控制变量，它们的系数都是负的，但是并不十分显著。其他控制变量还有企业规模（*SIZE*）和负债资产率（*DAR*），其中与资产负债率的系数为正，而企业规模的系数为负，说明控制权变更与企业规模负相关，与资产负债率正相关。

7.4.3 股权集中度的国际比较

股权集中度和投资者保护密切相关。企业家在集中与分散股权的选择中，主要是权衡控制公司的私有利益的大小。投资者保护越好，较高公司股权集中度的利益就越小，股权就越分散（Bebchuk，1999）。

已有实证研究表明，一个国家或地区对中小投资者利益保护得越好，则该国家或地区上市公司的股权就越分散。在这些国家和地区，中小投资者愿意为股票付出高价，因为即使他们不能直接影响公司决策，他们的投资也是受到法律良好保护，不会被大股东侵害。当中小股东越愿意投资，控股股东股票融资的意愿也就越强，他们愿意减持股份，实现股权多元化。而且控股股东也不必担心，在失去公司控制权后，自己会被其他股东"掠夺"，因而更愿意减持股票（Porta et al.，1998）。

表 7.16 列出了不同法系国家上市公司的股权结构。从表 7.16 可以看出，由于普通法系相对于大陆法系对投资者有较好的保护，普通法系国家企业股权集中度要低于大陆法系国家。

表 7.16 不同法系国家上市公司所有权结构

普通法系		大 陆 法 系	
英 国	斯堪的那维亚	德 国	法 国
控制类型:20 家最大非金融性公司中股权分散比例			
单个国家	美 国 80% 英 国 100% 加拿大 60%	瑞 典 25% 丹 麦 40% 挪 威 25% 芬 兰 35%	德 国 50% 瑞 士 60% 日 本 90% 韩 国 55%	法 国 60% 意大利 20% 墨西哥 0% 阿根廷 0%
集中度:前三大股东股权持有比例			
小组平均	42%	33%	33%	55%
单个国家	美 国 12% 英 国 15% 加拿大 24% 新加坡 53%	瑞 典 28% 丹 麦 40% 挪 威 31% 芬 兰 34%	德 国 50% 瑞 士 48% 日 本 13% 韩 国 20%	法 国 24% 意大利 60% 墨西哥 67% 阿根廷 55%
20 家最大非金融性公司中由家族、国家或其他企业控股的比例			
单个国家	美 国 20% 英 国 0% 加拿大 40% 新加坡 80%	瑞 典 55% 丹 麦 50% 挪 威 60% 芬 兰 50%	德 国 35% 瑞 士 30% 日 本 10% 韩 国 40%	法 国 35% 意大利 65% 墨西哥 100% 阿根廷 95%
20 家最大非金融性公司中由金融企业控股的比例			
单个国家	美 国 0% 英 国 0% 加拿大 0% 新加坡 5%	瑞 典 20% 丹 麦 10% 挪 威 15% 芬 兰 15%	德 国 15% 瑞 士 10% 日 本 0% 韩 国 5%	法 国 5% 意大利 15% 墨西哥 0% 阿根廷 5%

资料来源:根据 LLSV(1999)、LLSV(1997)等整理。

7.4.4 股东行为与控制权变更效率

国家和法人机构都靠控制董事会席位来影响公司决策并保护自己的利益。政府的利益是由财政部或国有资产管理局在当地的官员来代理的。国有资产管理局的重要任务是使"国有资产保值和增值"。这种制度安排会造成一系列代理人问题（Principal

Agent Problems）：①国有资产管理局在当地的官员不一定有足够的激励机制来使国有资产保值增值。他们的收入并不与他们所监管的公司控制权变更挂钩。同时，这些当地官员是由地方政府任命的，而地方政府的利益与优先事项并不一定与中央政府完全一致。②国有资产管理局的官员很难确定公司经理决策中的哪些决策有利于国有资产的增值，哪些不利于。③"使国有资产增值"的目标也许会造成与其他股东的利益相冲突。政府"既当运动员又当裁判员"，本身就存在利益冲突问题。

中国个人投资者大多数为小股东，他们的利益并没有得到有效保护。个人股东处于不利的地位，是由于中国缺乏那种允许小股东把自己的意见集中起来的"由代表人投票的过程"（Proxy Voting Procedure）。考虑到国家股和法人股东往往占一个公司总股份的30%，个人股东即使是在10大股东之中，也只占总股份的极小的一部分。几乎没有个人股东能在董事会或监事会中占一席之地。仅有的几个例外是在民营企业或港澳合资企业中，企业的创始人或主要投资人能在董事会中占到席位。这说明在股份极其分散的情况下，会出现"搭便车"的典型问题。小投资者既无监控企业经理的动机，也没有监控的能力。国有股和法人大股东的存在也进一步加剧了小股东不从事监控、无所作为的心态。

"搭便车"的问题可以从一些事例中反映出来。中国两大股票交易所的股票换手率极高，约达200%左右，而美国只有67%。因为可交易的A股只占总股份的20%—30%，实际的换手率可能达到700%—1000%！换句话说，中国股票持有的平均期限只有1—2个月，而在美国是18个月。显然，中国持股人寻求的是短期买卖价差利润，而不是着眼于公司的股息收入或长期增长。小股东的投资周期这么短，更说明他们没有监控企业经理行为的激励。另外，在公司年度股东大会上，小股东的参会率也极低。据证监委估计，一般上市公司的股东人数约有 3000 人到 100000 人，而真正参加股东大会的只有 100 个股东左右。国家和法人股东总会派人参加股东大会，其费用由单位报销。而个人股东要参加，只能自己承担一切费用。由于股东参会人数太少，往往低于股东大会所要求达到的与会人数，在这种情况下，董事会不得不召集紧急股东会议。

相比之下，法人股东不仅有动机，而且有足够的能力来监督和控制企业管理人员，法人机构的代理人往往能被选入董事会或在监事会中占一席位。他们既有任命、选择公司经理和控制股息分配的投票权，又掌握着公司经营情况的内部信息，且还有权让经理们前来汇报情况。董事会还有权宣布召开紧急股东大会，而个人股东只有集中了占公司 10% 以上股权的股东们的意见后才能召集股东大会。

7.4.4.1 法人股东的作用解析

本研究也取上一年最后一个交易日的市盈率与法人股持股的比重和它的二次项进行方程回归，同时也对法人股的三次项进行曲线拟合。曲线拟合显示方程结果比较显著，但是曲线的二次方程比三次方程的拟合优度要低一些，所有我们认为法人股持股比例和上一年最后一个交易日的市盈率显著地表现出三次方关系。说明在一定范围内，随着法人股持股比例的增加，市盈率显著快增长。

$$PE = 81.7147 + 12.1464FRG - 0.2053FRG^2$$
$$(R^2 = 0.051 \quad F = 2.56 \quad Sig = 0.082)$$
$$PE = 40.9549 + 29.0084FRG - 0.9692FRG^2 + 0.0079FRG^3$$
$$(R^2 = 0.080 \quad F = 2.74 \quad Sig = 0.047)$$

当法人机构在一个公司只持少量股份时，他们试图影响企业决策或与经理合作来增加自己的利益（急功近利），很可能会在长期内损害公司的利益。当他们在公司的持股增加到 30% 以上时，他们的目标就与外部股东的利益趋于一致，从长期看可以使公司的市值最大化。外部投资者投资时很看重法人行为，当某一公司法人股比重小时，外部人预期到利益的冲突，因而对该公司的估价偏低，这往往容易导致控制权变更；当外部人看到另一公司法人股占的比重高时，他们期望着利益的一致性，对该公司的估价就偏高。

麦康奈尔和瑟维斯假定并购（Takeover）是控制的重要机制。但在中国，法人机构依赖的控制手段不是并购。对中国的高管来说，被董事会解聘是最大的威胁，而不是外部经理人市场的压力。事实上，在中国并不存在一个真正意义上市场化的并购市场，尽管国有股和法人股是可转让的，但两方必须通过繁杂的申请手续，由证监委、国有资产管理局和地方政府批准（许小年、王燕，2000）。国有股的协议转让一般必须得到证交所的豁免全面收购义务，否则收购成本难以承受。而法人股则一般采取协议标购的形式，避免给市场带来不必要的波动和正确引导投资者。

法人股东通过直接控制来保证公司经理为股东的利益服务。法人股东一般都在董事会占有席位，拥有撤换总经理及其班子的权力。法人股东不需要 50% 的股东都同意即可撤换经理。如果参加股东大会的 200 人拥有约 60% 的股份，董事会只需要这 60% 中的 2/3 的票数便可撤换经理班子，也就是总股份中的 40%。如果一个法人股东代表拥有 20% 的股份，他不难找到其他法人股东的支持而达到 40% 的支持票。因此，小股东的无所作为使法人股东实际的控制权比他们所控制的股权对应的控制权要更强。总之，中国的法人股东在控制经理和改善公司控制权变更方面发挥了重要的作用。他们依赖的是直接控制董事会的途径，而不是用并购威胁来迫使经理们为股东的利益服务。他们在上市公司中的地位可能要比德国和日本的银行的地位弱，但很可能比美国机构投资者的地位强（许小年、王燕，2000）。

7.4.4.2 国家股的低效问题

博伊科（Boyko）等人的文章说明国家常常追求政治目标（例如保证充分就业），而不是利润最大化（许小年、王燕，2000）。许多论文指出国家与其他股东目标的不一致是低效的根源。

根据《中国证券报》2001 年 4 月 4 日公布的《上市公司行业分类指引》以及深、沪两市上市公司的行业分布结果，我们对两地 1093 家上市公司国有股的行业分布状况进行了汇总整理，见表 7.17。

从表 7.17 中可以看出，深沪两地 1096 家上市公司中，含国有股的共 782 家，占全部上市公司数的 71%，这 782 家上市公司基本涉及国民经济的各行各业，《上市公司行业分类指引》中的 13 个门类都有含国有股的上市公司。这主要与我国股份有限公司上市推荐中的条块分割有关，政府各职能部门、地方政府为了获得或维持本部门、本地区的既得利益往往争相竞争上市额度，同时资本市场主管部门在审批上市名额时也存在平均主义倾向。从国有股的股权集中度分析，在含有国有股的上市公司中，国有股比重大于 50%（也即绝对控股）的有 369 家，占 47%，这些绝对控股的上市公司也较均匀地分布在各行业。

国有股的平均持股比例为 45.23%。与公司数量分布相对应，国有股市值和国有股净资产的分布也明显呈现上述特征。截至 2001 年 5 月 31 日，深沪两地上市公司国有股市值为 18700 亿元，国有股净资产总值为 3774 亿元，平均净资产倍率（市值/净资产）为 4.95。从含国有股的上市公司平均每股收益（表 7.17 中最后一列）分析，最高的是采掘业（B），为 0.43 元/股，这

表 7.17 上市公司国有股行业分布状况表

行　　业	行业代码	全部上市公司数	含国有股的上市公司数	国有股市值（亿元）	国有股大比例大于50%上市公司数	国有股市值（亿元）	含国有股的上市公司国有股平均持股比例(%)	国有股资产（亿元）	国有股净资产占行业比例（%）	平均每股收益（元）
农　业	A	29	23	348.43	11	260.01	42.53	65.43	1.73	0.12
采掘业	B	12	10	540.15	5	492.21	45.54	119.09	3.16	0.43
制造业	C	620	446	10272.81	234	7640.51	48.29	2178.65	57.53	0.19
其中:食品	C0	55	46	1029.58	25	747.33	48.74	190.22	5.04	0.24
纺织服装皮毛	C1	57	37	586.38	14	274.11	43.79	99.90	2.65	0.16
木材家具	C2	2	1	2.72	0	0.00	9.62	0.57	0.01	0.40
造纸印刷	C3	22	19	333.53	13	266.90	49.51	64.05	1.70	0.22
石油化学	C4	125	96	2234.26	52	1768.89	49.50	483.56	12.81	0.19
电　子	C5	23	13	305.87	3	85.43	36.11	49.92	1.32	0.18
金属非金属	C6	101	73	2357.29	49	2080.44	55.24	646.76	17.14	0.19
机械设备仪表	C7	168	114	2334.28	52	1589.07	45.77	465.79	12.34	0.14
医药生物制品	C8	51	36	854.76	20	671.49	48.08	145.48	3.85	0.24
电力煤气供应	D	41	33	1378.40	19	1227.15	49.68	287.10	7.61	0.28
建筑业	E	17	12	290.99	9	268.74	52.01	73.67	1.95	0.26

续表 7.17

行　　业	行业代码	全部上市公司数	含国有股的上市公司数	国有股市值（亿元）	国有股比例大于50%上市公司数	国有股市值（亿元）	含国有股的上市公司国有股平均持股比例(%)	国有股资产（亿元）	国有股净资产占行业比例(%)	平均每股收益（元）
交通运输仓储	F	43	34	1339.43	20	1140.05	50.45	324.19	8.59	0.25
信息技术业	G	63	39	1245.75	20	977.26	42.32	209.81	5.56	0.27
批发零售业	H	97	83	1003.47	20	425.29	37.39	180.37	4.78	0.12
金融保险业	I	6	3	79.85	1	19.74	21.91	11.85	0.31	0.27
房地产业	J	34	21	748.18	9	500.16	45.92	115.85	3.07	0.25
社会服务业	K	38	26	640.45	9	434.23	40.37	100.90	2.67	0.18
传播文化产业	L	10	7	167.91	3	147.96	34.58	23.59	0.62	0.31
综合类	M	83	45	643.90	9	362.00	29.78	83.68	2.22	0.121
合　计		1093	782	18699.73	369	13894.31	45.23	3774.19	—	—

资料来源：第 1、2 列数据根据《上市公司行业分类指引》、《深圳交易所上市公司行业分类结果》、《上海交易所上市公司行业分类结果》，2000 年 4 月 4 日《中国证券报》计算整理；第 3、4、5、6、7 列数据来自 2000 年 5 月 31 日《中国证券报》，市值根据 2000 年 5 月 31 日收盘价计算；第 8、9、10 列数据的计算结合了《2000 年上市公司年报》中每股净资产数据（参见《经济社会体制比较》，2002 年第 3 期）。

主要是由于 2000 年全球石油价格上涨引起的；其次是制造业中的木材、家具制造业（C2），平均每股收益为 0.40 元/股，不过由于上市公司数量太少，不具代表性。每股收益较低的是批发和零售贸易业（H），以及传播与文化产业（L），平均只有 0.12 元/股。其余行业盈利状况相差不明显。

值得一提的是，含国有股的上市公司主要集中在制造业，而在其他行业分布相对较少。表 7.15 显示，含国有股的制造业上市公司有 466 家，占全部含国有股上市公司数的 57%。制造业上市公司国有股市值为 10272 亿元，占国有股总市值的 55%，制造业国有股净资产为 2178 亿元，占全部国有股净资产的 58%。鉴于制造业国有股的特殊地位，我们对国有股在制造业内部的行业分布作了进一步的分析，发现占国有净资产前三位的次类是金属及非金属（C6）、石油加工及炼焦业（C4）以及机械设备（C7），分别为 646.76 亿元、483.56 亿元和 465.79 亿元；而木材、家具（C2）、电子（C5）等次类国有资产绝对额不高，仅有 0.57 亿元和 49.92 亿元。与净资产分布状况相对应，制造业内部国有股市值分布也呈上述特征。由表 7.17 我们还可了解到，制造业内部各行业每股收益有明显差异，每股收益最高的木材、家具业为 0.40 元；而最低的机械设备仪表业，114 家含国有股的上市公司平均每股收益仅为 0.14 元。从上面的国有股的行业分布状况可以看出，现阶段我国资本市场中国有资产的分布存在以下明显缺陷：①行业总体分布较为分散，国有资本在资本市场上的分布重点不突出。从各行业的平均持股比例可以很清楚地看出，国有股的总平均持股比例为 45.23%。持股比例最高的是制造业中的金属和非金属制造业，达 55.24%，最低的是木材、家具业，其次是金融保险业，这两个行业由于公司少而不具代表性，除这两个行业外，国有股比重较低的行业为综合类，为 29.78%。其余行业的国有股平均持股比例大都在 40%—50%。这充分说明国有股分布较为分散，没有将控制的重点放在关键行业和部门。②国有资本在一般制造业中的比重较大，而其中很多部门并非国民经济的主导产业，与产业结构高级化演进规律不符。由表 7.17 可知，国有股比重大于 50% 的上市公司有 369 家，占含国有股上市公司的 47%。其中食品行业（C0）25 家，纺织服装皮毛（C1）14 家，造纸印刷行业（C3）13 家，而这些行业附加值低、技术关联效应差，并非国民经济的重要行业和关键领域。③国有资本没有起到明显的"放大"作用，上市公司中国有股的平均持股比例偏高，存在严重的"过度控股"现象。根据国际惯例，在上市公司的股本结构相对分散的情况下，持有 20%—30% 的股份就能对企业具有有效的控制权。而我国资本市场中国有股平均持股比例为 45%，尤其是很多竞争性行业持股比例高于 50%，因此，国有股本没有起到"四两拨千斤"的作用。④国有股的上述分布状况，影响了国有资产的保值增值。目前，资本市场中很多国有资本陷于低利润或亏损严重的行业，不但影响了国有资本对经济调节作用的发挥，同时也导致了国有净资产的部分缩水。

$$EPS = 0.2235 - 0.0020 GYG$$
$$(R^2 = 0.032 \quad F = 3.22 \quad Sig = 0.076)$$
$$EPS = 0.2029 + 0.0128 GYG - 0.0005 GYG^2 + (4.6E - 06) GYG^3$$
$$(R^2 = 0.082 \quad F = 2.81 \quad Sig = 0.043)$$

国有股的低效可能是由于中央政府机构（国有资产管理局）与其他股东的利益冲突而引起（许小年、王燕，2000）。当一个公司需要发行新股来筹资时，国有资产管理局在董事会的代表往往持反对意见，因为发新股会使旧股的权益分散（稀释）。这种情况会使公司失去投资机会从而伤害它长期内增长的潜力。如果这种情况是存在的，为了验证，我们做 EPS 的曲线拟合，结果如上所示。从结果我们可以看出，作为绩效指标的 *EPS* 与国家股比例曲线在一次方程和三次方程上是显著的，但是三次方程比一次方程的拟合优度要高一些，这表明两者关系用三次曲线解释要有效一些。同时也表明，随着国有股的变动，每股收益的变化是快速变化的。

7.4.4.3 第一大股东持股绩效

为了反映样本上市公司中第一大股东持股比例与绩效之间的关系，我们对绩效指标与公司第一大股东持股比例进行了曲线拟合，方程结果如下。从结果来看，一次曲线、二次曲线和三次曲线都显著，但是从表示模型解释力的拟合优度看，三次曲线显然更好地解释了资产负债率和第一大股东之间的关系。这与国有股和法人股的拟合结果是一致的。

$$DAR = 44.5288 + 0.1799EDI$$
$$(R^2 = 0.041 \quad F = 4.10 \quad Sig = 0.046)$$
$$DAR = 58.3313 - 0.6096EDI + 0.0092EDI^2$$
$$(R^2 = 0.089 \quad F = 4.67 \quad Sig = 0.012)$$
$$DAR = 43.6463 + 0.7699EDI - 0.0266EDI^2 + 0.0003EDI^3$$
$$(R^2 = 0.107 \quad F = 3.81 \quad Sig = 0.013)$$

这一结果表明，在控制权变更样本公司中主要是投机性并购，股权投资采用的负债收购形式，注重的是短期收益和财务指标进行控制和操纵。同时这也说明，一些政府机构干预了上市公司的并购，因为我国上市公司的第一大股东都是国家，而且国家的持股比例越大，越容易对上市公司进行各种干预。这一结果与文献中的假说相吻合，即国家控股的公司往往依赖债务融资，因为国家不愿意看到它的股份被稀释。

7.4.5 结论

本章的实证研究在许小年、王燕（2000）的研究基础上说明了股权集中和股权结构对控制权变更的影响，同时也说明了法人机构股东在公司治理中的重要作用，国家作为股东的低效，以及过于分散的股权结构可能产生的问题。

（1）以培育市场为主的改革方式在一定程度上提高了国有企业的效率。然而仅靠培育产品、劳动和管理人员市场而不改造国有企业的所有制，是不能达到资源的合理配置目的。大中型国有企业内部控制机制的改造要通过国有股权的分散、引入其他大股东。包括机构投资者（Institutional Investor）来实现。国家逐步卖出它所持有的上市公司的股权是一种帕累托进步（Pareto Improvement），有利于资源合理配置和社会福利的提高（许小年、王燕，2000）。

（2）在许多回归等式中，个人股东所占比重的系数是显著的负数，表明市场对个人股东不看好。很明显，中国上市公司存在"搭便车"的难题。个人股东既无激励（动力）又无能力来监督和影响企业高层经理的行为。因此，所有权在一定程度的集中是必要的（许小年、王燕，2000）。实证分析结果显示，个人股东对公司控制权变更几乎没有任何显著影响，至少在中国的现状是这样。

（3）实际情况说明，法人股东（机构投资者）既有激励（动力）又有能力（权利）来监督和控制企业高层经理的行为，因而在公司治理中起了重要作用（许小年、王燕，2000）。研究发现股权的集中与公司控制权变更存在负相关关系。说明股权集中与我国上市公司控制权变更负相关，因为在我国上市公司股权结构中，股权绝大部分集中在国有股或者国有法人股，国家对股权的稀释是严格控制的。更重要的是，公司的利润率与法人股权占的比重有显著的正相关关系。

（4）研究还发现非流通股比例与控制权变更变量负相关。

这可能与我国控制权变更较少采用二级市场股份购买的原因有关，占绝大比重的国有股和国有法人股对控制权变更起到了阻碍作用。国有股、法人股和社会公众股比例系数为正，但是社会公众股的系数比国有股和法人股系数为小，说明在控制权变更可能性中，国有股和法人股的协议转让占了相当重要地位，而二级市场的发盘收购所起作用比较小。这也间接说明我国的控制权变更市场主要是一个政府主导的市场，是政策市，还远不是市场起主导作用的自由市。

检验一下控制权变更及其决定因素，许多研究表明，在一个国家法制不够完善，不能保护外部投资者的利益的情况下（在中国和其他转型的发展中国家中也存在）变更控制权，大型机构投资者和战略投资者（股东）在控制权中的作用尤其重要。

中国上市公司大多数是国有企业改革的结果，而其股权结构的安排非市场行为居多，进而导致许多本应属于内生的治理机制并不由企业自己决定，即内生治理机制外部化。从理论上讲，我们有理由相信内生的治理机制是最大化企业效益的，但对于外生机制，这并不是一定的。因为只有公司股票上市流通，资源的配置才有可能通过市场机制发挥其效率。另外，由于中国企业的市场治理机制比较薄弱，股东的直接监控仍然是一种次优的选择，从这个层面讲，股权集中度的增加有利于改进公司的绩效，但股权集中度的进一步提高也可能导致大股东侵害小股东利益，从而影响公司价值的最大化，尤其是当大股东本身"虚位"时更甚。此外，股权的过度集中也会导致公司治理的过度强化，则可能致使企业管理创新的动力和空间受到抑制。对于中国上市公司来说，更大的问题不是股权分散，而是股权过于集中。尤其需要注意的是，公司股票的低流通性在很大程度上可以说是中国上市公司股权结构的核心问题。股票的流通与否不仅会影响股东的行为，而且会影响市场本身对公司价值的判断。在市场监控相对薄弱同时又存在大股东的情况下，流通性低意味着股东对公司监控力度的降低；当流通股比例超过一定比例后，尽管也面临监控有效性下降的风险，但产品市场的激烈竞争会大大提高企业管理创新的空间。

（5）研究进一步显示国有股和每股收益、法人股和市盈率、第一大股东持股比例和资产负债率之间存在显著的三次方关系。这也说明国有股比例与财务指标相关；法人股比例与市场绩效相关；第一大股东持股比例主要为国有股或者国有法人股与资产负债率显著相关则说明我国国有股占绝大比重对控制权变更具有较大影响，国家一般不倾向于稀释国有股，在控制权并购中融资多采用财务杠杆融资，所以资产负债率较大。国家在上市公司中的大股东地位不同于一般意义上的大股东，国家股权委托人的虚位以及退出机制的缺乏，使得真正行使监控权的代理人缺乏持续的动力和相应的制约机制。这主要是因为国家股对公司治理和公司绩效的影响在很大程度上取决于政府的行为方式及其代理人。当国家持股比例较低时，由于动力问题而缺乏对公司的有效监控，但当国家股比例上升到一定程度后，政府的重视程度的提高以及近几年监控力量的强化，反而有助于公司绩效的改善。法人股东不同于国家股东，尽管他们可能也是被国家控股，但出于各自单位利益的考虑，相对来说会具有更大的监控动力和能力。进一步考虑到中国对上市公司市场监控机制的相对薄弱，因此我们认为适当保持较高的法人股比例是有利的。这是因为，对于法人股东来说，如果其持股量过低，法人会采取一些短期行为，而不是着眼于公司长期价值的增长。

在解析本章研究结果时需要注意：①本章用了中国一部分企业的资料，因而不可避免地有一定的样本选择性（Sample

Selection Bias）偏差。因此这些结果只适用于上市公司。②有些研究者认为，在转型经济中所有制构成是内生的，也就是说机构股东可以选择购买业绩较好企业的股份，并把那些业绩差的公司股份留给国家（许小年、王燕，2000）。笔者的研究结果表明国家持股的公司控制权变更较少，在这种情况下，国家应该采取积极措施完善控制权市场、促进控制权流转，从而提高国家持股公司控制权变更的效率。但是这种股权分配内生性的问题有待于使用有代表性的企业样本和能数量化的所有权结构变量将此课题深入探讨。

8 控制权变更与绩效影响

8.1 相关文献回顾

当前我国经济发展所面临的主要问题仍然是国有经济的战略性改组和调整。我国证券市场已经发展了十多年，由于国家产业结构的调整和资本市场中企业购并行为的逐步活跃，我国上市公司中控股股东的更换日渐普遍。由于在我国上市公司中普遍存在一股独大现象，本书将控股股东更换界定为第一大股东更换，包括控制主体从国家变更为法人，以及从法人到法人的变换。经过统计发现，1993—1999 年间，我国上市公司总的控股股东更换比例为 5.51%，并且有逐年递增的趋势（朱红军，2002）。我们所关心的是，在上市公司国有经济的改革和调整过程中，如何认识大股东和高级管理人员①（后文简称为高管人员）的地位和作

---

① 由于在公司制企业中，董事长和总经理在决策层中处于核心地位，而其他管理人员则通常处于从属地位，因此本书仅研究董事长和总经理这两类高级管理人员，后文中高管人员也特指董事长和总经理。

用，大股东和高级管理人员对公司治理和企业绩效会产生什么影响，大股东或者控股股东的更换是否会产生高级管理人员的变化，而经营业绩又在其中扮演什么样的角色，这些研究课题已经成为当前企业理论和公司治理实践发展的核心问题和迫切需要。

关于大股东更换与高管人员更换之间的关系，西方学术界已经形成了较成熟和系统的研究文献。大量西方经典文献认为公司的外部控制机制，尤其是企业购并行为或者外部经理人市场，通过对高管人员施加压力就能够对企业的经营产生有利的影响（Martin & McConnell，1991；Mikkelson & Partch，1997 等），如果购并行为导致大股东或者控股股东发生变化，则对企业的经营产生很大的影响。总体而言，这些研究文献涵盖了四个方面：

（1）公司购并活跃程度与高管人员更换。典型的文献包括 Martin 和 McConnell（1991）、Mikkelson 和 Partch（1997）、Jensen 和 Murphy（1990）、Denis 和 Denis（1995）等。例如，Denis 和 Denis（1995）认为，高管被迫变动是在经营绩效大幅下降之前，而且随后绩效就有显著提高。董事会的有效监督并不必然产生企业绩效提高。管理者被迫变动与企业规模显著下降相关，如雇员数、资本支出绩效以及总资产下降。超过 2/3 的高管被迫辞职与大股东施加压力、财务危机、股东上诉以及公司接管企图相关。高管被迫变更中有过半数成为一些公司控制权争夺活动的目标，并且通常采取大宗股权投资或某种接管形式。因此，仅仅依靠内部控制机制是不够的，还需要外部公司控制市场的压力。

（2）高管人员更换与治理合约的有效性。通过观测控制权市场并不活跃时的公司治理有效性，Mikkelson 和 Partch（1997）扩充了早期的管理层变换研究。他们比较了在一个活跃接管市场和不活跃接管市场中被收购的美国工业企业的高级管理层变换情况，发现在各种决定管理层变换的因素被控制之后，管理层变换和公司绩效只是在积极接管时期相关，并且认为接管行动影响管理监督强度。

（3）反收购措施与高管人员更换。Cotter 和 Zenne（1994）、Ruback（1988）证明，当接管报价失败时，目标企业股东遭受了大量财富损失。而且前期研究也证明，与大量反接管机制相关的是财富效应显著为负。例如，Dann 和 DeAngelo（1988）对防卫手段财富效应进行了研究。Bradley 和 Wakeman（1983）、Dann 和 DeAngelo（1983）、Klein 和 Rosenféld（1988）研究了目标企业股份回购（绿邮）的财富效应。Comment 和 Schwert（1995）、Malatesta 和 Walking（1988）、Ryngaert（1988）对毒丸计划财富效应的研究。Jarrell 和 Poulsen（1987）对公司反接管方法修正财富效应的研究。Jarrell 和 Poulsen（1988）对两级企业资本调整财富效应的研究。Dann 和 DeAngelo（1983）检验了大额普通股的回购问题。Denis（1990）对公司防卫性支付的财富效应的研究。这些财富效应为负普遍说明，管理层自身保障是接管防卫的首要动机。因此，收购企图失败之后高比率企业管理层更换可能说明，董事会努力监督经理人反对股东利益的行为。如果应用防御策略条件下，管理层变动率小于并没有应用该策略时的管理层变动率，经理人使用特殊防御策略保卫他的地位就是一种理性行为。

（4）高管人员更换与企业绩效的相互关系。这包括两个方面：第一，企业高管人员经营绩效较差导致控制权变更。Warner 等（1988）对 1963—1978 年间 269 家纽约证交所和美国证交所上市企业高层管理者变动进行了研究，提供了关于替换无效率经理以及鼓励经理使股东财富最大化各种机制的最新证据，发现股票价格较差很可能导致管理者换任率增加，这与关于首席执行官变动的研究一致（Coughlan & Schmidt，1985；Weisbach，1988）。Warner 等（1988）研究显示，绩效不佳是和首席执行官变动联系在一起的，并且发现高层管理层变动的可能性和企业股票绩效之间呈负相关。Kaplan（1994）、Kang 和 Shivdasani（1995）研究了日本企业的管理层更换。Kaplan 的研究结果没有显示在股票绩效和首席执行官更换之间存在显著关系。Denis 等（1997）记载了在一段时期的管理层更换与公司绩效关系的变化，并观测了管理层更换和公司治理的各种不同方面之间的关系。他们发现所有权结构显著地影响高层主管更换的可能性。

第二，控制权发生变更后对公司绩效产生的影响。大体上，美国企业的证据发现最高管理层变动和企业绩效之间存在负相关关系。在早期研究中，Warner 等（1988）、Weisbach（1988）主要集中在股票和绩效收益以及首席执行官变动。Jensen 和 Murphy（1990）对绩效薪酬偿付进行了观测和研究了高层管理激励。Gibbons 和 Murphy（1990）对首席执行官相关绩效进行了评价。Gilson（1990）研究了管理层变动和金融危机。Murphy 和 Zimmerman（1993）围绕管理层变动的绩效计量进行了研究。Blackwell 等（1994）在得克萨斯银行的内部绩效评价和绩效计量的研究。Borokhovich 等（1996）和 Parrino（1997）重点关注了首席执行官变动和局外人继任。Mikkelson 和 Partch（1997）对接管行动和管理层变动之间关系进行了研究。Denis 等（1997）对接管行动期间管理层变动绩效关系过程的记载。一些更早期的研究发现，高层管理者变动会产生显著的正价格效应。

这些研究文献发现，作为外部控制机制，大股东或者大股东的行为可以起到监督高管人员的作用，从而提高企业的经营绩效。在国内理论界，相关研究较少（朱琪，2003）。朱红军（2002）分析了经营业绩在控股股东变更与高级管理人员更换之间关系中的作用，通过统计检验发现，高管人员的更换与控股股东的更换密切相关，但是不同经营业绩水平的公司在更换高管人

员上有很大的差异，具体表现为经营业绩低劣的公司更容易更换
高管人员，然而大股东的更换以及高管人员的更换并没有根本上
改变公司的经营业绩，仅给企业带来了较为严重的盈余管理。

由于国内市场与西方市场之间存在本质上的区别，西方的理
论以及实证结果并不一定适合我国。本书收集了我国控制权变更
数据，试图检验我国控制权变更中经营绩效的作用，经过统计分
析发现高管人员的更换与大股东的更换密切相关，但是不同经营
业绩水平的公司在更换高管人员上有很大的差异，具体表现为经
营业绩低劣的公司更容易更换高管人员。然而控股股东的更换以
及高管人员的更换并没有根本上改变公司的经营业绩，仅给企业
带来较为严重的盈余管理。因此，下文将首先分析我国控股股东
和高管人员更换的实际情况，以及相关的理论，并在此基础上进
一步用实际数据加以检验。

本章以下部分将作如下安排：首先对研究问题进行深入的分
析，其次介绍样本的选择方法和数据来源，以及业绩衡量指标的
选择方法，然后利用统计分析方法考察公司的经营业绩表现与大
股东更换、高管人员更换之间的关系，最后给出研究结论，并提
出政策建议。

8.2 研究设计

8.2.1 研究样本与数据来源

根据国内外研究结果，本章样本基本选取原则为：以 1993
年底前上市的公司为研究基准，以《中国证券报》、《上海证券
报》上各年资产重组中兼并与收购栏数据为研究对象。研究样本

来自在上海和深圳证券交易所上市的公司，为了尽可能避免信息披露不真实，以及经济意义上已经破产的企业对结果的影响，研究在样本的选择上采取了一些筛选方法，将这些不合适的样本剔除。剔除的条件包括：①基准样本公司上市时间选择为 1993 年 12 月 31 日之前；②剔除 1997 年至 2000 年间曾经因信息披露等原因被中国证监会处罚过的公司；③为避免 A 股、B 股以及境外上市股之间的差异，样本主要考虑那些只发行 A 股的公司。需要指出的是，在统计分析时应尽可能避免对数据选择的歧视性，但国内有一些研究并没有对此予以足够的重视。并且为了在一个较长期间内分析经营业绩的变化趋势，由于此项研究需要 5 个年度（1997—2001）的会计数据，这里以 1993 年 12 月 31 日以前上市并于 2002 年 4 月 30 日前公布年度报告的公司作为选择基准，首先排除 2 家遭停牌公司（琼民源和苏三山两家），然后从剩下的 173 家公司中在沪深股市中各排除 10 家和 7 家公司，笔者根据证券市场公开披露的信息收集了 1997—2001 年期间上市公司更换大股东和高管人员的数据。同时，根据在 1997—2001 年期间控制权发生变更的上市公司基本情况，剔除数据不完整和数据异常的上市公司，对 405 家控制权发生变更的样本公司随机选取 376 家公司，另外随机选取了上市公司股权变动中大股东发生变更的 249 家公司作为样本分析对象。两者样本公司合计为 625 家样本公司。另外，为准确反映研究结论，笔者收集了 1997—2001 年除开样本上市公司以外的所有其余上市公司相关数据作为控制样本数据进行分析。数据全部来自证监会要求上市公司公开披露信息的网站（中国证监会（www. cceu. com. cn）和巨潮网站（www. cninfo. com. cn））和报纸（例如《中国证券报》、《上海证券报》、《证券时报》等），对相关样本公司逐一查对公司中报和年报相关数据而得到基本数据。本章通过证券市场公开披露的信息载体收集所需的财务数据和高管人员（指董事长和总经理）更换数据，本章所采用的财务数据均为上市后经过注册会计师审计后公开披露的数据，在一定程度保证了研究数据的可靠性。计算过程全部利用 SPSS 10.0 完成。

8.2.2　公司绩效指标选取释义

（1）ROE = 净利润/净资产。用于评价企业所有者权益的获利能力，反映了企业筹资投资业务及其各种经营活动的效益。该指标越高，说明投资收益越高。

（2）ROA = 净利润/总资产。用于评价企业利用资产获利能力，由于净利润包括了营业利润和非正常损益两个部分，该指标可用于分析经营业绩的综合效果。指标越高，表明资产的利用效率越高，说明企业在增加收入和节约资本使用方面取得了良好效果。

（3）$CROA$ = 主营业务利润/总资产。该指标有些研究者称为主营业务收益率（陈小悦等，2001）。衡量主业的获利能力，剔除非主营业务对利润的影响。由于营业利润是企业持续性利润的主要来源，该指标可用于分析持续性利润的变化情况。

（4）EM = 线下项目合计数/总资产。其中线下项目（即非正常损益）等于投资收益、营业外收入、补贴收入三个项目的合计数扣除营业外支出之差。

（5）EPS = 净利润/总股本。用于衡量普通股持有者获得报酬的程度，数值越大，表明每一股份可得到的利润越多，股本投资效益越好，否则越差。

（6）TQ = 股权市值和债权账面价值合计数/总资产账面价值。该指标在有些研究者中被称为托宾 Q 值，该指标主要反映公司市场绩效的变化。

净资产收益率是上市公司最重要财务指标，它不受股权稀释对盈余指标一致性影响，证监会把它作为测度公司业绩的基本指标，规定公司有无配股资格取决于其公司的净资产收益率；主营业务利润率是公司首次公开发行、配股和退市等方面的主要考核指标，企业对其进行盈余管理的现象非常严重，这主要通过会计方法变更来操纵可操控的应计项目和通过关联交易来实现，因此仅用净资产收益率考核指标反映是不够的。相反，也有学者认为使用主营业务收益率避免了企业账面净资产很小甚至为负的情况，另外也杜绝了利用非主营业务利润进行利润操纵的可能性（陈小悦等，2000，2001）。

另外，采用资产收益率的原因在于：①根据国外近年来的多项研究表明的，会计盈余指标比股价年收益与高层更换的关系更加紧密；②资产收益率考虑了杠杆效应，比净资产收益率更不容易被操纵，能够反映企业的真实业绩，而高层更换的决策一般是根据企业的真实情况作出的。

一般而言，企业进行盈余管理的途径包括应计项目和线下项目两条主要渠道。应计项目主要由流动性资产和流动性负债项目构成，例如应收款项、存货、应付款项等。而线下项目则主要由投资收益、营业外收入、营业外支出和补贴收入等构成。因此，盈余管理主要针对应计项目进行，例如多提或者少提存货和应收款项的准备金。但是，在我国由于企业上市时的制度性安排，造成了大股东绝对控制的局面。在这种情况下，企业可以通过与关联方之间的大额资产交易方式或者通过投资关系产生巨额利润，陈信元和原红旗（1998）以及朱红军（2000，2001）已经验证了这一点。由于上市公司通过这种交易获得的利润或者产生的亏损额，金额的大小容易控制，因此，它已经成为上市公司盈余管理的首选途径。上市公司与关联方之间的这种交易所形成的利润，构成了线下项目的主要部分。因此，本章在考察上市公司的盈余管理时，通过采用线下项目在总资产中的比率作为衡量指标。其实，早在本研究之前，已经有研究中国问题的国际学者采用这一指标来衡量盈余管理（Mu Haw，Daqing Qi，Woody Wu 和 Wei-Guo Zhang，1998）。

由于资本市场会计诚信原因，上市公司财务指标在考察公司业绩时被认为不够全面，为完善市场评价标准，如果采用资产收益率这样的会计指标衡量公司业绩，有人为操纵的嫌疑，指标不够稳定，很容易产生片面性问题，因此本章借鉴西方（Mueller，1987）和我国（孙永祥等，1999）的相关研究使用托宾 Q 值提高研究的可信度和政策的现实意义。

8.3 模型与实证研究结果分析

8.3.1 样本描述

表 8.1 列示了控股股东变更与高级管理人员更换的基本样本数据。经过卡方检验，控股股东变更与高管人员变更是同步的，显著性在 1% 水平。这里还分析了控股股东变更与变更当年以及随后一年内高管人员更换数据之间的关系，取得了相似的结果。

表 8.1　控股股东变更与高管人员变更的关系

	高管人员变更	高管人员未变更	小　计	变更比例
控股权未变更	204	2264	2468	8.27%
控股权变更	127	56	183	69.39%
合　计	331	2320	2651	12.49%

注：①控股股东变更指在 1997—1999 年间控股股东更换的公司数量。②高管人员变更指在 1997—1999 年间控股股东变更当年董事长或者总经理更换的公司数量。

结合前文的分析，可以认为控股股东的更换将导致高管人员更换。由于我国上市公司中普遍存在一股独大现象，而且这个大股东通常是政府或者政府的代理人。在这种情形下控股股东的更换往往只是政府主导的轮换，并不会对企业生产经营行为产生很大影响。然而，政府各部门及代理人的目标函数不尽相同，都有其独立的利益，形成了各种利益团体。这些利益团体之间存在资源争夺与权益分配问题，可能会影响企业的决策行为，进而通过人事委派体现在高管人员更迭上。

为了探究控股股东和高管人员变更的深层次原因，需要进一步分析大股东更换前后企业经营绩效变化的前因后果。惟其如此，才能得出伴随大股东更换的高管人员更换的根本动因。

8.3.2 控股股东变更与经营业绩的关系

8.3.2.1 描述性统计分析

（一）经营业绩

经年度市场中位数调整后，控股股东变更公司的业绩水平见表8.2。根据前文分析，经营业绩的持续滑坡和连续亏损是公司大股东更换的根本性原因。通过大股东的更换，企业实现产业结构调整，更换管理人员，使企业面貌焕然一新。表8.2中的数据分析结果印证了这一点。通过表8.2可以发现，控股股东更换的样本公司的经营业绩水平，如每股收益、托宾 Q 值、盈余管理项目在大股东更换以前显著地低于年度所有上市公司的中位数水平，其中只有盈余管理项目在大股东变更当年比前一年有所下降，但在随后两年又重新大幅上升，说明我国控制权变更公司存在较大盈余管理现象。净资产收益率、主营业务利润率，总资产收益率也表现出这种趋势，但是并不显著。

表8.2　控股股东更换的样本公司经年度市场
中位数调整后的经营业绩水平[①]

年份[②]	样本数	ROE		ROA		CROA	
		中位数（%）	P值	中位数（%）	P值	中位数（%）	P值
-2	183	-0.51	0.93	0.24	0.79	-1.57	0.45
-1	183	-0.27**	0.01	-0.84***	0.00	-6.08***	0.00
0	183	0.39	0.41	5.33***	0.00	-0.15	0.21
1	183	1.27	0.16	0.0018	0.95	0.33	0.39
2	183	0.73	0.87	0.42	0.13	0.52	0.65

年份	样本数	EM		EPS		TQ	
		中位数（%）	P值	中位数（%）	P值	中位数（%）	P值
-2	183	0	0.61	-6.00***	0.00	4.86*	0.05
-1	183	0**	0.02	-4.00***	0.00	3.30***	0.00
0	183	-10.62***	0.00	-1.50	0.65	29.23***	0.00
1	183	0.07***	0.00	-1.00	0.45	6.01***	0.00
2	183	0.14***	0.00	4.00*	0.08	7.37***	0.00

　　注：本章所有中位数检验均采用 Wilcoxon 检验；表格中相应的 P 值为 Wilcoxon 检验（双尾）的显著性概率值（下文同）；***，**，* 分别表示在 1%，5%，10% 统计水平上显著（下文同）。

---

　　① 本书借鉴朱红军（2002）的研究方法。不同行业的企业在经营业务上存在不同程度的差异，受到宏观环境的影响也迥然不同。例如传统的制造业，各年度经营业绩相对稳定，而一些高科技行业起落幅度较大。另外，由于本书将不同年份的数据予以合并，例如 -2 年的数据，就 1997 年控股股东变更的公司而言，反映 1995 年的业绩水平，而对于 1998 年、1999 年变更控股股东的样本而言，则是 1996 年及 1997 年的业绩水平。不同年份之间的业绩水平由于受到不同宏观经济环境的影响，不具有可比性。因此，需要调整各个年度之间的差异，使各个年度之间具有可比性。为了解决以上问题，常用各个年份行业的中位数来调整相应年份和行业的样本公司的业绩。但是，大股东的更换通常伴随着企业的资产置换和产业调整，使得大股东变更前后的行业属性不一致，导致行业调整不可取。本书将采用年度市场中位数调整法来解决这一问题。具体方法如下：首先计算各个年度所有已经上市的公司的不同业绩衡量指标的中位数（即年度市场中位数），然后以这个中位数来调整相应年份所有大股东更换公司的相应业绩指标。

　　② 为了观测控股股东更换与经营业绩的关系，本研究将分析控股股东更换前后各两个年度的经营业绩。例如，1997 年变更控股股东的公司，-2、-1、0、1、2 年分别为 1995 年、1996 年、1997 年、1998 年、1999 年（下文同）。由于本书分析 1997 年、1998 年和 1999 年更换了高管人员的公司，因此财务数据涵盖了 1995—2001 年共 7 个年度。

然而，大股东变更当年起，线下项目也显著地高于市场平均水平（显著性概率均在1%以下）。从具体金额来看，市场绩效项目大大超过其他营业利润项目，例如在1年，每股收益中位数为 -1%，而托宾 Q 值中位数在总资产中的比重在1年的中位数达到6.01%。从数据分析可以得出如下结论：总体来看，公司的经营业绩在大股东变更后所有上市公司的整体平均水平提高了，这种变化得益于市场绩效指标的改善、持续性营业利润的改善和项目的盈余管理，而市场绩效指标中位数（托宾 Q 值）为企业贡献了大部分利润。

（二）经营业绩变化幅度

为了进一步分析经营业绩在控股股东更换前后一段时间内的变化情况，我们计算了相邻两个年度经营业绩之差，并检验其显著性。变化幅度中位数的具体计算方法如下：首先对各样本公司各业绩指标进行年度市场中位数调整，然后计算各样本公司在相邻两个年度相应各指标的差异，再计算所有公司中位数，并对中位数进行 Wilcoxon 检验。表8.3 列示了大股东变更前后企业经营业绩变化的幅度以及相关的检验值。

表 8.3　控股股东更换的样本公司经营业绩变化幅度

年　份	样本数	ROE		ROA		CROA	
		中位数（%）	P 值	中位数（%）	P 值	中位数（%）	P 值
(-2, -1)	183	-1.35 ***	0.00	-1.70E -05 *	0.08	-0.62	0.36
(-1,0)	183	0.61 *	0.10	8.03 ***	0.00	2.35 ***	0.00
(0,1)	183	0.99	0.31	-10.97 ***	0.00	1.27	0.69
(1,2)	183	-1.82 ***	0.00	-0.77 **	0.01	-0.27	0.61

年　份	样本数	EM		EPS		TQ	
		中位数（%）	P 值	中位数（%）	P 值	中位数（%）	P 值
(-2, -1)	183	0.00	0.30	0.00	0.34	-0.26	0.90
(-1,0)	183	-10.22 ***	0.00	4.00 **	0.02	15.52 ***	0.00
(0,1)	183	11.03 ***	0.00	2.00	0.57	-12.10 ***	0.00
(1,2)	183	-8.64E -05 *	0.05	-0.01	0.25	-0.25	0.92

从表 8.3 可以发现，净资产收益率变化幅度的中位数，在大股东变更前（从 -2 年到 -1 年）呈现大幅度的下降趋势，在变更当年（从 -1 年到 0 年）则呈现出显著的大幅度上升趋势（上升幅度为增加 0.61%，Wilcoxon 检验 P 值为 0.10）。这种趋势在大股东变更后一年继续得到发展（从 0 到 1 年，上升幅度为增加 0.99%，Wilcoxon 检验 P 值为 0.31）。但是在变更后第二年这种变化趋势立即显著下降（从 1 年到 2 年，下降幅度为 -1.82%，Wilcoxon 检验 P 值为 0.00）。净资产收益率、资产利润率、主营业务利润率和托宾 Q 值指标的变化幅度的中位数在变更当年都得到较大显著提高（从 -1 年到 0 年，各指标提高幅度为 0.61%、8.03%、2.35%、4% 和 15.52%，各指标的 Wilcoxon 检验值为 0.10、0.00、0.00、0.02、0.00），这表明在控制权变更当年企业绩效提高主要得益于市场绩效的提高。线下项目则在大股东变更当年（从 -1 年到 0 年）大幅度下降（下降幅度为 10.22%），Wilcoxon 检验 P 值为 0.00。从 1 年到 2 年的业绩变化幅度看，资产利润率和托宾 Q 值都显著下降了（下降幅度分别为 -10.97% 和 -12.10%，Wilcoxon 检验 P 值为 0.00、0.00）。同时，企业线下项目大幅显著提高（上升幅度为 11.03%，Wilcoxon 检验 P 值为 0.00）。这表明在控制权变更后一年企业经营业绩改善主要受益于企业盈余管理水平的提高。从持续性经营业绩即主营业务利润指标来看，变化趋势则不明显。

结合表 8.2 和表 8.3，可以认为样本公司在大股东变更以前经营持续下滑而且保持在一个较低的水平，而大股东变更以后经营业绩迅速上扬，与所有上市公司的整体水平持平甚至超越，这种变化在变更当年主要来源于市场绩效的提高，而在变更后一年则在很大程度上依赖盈余管理得以实现。这一点与朱红军（2002）的结论完全不同。

8.3.2.2 回归分析

前文我们用简单的统计检验方法考察了企业经营业绩与控股股东变更之间的关系。下文将用回归分析的方法进一步检验经营业绩与控股股东更换之间的关系。在回归分析之前，需要考察一些对控股股东变更能够产生一定影响的因素，包括企业规模、行业、大股东持股比率等。

首先来看公司规模对控股股东更换的影响。一般而言，随着企业规模的逐步增大，获得控股权的资金成本也不断增加，提高了购买控股权的难度。另外，企业规模越大，企业属于政府垄断行业的可能性越高，或者与政府控制有很大关系，导致控股股东的更换需要经过政府的层层把关，使得更换难以实现。可以认为，随着公司规模的增大，控股股东变更的可能性逐步降低。

由于政府对不同行业的控制力度不同，加上各个行业的经营业务与发展速度也迥然不同，行业也会对控股股东的更换产生一定的影响。除此之外，公司资产负债率也可能影响控股股东的更换，因为负债比例越高，债权人的起诉将导致公司陷入债务危机，最后促使大股东的更换。

为了有效控制这些因素，下文将把它们作为控制变量。但是，对于行业因素，考虑到我国证监会公布的行业数量很多，难以用哑变量的方式予以控制。因此，通过用行业调整后的公司经营业绩进行回归分析的方法来控制该因素。行业调整时采用年度市场中位数调整法。

对于经营业绩与控股股东更换的关系，我们将分两段加以考察，一是控股股东更换前经营业绩的水平或者变化幅度与控股股东更换的关系，以考察经营业绩的水平或者变化幅度对控股股东更换的影响；二是控股股东更换以后，控股股东更换与经营业绩的关系，以考察控股股东更换对经营业绩的促进作用。根据前文的分析，控股股东的更换与更换前低劣的经营业绩有关，而控股股东的更换将促进企业经营业绩的提升，并伴随市场绩效的提高和线下项目的盈余管理。

（一）更换前的经营业绩与控股股东的更换

表 8.4 列示了样本公司控股股东更换前的经营业绩水平与控股股东更换的关系。

在表 8.4 中，Pr（*owner*）为控股股东更换的可能性；α 为截距；*Size* 为控股股东变更前一个年度的总资产（取 10 为底的对数，下同）；*Lever* 为控股股东更换前一年度底资产负债率（下同）；*Indum* 为行业变动哑变量，样本公司如果属于传统垄断性行业该数值取 1，其余年份取 0；*Adj_ Findex* 为经过年度所有上市公司中位数调整后的财务指标，包括 *ROE*（净资产收益率，为当年净利润与当年净资产之比）、*ROA*（资产收益率，为当年净利润与当年总资产之比）、*CROA*（主营业务利润率，为当年公司主营业务利润与公司总资产之比）、*EM*（盈余管理，为公司当年线下项目（包括投资收益、营业外净收益和补贴收入）合计数与总资产之比）、*EPS*（每股收益，为净利润与总股本之比）、*TQ*（托宾 Q 值，该指标为样本上市公司债权和股权的市值除以其资产的重置价值），右下角的标记为年份标记，-2 代表控股股东更换前 2 年，-1 表示控股股东更换前 1 年。

从表 8.4 可以发现，企业规模与控股股东更换具有显著的正相关关系，说明企业规模越大，越容易发生控股股东更换，这一点也与朱红军（2002）的结论显著不同。这可能与近几年公司治理规范发展有关，越是实力雄厚的大公司，越是注重利用外部经理人市场对企业管理层进行监督。资产负债率与控股股东更换以财务指标衡量显著负相关，但是以市场指标衡量则显著正相关，这一点与朱红军（2002）的结论有较大差异。这可能是资产负债率越高，企业越倾⋯⋯⋯⋯⋯⋯指标操作提高绩效，而表现在市场绩效上，中小投资者则从绩效不佳出发"用脚投票"，造成企业高管发生变换，从而对绩效产生影响。除了这些变量以外，我们更加关心的是经年度市场中位数调整以后的经营业绩与控股股东更换的关系；从表8.4可以发现，托宾 Q 值与 -1 年度的控股股东更换呈现显著负相关关系（显著性水平在10%）。同时，资产收益率、主营业务利润率、每股收益均与控股股东变更呈现显著负相关（显著性水平在10%）。 -2 年度的资产收益率与控股股东更换也呈现显著正相关关系，显著性概率为0.091。从以上回归结果可以认为，以财务绩效指标衡量，企业经营业绩的低劣将导致企业发生大股东的变更，导致控制权的更换。但是以市场绩效指标衡量，企业市场业绩不佳并不会对企业大股东变更起到推动作用。这可能是市场绩效不景气往往使大股东不愿介入该行业。这与我们前面的数据分析结果相印证。

（二）控股股东变更后，经营业绩与控股股东的关系

根据前文的描述性统计分析，控股股东更换以后，企业的经营业绩有一定程度的提高，在更换当年主要依赖于市场绩效改善（以托宾 Q 值衡量），在更换后一年则主要得益于盈余管理（以线下项目衡量）。并且在更换后第二年，企业绩效与控股股东显著负相关，说明控股股东更换并没有对企业公司治理实践起到特别积极的作用。我们试图通过回归模型，在控制了一些干扰因素后，进一步检验控股股东的更换是否对经营业绩有促进作用。表8.5列示了样本公司控股股东更换以后经营业绩的变化幅度（在计算变化幅度时，已经按照年度市场调整法剔除了年度因素）与控股股东更换之间的回归检验结果，其中包含对托宾 Q 值和线下项目的变化与控股股东更换之间关系的检验。

表 8.4 样本公司更换前的经营业绩水平与控股股东的更换

Logistic 回归模型: $\Pr(Owner) = \alpha + \varphi_1 Size + \varphi_2 Lever + \varphi_3 Indum + \varphi_4 Adj\_Findex + \varepsilon$

自变量	α	Size	Lever	Indum	Adj_Findex	X^2	Sig.	Nagelkerke R^2	样本数
Adj_ROE_{-2}	-12.078***	1.720***	-7.50E-03	0.536	-1.59E-04	18.097	0.001	0.056	881
	(0.002)	(0.000)	(0.381)	(0.205)	(0.961)				
Adj_ROE_{-1}	-5.219*	0.866***	-6.86E-03*	-0.116	-1.74E-04	10.150	0.038	0.021	984
	(0.052)	(0.005)	(0.094)	(0.601)	(0.894)				
Adj_ROA_{-2}	-10.320*	1.519***	-6.62E-03	0.545	-1.518*	25.362	0.000	0.078	881
	(0.007)	(0.001)	(0.443)	(0.201)	(0.091)				
Adj_ROA_{-1}	-4.794*	0.804*	-3.10E-03	-9.09E-02	2.622**	15.492	0.004	0.032	984
	(0.073)	(0.008)	(0.520)	(0.684)	(0.018)				
Adj_CROA_{-2}	-13.172***	1.838***	-6.13E-03	0.483	2.080	19.755	0.001	0.061	881
	(0.001)	(0.000)	(0.476)	(0.253)	(0.222)				
Adj_CROA_{-1}	-5.494**	0.879***	2.303E-03	-3.93E-02	13.984***	86.044	0.000	0.171	984
	(0.048)	(0.006)	(0.688)	(0.868)	(0.000)				

续表 8.4

Logistic 回归模型：$Pr(Owner) = \alpha + \varphi_1 Size + \varphi_2 Lever + \varphi_3 Indum + \varphi_4 Adj\_Findex + \varepsilon$

自变量	α	Size	Lever	Indum	Adj_Findex	X^2	Sig.	Nagelkerke R^2	样本数
Adj_EM_{-2}	−11.147***	1.606	−5.22E−03	0.489	3.644	26.857	0.000	0.082	881
	(0.004)	(0.000)	(0.546)	(0.247)	(0.141)				
Adj_EM_{-1}	−5.198*	0.863***	−0.007*	−0.113	−1.575	10.159	0.038	0.021	984
	(0.053)	(0.005)	(0.094)	(0.612)	(0.868)				
Adj_EPS_{-2}	−11.888***	1.692***	−5.91E−03	0.526	0.428	18.713	0.001	0.058	881
	(0.002)	(0.000)	(0.497)	(0.213)	(0.418)				
Adj_EPS_{-1}	−4.781*	0.809***	−0.005	−0.103	0.441*	12.618	0.013	0.026	984
	(0.075)	(0.008)	(0.284)	(0.644)	(0.100)				
Adj_TQ_{-2}	−9.373**	1.375***	5.708E−04	0.577	−0.562	27.434	0.000	0.084	881
	(0.026)	(0.006)	(0.957)	(0.194)	(0.340)				
Adj_TQ_{-1}	−3.562	0.614*	0.007	−0.114	−1.536*	12.986	0.011	0.027	984
	(0.201)	(0.064)	(0.414)	(0.608)	(0.084)				

表 8.5 样本公司控股股东更换后的经营业绩变化幅度

回归模型：$Dif\_Findex = \alpha + \varphi_1 Size + \varphi_2 Lever + \varphi_3 Indum + \varphi_4 CM + \varepsilon$

因变量	α	$Size$	$Lever$	$Indum$	CM	F 检验	样本数	Adj-R^2
Dif_ROE_1	133.617 **	-18.059 *	0.740 ***	-0.793	-13.329	9.414 ***	926	0.035
	(0.033)	(0.010)	(0.000)	(0.905)	(0.142)	(0.000)		
Dif_ROE_2	19.035	-2.895	0.097	2.864	8.319	1.168	977	0.001
	(0.644)	(0.522)	(0.224)	(0.508)	(0.161)	(0.323)		
Dif_ROE_3	-81.932	8.430	-9.67E-05	3.274	-5.113	0.400	942	-0.003
	(0.291)	(0.322)	(0.954)	(0.676)	(0.625)	(0.808)		
Dif_ROA_1	12.279 ***	-1.388 ***	0.003	0.611 *	2.483 ***	17.733 ***	926	0.068
	(0.000)	(0.000)	(0.605)	(0.054)	(0.000)	(0.000)		
Dif_ROA_2	5.675 **	-0.610 **	-5.02E-04	-0.450	-2.963 ***	14.532 ***	977	0.053
	(0.045)	(0.050)	(0.928)	(0.130)	(0.000)	(0.000)		
Dif_ROA_3	-1.684 ***	0.183 ***	-4.58E-06	0.007	-0.141 ***	8.873 ***	942	0.032
	(0.000)	(0.000)	(0.543)	(0.841)	(0.003)	(0.000)		
Dif_CROA_1	1.188 **	-0.136 **	0.000	0.101 *	0.271 ***	7.507 ***	926	0.027
	(0.017)	(0.014)	(0.903)	(0.056)	(0.000)	(0.000)		
Dif_CROA_2	1.136 **	-0.123 **	0.000	-0.096 *	-0.251 ***	4.248 ***	977	0.013
	(0.037)	(0.040)	(0.725)	(0.092)	(0.001)	(0.002)		
Dif_CROA_3	0.183	-0.023	1.174E-06	0.018	0.013	0.227	942	-0.003
	(0.545)	(0.491)	(0.857)	(0.554)	(0.750)	(0.923)		

续表 8.5

回归模型：$Dif\_Findex = \alpha + \varphi_1 Size + \varphi_2 Lever + \varphi_3 Indum + \varphi_4 CM + \varepsilon$

因变量	α	Size	Lever	Indum	CM	F检验	样本数	Adj-R^2
Dif_EM_1	-12.794***	1.448***	-0.003	-0.655**	-2.609***	17.763***	926	0.068
	(0.000)	(0.000)	(0.615)	(0.049)	(0.000)	(0.000)		
Dif_EM_2	-6.016**	0.648**	1.615E-04	0.470	3.149***	14.843***	977	0.054
	(0.043)	(0.047)	(0.978)	(0.132)	(0.000)	(0.000)		
Dif_EM_3	-0.005	3.594E-04	2.978E-08	0.002	-7.45E-04	0.222	942	-0.003
	(0.840)	(0.904)	(0.959)	(0.377)	(0.838)	(0.926)		
Dif_EPS_1	-0.262	0.042	-0.003***	0.071	0.087	2.941**	926	0.008
	(0.605)	(0.456)	(0.004)	(0.187)	(0.234)	(0.020)		
Dif_EPS_2	0.445	-0.057	0.001*	-0.051	0.010	1.507	977	0.002
	(0.324)	(0.250)	(0.090)	(0.279)	(0.876)	(0.198)		
Dif_EPS_3	0.388	-0.004	1.987E-07	0.014	-0.042	0.796	942	-0.001
	(0.173)	(0.153)	(0.974)	(0.623)	(0.270)	(0.528)		
Dif_TQ_1	322.952***	-36.872***	0.229*	0.556	24.760**	10.539***	926	0.040
	(0.000)	(0.000)	(0.097)	(0.938)	(0.011)	(0.000)		
Dif_TQ_2	-60.119	6.404	0.039	0.553	-37.486***	4.525***	977	0.014
	(0.350)	(0.365)	(0.756)	(0.935)	(0.000)	(0.001)		
Dif_TQ_3	1.005***	-0.158***	0.011***	0.016	-0.045	1038422***	942	1.000
	(0.000)	(0.000)	(0.000)	(0.489)	(0.142)	(0.000)		

表 8.5 中，*Dif_Findex* 为各个公司两个相邻年度市场中位数调整后的财务指标之差，其中包括 *ROE*（净资产收益率，为当年净利润与当年净资产之比）、*ROA*（资产收益率，为当年净利润与当年总资产之比）、*CROA*（主营业务利润率，为当年公司主营业务利润与公司总资产之比）、*EM*（盈余管理，为公司当年线下项目（包括投资收益、营业外净收益和补贴收入）合计数与总资产之比）、*EPS*（每股收益，为净利润与总股本之比）、*TQ*（托宾 *Q* 值，该指标为样本上市公司债权和股权的市值除以其资产的重置价值）；*α* 为截距；*Size* 为控股股东变更前一个年度的总资产（取 10 为底的对数，下同）；*Lever* 为控股股东更换前一年度底资产负债率（下同）；*LS* 为控股股东更换前一个的第一大股东的持股比率；*Indum* 为行业变动哑变量，样本公司如果属于发展性行业该数值取 1，其余年份取 0，发展性行业标准（范从来等，2002）为电子通信设备制造业、生物医药、电器水的生产供应、邮电通信、运输仓储等行业；*CM* 为控股股东更换，更换时取值为 1，否则取值为 0；右下角下标为年份标记，1 表示控股股东更换当年与更换前一年经营业绩之差，2 表示控股股东更换后1 年与更换当年经营业绩之差，3 表示控股股东更换后 2 年与更换后 1 年经营业绩之差。

回归结果见表 8.5，经营业绩的变化幅度为各个公司两个相邻年度的经过年度市场中位数调整后的指标之差（检验结果略）。检验结果发现，其结果与前文的回归分析显著不同，公司规模与经营绩效显著负相关，而资产负债率则与经营绩效显著正相关。虽然各个控制变量与大股东更换之间的关系十分显著，企业控股股东更换当年与更换前 1 年的经营业绩变化与控股股东的更换的关系，只有经过年度市场中位数调整后的资产利润率、主营业务利润率、托宾 *Q* 值各相邻年度指标数值差与控股股东存在显著正相关关系（其系数为 2.483、0.271、24.760），这再一次说明控股股东更换当年企业绩效改善中市场绩效改善的贡献最大。而盈余管理变量相邻年度数值差则与控股股东更换显著负相关（相关系数为 -2.609，显著性概率为 0.00）。在控股股东更换后一年和更换当年业绩之差的回归方程中，经过年度市场中位数调整的资产利润率、主营业务利润率和托宾 Q 值都与控股股东显著负相关，其中尤以托宾 Q 值下降最大。相反，经过年度市场中位数调整的线下项目相邻两年数值之差则与控股股东更换显著正相关（系数为 3.149，显著性概率为 0.000），这说明在控股股东更换后一年企业绩效改善主要应归功于企业盈余调整，而非持续经营绩效的改善。这进一步支持了本书前面的结论。在控股股东变更后第二年，只有经过年度市场中位数调整的相邻两年度资产利润率之差与控股股东显著负相关（系数为 -0.141，显著性概率为 0.003）。这说明控股股东变更并未大幅度改善上市公司的治理架构，企业持续性经营绩效与控股股东更换表现出负相关关系。这与实际也是相吻合的，因为企业经营业绩的低劣是一个长期的过程，并非一个短期的结果。这一结果说明控股股东的更换给企业带来的是一定程度的市场绩效的改善和盈余管理的增加，而没有实质上改善企业的经营业绩。这一结论与朱红军（2002）的结论部分相一致。

8.3.3 控制权变更与经营业绩

上文分析了控股股东更换与经营业绩之间的关系，发现经营业绩的低劣将会导致控股股东的更换，而控股股东的更换将会在一定程度上促进经营业绩的改善。然而，我们发现在控股股东变更的公司中，有些公司在大股东更换前经营业绩较好，而有些公司则在更换前业绩低劣，并在更换后经营业绩趋好。我们将控股股东变更的公司分为两类，一类是在控股股东变更当年更换高管人员的公司，另一类是在控股股东变更当年未更换高管人员的公司，以进一步分析经营业绩与高管人员更换之间的关系。

8.3.3.1 更换高管人员的公司

（一）经营业绩水平

表8.6列示了经过年度市场中位数调整以后的高管更换的样本公司经营业绩水平（年度市场中位数的调整方法与前文相同）。从表8.6可以发现，经过年度市场中位数调整以后，可以发现资产收益率、每股收益、托宾Q值指标绩效在控股股东和高管人员更换前，经营业绩显著地低于年度市场中位数水平，而更换后比年度市场中位数显著提高，说明更换显著提高了经营绩效，而且托宾Q值金额远远大于其他持续性经营指标，这说明在

表8.6 高管更换的样本公司经市场年度中位数
调整后的经营业绩水平

年　份	ROE		ROA		CROA	
	中位数（%）	P 值	中位数（%）	P 值	中位数（%）	P 值
−2	−0.59	0.23	−0.09	0.85	−2.89	0.23
−1	−0.68**	0.04	−1.72*	0.06	−3.13	0.11
0	−1.88**	0.02	−1.43**	0.03	−5.74***	0.00
1	−0.16	0.26	−1.37*	0.08	−4.23	0.35
2	1.33	0.54	−0.64	0.26	−0.95	0.39

年　份	EM		EPS		TQ	
	中位数（%）	P 值	中位数（%）	P 值	中位数（%）	P 值
−2	4E−06	0.61	−6.00*	0.06	2.59	0.29
−1	0.01	0.33	−12.0***	0.00	9.36**	0.03
0	−0.66	0.88	−10.0***	0.00	9.48***	0.00
1	0.16**	0.01	−9.00**	0.02	11.83***	0.00
2	0.03	0.18	−0.05	0.13	18.03***	0.00

样本数:127

高管变更中企业绩效改善主要来源于市场绩效的提高。但是，线下项目在总资产中的比重却显著地呈现出一年减少一年增加的发展趋势，而且其金额在高管人员更换当年及随后一年已经超过了净利润金额，说明公司所取得的利润该期主要从线下项目获得。从这个分析结果看，更换控股股东和高管人员并未显著地迅速提高企业真正的盈利能力，而更换高管人员带来的大幅度盈余管理使它的业绩水平在更换后能够与市场水平持平甚至超出。这一研究结果与西方的研究文献恰恰相反，西方的研究文献认为在高管人员更换以后通常有利润"大清洗"（Big Bath）现象（Healy，1985），然而在我国的资本市场却呈现出完全相反的结果。由此可见，国情的不同会导致迥然不同的结论。

（二）经营业绩变化幅度

表 8.7 列示了高管更换的样本公司各项业绩指标在各个年度之间的变化幅度。从表 8.7 可以发现，净资产收益率、资产利润率和每股收益在更换高管人员前业绩处于下滑的趋势，而自变更年度起，直到变更后第 1 年不再上升并维持在一个与市场业绩水平持平甚至超出的水平上，在变更第二年各绩效指标除盈余管理的线下项目外都比变更前高，但是并不显著。然而，线下项目的变化却显著不同。线下项目在变更当年出现较大幅度的显著下降（占总资产的 4.65%），而在变更后 2 个年度则趋于上升，其金额维持在一个较高的水平上。直到第 3 个年度线下项目趋于下降。

结合表 8.6 和表 8.7，可以归纳为控制权变更伴随着经营业绩的显著变化，而这种变化在很大程度上可以归结为盈余管理和托宾 Q 值所反映的市场指标产生的影响。虽然本书仅仅采用线下项目来分析盈余管理程度，但是结果已经非常显著。

表 8.7　高管更换的样本公司经市场年度中位数

调整后的经营业绩变化幅度

年　份	ROE		ROA		CROA	
	中位数（%）	P 值	中位数（%）	P 值	中位数（%）	P 值
（-2,-1）	-2.54 ***	0.01	-1.36 *	0.08	-1.05	0.35
（-1,0）	-1.67 ***	0.00	0.26 *	0.07	-2.21 *	0.09
（0,1）	1.87 **	0.05	-0.49	0.87	2.35 **	0.02
（1,2）	0.81	0.46	0.03	0.37	0.07	0.29

年　份	EM		EPS		TQ	
	中位数（%）	P 值	中位数（%）	P 值	中位数（%）	P 值
（-2,-1）	0.00	0.90	-4.00 *	0.06	2.08	0.33
（-1,0）	-4.65 *	0.07	2.00 *	0.09	0.12 **	0.03
（0,1）	4.90	0.82	7.00 *	0.08	6.57 ***	0.00
（1,2）	-0.09	0.66	0.04	0.24	-4.16	0.46

样本数:127

8.3.3.2　未更换高管人员的公司

在控股股东变更的公司中，除了高管人员更换的公司以外，还有一些公司未在控股股东更换当年更换高管人员。我们试图通过分析这些公司经营业绩的变化，并与前述的更换高管人员公司的分析结果进行比较，以进一步说明经营业绩与高管人员更换之间的关系。

表 8.8 列示了未更换高管人员的样本公司在用年度市场中位数调整后的经营业绩水平。从表 8.8 可以看出，这些公司的经营业绩无论用净利润、营业利润还是用市场绩效和线下项目衡量，在控股股东更换前后均为正数，表明经营业绩确实要高于市场平均水平。从统计检验看，这两个指标在控股股东更换以前，统计

表8.8　高管未变更的样本公司经市场年度中位数
调整后的经营业绩水平

年　份	ROE		ROA		CROA	
	中位数 （％）	P值	中位数 （％）	P值	中位数 （％）	P值
−2	0.05	0.41	0.26	0.70	0.06	0.19
−1	0.08	0.17	0.30	0.62	1.00 *	0.08
0	0.63 *	0.09	0.42 *	0.06	−0.56 **	0.04
1	1.23 *	0.08	0.60 *	0.07	2.26 *	0.07
2	−2.21	0.22	−0.66	0.17	0.31	0.82

年　份	EM		EPS		TQ	
	中位数 （％）	P值	中位数 （％）	P值	中位数 （％）	P值
−2	0.00	0.91	6.00 **	0.03	5.92	0.11
−1	0.00 **	0.05	3.50 **	0.01	1.07 *	0.10
0	5.34 ***	0.00	1.00 **	0.03	0.99 *	0.06
1	4E−06	0.29	3.00	0.68	5.24 ***	0.01
2	5E−06	0.61	5.50	0.25	2.85 *	0.09

样本数：56

检验均显著。而控股股东更换以后，除盈余管理的线下项目和市场绩效指标统计上较显著外，其余绩效指标统计检验不显著，说明其业绩水平与市场已经基本持平。从线下项目看，无论是控股股东更换前还是更换后，线下项目在总资产中的比重均要显著低于市场水平，但是金额不大。这说明这些公司在经营良好的同时，并未发生财务包装行为。

进一步分析经营业绩的变化幅度（见表8.9），还发现这些公司变更前两个年度、变更当年和变更后一个年度经营绩效都不显著，可能是基本与市场水平持平。在变更后第2个年度，经营业绩中除线下项目的变化幅度统计显著外，以营业利润和净利润

表 8.9 高管未变更的样本公司经市场年度中位数
调整后的经营业绩变化幅度

年 份	ROE		ROA		CROA	
	中位数（%）	P 值	中位数（%）	P 值	中位数（%）	P 值
(−2,−1)	−1.21***	0.01	−0.07	0.17	−0.27	0.29
(−1,0)	1.18	0.17	0.67	0.24	−0.06	0.89
(0,1)	0.78	0.44	0.09	0.92	1.82**	0.05
(1,2)	−2.89***	0.00	−1.31***	0.01	−1.48**	0.03

年 份	EM		EPS		TQ	
	中位数（%）	P 值	中位数（%）	P 值	中位数（%）	P 值
(−2,−1)	2.9E−05	0.11	0.00	0.68	−2.79	0.55
(−1,0)	−5.34***	0.00	4.00	0.18	−0.08	0.51
(0,1)	5.71***	0.00	1.00	0.99	3.76***	0.00
(1,2)	6.2E−05**	0.05	−1.50	0.39	0.95	0.67

样本数:56

计算的经营绩效也显著。这说明这些公司与高管发生变更公司还是存在显著差异的。这些高管没有变更的公司在控股股东变更后第二年其经营绩效普遍趋于比市场平均水平较低。托宾 Q 值变化在控股股东变更当年显著高于市场平均绩效，显示这些公司绩效主要还是依靠市场绩效和盈余管理的提高。

通过与前文数据分析结果进行比较可以发现，在控股股东变更的公司中，高管人员更换的公司在更换前经营业绩低劣，而未更换高管人员的公司在控股股东更换前经营业绩显著好于市场平均水平。因此，可以认为，高管人员的更换既与控股股东变更相关，还与企业的经营业绩相关。但是，需要指出的是，控股股东变更但是高管人员未更换的公司通过线下项目进行盈余管理的程度很高，市场绩效较好说明这些公司确实有较好的经营业绩，同时辅以财务包装，使得这些公司的高管人员在控股股东变更的情况下，仍然能够保住自己的"饭碗"。这一研究结果与 Martin 和 McConnell（1991）的结论相似，他们发现在收购企业时，收购后更换高管人员公司的经营业绩在行业中处于偏低地位，而未更换高管人员的公司则在行业中处于平均水平。这也与朱红军（2002）的研究结论一致。

8.4 小 结

通过以上分析和检验，这里根据前面分析作图 8.1—图 8.6，并得出结论如下：

（1）高管更换与公司绩效紧密相关；控股股东的更换与高管人员的更换密切相关。

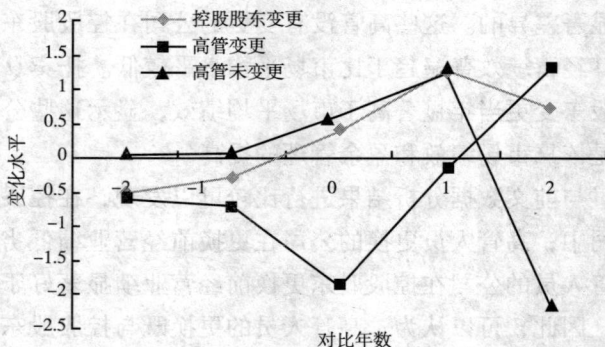

图 8.1 样本公司 ROE 变化水平

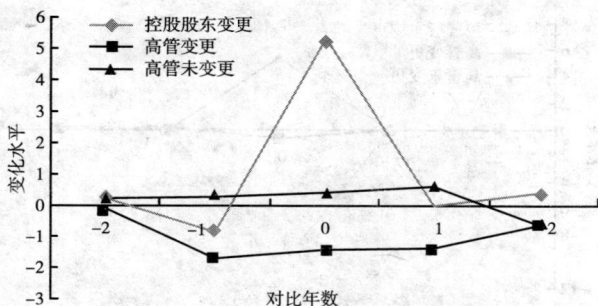

图 8.2 样本公司 *ROA* 变化水平

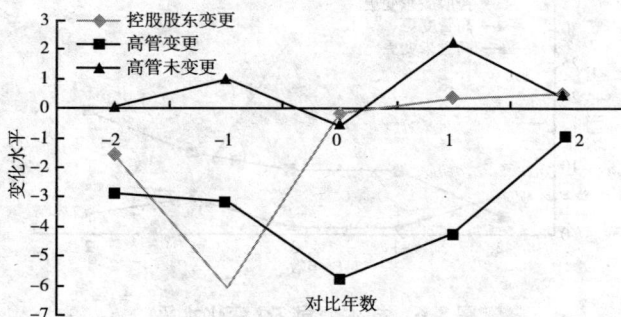

图 8.3 样本公司 *CROA* 变化水平

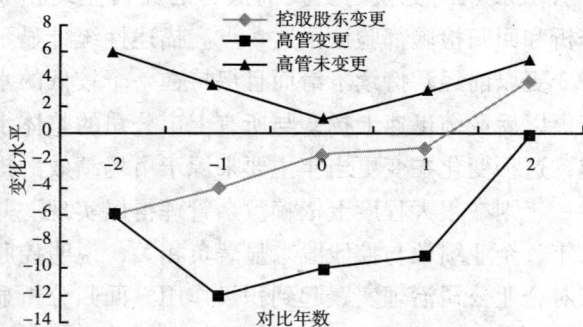

图 8.4 样本公司 *EPS* 变化水平

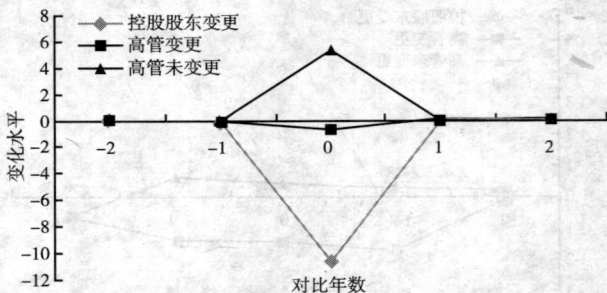

图 8.5　样本公司 EM 变化水平

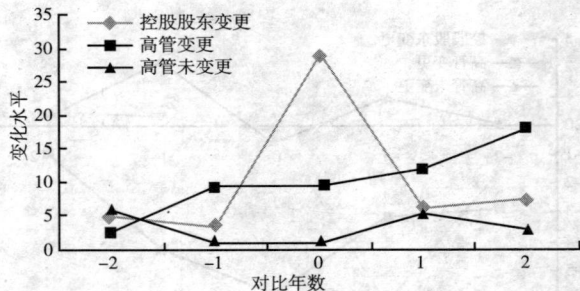

图 8.6　样本公司 TQ 变化水平

（2）控股股东的更换与更换前低劣的经营业绩相关，描述性统计分析和回归检验都验证了这一点。描述性统计显示，公司在大股东变更以前经营持续下滑而且保持在一个较低的水平，而大股东变更以后业绩迅速上扬，与所有上市公司的整体水平持平甚至超越，这种变化在变更当年主要来源于市场绩效的提高，而在变更后一年则在很大程度上依赖盈余管理得以实现。并且在更换后第二年，企业绩效与控股股东显著负相关，说明控股股东更换并没有对企业公司治理实践起到积极作用。回归分析显示，以财务绩效指标衡量，企业经营业绩的低劣将导致企业发生大股东的变更，导致控制权的更换。但是以市场绩效指标衡量，企业市场业绩不佳并不会对企业大股东变更起到推动作用。这可能是市场绩效不景气往往使大股东不愿介入该行业。这一结果说明控股股东的更换给企业带来的是一定程度的市场绩效的改善和盈余管理的增加，而没有实质上改善企业的经营业绩。

（3）将控股股东更换的公司分为两类，一类是更换了高管人员的公司，另一类是未更换高管人员的公司。通过统计检验发现，更换了高管人员的公司显著提高了经营绩效，而且托宾 Q 值金额远远大于其他持续性经营指标，这说明在高管变更中企业绩效改善主要来源于市场绩效的提高。但是，线下项目在总资产中的比重却显著地呈现出一年减少一年增加的发展趋势，而且其金额在高管人员更换当年及随后一年已经超过了净利润金额，说明公司所取得的利润该期主要从线下项目获得。从这个分析结果看，更换控股股东和高管人员并未显著地迅速提高企业真正的盈利能力，而更换高管人员带来的大幅度盈余管理使它的业绩水平在更换后能够与市场水平持平甚至超出。但是更换高管人员的公司，在控股股东变更前经营业绩低劣，而未更换高管人员的公司在控股股东变更前经营业绩显著好于市场平均水平。因此，可以认为，高管人员的更换既与控股股东变更相关，还与企业的经营业绩相关。但是，需要指出的是，控股股东变更但是高管人员未更换的公司通过线下项目进行盈余管理的程度很高，市场绩效较好说明这些公司确实有较好的经营业绩。

8.5 控制权变更市场效应的实证研究

信号传递指的是在委托代理模型中，掌握私有信息的代理人为了使代理人确信其代理行为的有效性，通过某种渠道和方式向委托人发出某种信息作为证明的过程。本节研究我国上市公司在公司外部治理机制之一的并购活动中控制权变更在市场上产生的信号传递过程。

本节结构如下，第一部分是有关文献回顾；第二部分是关于样本选取标准；第三部分为研究方法设计；第四部分是实证研究结果；最后是结论。

8.5.1 文献回顾

有关信号传递的研究思路通常是计算上市公司并购中控制权变更公告日前后股票价值的超常收益，以超常收益率是否显著等结果检验信号传递效应的存在情况。对超常收益的估计可以采取三种方法。

（1）累计超常收益法（CAR），某时段（例如日或者月）的超常收益率被定义为实际收益率与正常收益率之差。正常收益率则由某种资产定价模型得出，例如 CAPM 等。累计超常收益率则是公告日前后若干时段超常收益率的累加。这一方法计算简便，被广泛采用。

（2）随机相关系数回归法，以控制权变更公告日（或者月）的数据建立回归方程，以实际收益率为因变量，以市场收益率和控制权变更为自变量；其中某一哑变量（虚拟变量）在控制权变更公告日为1，在其余日期为0，则其相关系数即为当日的超常收益率估计值。这一方法更为灵活高效，但是也较为复杂。

（3）比较收益法，直接计算控制权变更公告日前后收益率，将公告日（例如公告日当日或者之后若干日）内的收益率与公告日前若干日（比较期）的平均收益率进行比较，依据其差额来判断是否存在超常收益。

超常收益率估计的研究方法实际上是一种横截面事件研究方法。事件研究是研究各种信息如年报、分红送股等信息公布后，股价对这些信息反应的速度和程度。该研究最早由 Fama 等（1969）进行。随后，Watts（1973）、Aharony 和 Swary（1980）分别研究了财务报告公布后，市场对收益及分红信息反应的程度。使用一天内交易数据，Patell 和 Wolfson（1983）研究了市场对这些信息反应的速度。Mikkelson 和 Partch（1985）研究了市场对上市公司增发新股的反应。所有这些研究显示：①市场对这些信息的反应是及时和迅速的，这也支持了资本市场上次强式有效假设；②同时这些实证研究也使人们认识到市场上信息类型对投资者的效用。

在进行某事件的市场反应研究时，可能存在以下设计方法上的局限性：①被考察事件被市场获知的时间确定方面存在问题；②在确定市场预期时存在问题；③未对同时发生的其他事项之影响进行有效控制。在我国进行市场反应研究时，这些研究设计上的局限性更显得更为突出。例如，信息披露不充分和不规范以及内幕消息提前泄露对上述第一项局限具有重大影响；市场投资者的高度投机和噪音交易行为将影响上述第二项局限；而我国信息披露制度上的群聚特征（例如净收益、利润分配等信息的同时披露）更增加了对同时发生事件影响进行有效控制的难度。

8.5.2　样本的选取程序

首先我们界定控制权变更为控股股东与管理当局变更。我们认为控股股东变更是指第一大股东发生变更；其次，管理当局发生变更是指董事长或者总经理或者董事会半数以上成员发生变动。在设定变量时，会遇到多种情况：控股股东与管理当局同时发生了变更；控股股东变更，但管理当局没有变更；控股股东没有变更，但管理当局发生了变更；控股股东与管理当局均没有变更，但少于董事会半数以上成员（可能包括或者不包括财务副总）发生变动。现实中，具体负责公司并购的关键管理人员在不同上市公司是存在差异的，既有可能是董事长决定，也有可能是总经理决定，还可能是董事决定。但是仅仅凭公开信息无法收集上述信息，这里并未考察更广泛意义上的管理当局变更对控制权变更的影响，而仅仅是检验了控股股东与管理当局同时变更，这基本上可以反映上市公司并购后的控制权变更。对于上市公司控股股东或者管理当局在报告期内是否发生了变更，上市公司必须在年报中的"重大事项"中加以描述。我们对1997—2001年我国上市公司并购活动的相关年报逐一加以查阅来获取控股股东与管理当局是否同时发生变更的信息。

另外，鉴于我国上市公司并购市场的具体情况，我们以1993年底前上市的公司为选取基准，对照1997—2002年上市公司并购活动对样本进行了筛选，共获取282家次我国上市公司并购中的控制权变更。同时在样本选取过程中考虑到研究惯例和样本的代表性，如果一家公司在某一年度发生了二起或者二起以上的并购事件，我们一般只取一次；如果这些并购事件发生在不同年度，则以多起并购事件分别记入。样本基本情况见表8.10。

表8.10　样本基本情况

	1997	1998	1999	2000	2001	合　计
深　市	11	19	10	26	22	88
沪　市	9	52	24	45	64	192
合　计	20	71	34	71	86	282

8.5.3　方法设计

8.5.3.1　收益率的选择

选择股票收益率作为分析变量，如果控制权变更样本公司的股票收益率在相关信息公告日附近存在统计上的显著差异，则可以认为市场对控制权变更事件发生了反应。对股票收益率的度量有两种方式，即算术收益率和对数收益率。算术收益率和对数收益率的计算公式分别为：

$$R_{at} = \frac{P_t - P_{t-1}}{P_{t-1}} , R_{gt} = Ln \frac{P_t}{P_{t-1}}$$

其中：R_{at}，R_{gt}：分别表示某只股票（或者市场指数）在第 t 个交易日的算术收益率和对数收益率；

P_t，P_{t-1}：分别表示某只股票（或者市场指数）在第 t 个和第 $t-1$ 个交易日的收盘价格。

由于竞争市场中的资产价格服从对数正态分布，因此对数收益率服从正态分布，从而比算术收益率具有更好的统计特征。本节采用对数收益率进行计算。

8.5.3.2 建立市场模型

除了公司的个别因素外，影响股票价格变动（进而影响收益率）的因素主要是市场整体的收益水平，因此我们需要建立合适的市场模型来消除共同变动的部分。我们建立 CAPM 单指数模型来估计股票的市场均衡收益率。计算公式如下：

$$E(R_i) = \alpha + \beta_i \times R_m$$

其中：$E(R_i)$：根据市场模型预测的第 i 种股票收益率；

R_i：市场指数收益率；对于上海市场，我们选取上证指数；对于深圳市场，我们选取深圳成分指数；

β：股票 i 对市场收益率的灵敏度（Sensitivity），它表明市场指数收益率每增长 1%，股票 i 预期收益率增长的数值；

α：股票 i 收益率与市场收益率无关的常数部分。在本节中选取各相关上市公司控制权发生变更公告日所在时点上的三个月定期存款利率计算。

我们的市场模型建立在各只股票的时间序列数据基础上，所选取的时间区间是从董事会决议披露日之前一年期间的交易日到股东大会决议披露日之后一年期间的交易日。选取较长时间区间可以合理确保某种股票的 β 系数在长期内稳定，从而提高市场模型的可靠性。

β 的计算公式为：

$$\beta_i = \frac{\sum_t (ret_{i,t} mret3_t) - \left(\frac{1}{n}\right)\left(\sum_t ret_{i,t}\right)\left(\sum_t mret3_t\right)}{\sum_t (mret_t mret3_t) - \left(\frac{1}{n}\right)\left(\sum_t mret_t\right)\left(\sum_t mret3_t\right)}$$

其中：$ret_{i,t} = \log$（1 + 股票 i 在时刻 t 考虑分红的日收益率）；

$mret_{i,t} = \log$（1 + 按照流通市值加权的市场回报率）；

$mret3_t = mret_{t-1} + mret_t + mret_{t+1}$；

$n =$ 相关股票公告期内（这里选取一年作为观察窗口以便提高模型的可靠性）总有效观测值个数，注意从一年第二个交易日开始截至下一年第二个交易日止。

8.5.3.3　计算非正常收益

建立市场模型目的就是要从股票收益率中剔除市场共同的收益水平，因此我们需要计算股票收益率中没有被市场模型预测到的部分，即非正常收益 AR（Abnormal Rrturn），计算公式如下：

$$AR_{it} = R_{it} - E(R_{it})$$

其中：AR_{it}：第 i 种股票在第 t 个交易日的非正常收益率；

R_i：第 i 种股票在第 t 个交易日的实际收益率；

$E(R_{it})$：市场模型预测的第 i 种股票在第 t 个交易日预期收益率。

8.5.3.4　计算平均累计非正常收益

研究市场是否对某一事件发生了反应，一般要计算在一定时间段内的累计超常收益，以累计超常收益为指标进行样本与控制样本的比较。平均累计超常收益是各种样本公司累计非正常收益在考察时窗内的均值。在时窗 $[a, b]$ 内的累计超常收益（CAR）按照下式计算：

$$CAR = \frac{1}{n} \sum_{t=a}^{b} \sum_{t=1}^{n} AR_{it}$$

其中 n 表示样本的数目。

8.5.4 统计结果

经计算，我国上市公司并购中控制权变更公告日前后 20 天的平均超常收益和累计超常收益率的具体计算结果如图 8.7 和表 8.11 所示。

从图 8.7 中可以看出，我国上市公司并购活动中控制权变更的平均超常收益率和累计平均超常收益率在公告日前后 20 天出现明显的异常变动，波动区间基本集中在 $[-2, 2]$ 和 $[15, 19]$ 之间，由于 $[-2, 2]$ 是控制权变更公告效应的发生时段，这里把 $[-2, 2]$ 作为控制权变更公告期，这与国外学者在计算超常收益时把 $[-1, 0]$ 和 $[0, 1]$ 作为公告效应期有显著

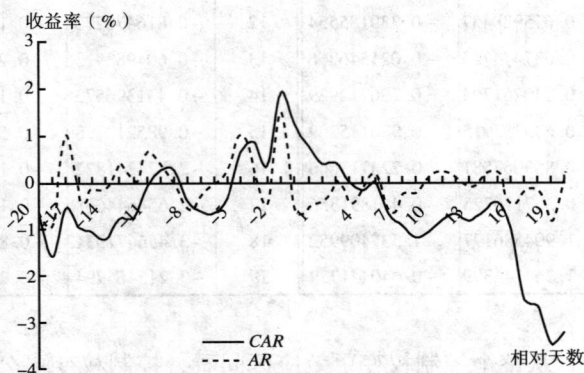

图 8.7 我国上市公司并购中控制权变更前后 20 天平均超常收益率

区别。考虑到我国证券市场在信息披露和大股东操纵上存在相关问题，因此把控制权变更的效应区间定在 [−2，2] 之间是恰当的。

表 8.11　我国上市公司并购中控制权变更公告
日前后 20 天平均超常收益率

相对天数	CAR	AR	相对天数	CAR	AR
−20	−0.65737691	−0.65737691	0	0.786586719	−0.47755768
−19	−1.578298314	−0.920921404	1	0.393191823	−0.393394896
−18	−0.562624507	1.015673807	2	0.415216782	0.022024959
−17	−0.945130903	−0.382506397	3	0.016397147	−0.398819635
−16	−1.046973854	−0.10184295	4	−0.156149515	−0.172546663
−15	−1.198201151	−0.151227298	5	−0.01144681	0.144702705
−14	−0.771338935	0.426862216	6	−0.683079063	−0.671632253
−13	−0.741151495	0.03018744	7	−0.932320292	−0.249241229
−12	−0.068491471	0.672660024	8	−1.160341417	−0.228021125
−11	0.273727476	0.342218947	9	−1.060907302	0.099434115
−10	0.269021454	−0.004706022	10	−0.795888151	0.265019151
−9	−0.376742903	−0.645764357	11	−0.668834359	0.127053792
−8	−0.615928457	−0.239185554	12	−0.816478277	−0.147643918
−7	−0.637474723	−0.021546266	13	−0.604983923	0.211494354
−6	−0.340761794	0.296712929	14	−0.431396572	0.173587351
−5	0.635353915	0.976115709	15	−0.985212798	−0.553816226
−4	0.859067581	0.223713666	16	−2.524241822	−0.168905722
−3	0.367176225	−0.491891356	17	−2.654644668	−0.130402845
−2	1.904586177	1.537409952	18	−3.456671931	−0.802027264
−1	1.264144399	−0.640441779	19	−3.215464794	0.241207137

另外，从整个控制权变更效应区间看，控制权变更公告日效应区间前期变动基本正常，直至控制权变更公告效应区间 [−2，

2] 后，收益率呈下降趋势，在 [15，19] 区间上出现了显著异常变化的情况。从整体区间来看，如果不涉及其他因素，我们可以认为控制权变动收益率效应在公告日效应区间内是显著为正的，但是从中长期看显著为负，并且抵消了控制权变动公告日效应区间的收益。所以从短期看，控制权变动收益率显著为正，但是随着时间的递延，该收益率为负，从而从总体上控制权变动总市场财富效应并不表现为异常变动。这与国外相关研究是一致的。

为了检验我国上市公司并购中控制权变更在累计超常收益率公告日效应存在与否，我们假定各样本相互独立且服从正态分布，这里用 t 检验。这里计算了各个公司在 [-2，2] 期间共 5 天和 [15，19] 期间共 5 天的累计超常收益率，并且求出了各自均值 μ。这里设定显著性水平为 1%，原假设为 H_0：$\mu=0$；H_1：$\mu>0$ 为备择假设，进行右侧单尾假设检验。t 检验的计算公式为：$t = \dfrac{u}{s/\sqrt{n}}$，其中 t 为统计量，μ 为样本均值，s 为样本标准值，n 为样本容量。其检验结果见表 8.12。

表 8.12　统计检验结果

公告日效应区间	[-2,2]	[15,19]
样本容量	282	282
样本区间收益率最大值	0.39%	-0.99%
样本区间收益率最小值	1.90%	-3.46%
样本区间收益率均值 μ	0.9527%	-2.5672%
标准值 s	0.6389%	0.9648%
T 统计量	25.0408	44.6834
拒绝 H_0 对应显著性水平	1%	1%
检验结论	拒绝 H_0	拒绝 H_0

从检验结果可以看出控制权变更公告日效应在 [-2, 2] 和 [15, 19] 上极其显著，全部拒绝原假设 H_0，样本在 [-2, 2] 区间上市场财富效应为正，在 [15, 19] 区间上市场财富效应为负。

8.5.5　结论与启示

8.5.5.1　小结

（1）从图 8.7 可以观察到，我国上市公司并购中控制权变更的信号传递效应在 [-2, 2] 区间上完全实现。

（2）在我国上市公司并购中控制权变更公告日收益率变动呈现出如下趋势：在公告日信号传递效应区间，其收益率显著为正，随着传递时间延伸，收益率显著为负，从而在整体上，我国上市公司并购中控制权变更对并购公司股东并未显示出明显的收益改善效应。

（3）上述结论统计检验极其显著。

8.5.5.2　现实意义

（1）由于我们的样本分组是控股股东与管理当局变更，上市公司中不同持股比例的股东对企业参与程度和利益实现方式的不同而导致对上市公司法人意志的左右问题，如由于大股东对上市公司发展前景和定位的不同规划而出现的控制权争夺；在公司内部控制上，由于存在内部人控制问题，股东和高管层在利益上存在不相容性，股东为保证投资者最大利益，有积极性和能力对上市公司的代理人即高管层进行监督，当公司绩效比同行业较差时，管理层就面临控制权变更问题。

（2）由控股权和高管变更导致的控制权变更公告日效应在整体上对投资者股价收益率表现出在短期上为正效应，但是随着效应区间的递延逐渐表现为负效应。因此上市公司在进行资产重组和公司并购等可能导致控制权变更活动时，并不会马上达到所期望的显著改善上市公司市值的目的，上市公司要改善自身绩效应该主要依靠优化治理结构从而提高企业价值。因为从上市公司并购控制权变更公告日效应区间来看，这些市场化行为并未显著增加社会财富。

（3）现代公司是由人和财产依照一定的法律规范组织起来的营利性民事主体。自然公司作为一个拟制的法律主体也存在"公司利益"这一概念，但终极的公司利益总是归特定的自然人所享有。公司法规定公司股东是公司利益的最终享有人，公司利益从而股东利益必须通过积极的经营管理来实现，由于股东只对公司债务承担间接的有限责任，股东本身并不以具有经营才能为公司得以成立和运行的要件，特别是在大型的公众股份公司中，股东只是一个高度分散和流动的群体，而公司高效率的经营又必须以经营管理权高度集中为前提。因而法律把公司权力的行使赋予了特定的公司机关董事会。董事会总是由独立的自然人所组成，他们虽然也有个人利益存在，但法律对他们的要求是只能为公司的最佳利益从而最终为全体股东的利益而工作。这样董事的选举、赋权、控制、制约就构成了公司法上的董事制度。

（4）对投资者保护问题是公司治理的核心问题之一，也是公司治理要实现的目标。它源于代理问题，核心内容是防止内部人（管理层和控股股东）对外部投资者（股东和债权人）的"掠夺"。在公司股份比较分散的情况下，主要表现为管理层机会主义；在股权集中于控股股东情况下，体现为管理层和控股股东对中小股东和债权人的双重侵害。所以在很大程度上应建立防止权利被内部人剥夺的机制，具体在控制权上要防止公司大股东和控股股东利用控制权变动所形成的收益率变动使其他相关利益者遭受损失。

9 主要研究结论与展望

9.1 控制权变更合约安排的优化目标

"经济人"假设决定了企业是以追求自身利益最大化为目标的一组互相连接的契约，企业各个利益主体处于各契约点的每一个节上。随着时间的推移，社会生产生活水平的不断提高，分工细化和资源稀缺性作为经济研究和社会实践活动的基本前提，越来越深入地产生影响。经济活动各利益主体对自身利益的认识也在不断深化，经济民主化程度在不断提高，企业目标也经历了由企业利润最大化到股东财富最大化，进而演进到相关利益者兼顾的客观发展过程。作为公司治理核心的控制权，其优化目标和方式也在不断发生变化。

9.1.1 利润最大化目标

企业利润最大化目标是自从亚当·斯密以来经济研究和分析的基本理论前提，也是企业一切行为和经济活动的基本出发点之一，是企业目标最直接、最原始和最朴素的认识。企业作为一种法律框架结构，在某种意义上只是对市场缺乏效率部分的一种替代，其依据就是企业可以节约契约交易成本和取得较大的运营收益。虽然人们对利润的认识经历了由"会计利润"到"经济利润"、由"静态利润"到"动态利润"的转变，但是，在所有权和控制权高度分离、经济民主化发展、企业目标和社会目标不断融合的现代社会，利润目标已经暴露出其单一性和可操作性差的不足。企业实践的不断发展呼唤更具代表性的指导目标。

9.1.2 股东财富最大化目标

一个有效率的企业治理结构在于责权利统一基础上的利益相关者之间的长期合作，治理结构有效率的前提是剩余索取权与控制权的对称分布，即我们常说的要权利统一。

但是，谁有资格拥有剩余索取权和控制权？传统的提法可归纳为"股东至上"逻辑。按照"股东至上"逻辑，一个必然的推论就是：有效率的治理结构只能是"资本雇佣劳动"式的单边治理结构。在这一结构中，剩余索取权与控制权全部归雇主（或股东、出资者）所有。单边治理结构常见于业主制企业、合伙企业及一些股东主导型公司。这些古典企业生存了几百年。股东财富最大化目标是所有权和控制权高度分离的情况下，投资者对自身出资入股权益的伸张，也是单边治理结构的企业管理框架下的企业目标的核心要求。

9.1.3 利益相关者兼顾目标

"利益相关者兼顾目标"与"股东财富最大化目标"的本质差异在于公司的目标是为利益相关者服务，而不仅仅只是追求股东的利益最大化。公司是利益相关者相互之间缔结的"契约网"，公司运作不仅需要物质资本（包括股权和债权），而且更重要的是需要各利益相关者的专有性人力资本。企业剩余的创造既要求利益相关者投入物质资本，也要求投入人力资本，目的是获取单位个人生产无法获得的合作收益。"合作逻辑"并不否认每个产权主体的自利追求，而是强调理性的产权主体把公司的适应能力当作是自身利益的源泉。因此，一个体现和贯彻"合作逻辑"的治理结构必须让每个产权主体都有参与企业所有权分配的机会，但这是机会的均等，而不是权利的平均化。现实的企业所有权分配结构总是不平均的，这取决于产权主体相互之间的谈判。

利益相关者兼顾目标的核心是经济民主化，通过公司章程等正式制度形式来确保每个产权主体具有参与企业所有权分配的机会；同时又依赖于相互监督的各产权主体的行为，适当的激励机制和利益约束机制是稳定合作的基础，并达到产权主体行为统一于企业适应能力提高这一共同目标之上。这种模式是在充分考虑制度环境约束及传统路径约束的前提下的现实选择。同时，它是"可塑"的，具有自身的适应性，在不同的外部环境和内在组织特征下，它具有不同的具体机制。

9.2　主要研究结论

9.2.1　股权结构是影响我国上市公司控制权变更的关键因素之一

本书的实证研究说明了股权集中和股权结构对控制权变更的影响，同时也说明了法人机构股东在公司治理中的重要作用，以及过于分散的股权结构可能产生的问题。

（1）大中型国有企业内部控制机制的改造要通过国有股权

的分散、引入其他大股东，包括机构投资者来实现。国家逐步卖出它所持有的上市公司的股权是一种帕累托进步，有利于资源合理配置和社会福利的提高。

（2）如果所有权需要分散（多样化），那么中国大中型企业是不是需要像英美模式那种极为分散的所有制结构呢？我们的研究结果似乎暗示了否定的回答。实证结果显示，个人股东对公司控制权变更几乎没有任何显著影响，至少在中国的现状是这样。在许多回归等式中，个人股东持股所占比重的系数是显著的负数，表明市场对个人股东不看好。很明显，中国上市公司存在"搭便车"的难题。个人股东既无激励（动力）又无能力来监督和影响企业高层经理的行为。因此，所有权在一定程度上的集中是必要的。这似乎说明了加紧培育机构股东的重要性。比较研究表明，OECD 国家中，股权和控制权也正逐渐地集中在金融和非金融机构投资人手中。这一趋势的动力来源于所有权的集中作为公司直接控制的手段的好处。在一个国家法制不够完善，不能保护外部投资者的利益的情况下（在中国和其他转型的发展中国家中也存在）变更控制权，大型机构投资者和战略投资者（股东）在控制权中的作用尤其重要。

（3）研究结果说明股权集中与公司控制权变更存在负相关关系。说明股权集中与我国上市公司控制权变更负相关，因为在我国上市公司股权结构中，股权绝大部分集中在国有股或者国有法人股，国家对股权的稀释是严格控制的。同时更重要的是，公司的利润率与法人股权占的比重有显著的正相关关系。实际情况也说明，法人股东（机构投资者）既有激励（动力）又有能力（权利）来监督和控制企业高层经理的行为，因而在公司治理中起了重要作用。

（4）研究还发现非流通股比例与控制权变更变量负相关。

这可能与我国控制权变更较少采用二级市场股份购买的原因有关，占绝大比重的国有股和国有法人股对控制权变更起到了阻碍作用。国有股、法人股和社会公众股比例系数为正，但是社会公众股的系数比国有股和法人股系数小，说明在控制权变更可能性中，国有股和法人股的协议转让占了相当重要地位，而二级市场的发盘收购则所起作用比较小。这也间接说明我国的控制权变更市场主要是一个政府主导的市场，是政策支配的市场，还远不是市场起主导作用的自由交易市场。

（5）研究进一步显示国有股和每股收益、法人股和市盈率、第一大股东持股比例和资产负债率之间存在显著的三次方关系。这也说明国有股比例与财务指标相关；法人股比例与市场绩效相关；第一大股东持股比例主要为国有股或者国有法人股与资产负债率显著相关则说明我国国有股占绝大比重对控制权变更具有较大影响，国家一般不倾向于稀释国有股，在控制权并购中融资多采用财务杠杆融资。国家在上市公司中的大股东地位不同于一般意义上的大股东，国家股权委托人的虚位以及退出机制的缺乏，使得真正行使监控权的代理人缺乏持续的动力和相应的制约机制。这主要是因为国家股对公司治理和公司绩效的影响在很大程度上取决于政府的行为方式及其代理人。因此我们认为适当保持较高的法人股是有利的。这是因为，对于法人股东来说，如果其持股量过低，法人会采取一些短期行为，而不是着眼于公司长期价值的增长。

9.2.2 高管人员变更公开缘由和深层原因

（1）公司高管人员更换自身披露的原因中主要为股权导致大股东变更、高管人员的辞职、换届选举、工作调动或者辞去一部分职务。从本书的深入分析可以看出，高管人员年龄结构、大股东更换、公司绩效好坏以及公司领导权结构等因素是高管变更的重要原因。

（2）主成分分析显示，导致高管变更的主成分有：股权集中度；股权对比度；基本盈利能力；企业市场绩效；长期负债水平；股权流动性；企业规模；经济民主化水平；企业破产压力。Logistic 模型回归分析的统计结果显示，9 个主成分因子中，只有常数项、股权对比度、长期负债水平和企业破产压力四个解释变量在模型中的作用均显著，且在显著作用的解释变量中，长期负债水平的解释显著性水平最高。从其系数来说，股权对比度、股权集中度、基本盈利能力、企业市场绩效、长期负债水平、股权流动性和经济民主化程度的系数为负，说明这些主成分因子对被解释变量控制权变更的作用为负相关，同时企业规模和破产压力系数为正，说明这些变量对被解释变量的作用为正相关。

9.2.3　控制权变更中的大股东掠夺

控制权价格与大股东可能从控制权中获得的私有收益成正相关关系，平均控制权溢价近 1.11%，说明控制权溢价并不是非常高，但是不同转让情况溢价水平相差很大。需要指出的是，由于上市公司信息披露不完全，大股东掠夺程度有可能被低估，并且公司规模越大，中小股东利益受掠夺程度越小。溢价水平（大股东获取的私利）与被转让股份比例之间基本呈线性关系，且大股东从控制权中获得的私利随着持股比例的上升而递增，只是在不同转让股份水平时大股东所获控制权收益也不同。上市公司净资产收益率越高，显示该公司基本绩效越好，控股股东利用控股地位掠夺投资者的机会成本就越低，空间也越大，自然其私利就越高。另外，上市公司总体流通股比例和溢价水平之间关系呈现出显著正相关。

9.2.4　控制权变更中的相关利益者保护

本书的经验研究表明，在外部投资者利益缺乏保护的情况下，流通股比例、股权集中度、第一大股东性质、内部职工持股比例、高管持股比例与企业绩效之间并不存在明显的正相关关系。在非保护性行业，第一大股东持股比例与企业绩效关系随绩效指标选取不同而不同；盈余管理在保护性行业和非保护性行业之间都基本上呈显著负相关关系；股权结构对企业绩效的影响随着行业不同而表现出很大差异。其中只有法人股比例基本上与企业绩效指标呈现显著正相关。表明了国有股减持的必要性和迫切性，论证了控制权变更中必须加强投资者保护、深化改革和完善公司治理的重要性。

9.2.5 控制权变更中的领导权结构和环境影响

对发生控制权变更的上市公司来说，环境变量显著调和了领导权状态与公司绩效之间的关系，但是并未对控制权变动产生显著影响，而且领导权结构的哑变量与公司绩效也具有显著的线性相关性。但是在不同分组类别中，领导权结构对绩效产生的正反面影响不同。我们的研究结果与环境依赖理论以及国内一些学者的观点相符。所以，我们认为董事长和总经理两职设置会对公司绩效产生显著影响，但是对控制权变更可能性并不会产生显著影响，至少在中国现阶段的情况是这样。

9.2.6 董事会结构、董事会行为与控制权变更状态和绩效的关系

从董事会结构与绩效指标关系来看：独立董事比例与平均托宾 Q 值显著正相关，内部董事比例、法人董事比例、非高管董事比例都与绩效指标平均托宾 Q 值显著正相关，其曲线拟合显示绩效指标与这三个董事会董事构成指标呈非常显著的二次曲线关系。市净率与法人董事比例显著负相关。平均市净率与董事会非正常会议次数显著正相关。董事会中独立董事是否领取报酬或者

津贴与平均市净率显著负相关。从董事会结构、董事会行为与控制权变更的关系来看：内部董事比例、独立董事比例与控制权变更之间存在负相关关系，法人董事比例、非高管董事比例与控制权变更之间存在正相关关系，但是所有模型整体并不显著。董事会规模与绩效指标负相关，这与西方经典理论认为董事会越大绩效越低的观点相一致，但是这并不显著。董事会会议次数、独立董事领取报酬哑变量与控制权变更状态正相关，董事会非正式会议次数、董事会规模、董事会持股人数比例、董事会董事领取报酬人数比例与控制权变更哑变量负相关。另外，回归模型运用不同变量会得出迥然不同的结论。

9.2.7　控制权变更中公司绩效的影响

（1）高管更换与公司绩效紧密相关；控股股东的更换与高管人员的更换密切相关。

（2）控股股东的更换与更换前低劣的经营业绩相关，描述性统计分析和回归检验都验证了这一点。这一结果说明控股股东的更换给企业带来的是一定程度的市场绩效的改善和盈余管理的增加，而没有实质上改善企业的经营业绩。

（3）将控股股东更换的公司分为两类，一类是更换了高管人员的公司，另一类是未更换高管人员的公司。通过统计检验发现，更换了高管人员的公司显著提高了经营绩效，但在高管变更中企业绩效改善主要来源于市场绩效的提高和主要从线下项目获得。从这个分析结果看，更换控股股东和高管人员并未显著地迅速提高企业真正的盈利能力。更换高管人员的公司，在更换控股股东变更前经营业绩低劣，而未更换高管人员的公司在更换前经营业绩显著好于市场平均水平。因此，可以认为，高管人员的更换既与控股股东变更相关，还与企业的经营业绩相关。但是，需要指出的是，控股股东变更但是高管人员未更换的公司通过线下项目进行盈余管理的程度很高，市场绩效较好说明这些公司确实有较好的经营业绩。

9.3 优化控制权变更合约的制度安排和政策建议

9.3.1 改善股权结构，股权多元化和流通化

我国上市公司国有股减持被很多学者称为国有企业的"第二次上市"。如果说第一次上市仅解决了国有企业"形"的上市问题，那么第二次上市即是要通过国有股的减持完成"神"的上市过程。前后"两次上市"都是我国经济体制转型期国有企业渐进式改革进程、国有经济战略性重组过程不可缺少的组成部分。为此，上市公司国有股减持是一项庞大的系统工程。对它的认识不能简简单单地停留在纯操作层面。事实上，应该从国有经济优化布局、上市公司良性发展的终极目标反观国有股减持。股份减持实质上表现为股权的下降，而股权下降的主要方式是通过股份回购和转让。对于股权回购或股权转让，《公司法》、《证券法》、《上市公司章程指引》、《减持国有股筹集社会保障资金管理暂行办法》、《上市公司股权分置改革管理办法》、《上市公司董事、监事和高级管理人员所持本公司股份及其变动管理规则》等有关法律、法规、规章都作出了具体的规定。由上述有关法律规定可以看出，"减持国有股"是完善上市公司股权结构的合理手段，且其实施过程不存在法律障碍。另外，理论界有关国有股减持提出了许多具体方案设想，其中有的正在试点之中。这些方案包括国有股协议转让、国有股回购、国有股配售、国家股放弃

或部分放弃配股、增发新股、公司合并、公司分立、经营者认购
股权、国有股股东发行可交换债券、国有股转换为优先股、设立
国有股投资基金、国有投资公司参与国有股减持、国有股转换为
债券等十多种方式。

国有股减持正引起股市可能遭遇更大资金压力的担忧。国资
委正酝酿出台一系列减持规定，希望通过采取一定措施来控制国
有股减持节奏，避免所谓的国有股大量套现而冲击市场。另外，
不可忽视的是，国有股转让不言自明存在下限，也就是说国家要
保证国有股东在国民经济基础性和支柱性行业的上市公司中处于
控股地位。所以，目前不论是国务院国资委管控的中央企业，还
是地方国有企业，其处理权都牢牢掌握在国资部门手中。但值得
注意的是，从长远来看，中国正渐现流动性短期拐点的预期。单
从股票市场来看，依靠储蓄转换来推动市值上升的动能在减弱；
发行特别国债未来将吸走大量资金；QDII 也将扩容。而股改后
的国内市场仍只有 30% 左右的股份在流通，这一结构性缺陷，
导致资金可追逐的存量并不多。此外，资金压力一时不会改变，
国有股转让量也不会陡然增多。股改前非流通股占总股份67%，
其中15%的非流通股为"小非"，"大非"中第一大股东的持股
量平均在 50% 以内，如果允许其转让股份，平均持有量或会减
少到40%的水平。此外，上述规定依旧维持国有股可依法无偿
划转给政府机构、事业单位、国有独资企业等的决定，再加上国
资委有关官员的此前表述，即伴随着国有经济结构调整和国有企
业整体上市，要尽快实现集团层面股权多元化，下属企业组织结
构集中化，那么，国有股的受让对象更可能是国有体系自身。

所有权结构，实际上是控制权与流动需求（效率）之间的
权衡。对国有经济而言，需要根据其私有收益选择所有权结构。
国有经济的私有收益，实际上涉及的是社会主义市场经济条件下

国有经济的基本性质、主要职能和作用范围。也就是要确定国有经济在哪些行业或领域需要保留和发展，确保公有制的主导地位，其中哪些领域必须占据控制地位或应该退出，让各种所有制经济开展市场竞争。这正是目前调整国有经济布局和改组国有企业的着力点。中共中央《关于国有企业改革和发展若干重大问题的决定》，提出的国有经济需要控制的行业和领域主要有四大类：（1）涉及国家安全的行业。这些行业中的国有企业，其首要任务是保障国家和社会的安全，效率或盈利能力如何必须以完成这一任务为前提。具体来说，包括重要的军事工业、核工业、特种印刷企业等。（2）自然垄断的行业。在这些行业中，自然垄断的性质决定了国有企业要保持较强的控制地位，这样会利于国家对自然垄断的规制和调控，以最大限度地保护消费者的利益。这类行业主要有5个，即基础电信、铁路、电力、煤气和自来水工业。（3）提供重要公共产品和服务的行业。这些行业中的国有企业是要满足社会的共同需要和公民的某些需要，不纯粹以盈利为目的。主要有大型水利设施、环保设施、城市公共交通等，以及金融和保险业中的一部分。（4）支柱产业和高新技术产业中的重要骨干企业。之所以要在这些产业中使国有企业成为重要骨干，是因为要以国有经济的力量和优势保证在国家层次上的产业竞争力和高新技术领先性。如大型油田、大型矿山、大型钢铁、大型石化、汽车制造集团、大型建筑公司、重要的国家实验室、重要的电子企业和机电设备制造企业等。

根据市场经济条件下资本的一般规律，结合我国国情，国家减持国有股主要有五种途径：（1）国有股配售。国有股配售是将上市公司的部分国有股权定期出售给特定投资人，使其国有股逐步实现上市流通。国家采取这种方式减持国有股份既可以及时套现资金，又可以使国有资产增值。（2）股票回购。股票回购是指上市公司购回国家股东持有的本公司股票然后注销。由于早期上市公司国有持股比例普遍较高，回购的余地很大，回购国有股一般不会使国有股东丧失控制权。同时，回购国有股可以使投资者从每股收益提高而上升的股价中获利，对国有股东来说，转让也使其盘活了手中无法变现的资产，取得了现实的收益，又不会对市场产生过大的资金压力。（3）缩股流通。缩股流通是指上市公司将现有的国有股按当初发行价进行并股，转由战略投资基金持有，然后上市流通，战略投资基金持有的国有股及法人股，在第一年不得出售，从第二年起必须提前六个月公布拟出售股票种类及数量。国家如果要退出某些行业的公司，可以将股份全部出售给战略投资基金；如果不想退出，则可以长期持有，保持相对控股。（4）拍卖。一般来说，企业破产、清算时才采取拍卖形式，其实拍卖也可以作为国有股减的途径之一。对于国家来说，拍卖可以及时兑现资金，虽然拍卖成交价将由市场来定，但国有股可设定一个不低于净资产的起价，国家不会因此造成损失。（5）股权转债权。股权转债权的具体办法是由上市公司把国有股权转为债权。上市公司因此而形成的债务既可以分期偿还，又可以通过可转换债券的形式上市交易，具体转债比例由上市公司根据自身情况确定。

综上所述，我们可以看到，由于公司之间的具体情况千差万别，国有股减持的具体方式也应该是多种多样的，不同类型的国有控股上市公司可采取不同的国有股减持办法。当然，具体减持办法的差异会导致其对公司治理结构影响的力度产生差异，尽管如此，各种办法所产生影响作用的方向应该是一致的，也就是它们都必须对公司治理结构的完善起正面的而不是负面的影响。这是我们在设计和选择具体的国有股减持方案时必须遵循的原则。否则，将会影响到我国上市公司今后的长远发展。

因此，先搞试点以取得经验应该是一个可行的路子，尤其是那些影响面广的减持方案，更应在充分酝酿并取得经验的基础上推广实施。

9.3.2 强化董事义务和责任意识，建立董事长、总经理的分离机制

9.3.2.1 强化董事义务和责任意识，追究违法董事的法律责任

我国《公司法》、《证券法》、《刑法》和有关法规对上市公司董事的义务和责任作了明确的规定。主要包括：董事对上市公司的义务；董事负有的民事责任。《刑法》还就妨碍公司、企业管理秩序犯罪，对单位及其直接负责的主管人员和其他直接责任人员实行"双罚"制度。主管人员就包括董事在内。但是，目前董事忽视自己义务和责任的状况令人担忧。在加强证券日常监管和宣传的同时，严格执法、依法追究董事的刑事责任和民事责任是强化董事责任意识的重要手段。

9.3.2.2 提高董事会的独立性

1996 年，美国一家权威机构对当年破产企业进行的统计分析表明，85% 以上的倒闭企业是由于公司董事会的决策失误造成的，而决策失误主要发生在那些治理结构不完善的企业，其中董事会不独立就是主要原因之一。因此，提高董事会的独立性是当务之急。董事会换届时，外部董事应占董事会人数的 1/2 以上，并应有 2 名以上的独立董事。外部董事应有足够时间和必要的知识能力以履行其职责。同时，赋予独立董事一些特殊的权利，如公司的关联交易必须由独立董事签字后方能生效；2 名以上的董事可提议召开临时股东大会；独立董事可直接向股东大会、中国证监会和其他有关部门报告情况，等等。因此，我们建议同时在所有的上市公司逐步建立外部董事和独立董事制度。

9.3.2.3　建立董事长、总经理的分离机制

董事长和总经理两职合一有利于提高其创新自由度,但对高级管理人员监督的有效性降低了;两职分离可以增强董事会的独立性,有利于其发挥有效的监督,使总经理加强对相关利益主体尤其是股东的关注。目前,我国上市公司董事长和总经理两职合一的比例高达60%以上,董事会缺乏独立性、法人治理结构缺乏有效的监督机制。因此,我们建议我国上市公司要建立董事长、总经理的分离机制,使董事长、总经理各负其责,只有这样才能提高董事会的独立性。

9.3.3　优化独立董事制度安排,增强董事会独立性和决策科学性

9.3.3.1　我国独立董事制度的路径演变

独立董事制度在中国的发展有其自身的背景,我们的上市公司股权高度集中、"一股独大",董事会成员基本上由股东单位委派,从而形成出自第一大股东的董事超过董事会人数半数的常见格局。上市公司被当作"圈钱"的工具,大股东利用优势地位,通过关联交易剥夺小股东权益的现象时有发生,大小股东利益冲突日益凸显。独立董事直接作用于公司内部人控制的源头抵制,有助于提高上市公司质量并完善我国企业法人的治理结构,投资者和管理当局对独立董事制度都寄予厚望,希望这一制度对改善中国上市公司的治理结构起到应有的作用。

我国独立董事制度在1997年12月中国证券监督管理委员会发布的《上市公司章程指引》第112条已有规定,"公司根据需要,可以设独立董事。独立董事不得由下列人员担任:①公司股东或股东单位的任职人员;②公司的内部人员(如公司的经理或公司的雇员);③与公司关联人或公司管理层有利益关系的人员"。但该条特别注明"此条为选择条款",也即并非强制性的规定。

1999 年 3 月 29 日国家经济贸易委员会、中国证券监督管理委员会发布《关于进一步促进境外上市公司规范运作和深化改革的意见》（以下简称《意见》）要求境外上市公司都应逐步建立健全外部董事和独立董事制度，《意见》第六项规定，"公司应增加外部董事的比重。董事会换届时，外部董事应占董事会人数的 1/2 以上，并应有 2 名以上的独立董事（独立于公司股东且不在公司内部任职的董事）。外部董事应有足够的时间和必要的知识能力以履行其职责。外部董事履行职责时，公司必须提供必要的信息资料。独立董事所发表的意见应在董事会决议中列明。公司的关联交易必须由独立董事签字后方能生效。2 名以上的独立董事可提议召开临时股东大会。独立董事可直接向股东大会、中国证监会和其他有关部门报告情况"。

上海证券交易所在 2000 年 11 月 3 日发布的《上市公司治理指引（草案）》中提出，将来上市公司"应至少拥有两名独立董事，且独立董事至少应占董事总人数的 20%"。这个指引关于设立独立董事的要求是非强制性的。

中国证监会主席周小川 2001 年 1 月中旬在全国证券期货监管工作会议上明确表示，要把"在 A 股公司中推行独立董事制度，进一步完善法人治理结构"作为重点工作之一。中国证监会于 2001 年 1 月 19 日发出通知，要求基金管理公司（包括正在筹建中的公司）必须完善治理结构，实行独立董事制度，其人数不少于公司全部董事的三分之一，并多于由第一大股东提名的董事人数。

随着中国证监会在 2001 年 8 月 21 日《关于在上市公司建立独立董事制度的指导意见》（以下简称《指导意见》）的颁布，这个指导性文件对独立董事在中国的实施作了明确的规定，比如独立董事中至少应有 1 名会计专业人士，在 2002 年 6 月以前，境内上市公司中至少应有 2 名独立董事，在 2003 年 6 月 30 日以前，至少应当拥有三分之一的独立董事，独立董事应当按照证监会的要求参加培训。这份文件对独立董事制度的规范将有重要作用。

据统计，1999 年年报披露设立独立董事的上市公司为 18 家，聘请 36 名独立董事。2000 年年报披露设立独立董事的公司达到了 56 家，聘请 103 名独立董事。在这个《指导意见》以后，截至 2001 年 7 月 20 日披露聘请独立董事的公司达到了 204 家，聘请 314 名独立董事。

2001 年 8 月 21 日，中国证券监督管理委员会颁布了《关于在上市公司建立独立董事制度的指导意见》，这标志着我国将开始在上市公司中设立独立董事制度。

2002 年 1 月 9 日，中国证监会和国家经贸委颁布实施了《上市公司治理准则》。在我国现行公司法框架下，明确了公司股东大会、董事会、监事会的行为准则；规范了董事的行为，并明确要求上市公司按有关规定建立独立董事制度。

9.3.3.2 完善上市公司独立董事制度的基本对策

独立董事的作用虽然日益受到重视，世界各主要国家和地区在规范及完善公司治理结构时，都将独立董事制度作为一项重要内容，但是该制度推行的时间不长，它本身还处在一个探索与完善的阶段。在中国，建立独立董事制度的序幕已经拉开，但要使它成为完善上市公司治理结构的工具，应该从以下几个方面入手。

第一，必须建立健全独立董事制度的法律、法规。从国外的经验看，独立董事的地位和作用一般都在《公司法》或《证券交易法》中明确规定，然后落实到交易所的上市规则中。然而中国证监会发布的《指导意见》并无法律地位。就中国独立董事制度而言，它应属于《公司法》调节范围。但中国《公司法》还没有上市公司必须建立独立董事制度的规定，更不涉及独立董事在董事会中所占比例的问题。中国《公司法》是按大陆法系的方式规定公司必须设立监事会，由监事会负责对董事会、高级管理人员进行监督。因此，如果在中国的上市公司建立独立董事制度，必然会在公司的组织结构中与监事会的角色和职能发生重叠或冲突。独立董事和公司监事的关系如何协调，需要在法律上作出明确规定，否则会在实践中引起一定的混乱。由于中国上市公司独特的所有权结构，不排除有几大股东或董事会与被任命的独立董事之间存在某种连带关系。这种关系的存在，使得独立董事在工作中不能完全站在公正、客观的角度去维护全体股东的利益，从而违背了独立董事制度建立的初衷。在美国，如果发现独立董事不能履行勤勉的职责、有损于投资者的利益，可以对其进行诉讼。中国在建立独立董事制度过程中，首先应该从立法或制度上保证独立董事有法可依、有章可循，否则他们在行使权利过程中会受到很多阻碍。

第二，必须认真对待独立董事的激励机制问题。在目前讨论怎样建立中国的独立董事制度时，人们更多地关注独立董事的资格问题。其实，另一个更实质性的却常常被忽略的问题是独立董事是否有足够的愿望来参与董事会的活动。众所周知，独立董事通常是出于荣誉或利益驱动而接受这样的职位。但现行的激励机制并不足以保证独立董事们真正用心去做好自己分内的事情。它导致两种结果：要么是一些有能力、够资格的人选择不做独立董事；要么会产生一大批"花瓶董事"、"人情董事"、"不懂事的董事"。

中国证监会发布的《指导意见》要求"上市公司应当给予独立董事适当的津贴"。在实际运作过程中，更多的独立董事只得到数量有限的车马费。据说，不能给独立董事更高报酬的原因，是担心独立董事们因从上市公司拿更多的钱会与大股东或经理层同流合污。但这种说法未必能站得住脚。其实，让独立董事们真正负起责任的最好办法是使他们的利益（包括荣誉）与上市公司挂钩。在那些独立董事制度建立较长的国家，利益挂钩也是激励机制安排的重要出发点。具体做法是给公司的独立董事一定的股票或股票期权。这就无形中为独立董事的报酬总额引入了极大的变量。当然，从保持独立性的目的出发，独立董事的期权方案应不同于执行董事和高级管理人员的股票期权方案。

第三，建立独立董事的约束机制。独立董事作为代理人，照样会存在败德行为。他们也有可能以权谋私或不负责任地使用权利。因此，除了激励机制外，对独立董事还应有约束机制。首先是法律的约束。对董事会议案的表决情况，应做详细笔录以便随时查阅。如果因工作失误给股东造成损失，所有董事包括独立董事要负连带责任。其次是市场约束。独立董事市场就像企业家市场一样，是有"记忆"的。信誉优良的独立董事，会形成买方市场；相反，则会受到市场的排斥。最后是股权约束。股权贬值或公司破产，也将直接影响独立董事自身的利益。

第四，提高董事会的专业化运作，使独立董事的功能具体化。在主观上，我们几乎期望独立董事能够在公司治理的一切领域发挥作用，认为独立董事除了有与其他董事相同的职能以外，还应具有特别职权，例如：对公司重大关联交易的制约；对公司信息披露的真实、可靠性的制约；对决策权的制约以及对中小股东权益的保护等。实际上，我们需要对独立董事的功能和使命进行合理的定位。由于独立董事对公司投入的时间和精力有限，他们不可能为公司或股东做太多的事。

　　董事会的主要功能可分为两大类。一类是决策功能，即制定和监督公司的长期投资战略。一般是由财务委员会负责督察公司的年度财务政策和程序，制定有关分红和融资计划等；由战略发展委员会负责评估及批准公司的长期投资战略和项目。有些公司还成立提名委员会，负责推荐、选拔董事和高层管理人员。董事会的决策功能在很大程度上依赖于执行董事，因为内部董事能够向董事会提供有关的专业化知识和信息。董事会的另一类功能是监督功能，主要目标是降低股东和公司管理层之间的代理成本。主要由审计委员会和薪酬委员会承担。前者负责定期与公司首席财务官协同工作，通过外部审计有效地监督公司的财务报告过程，督察公司的内部审计程序，评估公司的内部控制制度。后者负责决定和监督公司董事和高级管理人员的报酬方案。董事会的监督功能更多地依靠外部董事。正是由于董事会内部的专业分工与协作，才能使内部董事和外部董事的功能定位明确。在中国，绝大部分上市公司的董事会缺乏下设的专业委员会，导致独立董事的定位模糊，任务也不具体。因此。本书认为应该借鉴发达国家公司治理的经验，在董事会内部形成明确的分工和协作。同时，中国上市公司引入独立董事制度时，应使其功能和定位与中国特有的所有权结构相协调。换句话说，现阶段在公司独立董事数量有限的情况下，其功能应定位于对控股股东和经营管理人员的监督和审查以及对公司信息披露的监控上。

　　第五，加强对独立董事的培训工作。发展中国家引入独立董事制度所面临的共同挑战之一，是缺乏合格的独立董事人才。按照中国证监会的要求，在今后的两年内，仅上市公司对独立董事的需求就达3000名以上。因此，中国应该动员社会各界力量如大学、研究机构、行业协会、中介机构等，举办多层次、多种形式的培训。同时，我们也可以借鉴其他国家的成熟经验，聘请部分海外专家做中国企业的独立董事。

第六，营造公司治理的社会环境。独立董事能否发挥积极有效的作用，除了依靠他们自身的主动性外，在很大程度上取决于公司内部和外部环境。就公司的内部环境而言，良好的公司治理文化有助于在公司内营造一种自觉接受外部监督的氛围。好企业不是监管出来的。企业发展首先要解决的问题是企业家愿意把企业搞好，然后才是如何搞好的问题。中国公司治理的核心与其说是在监管上，不如说是在激励上。

要使独立董事发挥积极有效的作用，中国上市公司必须在企业制度方面进行更彻底的改革。企业制度是通过剩余索取权和控制权的安排，解决激励机制问题和经营者选择机制问题。现代企业理论强调，剩余索取权应尽可能分配给企业中最重要的成员，因为他们的积极性在很大程度上决定企业的成败。同时，由于信息不对称问题的存在，外部监督包括独立董事对经营者的监督是十分困难的，最为有效的办法是让他们自己监督自己（张维迎，1999）。因此，在企业制度安排上应该让经营者拥有一定的剩余索取权。只有当"内部人"的利益与股东的利益和企业的长远发展利益相一致的时候才能降低代理成本。

总之，独立董事的引入并不必然保证董事会的有效运作。正如监事会的建立不一定会对公司起监督作用一样。如果缺乏独立董事发挥作用的前提和条件，在上市公司聘用独立董事只会流于形式。

9.3.4　加强控制权收购过程中相关者利益的保护

9.3.4.1　股东权益保护

股东是企业的出资者，所有者。正是由于股东向企业出资，企业才有了自己的法人财产，得以进行经营，在向股东支付收益的同时，推动社会和经济的发展。为了繁荣社会和发展经济，各国均制定了相关法律，以保护资产所有者的利益。企业的生存与发展与股东密切相关，而并购是企业最重要的事项，所以在并购活动中要注意保护股东的合法权益。

当前，在企业法人有关实践中，董事会的权利有扩张的趋势，股东会形同虚设，股东权利无法落到实处。董事在经营管理的过程中，往往无视企业所有者权益，为谋取私利，擅自与其他企业签订"并购协议"。并且，在并购活动中，收购方往往处于有利地位，而被收购方处于被动地位，所以，被收购一方的股东的利益很容易受到侵害。因此，如何在并购活动中保护股东的合法权益，便是一个亟待解决的问题。

我国《公司法》、《证券法》等相关法律对此作出了规定，但这些规定仍缺乏具体的可操作性。以下将参照各国法律，根据我国并购实践，介绍几种保护股东利益的制度。

（1）信息披露制度。信息披露制度一直是各国证券监管的核心任务。通过信息的充分公开，使全体股东了解公司情况，保证交易公正进行。我国的《证券法》规定了信息披露义务。在上市公司的收购中，任何负有信息披露义务的自然人、法人或其他组织，应当保证其披露文件真实、准确、完整。不得有虚假记载、误导性陈述或重大遗漏。信息披露制度主要可以分为两种类型。

（2）收购期间的规定。为了使被并购公司的股东不致因时间上的紧迫而仓促作出对自己不利的决定，各国立法对收购要约最短期限作了规定；同时为了使接受要约的股东能及时得到收购对价，提高收购效率，避免被并购公司股票长期处于不稳定状态，各国立法对收购要约的最长期限也作了规定。如我国《证券法》规定：收购要约的期限不得少于 30 日，并不得超过 60 日。这种规定的目的是为了避免收购对股东产生压力，防止收购要约规定的时间过短，使股东来不及慎重考虑便匆忙地接受收购者的要约，给股东造成损失。它保证给股东一定时间来考虑收购者的要约条件，并使他们有机会接受被收购公司的建议。

（3）有关强制要约收购的规定。强制要约收购是指投资者持有一个上市公司已发行的股份达到一定比例时，就有义务依法向该上市公司的所有股东发出收购要约，购买其手中持有的股份。我国《证券法》规定，通过证券交易所的证券交易，投资者持有一个上市公司已发行股份的 30% 时，继续进行收购的，应当依法向该上市公司所有股东发出收购要约。但经国务院证券监督管理机构免除发出收购要约的除外。另外，收购要约期限届满，收购人持有目标公司的股权已达 90%，其余股东若依据收购要约的条件向收购人出售股权，收购人必须接受。

（4）为了保证并购中股东平等的待遇，法律规定了价格平等原则和最高价原则。即在并购中，被收购公司的股东平等地享受收购者向任何股东提出的最高价收购要约。收购要约人在要约期内提高收购价格的，这一价格适用于所有的受约人，不论受约人是否作出承诺，也不论受约人是否得到要约人所支付的价款。我国《证券法》只是笼统的规定：收购要约中提出的各项收购条件，适用于被收购公司的所有股东。而对如何切实保证股东的权利并未规定。因此，在并购中，许多小股东的利益并未得到有力的保护。当然，我国《证券法》中关于强制要约的规定对这种私下以较高价格收购大股份的行为会产生限制作用。

（5）禁止内幕交易和欺诈。我国《证券法》规定任何自然人、法人或其他组织，未按照法律规定披露信息，或所披露的信息存在虚假记载，误导性陈述或有重大遗漏，都将依法受到处罚。虚假陈述往往会使投资者在不了解事实真相的情况下作出证券投资决策，使其利益受到损害。

（6）控制股东对其他小股东利益的保护。这里的控制股东是指拥有股份数量较大的股东。大股东与小股东的权利在本质上是有所不同的。大股东的权利含有控制公司的权利。大股东的权利产生于大股东拥有的股份。股份使大股东拥有选举公司董事和商讨公司事务的投票权利，而资格权原则则使这种权利变为一种选择公司董事，决定公司事务的权利。我国《公司法》规定，公司合并通常只需要一定比例的股权，例如 2/3 表决通过即可，而不同意合并的股东就成了少数股东。少数股东即使不赞成公司合并，但因为资本大多数决定原则，也改变不了既定决议。在公司并购中，少数股东的命运掌握在大股东手中。

9.3.4.2 职工权益保护

企业并购中也涉及职工的利益。注意到职工权益的保护，这不仅关系到企业并购能否成功，而且关系到社会的稳定。所以，企业并购应告知企业职工并听取职工的意见。我国《公司法》有相关规定："公司研究决定生产经营中的重大问题，制定重要的规章制度时，应当听取公司工会和职工的意见和建议。"《兼并条例》草案也规定："拟订兼并方案，应当充分听取企业职工的意见。"

（一）我国企业并购后有关职工安置的现状

目前，国外有一种较为常用的职工激励方式，即"职工持股计划"。"职工持股计划"简称 ESOPs（Employee Stock Ounership Plans）它不仅可以增强企业控股的能力，而且可以提高职工参与企业管理的积极性。"职工持股计划"分为两种类型：非借贷型职工持股计划和借贷型职工持股计划。前者指公司用企业本身的股票支付员工部分劳动报酬。后者指职工贷款购买企业股票。但该贷款大多用企业从利润中提出一定的比例来偿还本息。用这种方式，职工形式上不出一分钱就可以获得企业股份，并且强化了管理人员和职工的区别。它使企业的每一个员工都有机会成为企业的股东。为企业并购重组后调动职工的积极性，促进职工之间的协作提供了有效手段。

（二）我国有关企业并购后人员安置的规定

在 1989 年 2 月由国家体改委等四个部门联合发布的《关于企业兼并的暂行办法》中规定："在目前社会保障制度还不健全的条件下，被并购方企业的职工，包括固定工、合同工和离、退休职工，原则上由并购方企业接收，在确定资产转让价格时要考虑这些因素。同时，要积极创造条件，推进社会保障制度的配套改革，逐步过渡到由社会吸收、消化。被兼并企业职工所有制身份可以暂时不变。"在《关于出售国有小型企业产权的暂行办法》中也有相关规定，"被出售企业退休职工的安置办法有两种：一是购买方以接受全部退休职工为条件，在确定底盘价格时考虑这一因素；二是按照历史有关数据，确定退休职工享受退休待遇的平均年限，人均年退休金，计算出退休职工劳保所需的费用总额。在确定企业产权出卖价格中考虑这一因素，由购买方分期向社会保险机构缴纳劳保统筹基金，企业退休职工的劳保费用即由社会保险机构负责支付。一般原则购买方是全民所有制企业或集体所有制企业的，宜采用第一种方法；购买方是合伙人和私营企业的，宜采用第二种方法"。

9.3.4.3 企业并购过程中对债权人利益的保护

企业并购会导致企业的实体变化，企业的经营风险和偿债能力也会随之而有所变动，影响到债权人的利益。各国立法都有相关规定，我国有关法律也规定了公司并购债权债务重组的原则和并购中保护债权人的程序。我国《公司法》第 184 条规定，"公司合并时，合并各方的债权债务，应当由合并后存续的公司或者新设的公司继承。公司应当自作出合并决议之日起 10 日内通知债权人，并于 30 日内在报纸上至少公告三次"。债权人"有权要求公司清偿债务，或者提供相应的担保。不清偿债务或者不提供相应担保，公司不得合并"。法律要求并购当事人各方企业必须对债权人通知或公告公司并购决议可以有效地保护债权人利益。如果债权人对公司并购提出异议，公司必须对债权进行清偿或作出相应担保。并且，如果债权人发现公司并购有损于债权人的权利，债权人可申请法院撤销并购行为。但是我国《公司法》只适用于有限责任公司和股份有限公司，对于非公司化企业并购的债务如何处理，政策上没有明确规定。

9.3.5　大力培育机构投资者

关于机构投资者在公司治理中的作用，一般认为有一个从弱到强、从消极到积极的转变过程。尤其是在美国，这一转变极为明显和典型。在 20 世纪 60 年代以前，美国股市主要是散户持股，机构投资者在股市中的比例不超过 13%；由于散户很难行使法律赋予的监督权，股市对上市公司的经营业绩只能做事后的被动反应。20 世纪 70 年代以后，美国的机构投资者在股市的持股比例不断上升，80 年代初达到 34%，90 年代末达到 48%。由于持股比例高，他们不可能用传统的抛售股票的"华尔街方式"来保护其资本的价值，因为他们所持有的大量股份不可能在不引起股价大跌的情况下顺利抛出。这样，机构投资者便转而采取一种积极干预的方法，向董事会施加压力，迫使董事会对经营不善公司的经营战略和关键人事作出新的安排，以确保公司的健康发展。这些事实说明，机构投资者在公司治理中的作用已越来越明显。虽然它们平时可能仍然对公司治理不甚关心，主要追求的仍是股票的投资回报，但它们比起散户来更有能力也更关心自己所投资公司的治理状况，如广泛收集信息并派人员参加股东大会等。尤其是当自己所投资的公司出现问题时，机构投资者可以很快行动起来对公司领导班子进行劝说或整顿。这种从原先的"消极股东"转变为"积极股东"的趋势，被称为"机构投资者的觉醒"（闻洁，2000）。

十五届四中全会文件曾明确指出："要采取多种措施，包括国有资产变现、合理调整财政支出结构、开拓社会保障新的筹资渠道，充实社会保障基金"。国有股减持显然是其中的一项十分重要的措施。国有股减持充实社会保障基金后，无疑会加快养老金基金等机构投资者的发展，从而有利于改善我国上市公司的治理结构。具体表现是：首先，国有股减持将使社会保障基金等机构投资者成为我国证券市场上的主力军。随着我国社会保障基金建立进程的加快，社保基金为了实现保值增值，可以而且已经进入到证券市场进行运作。众所周知，社保基金、保险公司和互助投资基金是国际证券市场上最重要的三大机构投资者，通常国外社保基金中仅养老基金就占整个证券市场资金来源的25%—45%。目前美国养老基金已拥有证券市场将近50%的股权投资。我国随着社会保障制度的逐步完善，社保基金的规模将越来越大，允许进入证券市场的比例也将越来越高。国务院体改办副主任李剑阁认为，几年内，我国个人账户上养老保险基金的存量将会达到目前股票总市值。为了提高养老保险基金的使用效率，按照《全国社会保障基金投资管理暂行办法》，全国社保基金的投资运营有两种方式，即直接投资和委托投资。直接投资范围限于银行存款、在一级市场上买国债以及实业投资等。其他具有良好流动性的金融工具，包括上市流通的证券投资基金、股票、信用等级在投资级以上的企业债、金融债等有价证券，需委托全国社保基金管理人管理和运作，并委托全国社保基金托管人托管。2006年社保基金在投资运营方面，实现了重点突破：第一是正式开展了境外投资。在遵循国际惯例进行严格评审的基础上，社保基金会选聘北美信托和花旗银行作为境外投资资产托管人，选聘联博、德盛安联等 10 家著名国际投资机构作为境外投资管理人。2006 年底，社保基金境外投资正式开始运营，主要投资品种包括香港股票、全球股票（美国除外）、美国股票、全球债券、现金管理 5 大类。第二是成功受托管理个人账户中央补助资金。为明确资金管理体制，社保基金理事会提出了"两个分离"的建议，即个人账户与统筹账户的分账管理，个人账户行政管理与投资运营的分离。社保基金理事会对个人账户资金承诺了比较优惠的收益率。2006 年 12 月，社保基金理事会和相关部门及除辽宁、上海两地外的试点省级政府最终就委托代管事宜达成一致并签署了代管协议。目前，总额约为 105 亿元的中央补助资金已经全部到账。第三是通过投资渤海产业基金扩大了实业投资范围。此前，社保基金曾以较小规模投资了中比产业基金。2006 年，经过实地考察和深入论证，社保基金出资 10 亿元投资渤海产业基金并成为其发起人。因此社保基金已成为我国证券市场上的主力军，必将推动市场长期蓬勃发展。

其次，社保基金入市将极大地加强我国证券市场的稳定性，改变目前投机性过强的不正常状态，这是因为，社保基金是老百姓的"养命钱"，它与其他资金最大的不同是它非常注重资金的安全性。这一特性决定了它入市后不会是短线投机客，而是长线投资者，这显然有助于逐渐改变我国证券市场上热衷投机炒作的风气，引导投资者树立理性投资的观念。另外，社保基金建立后可以通过在资本市场的运作实现增值，这种长线投资普遍被作为基金的一种补充渠道。从世界各国和地区的情况看，按照商业化方式运作社保基金，引导社保基金投资于证券市场，是一个必然的趋势和理性的选择。

最后，社保基金入市将使其成为有力的"接棒人"，从而缓解国有股大量变现所可能产生的负面影响。在国有股变现并补充社会保障基金之后，需要加快社保基金进入证券市场的步伐，以使国有股减持与社保基金入市形成良性循环。而大量的社保基金进入证券市场，不仅使社保基金自身实现了保值增值，同时也可极大地缓解国有股变现所产生的负面影响，并对我国证券市场的发展起到推动作用。实际上，由于我国证券市场近年来在市场规模、投资者队伍、投资工具等方面不断发展壮大，吸引社会保障基金进入股票市场的条件正在逐步成熟。特别是证券投资基金的逐步壮大，为扩大社保基金的投向奠定了基础。而我国资本市场的发展和规范化十分强调并倚重于机构投资者的成长。因此，国有股的减持与变现，将使资本市场与社保基金的运作形成强有力的激励机制。在出资人所有权和法人财产权相分离的现代企业制度中，企业经营者并不是企业资产的所有者，如何在有效制衡的基础上形成对他们强有力的激励，使他们有强大的动力去搞好企业的经营？这就需要建立起企业经营者的职业利益与经营绩效之间的紧密的联系。

9.3.6 建立起有效的经理人员职业市场，加强经理人行为的市场约束机制

市场约束包括产品市场约束、资本市场约束、兼并市场约束和经理人市场约束等。这些外部市场存在激烈的竞争，给代理人员以很大的压力。公司若经营不善，则产品市场上的份额就会下滑，资本市场上公司股价下跌或公司举债过多，公司筹资会发生困难，在兼并市场上还可能被其他公司接管兼并，而经理市场则更是提供了一个成本较低廉的对代理人的约束机制。如果企业经营效果不好，就可能成为兼并的目标公司，其结果是代理人员被解除或被驱出经理市场。即使没有激励合同，出于声誉效应，代理人也会积极工作，因为这样做可以改进自己在经理市场上的声

誉，从而提高未来的收入。在外部市场中对代理人的激励而言最重要的是经理市场的竞争激励，产品市场、资本市场和兼并市场产生的激励作用在很大程度上要通过经理市场的直接激励作用实现。此外，成熟的经理人市场还有一种积极作用，假设经理人员有两个可供选择的项目，每个项目只有成功或失败两种结果，对股东来说，两种项目的失败是等效的，但高风险高报酬项目的成功意味着获得高回报。然而，从经理人的声誉来讲，两种不同风险项目的成功是等效的，也就是说，经理人市场只能识别项目的"成功"与"失败"。如果低风险项目有更高的成功概率，经理人员将会选择低风险的项目，即使高风险的项目对股东来说更优。经理人员的这种行为有助于抑制股东的资产替代行为，降低举债融资的代理成本。因此，充分竞争的经理人市场是一个交易成本较低的制度安排，使两权分离条件下委托人与代理人之间激励不相容变成相容。市场约束力度是以各类市场的发育程度为前提，市场越是不成熟，越是缺损，它对代理人的约束就越无力。所以，我国应进一步完善产品市场，加强资本市场、兼并市场和经理人市场的培育，为融资结构治理效应的有效发挥提供条件。

9.3.7 从债权治理角度优化上市公司的融资结构

一般来说，公司治理问题的理论背景有三种：委托代理理论、市场短视理论以及利益相关论者。根据公司治理体制，国外研究者把公司治理模式分为以英美为代表的市场导向模式和以德日为代表的网络导向模式。公司治理问题所涉及的主体主要包括：股东、经营者、债权人、雇员、顾客和社区等。由于企业治理结构的层次性所带来的信息问题和各利益主体的有限理性及客观现实的复杂性的原因，反映在企业治理中主要有如下四个问题：①信息的不完备和不对称性。②权利的不对等性。主要体现在拥有信息的主体不一定具有决策权，具有决策权的主体不一定拥有相对优势信息。③监督问题。主要解决内部人控制和大股东控制问题。④激励问题。分为显性激励和隐性激励，目前主要有工资、奖金、补贴、股权、期权等形式（朱琪，2002）。

（1）上市公司举债可以加强对企业经营监督和股权控制。企业通过发行债券筹集资金，只要企业能够按照合同的硬约束归还本金和利息，企业的控制权仍然掌握在原来的股东手中，企业债券的投资者，只享有利息和资本本金，不能参与企业的经营管理和分红。因而不会导致企业的股权的分散，有利于股东对公司经营权和管理决策权的控制。另外，企业发行债券筹资，必须公布其财务状况，同时债券上市后该企业也必须定期公布其财务报表，这样能够对企业的内部人控制产生良好的监督作用。

（2）上市公司举债可以优化企业金融结构，实现债权治理从而达到企业价值最大化。债务融资通过剩余控制权配置的影响来对代理成本产生作用，股权融资使企业资产剩余控制权配置给投资者，而进行债券融资时，如果能够按时偿还债务，则剩余控制权配置给企业经理；如果不能够按期偿还，则剩余控制权归投资者所有，所以负债通过剩余控制权来影响代理成本。詹森和麦克林（1976）认为，当企业股权为100%时，企业经理对资产的自由支配权最少，经理积极性最低，所以权益资本代理费用最高；而企业通过举债实现资本扩张则使经理的资产支配权扩大，这会降低权益资本的代理成本。信号传递理论则认为，企业经理对融资方式的选择实际上向投资者传递了信号，投资者将企业发行股票筹资理解为企业资产质量恶化，财务状况不佳；而债券融资则是企业资产运作良好的信号，所以企业的价值与负债率正相关，越是高质量的企业，负债率就越高。

（3）企业债券的税盾作用可以降低企业经营成本，和其他筹资形式相比具有明显的财务杠杆作用。企业债券的免税作用来自于利息和股息支出顺序不同，世界各国税法基本都规定了利息支出在税前列支。只要企业的盈利水平高于债券实际利息支出，即控制合理的负债规模，使得代理成本的下降大于债务资本的代理费用（财务费用），则举债的合理避税能够增加每股税后利润（EPS）。企业债券除了事先确定的票面利率支付利息外，其余经营收益将为原来的股东分享。这一点不同于其他的筹资方式。

附录1　上市公司董事、监事和高级管理人员所持本公司股份及其变动管理规则 *

关于发布《上市公司董事、监事和高级管理人员所持本公司股份及其变动管理规则》的通知

证监公司字〔2007〕56 号

各上市公司：

为贯彻落实《中华人民共和国公司法》、《中华人民共和国证券法》等法律法规的规定，加强对上市公司董事、监事和高级管理人员所持本公司股份及其变动的管理，维护证券市场秩序，我会制定了《上市公司董事、监事和高级管理人员所持本公司股份及其变动管理规则》，现予以发布，请遵照执行。

中国证券监督管理委员会
二〇〇七年四月五日

　＊　此处所有附录的主要文字内容均属于资料汇编，来源于中国证监会的官方网站，旨在通过附录的背景知识增进读者对本书论述的理解和补充。

上市公司高管所持本公司股份及其变动管理规则

第一条 为加强对上市公司董事、监事和高级管理人员所持本公司股份及其变动的管理，维护证券市场秩序，根据《公司法》、《证券法》等法律、行政法规和规章的规定，制定本规则。

第二条 上海证券交易所、深圳证券交易所（以下统称"证券交易所"）的上市公司及其董事、监事和高级管理人员，应当遵守本规则。

第三条 上市公司董事、监事和高级管理人员所持本公司股份，是指登记在其名下的所有本公司股份。

上市公司董事、监事和高级管理人员从事融资融券交易的，还包括记载在其信用账户内的本公司股份。

第四条 上市公司董事、监事和高级管理人员所持本公司股份在下列情形下不得转让：

（一）本公司股票上市交易之日起1年内；

（二）董事、监事和高级管理人员离职后半年内；

（三）董事、监事和高级管理人员承诺一定期限内不转让并在该期限内的；

（四）法律、法规、中国证监会和证券交易所规定的其他情形。

第五条 上市公司董事、监事和高级管理人员在任职期间，每年通过集中竞价、大宗交易、协议转让等方式转让的股份不得超过其所持本公司股份总数的25%，因司法强制执行、继承、遗赠、依法分割财产等导致股份变动的除外。

上市公司董事、监事和高级管理人员所持股份不超过1000股的，可一次全部转让，不受前款转让比例的限制。

第六条 上市公司董事、监事和高级管理人员以上年末其所持有本公司发行的股份为基数，计算其中可转让股份的数量。

上市公司董事、监事和高级管理人员在上述可转让股份数量范围内转让其所持有本公司股份的，还应遵守本规则第四条的规定。

第七条　因上市公司公开或非公开发行股份、实施股权激励计划，或因董事、监事和高级管理人员在二级市场购买、可转债转股、行权、协议受让等各种年内新增股份，新增无限售条件股份当年可转让25%，新增有限售条件的股份计入次年可转让股份的计算基数。

因上市公司进行权益分派导致董事、监事和高级管理人所持本公司股份增加的，可同比例增加当年可转让数量。

第八条　上市公司董事、监事和高级管理人员当年可转让但未转让的本公司股份，应当计入当年末其所持有本公司股份的总数，该总数作为次年可转让股份的计算基数。

第九条　上市公司章程可对董事、监事和高级管理人员转让其所持本公司股份规定比本规则更长的禁止转让期间、更低的可转让股份比例或者附加其他限制转让条件。

第十条　上市公司董事、监事和高级管理人员应在下列时点或期间内委托上市公司通过证券交易所网站申报其个人信息（包括但不限于姓名、职务、身份证号、证券账户、离任职时间等）：

（一）新上市公司的董事、监事和高级管理人员在公司申请股票初始登记时；

（二）新任董事、监事在股东大会（或职工代表大会）通过其任职事项、新任高级管理人员在董事会通过其任职事项后2个交易日内；

（三）现任董事、监事和高级管理人员在其已申报的个人信息发生变化后的2个交易日内；

（四）现任董事、监事和高级管理人员在离任后 2 个交易日内；

（五）证券交易所要求的其他时间。

第十一条 上市公司董事、监事和高级管理人员所持本公司股份发生变动的，应当自该事实发生之日起 2 个交易日内，向上市公司报告并由上市公司在证券交易所网站进行公告。公告内容包括：

（一）上年末所持本公司股份数量；

（二）上年末至本次变动前每次股份变动的日期、数量、价格；

（三）本次变动前持股数量；

（四）本次股份变动的日期、数量、价格；

（五）变动后的持股数量；

（六）证券交易所要求披露的其他事项。

第十二条 上市公司董事、监事、高级管理人员应当遵守《证券法》第四十七条规定，违反该规定将其所持本公司股票在买入后 6 个月内卖出，或者在卖出后 6 个月内又买入的，由此所得收益归该上市公司所有，公司董事会应当收回其所得收益并及时披露相关情况。

上述"买入后 6 个月内卖出"是指最后一笔买入时点起算 6 个月内卖出的；"卖出后 6 个月内又买入"是指最后一笔卖出时点起算 6 个月内又买入的。

第十三条 上市公司董事、监事和高级管理人员在下列期间不得买卖本公司股票：

（一）上市公司定期报告公告前 30 日内；

（二）上市公司业绩预告、业绩快报公告前 10 日内；

（三）自可能对本公司股票交易价格产生重大影响的重大事

项发生之日或在决策过程中，至依法披露后 2 个交易日内；

（四）证券交易所规定的其他期间。

第十四条　上市公司董事、监事和高级管理人员应当保证本人申报数据的及时、真实、准确、完整。

第十五条　上市公司应当制定专项制度，加强对董事、监事和高级管理人员持有本公司股份及买卖本公司股票行为的申报、披露与监督。

上市公司董事会秘书负责管理公司董事、监事和高级管理人员的身份及所持本公司股份的数据和信息，统一为董事、监事和高级管理人员办理个人信息的网上申报，并定期检查董事、监事和高级管理人员买卖本公司股票的披露情况。

第十六条　上市公司董事、监事和高级管理人员买卖本公司股票违反本规则，中国证监会依照《证券法》的有关规定予以处罚。

第十七条　持有上市公司股份 5% 以上的股东买卖股票的，参照本规则第十二条规定执行。

第十八条　本规则自公布之日起施行。

附录 2　上市公司信息披露管理办法

中国证券监督管理委员会（颁布单位）

20070130（颁布时间）

20070130（实施时间）

中国证券监督管理委员会令第 40 号（文号）

上市公司信息披露管理办法

第一章　总则

第二章　招股说明书、募集说明书与上市公告书

第三章　定期报告

第四章　临时报告

第五章　信息披露事务管理

第六章　监督管理与法律责任

第七章　附则

已经 2006 年 12 月 13 日中国证券监督管理委员会第 196 次主席办公会议审议通过，现予公布，自发布之日起施行。

中国证券监督管理委员会

二〇〇七年一月三十日

第一章　总　则

第一条　为了规范发行人、上市公司及其他信息披露义务人的信息披露行为，加强信息披露事务管理，保护投资者合法权益，根据《公司法》、《证券法》等法律、行政法规，制定本办法。

第二条　信息披露义务人应当真实、准确、完整、及时地披露信息，不得有虚假记载、误导性陈述或者重大遗漏。

信息披露义务人应当同时向所有投资者公开披露信息。

在境内、外市场发行证券及其衍生品种并上市的公司在境外市场披露的信息，应当同时在境内市场披露。

第三条　发行人、上市公司的董事、监事、高级管理人员应当忠实、勤勉地履行职责，保证披露信息的真实、准确、完整、及时、公平。

第四条　在内幕信息依法披露前，任何知情人不得公开或者泄露该信息，不得利用该信息进行内幕交易。

第五条　信息披露文件主要包括招股说明书、募集说明书、上市公告书、定期报告和临时报告等。

第六条　上市公司及其他信息披露义务人依法披露信息，应当将公告文稿和相关备查文件报送证券交易所登记，并在中国证券监督管理委员会（以下简称中国证监会）指定的媒体发布。

信息披露义务人在公司网站及其他媒体发布信息的时间不得先于指定媒体，不得以新闻发布或者答记者问等任何形式代替应当履行的报告、公告义务，不得以定期报告形式代替应当履行的临时报告义务。

第七条　信息披露义务人应当将信息披露公告文稿和相关备查文件报送上市公司注册地证监局，并置备于公司住所供社会公众查阅。

第八条 信息披露文件应当采用中文文本。同时采用外文文本的，信息披露义务人应当保证两种文本的内容一致。两种文本发生歧义时，以中文文本为准。

第九条 中国证监会依法对信息披露文件及公告的情况、信息披露事务管理活动进行监督，对上市公司控股股东、实际控制人和信息披露义务人的行为进行监督。

证券交易所应当对上市公司及其他信息披露义务人披露信息进行监督，督促其依法及时、准确地披露信息，对证券及其衍生品种交易实行实时监控。证券交易所制订的上市规则和其他信息披露规则应当报中国证监会批准。

第十条 中国证监会可以对金融、房地产等特殊行业上市公司的信息披露作出特别规定。

第二章 招股说明书、募集说明书与上市公告书

第十一条 发行人编制招股说明书应当符合中国证监会的相关规定。凡是对投资者作出投资决策有重大影响的信息，均应当在招股说明书中披露。

公开发行证券的申请经中国证监会核准后，发行人应当在证券发行前公告招股说明书。

第十二条 发行人的董事、监事、高级管理人员，应当对招股说明书签署书面确认意见，保证所披露的信息真实、准确、完整。

招股说明书应当加盖发行人公章。

第十三条 发行人申请首次公开发行股票的，中国证监会受理申请文件后，发行审核委员会审核前，发行人应当将招股说明书申报稿在中国证监会网站预先披露。

预先披露的招股说明书申报稿不是发行人发行股票的正式文件，不能含有价格信息，发行人不得据此发行股票。

第十四条　证券发行申请经中国证监会核准后至发行结束前，发生重要事项的，发行人应当向中国证监会书面说明，并经中国证监会同意后，修改招股说明书或者作相应的补充公告。

第十五条　申请证券上市交易，应当按照证券交易所的规定编制上市公告书，并经证券交易所审核同意后公告。

发行人的董事、监事、高级管理人员，应当对上市公告书签署书面确认意见，保证所披露的信息真实、准确、完整。

上市公告书应当加盖发行人公章。

第十六条　招股说明书、上市公告书引用保荐人、证券服务机构的专业意见或者报告的，相关内容应当与保荐人、证券服务机构出具的文件内容一致，确保引用保荐人、证券服务机构的意见不会产生误导。

第十七条　本办法第十一条至第十六条有关招股说明书的规定，适用于公司债券募集说明书。

第十八条　上市公司在非公开发行新股后，应当依法披露发行情况报告书。

第三章　定期报告

第十九条　上市公司应当披露的定期报告包括年度报告、中期报告和季度报告。凡是对投资者作出投资决策有重大影响的信息，均应当披露。

年度报告中的财务会计报告应当经具有证券、期货相关业务资格的会计师事务所审计。

第二十条　年度报告应当在每个会计年度结束之日起4个月内，中期报告应当在每个会计年度的上半年结束之日起2个月内，季度报告应当在每个会计年度第 3 个月、第 9 个月结束后的 1 个月内编制完成并披露。

第一季度季度报告的披露时间不得早于上一年度年度报告的披露时间。

第二十一条 年度报告应当记载以下内容：

（一）公司基本情况；

（二）主要会计数据和财务指标；

（三）公司股票、债券发行及变动情况，报告期末股票、债券总额、股东总数，公司前 10 大股东持股情况；

（四）持股 5% 以上股东、控股股东及实际控制人情况；

（五）董事、监事、高级管理人员的任职情况、持股变动情况、年度报酬情况；

（六）董事会报告；

（七）管理层讨论与分析；

（八）报告期内重大事件及对公司的影响；

（九）财务会计报告和审计报告全文；

（十）中国证监会规定的其他事项。

第二十二条 中期报告应当记载以下内容：

（一）公司基本情况；

（二）主要会计数据和财务指标；

（三）公司股票、债券发行及变动情况、股东总数、公司前 10 大股东持股情况，控股股东及实际控制人发生变化的情况；

（四）管理层讨论与分析；

（五）报告期内重大诉讼、仲裁等重大事件及对公司的影响；

（六）财务会计报告；

（七）中国证监会规定的其他事项。

第二十三条 季度报告应当记载以下内容：

（一）公司基本情况；

（二）主要会计数据和财务指标；

（三）中国证监会规定的其他事项。

第二十四条 公司董事、高级管理人员应当对定期报告签署书面确认意见，监事会应当提出书面审核意见，说明董事会的编制和审核程序是否符合法律、行政法规和中国证监会的规定，报告的内容是否能够真实、准确、完整地反映上市公司的实际情况。

董事、监事、高级管理人员对定期报告内容的真实性、准确性、完整性无法保证或者存在异议的，应当陈述理由和发表意见，并予以披露。

第二十五条 上市公司预计经营业绩发生亏损或者发生大幅变动的，应当及时进行业绩预告。

第二十六条 定期报告披露前出现业绩泄露，或者出现业绩传闻且公司证券及其衍生品种交易出现异常波动的，上市公司应当及时披露本报告期相关财务数据。

第二十七条 定期报告中财务会计报告被出具非标准审计报告的，上市公司董事会应当针对该审计意见涉及事项作出专项说明。

定期报告中财务会计报告被出具非标准审计意见，证券交易所认为涉嫌违法的，应当提请中国证监会立案调查。

第二十八条 上市公司未在规定期限内披露年度报告和中期报告的，中国证监会应当立即立案稽查，证券交易所应当按照股票上市规则予以处理。

第二十九条 年度报告、中期报告和季度报告的格式及编制规则，由中国证监会另行制定。

第四章　临时报告

第三十条　发生可能对上市公司证券及其衍生品种交易价格产生较大影响的重大事件，投资者尚未得知时，上市公司应当立即披露，说明事件的起因、目前的状态和可能产生的影响。

前款所称重大事件包括：

（一）公司的经营方针和经营范围的重大变化；

（二）公司的重大投资行为和重大的购置财产的决定；

（三）公司订立重要合同，可能对公司的资产、负债、权益和经营成果产生重要影响；

（四）公司发生重大债务和未能清偿到期重大债务的违约情况，或者发生大额赔偿责任；

（五）公司发生重大亏损或者重大损失；

（六）公司生产经营的外部条件发生的重大变化；

（七）公司的董事、1/3 以上监事或者经理发生变动；董事长或者经理无法履行职责；

（八）持有公司 5% 以上股份的股东或者实际控制人，其持有股份或者控制公司的情况发生较大变化；

（九）公司减资、合并、分立、解散及申请破产的决定；或者依法进入破产程序、被责令关闭；

（十）涉及公司的重大诉讼、仲裁，股东大会、董事会决议被依法撤销或者宣告无效；

（十一）公司涉嫌违法违规被有权机关调查，或者受到刑事处罚、重大行政处罚；公司董事、监事、高级管理人员涉嫌违法违纪被有权机关调查或者采取强制措施；

（十二）新公布的法律、法规、规章、行业政策可能对公司产生重大影响；

（十三）　董事会就发行新股或者其他再融资方案、股权激励方案形成相关决议；

（十四）　法院裁决禁止控股股东转让其所持股份；任一股东所持公司 5% 以上股份被质押、冻结、司法拍卖、托管、设定信托或者被依法限制表决权；

（十五）　主要资产被查封、扣押、冻结或者被抵押、质押；

（十六）　主要或者全部业务陷入停顿；

（十七）　对外提供重大担保；

（十八）　获得大额政府补贴等可能对公司资产、负债、权益或者经营成果产生重大影响的额外收益；

（十九）　变更会计政策、会计估计；

（二十）　因前期已披露的信息存在差错、未按规定披露或者虚假记载，被有关机关责令改正或者经董事会决定进行更正；

（二十一）　中国证监会规定的其他情形。

第三十一条　上市公司应当在最先发生的以下任一时点，及时履行重大事件的信息披露义务：

（一）　董事会或者监事会就该重大事件形成决议时；

（二）　有关各方就该重大事件签署意向书或者协议时；

（三）　董事、监事或者高级管理人员知悉该重大事件发生并报告时。

在前款规定的时点之前出现下列情形之一的，上市公司应当及时披露相关事项的现状、可能影响事件进展的风险因素：

（一）　该重大事件难以保密；

（二）　该重大事件已经泄露或者市场出现传闻；

（三）　公司证券及其衍生品种出现异常交易情况。

第三十二条　上市公司披露重大事件后，已披露的重大事件出现可能对上市公司证券及其衍生品种交易价格产生较大影响的进展或者变化的，应当及时披露进展或者变化情况、可能产生的影响。

第三十三条 上市公司控股子公司发生本办法第三十条规定的重大事件，可能对上市公司证券及其衍生品种交易价格产生较大影响的，上市公司应当履行信息披露义务。

上市公司参股公司发生可能对上市公司证券及其衍生品种交易价格产生较大影响的事件的，上市公司应当履行信息披露义务。

第三十四条 涉及上市公司的收购、合并、分立、发行股份、回购股份等行为导致上市公司股本总额、股东、实际控制人等发生重大变化的，信息披露义务人应当依法履行报告、公告义务，披露权益变动情况。

第三十五条 上市公司应当关注本公司证券及其衍生品种的异常交易情况及媒体关于本公司的报道。

证券及其衍生品种发生异常交易或者在媒体中出现的消息可能对公司证券及其衍生品种的交易产生重大影响时，上市公司应当及时向相关各方了解真实情况，必要时应当以书面方式问询。

上市公司控股股东、实际控制人及其一致行动人应当及时、准确地告知上市公司是否存在拟发生的股权转让、资产重组或者其他重大事件，并配合上市公司做好信息披露工作。

第三十六条 公司证券及其衍生品种交易被中国证监会或者证券交易所认定为异常交易的，上市公司应当及时了解造成证券及其衍生品种交易异常波动的影响因素，并及时披露。

第五章　信息披露事务管理

第三十七条 上市公司应当制定信息披露事务管理制度。信息披露事务管理制度应当包括：

（一）明确上市公司应当披露的信息，确定披露标准；

（二）未公开信息的传递、审核、披露流程；

（三）信息披露事务管理部门及其负责人在信息披露中的职责；

（四）董事和董事会、监事和监事会、高级管理人员等的报告、审议和披露的职责；

（五）董事、监事、高级管理人员履行职责的记录和保管制度；

（六）未公开信息的保密措施，内幕信息知情人的范围和保密责任；

（七）财务管理和会计核算的内部控制及监督机制；

（八）对外发布信息的申请、审核、发布流程；与投资者、证券服务机构、媒体等的信息沟通与制度；

（九）信息披露相关文件、资料的档案管理；

（十）涉及子公司的信息披露事务管理和报告制度；

（十一）未按规定披露信息的责任追究机制，对违反规定人员的处理措施。

上市公司信息披露事务管理制度应当经公司董事会审议通过，报注册地证监局和证券交易所备案。

第三十八条　上市公司董事、监事、高级管理人员应当勤勉尽责，关注信息披露文件的编制情况，保证定期报告、临时报告在规定期限内披露，配合上市公司及其他信息披露义务人履行信息披露义务。

第三十九条　上市公司应当制定定期报告的编制、审议、披露程序。经理、财务负责人、董事会秘书等高级管理人员应当及时编制定期报告草案，提请董事会审议；董事会秘书负责送达董事审阅；董事长负责召集和主持董事会会议审议定期报告；监事会负责审核董事会编制的定期报告；董事会秘书负责组织定期报告的披露工作。

第四十条 上市公司应当制定重大事件的报告、传递、审核、披露程序。董事、监事、高级管理人员知悉重大事件发生时，应当按照公司规定立即履行报告义务；董事长在接到报告后，应当立即向董事会报告，并敦促董事会秘书组织临时报告的披露工作。

第四十一条 上市公司通过业绩说明会、分析师会议、路演、接受投资者调研等形式就公司的经营情况、财务状况及其他事件与任何机构和个人进行沟通的，不得提供内幕信息。

第四十二条 董事应当了解并持续关注公司生产经营情况、财务状况和公司已经发生的或者可能发生的重大事件及其影响，主动调查、获取决策所需要的资料。

第四十三条 监事应当对公司董事、高级管理人员履行信息披露职责的行为进行监督；关注公司信息披露情况，发现信息披露存在违法违规问题的，应当进行调查并提出处理建议。

监事会对定期报告出具的书面审核意见，应当说明编制和审核的程序是否符合法律、行政法规、中国证监会的规定，报告的内容是否能够真实、准确、完整地反映上市公司的实际情况。

第四十四条 高级管理人员应当及时向董事会报告有关公司经营或者财务方面出现的重大事件、已披露的事件的进展或者变化情况及其他相关信息。

第四十五条 董事会秘书负责组织和协调公司信息披露事务，汇集上市公司应予披露的信息并报告董事会，持续关注媒体对公司的报道并主动求证报道的真实情况。董事会秘书有权参加股东大会、董事会会议、监事会会议和高级管理人员相关会议，有权了解公司的财务和经营情况，查阅涉及信息披露事宜的所有文件。

董事会秘书负责办理上市公司信息对外公布等相关事宜。除监事会公告外，上市公司披露的信息应当以董事会公告的形式发布。董事、监事、高级管理人员非经董事会书面授权，不得对外发布上市公司未披露信息。

上市公司应当为董事会秘书履行职责提供便利条件，财务负责人应当配合董事会秘书在财务信息披露方面的相关工作。

第四十六条 上市公司的股东、实际控制人发生以下事件时，应当主动告知上市公司董事会，并配合上市公司履行信息披露义务。

（一）持有公司5%以上股份的股东或者实际控制人，其持有股份或者控制公司的情况发生较大变化；

（二）法院裁决禁止控股股东转让其所持股份，任一股东所持公司5%以上股份被质押、冻结、司法拍卖、托管、设定信托或者被依法限制表决权；

（三）拟对上市公司进行重大资产或者业务重组；

（四）中国证监会规定的其他情形。

应当披露的信息依法披露前，相关信息已在媒体上传播或者公司证券及其衍生品种出现交易异常情况的，股东或者实际控制人应当及时、准确地向上市公司作出书面报告，并配合上市公司及时、准确地公告。

上市公司的股东、实际控制人不得滥用其股东权利、支配地位，不得要求上市公司向其提供内幕信息。

第四十七条 上市公司非公开发行股票时，其控股股东、实际控制人和发行对象应当及时向上市公司提供相关信息，配合上市公司履行信息披露义务。

第四十八条 上市公司董事、监事、高级管理人员、持股

5%以上的股东及其一致行动人、实际控制人应当及时向上市公司董事会报送上市公司关联人名单及关联关系的说明。上市公司应当履行关联交易的审议程序，并严格执行关联交易回避表决制度。交易各方不得通过隐瞒关联关系或者采取其他手段，规避上市公司的关联交易审议程序和信息披露义务。

第四十九条 通过接受委托或者信托等方式持有上市公司5%以上股份的股东或者实际控制人，应当及时将委托人情况告知上市公司，配合上市公司履行信息披露义务。

第五十条 信息披露义务人应当向其聘用的保荐人、证券服务机构提供与执业相关的所有资料，并确保资料的真实、准确、完整，不得拒绝、隐匿、谎报。

保荐人、证券服务机构在为信息披露出具专项文件时，发现上市公司及其他信息披露义务人提供的材料有虚假记载、误导性陈述、重大遗漏或者其他重大违法行为的，应当要求其补充、纠正。信息披露义务人不予补充、纠正的，保荐人、证券服务机构应当及时向公司注册地证监局和证券交易所报告。

第五十一条 上市公司解聘会计师事务所的，应当在董事会决议后及时通知会计师事务所，公司股东大会就解聘会计师事务所进行表决时，应当允许会计师事务所陈述意见。股东大会作出解聘、更换会计师事务所决议的，上市公司应当在披露时说明更换的具体原因和会计师事务所的陈述意见。

第五十二条 为信息披露义务人履行信息披露义务出具专项文件的保荐人、证券服务机构，应当勤勉尽责、诚实守信，按照依法制定的业务规则、行业执业规范和道德准则发表专业意见，保证所出具文件的真实性、准确性和完整性。

第五十三条 注册会计师应当秉承风险导向审计理念，严格执行注册会计师执业准则及相关规定，完善鉴证程序，科学选用鉴证方法和技术，充分了解被鉴证单位及其环境，审慎关注重大错报风险，获取充分、适当的证据，合理发表鉴证结论。

第五十四条 资产评估机构应当恪守职业道德，严格遵守评估准则或者其他评估规范，恰当选择评估方法，评估中提出的假设条件应当符合实际情况，对评估对象所涉及交易、收入、支出、投资等业务的合法性、未来预测的可靠性取得充分证据，充分考虑未来各种可能性发生的概率及其影响，形成合理的评估结论。

第五十五条 任何机构和个人不得非法获取、提供、传播上市公司的内幕信息，不得利用所获取的内幕信息买卖或者建议他人买卖公司证券及其衍生品种，不得在投资价值分析报告、研究报告等文件中使用内幕信息。

第五十六条 媒体应当客观、真实地报道涉及上市公司的情况，发挥舆论监督作用。

任何机构和个人不得提供、传播虚假或者误导投资者的上市公司信息。

违反前两款规定，给投资者造成损失的，依法承担赔偿责任。

第六章 监督管理与法律责任

第五十七条 中国证监会可以要求上市公司及其他信息披露义务人或者其董事、监事、高级管理人员对有关信息披露问题作出解释、说明或者提供相关资料，并要求上市公司提供保荐人或者证券服务机构的专业意见。

中国证监会对保荐人和证券服务机构出具的文件的真实性、准确性、完整性有疑义的，可以要求相关机构作出解释、补充，并调阅其工作底稿。

上市公司及其他信息披露义务人、保荐人和证券服务机构应当及时作出回复，并配合中国证监会的检查、调查。

第五十八条 上市公司董事、监事、高级管理人员应当对公司信息披露的真实性、准确性、完整性、及时性、公平性负责，但有充分证据表明其已经履行勤勉尽责义务的除外。

上市公司董事长、经理、董事会秘书，应当对公司临时报告信息披露的真实性、准确性、完整性、及时性、公平性承担主要责任。

上市公司董事长、经理、财务负责人应对公司财务报告的真实性、准确性、完整性、及时性、公平性承担主要责任。

第五十九条 信息披露义务人及其董事、监事、高级管理人员，上市公司的股东、实际控制人、收购人及其董事、监事、高级管理人员违反本办法的，中国证监会可以采取以下监管措施：

（一）责令改正；

（二）监管谈话；

（三）出具警示函；

（四）将其违法违规、不履行公开承诺等情况记入诚信档案并公布；

（五）认定为不适当人选；

（六）依法可以采取的其他监管措施。

第六十条 上市公司未按本办法规定制定上市公司信息披露事务管理制度的，中国证监会责令改正。拒不改正的，中国证监会给予警告、罚款。

第六十一条 信息披露义务人未在规定期限内履行信息披露义务，或者所披露的信息有虚假记载、误导性陈述或者重大遗漏的，中国证监会按照《证券法》第一百九十三条处罚。

第六十二条 信息披露义务人未在规定期限内报送有关报

告，或者报送的报告有虚假记载、误导性陈述或者重大遗漏的，中国证监会按照《证券法》第一百九十三条处罚。

第六十三条　上市公司通过隐瞒关联关系或者采取其他手段，规避信息披露、报告义务的，中国证监会按照《证券法》第一百九十三条处罚。

第六十四条　上市公司股东、实际控制人未依法配合上市公司履行信息披露义务的，或者非法要求上市公司提供内幕信息的，中国证监会责令改正，给予警告、罚款。

第六十五条　为信息披露义务人履行信息披露义务出具专项文件的保荐人、证券服务机构及其人员，违反《证券法》、行政法规和中国证监会的规定，由中国证监会依法采取责令改正、监管谈话、出具警示函、记入诚信档案等监管措施；应当给予行政处罚的，中国证监会依法处罚。

第六十六条　任何机构和个人泄露上市公司内幕信息，或者利用内幕信息买卖证券及其衍生品种，中国证监会按照《证券法》第二百零一条、第二百零二条处罚。

第六十七条　任何机构和个人编制、传播虚假信息扰乱证券市场；媒体传播上市公司信息不真实、不客观的，中国证监会按照《证券法》第二百零六条处罚。

在证券及其衍生品种交易活动中作出虚假陈述或者信息误导的，中国证监会按照《证券法》第二百零七条处罚。

第六十八条　涉嫌利用新闻报道以及其他传播方式对上市公司进行敲诈勒索的，中国证监会责令改正，向有关部门发出监管建议函，由有关部门依法追究法律责任。

第六十九条　上市公司及其他信息披露义务人违反本办法的规定，情节严重的，中国证监会可以对有关责任人员采取证券市场禁入的措施。

第七十条 违反本办法，涉嫌犯罪的，依法移送司法机关，追究刑事责任。

第七章 附 则

第七十一条 本办法下列用语的含义：

（一）为信息披露义务人履行信息披露义务出具专项文件的保荐人、证券服务机构，是指为证券发行、上市、交易等证券业务活动制作、出具保荐书、审计报告、资产评估报告、法律意见书、财务顾问报告、资信评级报告等文件的保荐人、会计师事务所、资产评估机构、律师事务所、财务顾问机构、资信评级机构。

（二）及时，是指自起算日起或者触及披露时点的两个交易日内。

（三）上市公司的关联交易，是指上市公司或者其控股子公司与上市公司关联人之间发生的转移资源或者义务的事项。

关联人包括关联法人和关联自然人。

具有以下情形之一的法人，为上市公司的关联法人：

1. 直接或者间接地控制上市公司的法人；

2. 由前项所述法人直接或者间接控制的除上市公司及其控股子公司以外的法人；

3. 关联自然人直接或者间接控制的、或者担任董事、高级管理人员的，除上市公司及其控股子公司以外的法人；

4. 持有上市公司5%以上股份的法人或者一致行动人；

5. 在过去12个月内或者根据相关协议安排在未来12月内，存在上述情形之一的；

6. 中国证监会、证券交易所或者上市公司根据实质重于形式的原则认定的其他与上市公司有特殊关系，可能或者已经造成上市公司对其利益倾斜的法人。

具有以下情形之一的自然人，为上市公司的关联自然人：

1. 直接或者间接持有上市公司 5% 以上股份的自然人；

2. 上市公司董事、监事及高级管理人员；

3. 直接或者间接地控制上市公司的法人的董事、监事及高级管理人员；

4. 上述第 1、2 项所述人士的关系密切的家庭成员，包括配偶、父母、年满 18 周岁的子女及其配偶、兄弟姐妹及其配偶，配偶的父母、兄弟姐妹，子女配偶的父母；

5. 在过去 12 个月内或者根据相关协议安排在未来 12 个月内，存在上述情形之一的；

6. 中国证监会、证券交易所或者上市公司根据实质重于形式的原则认定的其他与上市公司有特殊关系，可能或者已经造成上市公司对其利益倾斜的自然人。

（四）指定媒体，是指中国证监会指定的报刊和网站。

第七十二条　本办法自公布之日起施行。《公开发行股票公司信息披露实施细则》（试行）（证监上字〔1993〕43 号）、《关于股票公开发行与上市公司信息披露有关事项的通知》（证监研字〔1993〕19 号）、《关于加强对上市公司临时报告审查的通知》（证监上字〔1996〕26 号）、《关于上市公司发布澄清公告若干问题的通知》（证监上字〔1996〕28 号）、《上市公司披露信息电子存档事宜的通知》（证监信字〔1998〕50 号）、《关于进一步加强 ST、PT 公司信息披露监管工作的通知》（证监公司字〔2000〕63 号）、《关于拟发行新股的上市公司中期报告有关问题的通知》（证监公司字〔2001〕69 号）、《关于上市公司临时公告及相关附件报送中国证监会派出机构备案的通知》（证监公司字〔2003〕7 号）同时废止。

附录 3 上市公司股权分置改革管理办法

第一章 总 则

第一条 为规范上市公司股权分置改革工作，促进资本市场改革开放和稳定发展，保护投资者的合法权益，依据《公司法》、《证券法》、《股票发行与交易管理暂行条例》、《国务院关于推进资本市场改革开放和稳定发展的若干意见》以及证监会、国资委、财政部、人民银行、商务部《关于上市公司股权分置改革的指导意见》的有关规定，制定本办法。

第二条 上市公司股权分置改革，是通过非流通股股东和流通股股东之间的利益平衡协商机制，消除 A 股市场股份转让制度性差异的过程。

第三条 上市公司股权分置改革遵循公开、公平、公正的原则，由 A 股市场相关股东在平等协商、诚信互谅、自主决策的基础上进行。中国证券监督管理委员会（以下简称中国证监会）依法对股权分置改革各方主体及其相关活动实行监督管理，组织、指导和协调推进股权分置改革工作。

第四条 证券交易所根据中国证监会的授权和本办法的规

定，对上市公司股权分置改革工作实施一线监管，协调指导上市公司股权分置改革业务，办理非流通股份可上市交易的相关手续。

证券交易所和证券登记结算公司应当根据本办法制定操作指引，为进行股权分置改革的上市公司（以下简称"公司"）办理相关业务提供服务，对相关当事人履行信息披露义务、兑现改革承诺以及公司原非流通股股东在改革完成后出售股份的行为实施持续监管。

第二章　操作程序

第一条　公司股权分置改革动议，原则上应当由全体非流通股股东一致同意提出；未能达成一致意见的，也可以由单独或者合并持有公司三分之二以上非流通股份的股东提出。非流通股股东提出改革动议，应以书面形式委托公司董事会召集 A 股市场相关股东举行会议（以下简称相关股东会议），审议上市公司股权分置改革方案（以下简称改革方案）。

相关股东会议的召开、表决和信息披露等事宜，参照执行上市公司股东大会的有关规定，并由相关股东对改革方案进行分类表决。

第二条　公司董事会收到非流通股股东的书面委托后，应当聘请保荐机构协助制定改革方案并出具保荐意见书，聘请律师事务所对股权分置改革操作相关事宜的合规性进行验证核查并出具法律意见书。

第三条　公司董事会、非流通股股东、保荐机构及其保荐代表人、律师事务所及其经办律师，应当签订书面协议明确保密义务，约定各方在改革方案公开前不得泄露相关事宜。

第四条　公司董事会应当委托保荐机构就改革方案的技术可

行性以及召开相关股东会议的时间安排，征求证券交易所的意见。

证券交易所对股权分置改革进行业务指导，均衡控制改革节奏，协商确定相关股东会议召开时间。

第五条 根据与证券交易所商定的时间安排，公司董事会发出召开相关股东会议的通知，公布改革说明书、独立董事意见函、保荐意见书、法律意见书，同时申请公司股票停牌。

第六条 自相关股东会议通知发布之日起十日内，公司董事会应当协助非流通股股东，通过投资者座谈会、媒体说明会、网上路演、走访机构投资者、发放征求意见函等多种方式，与 A 股市场流通股股东（以下简称"流通股股东"）进行充分沟通和协商，同时公布热线电话、传真及电子信箱，广泛征求流通股股东的意见，使改革方案的形成具有广泛的股东基础。

第七条 非流通股股东与流通股股东按照前条要求完成沟通协商程序后，不对改革方案进行调整的，董事会应当做出公告并申请公司股票复牌；对改革方案进行调整的，应当在改革说明书、独立董事意见函、保荐意见书、法律意见书等文件做出相应调整或者补充说明并公告后，申请公司股票复牌。

公司股票复牌后，不得再次调整改革方案。

第八条 召开相关股东会议，公司董事会应当申请公司股票停牌。停牌期间自本次相关股东会议股权登记日的次日起，至改革规定程序结束之日止。

第九条 公司董事会在相关股东会议召开前，应当在指定报刊上刊载不少于两次召开相关股东会议的提示公告。

相关股东会议征集投票委托事宜，由公司董事会负责办理。

第十条 公司董事会应当为参加相关股东会议的股东进行表决提供网络投票技术安排。网络投票时间不得少于三天。

第十一条 非流通股股东执行股权分置改革利益平衡对价安排（以下简称对价安排）须经国有资产监督管理机构批准的，应当在相关股东会议网络投票开始前取得并公告批准文件。

第十二条 相关股东会议投票表决改革方案，须经参加表决的股东所持表决权的三分之二以上通过，并经参加表决的流通股股东所持表决权的三分之二以上通过。

第十三条 改革方案获得相关股东会议表决通过的，董事会应当在两个工作日内公告相关股东会议的表决结果。

董事会应当按照与证券交易所商定的时间安排，公告改革方案实施及公司股票复牌事宜。

持有外商投资企业批准证书的公司、含有外资股份的银行类公司，改革方案涉及外资管理审批事项的，公司应在公告改革方案实施前取得国务院有关部门的审批文件。

第十四条 改革方案未获相关股东会议表决通过的，董事会应当在两个工作日内公告相关股东会议表决结果，并申请公司股票于公告次日复牌。

改革方案未获相关股东会议表决通过的，非流通股股东可以在三个月后，按照本办法第五条的规定再次委托公司董事会就股权分置改革召集相关股东会议。

第十五条 存在异常情况的上市公司进行股权分置改革，按以下原则进行：

（一）相关当事人涉嫌利用公司股权分置改革信息进行内幕交易正在被立案调查的，在调查结束后方可进行改革；

（二）公司股票交易涉嫌市场操纵正在被立案调查，或者公司股票涉嫌被机构或个人非法集中持有的，在风险消除后可以进行改革；

（三）公司控股股东涉嫌侵占公司利益正在被立案调查，但有可行的解决侵占问题方案的，可以进行改革；

（四）存在其他异常情况的，经中国证监会认可，可以进行改革。

第十六条 发行境外上市外资股、境内上市外资股的 A 股市场上市公司，由 A 股市场相关股东协商解决非流通股股东所持股份在 A 股市场的可上市交易问题。

第十七条 持有 A 股市场上市公司非流通股的境外上市公司，其关于对价安排的决策程序应当符合公司章程和境外上市地有关公司资产处置的规定。

持有 A 股市场上市公司非流通股的境内上市公司，其关于对价安排的决策程序应当符合公司章程和证券交易所业务规则有关公司资产处置的规定。

第三章 改革方案

第一条 改革方案应当兼顾全体股东的即期利益和长远利益，有利于公司发展和市场稳定，并可根据公司实际情况，采用控股股东增持股份、上市公司回购股份、预设原非流通股股份实际出售的条件、预设回售价格、认沽权等具有可行性的股价稳定措施。

第二条 非流通股股东在改革方案中做出的承诺，应当与证券交易所和证券登记结算公司实施监管的技术条件相适应，或者由承诺方提供履行承诺事项的担保措施。非流通股股东应当以书面形式做出忠实履行承诺的声明。

第三条 非流通股股东未完全履行承诺之前不得转让其所持有的股份。但是受让人同意并有能力代其履行承诺的除外。

第四条 改革方案应当对表示反对或者未明确表示同意的非流通股股东所持有股份的处理，提出合法可行的解决办法并予以说明。

第五条　股权分置改革与公司资产重组结合，重组方通过注入优质资产、承担债务等方式，以实现公司盈利能力或者财务状况改善作为对价安排的，其资产重组程序与股权分置改革程序应当遵循本办法和中国证监会的相关规定。

第四章　改革后公司原非流通股股份的出售

第一条　改革后公司原非流通股股份的出售，应当遵守下列规定：

（一）自改革方案实施之日起，在十二个月内不得上市交易或者转让；

（二）持有上市公司股份总数百分之五以上的原非流通股股东，在前项规定期满后，通过证券交易所挂牌交易出售原非流通股股份，出售数量占该公司股份总数的比例在十二个月内不得超过百分之五，在二十四个月内不得超过百分之十。

第二条　原非流通股股东出售所持股份数额较大的，可以采用向特定投资者配售的方式。

第三条　改革方案实施后，外资股东所持股份的管理办法另行规定。

第五章　信息披露

第一条　股权分置改革信息披露相关义务人，应当及时履行信息披露义务，真实、准确、完整地披露信息，保证所披露的信息不存在虚假记载、误导性陈述或者重大遗漏。

第二条　相关股东会议通知应当列明流通股股东参与股权分置改革的权利及行使权利的方式、条件和期间。

第三条　股权分置改革说明书应当包括下列内容：

（一）公司设立以来股本结构的形成及历次变动情况；

（二）提出进行股权分置改革动议的非流通股股东，关于其持有公司股份的数量、比例以及有无权属争议、质押、冻结情况的说明；

（三）非流通股股东关于其持有公司股份的数量、比例及相互之间关联关系的说明；

（四）非流通股股东、持有公司股份总数百分之五以上的非流通股股东的实际控制人，关于在公司董事会公告改革说明书的前两日持有公司流通股股份的情况以及前六个月内买卖公司流通股股份的情况的说明；

（五）股权分置改革方案的具体内容；

（六）非流通股股东关于其为履行承诺义务提供担保措施的说明；

（七）股权分置改革对公司治理可能产生的影响；

（八）股权分置改革可能涉及的风险及相应处理方案；

（九）为股权分置改革提供专业服务的保荐机构、律师事务所的名称和联系方式；

（十）保荐机构、律师事务所关于其在公司董事会公告改革说明书的前两日持有公司流通股股份的情况以及前六个月内买卖公司流通股股份情况的说明；

（十一）其他需要说明的事项。

第四条 保荐意见书应当包括下列内容：

（一）上市公司非流通股股份有无权属争议、质押、冻结情况及上述情况对改革方案实施的影响；

（二）实施改革方案对公司流通股股东权益影响的评价；

（三）对股权分置改革相关文件的核查结论；

（四）改革方案中相关承诺的可行性分析；

（五）关于保荐机构有无可能影响其公正履行保荐职责情形的说明；

（六）保荐机构认为应当说明的其他事项；

（七）保荐结论及理由。

第五条 独立董事意见函应当包括改革方案对公司治理结构的完善、股东合法权益的保护、公司长远发展的影响等情况及其他重要事项的说明。

第六条 相关股东会议通知、相关股东会议表决结果、投票委托征集函、股权分置改革说明书摘要，应当在指定报刊上披露。

股权分置改革说明书、独立董事意见函、保荐意见书、法律意见书、股权分置改革实施方案，应当在公司网站和公司上市地交易所网站全文披露。

证券交易所应当在其网站设置专栏，免费提供上市公司股权分置改革信息披露服务。

第七条 实施股权分置改革方案涉及股东减持或者增持股份，导致股东持有、控制的股份总数发生变动的，应当遵守《上市公司收购管理办法》、《上市公司股东持股变动信息披露管理办法》及本办法的规定；因实施改革方案引发要约收购义务的，经申请可免予履行要约收购义务。

第八条 公司应当在非流通股可上市交易变更登记完成后两个工作日内，在指定报刊上刊登公司股权分置改革后的股份结构变动报告书。

第九条 股权分置改革方案实施后，原非流通股股东持有的股份限售期届满，公司应当提前三个交易日刊登相关提示公告。

第十条 持有、控制公司股份百分之五以上的原非流通股股东，通过证券交易所挂牌交易出售的股份数量，每达到该公司股份总数百分之一时，应当在该事实发生之日起两个工作日内做出公告，公告期间无须停止出售股份。

第六章　中介机构

第一条　为股权分置改革提供专业服务的中介机构，应当遵守法律法规，忠实履行职责，诚实守信，勤勉尽责，维护公司和股东的利益，不得利用职业地位为本单位和个人牟取不正当利益。

第二条　保荐机构应当履行下列职责：

（一）协助制定改革方案；

（二）对改革方案有关事宜进行尽职调查；

（三）对改革方案有关文件进行核查验证；

（四）对非流通股股东执行对价安排、履行承诺事项的能力发表意见；

（五）出具保荐意见书；

（六）协助实施改革方案；

（七）协助制定和实施稳定股价措施；

（八）对相关当事人履行承诺义务进行持续督导。

第三条　保荐机构与公司及其大股东、实际控制人、重要关联方存在下列关联关系的，不得成为该公司股权分置改革的保荐机构：

（一）保荐机构及其大股东、实际控制人、重要关联方持有上市公司的股份合计超过百分之七；

（二）上市公司及其大股东、实际控制人、重要关联方持有或者控制保荐机构的股份合计超过百分之七；

（三）保荐机构的保荐代表人或者董事、监事、经理、其他高级管理人员持有上市公司的股份、在上市公司任职等可能影响其公正履行保荐职责的情形。

第四条　保荐机构应当指定一名保荐代表人具体负责一家公司股权分置改革的保荐工作。该保荐代表人在相关股东会议表决程序未完成前，不得同时负责其他上市公司的股权分置改革保荐工作。

第五条　保荐机构的法定代表人、保荐代表人应当在保荐意见书上签字，承担相应的法律责任。

第六条　律师事务所及在法律意见书上签字的律师应当履行下列职责：

（一）对股权分置改革参与主体的合法性进行核查；

（二）对与改革方案有关的法律事项进行核查；

（三）对与改革方案有关的法律文件进行核查；

（四）对改革方案的内容与实施程序的合法性发表意见；

（五）出具法律意见书。

第七条　律师事务所、在法律意见书上签字的律师，不得与其所提供股权分置改革专业服务的上市公司存在可能影响其公正履行职责的关系。

第八条　保荐机构及其保荐代表人、律师事务所及在法律意见书上签字的律师，应当保证其所出具的保荐意见书、法律意见书不存在虚假记载、误导性陈述或者重大遗漏。

第七章　监管措施与法律责任

第一条　任何单位和个人不得利用上市公司股权分置改革的内幕信息进行证券交易，不得利用上市公司股权分置改革操纵市场，不得编造、传播有关上市公司股权分置改革的虚假信息。有上述行为的，中国证监会依法进行查处；情节严重涉嫌犯罪的，依法移送司法机关追究刑事责任。

第二条　证券交易所应当对股权分置改革期间市场交易异常情况实施专项监控，发现涉嫌内幕交易和操纵市场行为的，应当及时制止并报告中国证监会查处。

第三条 在股权分置改革中做出承诺的股东未能履行承诺的，证券交易所对其进行公开谴责，中国证监会责令其改正并采取相关行政监管措施；给其他股东的合法权益造成损害的，依法承担相关法律责任。

第四条 保荐机构及其保荐代表人为股权分置改革提交的相关文件中存在虚假记载、误导性陈述或者重大遗漏的，或者未能履行尽职调查、持续督导义务的，证券交易所对其进行公开谴责，中国证监会责令其改正；情节严重的，将其从保荐机构及保荐代表人名单中去除。

第五条 律师事务所及在法律意见书上签字的律师，为股权分置改革出具的法律意见书中存在虚假记载、误导性陈述或者重大遗漏的，或者未履行核查义务的，中国证监会责令其改正；情节严重的，暂停接受其出具的证券相关业务的法律文件。

第六条 公司及其非流通股股东、基金管理公司、证券公司、保险公司、资产管理公司，利用不正当手段干扰其他投资者正常决策，操纵相关股东会议表决结果，或者进行不正当利益交换的，中国证监会责令其改正；情节严重的，认定主要责任人员为市场禁入者，一定时期或者永久不得担任上市公司和证券业务机构的高级管理职务。

第八章　附　则

第一条 本办法由中国证监会负责解释和修订。

本办法自发布之日起施行。《关于上市公司股权分置改革试点有关问题的通知》（证监发〔2005〕32号）、《关于做好第二批上市公司股权分置改革试点工作有关问题的通知》（证监发〔2005〕42号）同时废止。

附录4 中国证监会新闻发言人就《上市公司股权分置改革管理办法》正式发布答记者问

　　为规范上市公司股权分置改革工作，保护投资者合法权益，促进资本市场改革开放和稳定发展，在广泛征集并充分吸收社会各界意见和建议的基础上，根据证监会等五部委《关于上市公司股权分置改革的指导意见》的要求，中国证监会今日正式公布了《上市公司股权分置改革管理办法》（以下简称《管理办法》）。就社会各界关心的有关问题，中国证监会新闻发言人回答了记者的提问。

　　一、股权分置改革试点工作已经顺利结束，股权分置改革开始进入积极稳妥推进阶段。中国证监会制定发布《管理办法》的目的是什么？

　　答：股权分置改革试点工作启动以来，监管部门和市场参与各方都在推进股权分置改革方面做出了积极尝试，积累了不少有益经验。按照积极稳妥、循序渐进推进改革的要求，既需要坚持试点期间行之有效并得到普遍认可的办法，同时也要根据下一步改革推进的需要，对有关程序规范和政策导向做出适当调整完善。试点期间发布的《关于上市公司股权分置改革试点有关问题的通知》和《关于做好第二批上市公司股权分置改革试点工作有关问题的通知》规范了改革试点的基本操作流程，但下一步积极稳妥推进改革所需的整体政策框架，以及存在各类特殊情况的上市公司改革的程序规范仍需明确，同时，在改革试点中发现了问题，使制度和政策的制定更有针对性。根据《指导意见》的要求，中国证监会在总结试点阶段经验的基础上，针对下一步改革面临的实际情况，发布了《管理办法》，以进一步完善相关的程序规范，明确政策导向。

二、中国证监会日前就《管理办法》向社会公开征集了意见，请问意见征集情况及《管理办法》的修改情况如何？

答：8月26日，中国证监会就《管理办法（征求意见稿）》向社会各界公开征求意见，社会各界踊跃献计献策，到征求意见截止日，共收到意见和建议350份。总体上看，社会各界普遍认为，《管理办法》体现了《关于上市公司股权分置改革的指导意见》的原则精神，完善了试点期间的基本操作程序，内容充实、全面，政策导向明确，更具有可操作性。同时，各方面也本着对改革负责的态度提出了很多建设性的修改意见，对我们完善《管理办法》有很大帮助。在对社会各界的意见和建议进行认真整理研究的基础上，中国证监会对操作程序、改革方案、改革主体、中介机构、监管措施等内容以及部分文字作了修订，力争使《管理办法》更加严谨、完善。据统计，正式发布的《管理办法》与征求意见稿相比，所作的修改共有151处，涉及45条之多。

三、在《管理办法》关于股权分置改革的程序安排方面，与试点期间的做法相比作出了哪些主要的调整？

答：为保持试点基本制度安排的连续性，《管理办法》基本沿用了改革试点期间的操作程序规范，并在总结试点经验和广泛吸收各方建议的基础上，进一步明确了"统一组织，分散决策"的总体思路和操作原则，要求积极稳妥、循序渐进地推进改革，对改革动议、合议制度、非流通股股东和流通股股东的协商时间安排、改革方案修改和停牌安排等主要方面做了适当的调整、充实和完善：

一是对改革动议的提出做了调整。为使改革更具有可操作性，除继续保留试点期间采用的"全体非流通股股东一致同意"进行改革的原则性要求外，增加了"单独或合并持有公司三分之二以上非流通股份的股东"动议改革的规定。

二是进一步明确了相关股东会议的合议形式。根据《指导意见》，股权分置改革是为A股市场上市公司非流通股可上市交易做出的制度安排，是股东之间协商解决利益平衡问题。《管理办法》将试点中采用的"临时股东大会"制度，进一步明确为A股市场相关股东会议，并对相关文字表述和程序安排作了相应调整。

三是非流通股股东和流通股股东的协商时间安排有所改进。由试点期间自公告进行改革试点之日起征集流通股股东意见，开始沟通协商，改为自相关股东会议通知发布之日起开始进行。这样安排可以使改革周期缩短为30天左右。

四是对改革方案的修改提出了限制性要求。由试点期间可以在临时股东大会前15天协商修改改革方案，调整为协商结果公布、公司股票复牌后，不得再次修改改革方案。这样安排既保证充分协商，又强调保持方案的稳定性，避免因信息不对称损害投资者合法权益。

五是停牌安排不同于试点阶段。取消试点期间临时股东大会决议公布后，公司可以选择股票复牌的规定，保留股东沟通协商期间和自相关股东会议股权登记日的次日起，至改革规定程序结束之日止两个时段的停牌安排。

四、除保荐机构以外，其他专业机构能否参与上市公司股权分置改革？

答： 在中国证监会登记注册为保荐机构的证券公司可以从事上市公司股权分置改革保荐业务。保荐机构是具有特定身份和职责的市场中介组织，在协助上市公司制定、实施股权分置改革方案以及督导相关当事人履行承诺义务等诸多方面都具有重要作用。《管理办法》规定："公司董事会收到非流通股股东的书面委托后，应当聘请保荐机构"，是根据保护投资者合法权益、维护改革正常秩序的客观需要做出的必要制度安排，也是经试点实践证明行之有效的做法。《管理办法》对保荐机构的义务与责任提出了明确的要求，并制定了相应的监管和处罚措施。

同时，在股权分置改革过程中，如上市公司股东根据自身情况聘请其他专业机构提供保荐业务以外的顾问服务，是股东的商业决定，《管理办法》对此并无禁止性规定。

五、市场各方对股权分置改革试点中非流通股股东能否切实履行承诺的问题非常关注，请问《管理办法》是从哪些方面督促非流通股股东履行承诺的？

答： 非流通股股东在改革方案中做出的承诺是改革方案的一个重要方面，关系到广大流通股股东的切身利益。中国证监会对监督非流通股股东切实履行承诺义务非常重视，在《管理办法》中对有关问题也作了明确规定。

一是对非流通股股东履行承诺采取了必要的限制措施，防止逃避承诺义务。《管理办法》中明确，"非流通股股东在改革方案中做出的承诺，应当与证券交易所和证券登记结算公司实施监管的技术条件相适应，或者由承诺方提供履行承诺事项的担保措施。非流通股股东应当以书面形式做出忠实履行承诺的声明"。同时，为防止控股股东通过股权转让逃避承诺义务，《管理办法》还规定"非流通股股东未完全履行承诺之前不得转让其所持有的股份。但是受让人同意并有能力代其履行承诺的除外"。

二是明确了有关中介机构对非流通股股东切实履行承诺义务的监督职责。《管理办法》明确规定，保荐机构应当对非流通股股东"履行承诺事项的能力发表意见"，并有义务"对相关当事人履行承诺义务进行持续督导"。

三是明确了非流通股股东违反承诺义务以及保荐机构未能履行有关督导职责的法律责任。《管理办法》规定："在股权分置改革中做出承诺的股东未能履行承诺的，证券交易所对其进行公开谴责，中国证监会责令其改正并采取相关行政监管措施；给其他股东的合法权益造成损害的，依法承担相关法律责任"。保荐机构及其保荐代表人未能履行"持续督导义务的，证券交易所对其进行公开谴责，中国证监会责令其改正；情节严重的，将其从保荐机构及保荐代表人名单中去除"。

以上各项规定，从多个环节督促非流通股股东切实履行承诺义务，在制度上保障了流通股股东的合法权益。

证监会新闻发言人最后表示，《管理办法》实际上是市场参与者改革经验的总结，是有关各方集体智慧的产物。同时股权分置改革又是一个不断完善的过程，证监会将在改革实践中努力探索，认真总结，使监管工作适应股权分置改革深化的需要。

参考文献

一、中文文献

[1] 奥利弗·E. 威廉姆森：《反托拉斯经济学》，经济科学出版社 1987 年版，第 25 页。

[2] 哈罗德·德姆塞茨：《所有权、控制与企业》，经济科学出版社 1988 年版，第 63 页。

[3] 斯韦托扎尔·平乔维奇：《产权经济学》，经济科学出版社 1990 年版，第 36 页。

[4] R. 科斯、A. 阿尔钦、D 诺斯：《财产权利与制度变迁》，上海三联书店 1994 年版，第 58 页。

[5] 迈克尔·迪屈奇：《交易成本经济学》，经济科学出版社 1994 年版，第 70 页。

[6] 青木昌彦、钱颖一：《转轨经济中的公司治理结构》，中国经济出版社 1995 年版，第 35 页。

[7] 科斯、哈特、斯蒂格利茨：《契约经济学》，经济科学出版社 1992 年版，第 80 页。

[8] 青木昌彦：《比较制度分析》，上海远东出版社 2001 年版，第 112 页。

[9] 青木昌彦、奥野正宽：《经济体制的比较制度分析》，

中国发展出版社 1999 年版，第 153 页。

[10] J. 弗雷德·威斯通、S. 郑光、胡安·A. 苏：《接管、重组与公司治理》，东北财经大学出版社 2000 年版，第 325 页。

[11] 肯尼斯·汉克尔、尤西·李凡特：《现金流量与证券分析》，华夏出版社 2001 年版，第 210 页。

[12] 古杂拉蒂：《计量经济学（第三版）（上、下）》，中国人民大学出版社 2000 年版，第 423 页。

[13] 丹尼尔·L. 鲁宾费尔德、罗伯特·S. 平狄克：《计量经济模型与经济预测（第四版）》，机械工业出版社 1999 年版，第 126 页。

[14] 理查德·A. 波斯纳：《法律的经济分析》，中国大百科全书出版社 1997 年版，第 154 页。

[15] 小艾尔弗雷德·D. 钱德勒：《看得见的手：美国企业的管理革命》，商务印书馆 1997 年版，第 364 页。

[16] 马克·J. 洛：《强管理者，弱所有者：美国公司财务的政治根源》，上海远东出版社 1999 年版，第 23 页。

[17] 玛格丽特·M. 布莱尔：《所有权与控制：面向 21 世纪的公司治理探索》，中国社会科学出版社 1999 年版，第 135 页。

[18] 罗宾·保罗·麦乐怡：《法与经济学》，浙江人民出版社 1997 年版，第 112 页。

[19] 奥利弗·E. 威廉姆森：《治理机制》，中国社会科学出版社 2001 年版，第 231 页。

[20] 哈特：《企业、合同与财务结构》，上海三联书店 1995 年版，第 167 页。

[21] A. 艾伦·斯密德：《财产、权利和公共选择》，上海三联书店 1994 年版，第 320 页。

［22］盛洪：《交易先于产权，国有企业：你的路在何方——50位经济学家论国有企业改革》，经济科学出版社1998年版，第120页。

［23］吴淑琨、席酉民：《公司治理与中国企业改革》，机械工业出版社2000年版，第136页。

［24］陆根尧、杨义群：《数量经济学》，浙江大学出版社2000年版，第210页。

［25］于俊年：《计量经济学》，对外经济贸易大学出版社2000年版，第268页。

［26］李维安：《中国公司治理原则与国际比较》，中国财政经济出版社2001年版，第87页。

［27］郑德珵、沈华珊：《公司治理中的股权结构》，中山大学出版社2002年版，第152页。

［28］殷醒民：《企业购并的金融经济学解释》，上海财经大学出版社1999年版，第89页。

［29］关敬如：《产权置换、企业购并的理论和运行》，经济科学出版社1999年版，第164页。

［30］邓厚斌：《收购与合并》，商务印书馆1998年版，第120页。

［31］许崇正：《中国企业并购与资本市场发展》，中国经济出版社2002年版，第135页。

［32］刘志新、贾福清：《证券市场有效性理论与实证》，航空工业出版社2001年版，第118页。

［33］孙艺林、何学杰：《上市公司资产重组绩效分析》，中华工商联合出版社2001年版，第136页。

［34］王彬：《公司的控制权结构》，复旦大学出版社1999年版，第167页。

［35］李明：《转型经济期的企业兼并》，中国财政经济出版社 1998 年版，第 69 页。

［36］熊海斌：《股东行为与股东产权》，中国城市出版社 2002 年版，第 148 页。

［37］樊纲：《金融发展与企业改革》，经济科学出版社 2000 年版，第 89 页。

［38］张舫：《公司收购法律制度研究》，法律出版社 1998 年版，第 117 页。

［39］李月平：《企业并购分析》，经济科学出版社 2002 年版，第 122 页。

［40］林新：《企业并购与竞争规则》，中国社会科学出版社 2001 年版，第 159 页。

［41］江平：《国有股权研究》，中国政法大学出版社 2002 年版，第 168 页。

［42］张金良、李树华：《证券市场财务与会计问题研究》，上海财经大学出版社 1998 年版，第 210 页。

［43］刘淑莲：《企业融资方式结构与机制》，中国财政经济出版社 2002 年版，第 35 页。

［44］陈共、周升业、吴晓求：《公司购并原理与案例》，中国财政经济出版社 2000 年版，第 174 页。

［45］王一：《企业并购》，上海财经大学出版社 2000 年版，第 128 页。

［46］胡玄能：《企业并购分析》，经济管理出版社 2002 年版，第 168 页。

［47］干春晖、刘祥生：《企业并购理论与实务》，立信会计出版社 1999 年版，第 110 页。

［48］潘敏：《资本结构、金融契约与公司治理》，中国金融

出版社 2002 年版，第 162 页。

[49] 刘文通：《公司兼并收购论》，北京大学出版社 1997 年版，第 1—110 页。

[50] 孙永祥：《公司治理结构：理论与实证研究》，上海三联书店、上海人民出版社 2002 年版，第 210 页。

[51] 于东智：《转轨经济中的上市公司治理》，中国人民大学出版社 2002 年版，第 127 页。

[52] 朱从玖：《投资者保护》，复旦大学出版社 2002 年版，第 136 页。

[53] 张维迎：《国有企业改革出路何在？中国国有企业改革》，中国经济出版社 1996 年版，第 21 页。

[54] 林毅夫、蔡昉、李周：《充分信息与国有企业改革》，上海人民出版社 1997 年版，第 114 页。

[55] 上海证券交易所：《中国证券市场研究前沿专题》，商务印书馆 2001 年版，第 117 页。

[56] 梁能主编：《公司治理结构：中国的实践与美国的检验》，中国人民大学出版社 2000 年版，第 1—188 页。

[57] 杨瑞龙、周业安：《企业的理论相关者理论及其应用》，经济科学出版社 2000 年版，第 26 页。

[58] 李爽、吴溪：《审计师变更研究》，中国财政经济出版社 2002 年版，第 29 页。

[59] 刘树成：《中国资本市场前瞻》，社会科学文献出版社 2000 年版，第 126 页。

[60] 王又庄：《关于资本（股票）市场与会计信息披露问题研究》，中国财政经济出版社 2002 年版，第 122 页。

[61] 张维迎：《企业的企业家——契约理论》，上海三联书店 1995 年版，第 21 页。

［62］黄群慧：《企业家激励约束与国有企业改革》，中国人民大学出版社 2000 年版，第 126 页。

［63］陈郁：《所有权、控制权与激励》，上海三联书店、上海人民出版社 1997 年版，第 168 页。

［64］费方域：《企业产权分析》，上海三联书店 1998 年版，第 89 页。

［65］张维迎：《博弈论与信息经济学》，上海三联书店 2000 年版，第 1—280 页。

［66］谢德仁：《企业剩余索取权：分享安排与剩余计量》，上海三联书店 2001 年版，第 56 页。

［67］李维安主编：《中国公司治理原则与国际比较》，中国财政经济出版社 2001 年版，第 48 页。

［68］张维迎：《企业理论与中国企业改革》，北京大学出版社 1999 年版，第 69 页。.

［69］吴敬琏：《国有经济的战略性改组》，中国发展出版社 1998 年版，第 80 页。

［70］屠光绍、朱从玖：《公司治理：国际经验与中国实践》，人民出版社 2001 年版，第 120 页。

［71］许小年、王燕：《中国上市公司的所有权结构与公司治理·公司治理结构：中国的实践与美国的经验》，中国人民大学出版社 2000 年版，第 1—189 页。

［72］李东平：《大股东控制，盈余管理和上市公司业绩滑坡》，上海财经大学 2001 年博士学位论文，第 87 页。

［73］中国证监会：《关于上市公司建立独立董事制度的指导意见》，2001 年版。

［74］中国证监会：《上市章程指引》，1997 年版。

［75］国家经济贸易委员会和中国证监会：《关于进一步促

进境外上市规范运作和深化改革的意见》，1999 年版。

　　[76] 上海证券交易所：《上市公司治理指引》，2000 年版。

　　[77] 邓良生：《配售减持的关键是价格》，载《中国证券报》2001 年 5 月 24 日。

　　[78] 韩文龄：《用减持优化股权结构》，载《中国证券报》2001 年 5 月 24 日。

　　[79] 王劲松、谢汉鹰：《国有股流通的制度环境和方案设计》，载《中国证券报》2001 年 5 月 24 日。

　　[80] 郎咸平：《中国上市公司的特色年》，载《香港资本杂志》2001 年 7 月 20 日。

　　[81] 胡汝银：《投资者保护与证券监管架构》，载《上海证券报》2000 年 11 月 12 日。

　　[82] 裴武威：《投资者保护、公司治理与资本市场发展》，载《证券市场导报》2000 年 3 月 18 日。

　　[83] 徐晓松：《论国有控股公司组建及运作的法律规范》，载《政法论坛》1998 年第 6 期，第 20—24 页。

　　[84] 安同良、张金华：《中国上市公司国有股减持的行业次序》，载《经济社会体制比较》2002 年第 3 期，第 76—84 页。

　　[85] 毕肖辉：《企业兼并的制度演化及其并存结构分析》，载《中国社会科学》1998 年第 5 期，第 118—127 页。

　　[86] 曹廷求、刘呼声：《大股东治理与公司治理效率》，载《改革》2003 年第 1 期，第 33—37 页。

　　[87] 陈晓、江东：《股权多元化、公司绩效与行业竞争性》，载《经济研究》2000 年第 8 期，第 28—35 页。

　　[88] 陈晓、单鑫：《债务融资是否会增加上市企业的融资成本》，载《经济研究》1999 年第 9 期，第 39—46 页。

　　[89] 陈小悦、徐晓东：《股权结构、企业绩效与投资者保

护》，载《经济研究》2001 年第 11 期，第 3—11 页。

[90] 陈小悦、肖星、过小艳：《配股权与上市公司利润操纵》，载《经济研究》2000 年第 1 期，第 30—36 页。

[91] 陈信元、原红旗：《上市公司资产重组财务会计问题研究》，载《会计研究》1998 年第 10 期，第 1—10 页。

[92] 陈志斌、施建军：《公司治理层面的控制与所有权实位化》，载《经济理论与经济管理》2003 年第 1 期，第 48—52 页。

[93] 崔之元：《美国二十九个州公司法变革的理论背景》，载《经济研究》1996 年第 4 期，第 35—40 页。

[94] 杜莹、刘立国：《股权结构与公司治理效率，中国上市公司的实证分析》，载《管理世界》2002 年第 11 期，第 124—133 页。

[95] 范从来、袁静：《成长性、成熟性和衰退性产业上市公司并购绩效的实证研究》，载《中国工业经济》2002 年第 8 期，第 65—72 页。

[96] 费方域：《控制内部人控制》，载《经济研究》1996 年第 6 期，第 31—39 页。

[97] 冯根福、韩冰：《中国上市公司股权集中度变动的实证分析》，载《经济研究》2002 年第 8 期，第 12—18 页。

[98] 冯根福、吴林江：《我国上市公司并购绩效的实证研究》，载《经济研究》2001 年第 1 期，第 54—61 页。

[99] 高明华、马守莉：《独立董事制度与公司绩效关系的实证分析》，载《南开经济研究》2002 年第 2 期，第 64—68 页。

[100] 龚玉池：《公司绩效与高层更换》，载《经济研究》2001 年第 10 期，第 75—82 页。

[101] 郭金林：《论美国机构股东的战略转变及其公司治理

原则》，载《世界经济》2002 年第 4 期，第 64—68 页。

[102] 何浚：《上市公司治理结构的实证分析》，载《经济研究》1998 年第 5 期，第 50—57 页。

[103] 胡勤勤、沈艺峰：《独立外部董事能否提高上市公司的经营绩效》，载《世界经济》2002 年第 7 期，第 55—62 页。

[104] 胡援成：《企业资本结构与效益及效率关系的实证研究》，载《管理世界》2002 年第 10 期，第 146—147 页。

[105] 黄少安、张岗：《中国上市公司股权融资偏好分析》，载《经济研究》2001 年第 11 期，第 29—33 页。

[106] 李军林：《声誉、控制权与博弈均衡》，载《上海财经大学学报》2002 年第 4 期，第 38—45 页。

[107] 李稻葵、李山：《国有企业债务重组的一个新思路》，载《改革》1996 年第 2 期，第 39—47 页。

[108] 李稻葵、李山：《企业兼并与资本结构的理论分析及政策》，载《改革》1998 年第 1 期，第 89—95 页。

[109] 李有根、赵西萍、李怀祖：《上市公司的董事会构成和公司绩效研究》，载《中国工业经济》2001 年第 5 期，第 48—53 页。

[110] 林舒、魏明海：《中国 A 股发行公司首次公开募股过程中的盈余管理》，载《中国会计与财务研究》2000 年第 2 期，第 22—31 页。

[111] 魏刚：《高级管理层激励与上市公司经营绩效》，载《经济研究》2000 年第 3 期，第 32—39 页。

[112] 许小年：《以法人机构为主体建立公司治理机制与资本市场》，载《改革》1997 年第 5 期，第 37—44 页。

[113] 刘冰：《企业权力争夺和企业治理》，载《中国工业经济》2002 年第 4 期，第 89—94 页。

[114] 刘峰、魏明海：《公司控制权市场问题，君安与万科之争的再探讨》，载《管理世界》2001 年第 3 期，第 187—190 页。

[115] 刘汉民：《所有制、制度环境与公司治理效率》，载《经济研究》2002 年第 6 期，第 63—68 页。

[116] 刘守刚：《敌意接管与公司治理结构》，载《管理世界》1999 年第 5 期，第 187—194 页。

[117] 刘彤：《小股东权益与公司治理绩效改善》，载《经济科学》2002 年第 2 期，第 65—74 页。

[118] 卢文彬、朱红军：《IPO 公司经营业绩变动与股权结构研究》，载《财经研究》2001 年第 7 期，第 45—52 页。

[119] 裴武威：《盯住老板，中国上市公司治理的剖析》，载《资本市场》1998 年第 7 期，第 21—26 页。

[120] 沈艺峰：《公司控制权市场理论的现代演变（上）（下）》，载《中国经济问题》2000 年第 2 期，第 20—35 页；第 3 期，第 16—25 页。

[121] 施东辉：《股权结构、公司治理与绩效表现》，载《世界经济》2000 年第 12 期，第 37—44 页。

[122] 孙永祥：《所有权、融资结构与公司治理机制》，载《经济研究》2001 年第 9 期，第 45—53 页。

[123] 孙永祥、黄祖辉：《上市公司的股权结构与绩效》，载《经济研究》1999 年第 12 期，第 23—30 页。

[124] 唐宗明、蒋位：《中国上市公司大股东侵害度实证研究》，载《经济研究》2002 年第 4 期，第 44—50 页。

[125] 汪丁丁：《产权博弈》，载《经济研究》1996 年第 5 期，第 70—80 页。

[126] 王克敏、张丽娜：《东亚金融危机中的公司所有权结

构与绩效》，载《世界经济》2002 年第 1 期，第 44—54 页。

[127] 吴淑琨、柏杰、席酉民：《董事长与总经理两职的分离与合一》，载《经济研究》1998 年第 8 期，第 21—28 页。

[128] 吴淑琨、刘忠民、范建强：《非执行董事与公司绩效的实证研究》，载《中国工业经济》2001 年第 9 期，第 69—76 页。

[129] 吴淑琨：《股权结构与公司绩效的 U 型关系研究》，载《中国工业经济》2002 年第 1 期，第 80—87 页。

[130] 吴晓求：《国有股减持修正案的设计原则、定价机制和资金运作模式》，载《金融研究》2000 年第 2 期，第 8—20 页。

[131] 徐晓东、陈小悦：《第一大股东对公司治理、企业绩效的影响分析》，载《经济研究》2003 年第 2 期，第 64—74 页。

[132] 许军华、李启亚：《宏观政策对我国股市影响的实证研究》，载《经济研究》2001 年第 9 期，第 12—21 页。

[133] 杨瑞龙：《一个关于企业所有权安排的规范分析框架及其理论含义》，载《经济研究》1997 年第 10 期，第 12—22 页。

[134] 张承耀：《内部人控制问题与中国企业改革》，载《改革》1995 年第 6 期，第 29—33 页。

[135] 张维迎：《控制权损失的不可补偿性与国有企业兼并中的产权障碍》，载《经济研究》1998 年第 8 期，第 3—14 页。

[136] 张维迎：《产权安排与企业内部的权力斗争》，载《经济研究》2000 年第 5 期，第 41—50 页。

[137] 张维迎：《所有权、治理结构与委托代理关系》，载《经济研究》1996 年第 10 期，第 4—15 页。

[138] 赵山：《中国上市公司高层更换实证研究》，载《改

革》2001 年第 6 期，第 29—34 页。

［139］赵勇、朱武祥：《上市公司兼并收购可预测性》，载《经济研究》2000 年第 4 期，第 19—25 页。

［140］赵增耀：《董事会的构成与其职能发挥》，载《管理世界》2002 年第 3 期，第 125—129 页。

［141］周刚、姜彦福、雷家骕、傅家骥：《战略性大股东的公司治理》，载《中国管理科学》2002 年第 4 期，第 76—78 页。

［142］周鹏、张宏志：《利益相关者间的谈判与企业治理结构》，载《经济研究》2002 年第 6 期，第 55—62 页。

［143］周业安：《金融抑制对中国企业融资能力影响的实证分析》，载《经济研究》1999 年第 2 期，第 13—20 页。

［144］周其仁：《"控制权回报"和"企业家控制的企业"》，载《经济研究》1997 年第 5 期，第 31—42 页。

［145］朱红军：《大陆上市公司盈余管理分析实用税务（台湾)》，载《实用税务》2000 年第 12 期，第 79—86 页。

［146］朱红军：《大股东变更与高级管理人员更换：经营绩效的作用》，载《会计研究》2002 年第 9 期，第 31—40 页。

［147］朱红军：《我国上市公司高管人员更换的现状分析》，载《管理世界》2002 年第 5 期，第 126—141 页。

［148］朱筠笙：《公司控制权转让的效率分析》，载《中国工业经济》2002 年第 8 期，第 73—80 页。

［149］朱武祥、宋勇：《股权结构与企业价值》，载《经济研究》2001 年第 9 期，第 66—72 页。

二、外文文献

［1］Zingales, Laigi, The Value of Voting Right, "A Study of the Milan Stock Exchange Experience", *The Review of Financial Studies*, 1994, 7, 125–148.

[2] Agrawal, Anup, Knoeber, Charles R. , "Firm Perform-ance and Mechanisms to Control Agency Problems between Managers and Shareholders", *Financial and Quantitative Analysis*, 1996, 31, 377 - 397.

[3] Aharony Joseph, Swary Itzhck, "Quarterly Dividend and Earnings Announcements and Stockholders' Returns An Empirical Analysis", *The Journal of Finance*, 1980, 35, 1 - 12.

[4] Aharony, J. , C. W. J. Lee, T. J. Wong, *Financial Packa-ging of IPO Firms in China*, Hong Kong University of Science and Technology, 1999, 1 - 35.

[5] Alchian, Armen A. , Demsetz, Harold, "Production, Information Costs and Economic Organization", *American Economic Review*, 1972, 62 (50), 777 - 795.

[6] Asquith. P. , "Merger Bids, Uncertainty, and Stockholder Returns", *Journal of Financial Economics*, 1983, 11, 51 - 81.

[7] Asquith, P. , R. F. Bruner, D. W. Mullins, "The Gain to Bidding Firms from Merger", *Journal of Financial Economics*, 1983, 11, 121 - 139.

[8] Baliga, Moyer and R. S. Rao, "CEO Duality and Firm Performance, What's the Fuss?", *Strategic Management Journal*, 1996, 1, 41 - 53.

[9] Barber, Brad M. and John D. Lyon, "Detecting Long-Run Abnormal Stock Returns: The Empirical Power and Specification of Test Statistics ", *Journal of Financial Economics*, 1997, 43, 341 - 372.

[10] Barclay, Michael J. and Clifford G. Holderness, "Private Benefits from Control of Public Corporations", *Financial Economics*,

1989, 25, 371 – 396.

[11] Bebchuk, Lucian, "Efficient and Inefficient Sales of Corporate Control", *Quarterly Journal of Economics* 1994, 109, 957 – 994.

[12] Bebchuk, Lucian, *The Rent Protection Theory of Corporate Ownership and Contro*, Cambridge, Mass, Harvard Business School, 1999, 1 – 67.

[13] Bengt Holmstrom and Steven N. Kaplan, "Corporate Governance and Merger Activity in the United States, Making Sense of the 1980s and 1990s", *Journal of Economic Perspectives*, 2001, 15, Number 2, Spring, 121 – 144.

[14] Berle, A, and Means, G. , *The modern corporation and private property*, ix-xv, Cambridge, Mass, Harvard University Press, 1932.

[15] Bhagat, Sanjai and Bernard Black, Peter Caughey, John Kelly, *Do Independent Directors Matter?*, University of Colorado at Boulder, 1996, 1 – 65.

[16] Black F. , The Divident Puzzle, *Portfolio Management*, 1976, 2, 5 – 8.

[17] Blackwell, D. W. , Brickley, J. A. , and Weis-bach. M. S. , "Accounting information and internal performance evaluation: Evidence from Texas Banks", *Accounting and Economics*, 1994, 17, 331 – 358.

[18] Bladley, Michael and Wakeman, Lee, "The Wealth Effects] of Targeted Repurchases", *Financial Economics*, 1983, 11, 301 – 328.

[19] Blair, Margaret, *Ownership and Control, Rethinking*

Corporate Governance for the 21 *century*, Washington, the Brooking Institution, 1995, 1 – 32.

［20］Bonnier, K. A, and Bruner R. F., "An analysis of stock price reaction to management change in distressed firms", *Journal of Accounting and Economics*, 1989, 11, 95 – 106.

［21］Borokhovich, K. A., Parrino, R., and Trapani, T., "Outside Directors and CEO Selection", *Quantitative Analysis*, 1996, 31, 337 – 355.

［22］Borstadt, Lisa and Thomas J. Zwirlein, "The Efficient Monitoring Role of Proxy Contests: An Empirical Analysis of Post-Contest Control Changes and Firm Performance", *Financial Management*, 1992, 21, 22 – 33.

［23］Boyd, "CEO Duality and Firm Performance, A Contingency Model", *Strategic Management Journal*, 1995, (4), 301 – 312.

［24］Bradley, Michael, "Interfirm Tender Offers and the Market for Corporate Control", *Business*, 1980, 53, 345 – 376.

［25］Bradley, Michael, Desai, Anand and Kim, E. Han, "The Rationale Behind Interfirm Tender Offers, Information or Synergy", *Financial Economics*, 1983, 11, 183 – 206.

［26］Brickley, James A., "On Corporate Governance, A Study of Proxy Contests", *Journal of Financial Economics*, 1986, 11, 401 – 438.

［27］Bukart, M. Gromb, D., and Panunzi, F., "Large Shareholders, Monitoring, and Fiduciary Duty", *Quarterly Journal of Economics* 1997, 112, 693 – 728.

［28］Burkart, Mike, Denis Gromb, and Fausto Panunzi,

"Whyigher Takover Premia, Protect Minority Shareholders", *Journal of Political Economy* 1998, 106, 172 – 204.

[29] Byrd, J. W. and K. A. Hichman, "Do Outside Directors Monitor Managers?", *Journal of Financial Economics*, 1992, 32, Issue 2, October, 122 – 152.

[30] Cadbury, A. , *The Financial Aspects of Corporate Governance—The Code of Best Practice*, Burgess Science Press, London, 1992, 1 – 76.

[31] Carter H. T. , "Financial Manager, Greater Choice for Stockholders", *Management Accounting*, 1992, 74 Iss, 6, 22, 23 – 48.

[32] Chan, Su, John Martin and John Kensiger, "Corporate Research and Development Expenditures and Share Value", *Journal of Financial Economics*, 1990, 26, 255 – 276.

[33] Chen, Charles J. and P. Bikki Jaggi, "Association between Independent Non-executive Directors, Family Control and Financial Disclosures in Hong Kong", *Journal of Accounting and Public Polio*, 2000, 19, Issue 4 – 5, January, 36 – 57.

[34] Chen, Kevin C. W. , and Hong-Qi, "Earning Management and Capital Resource Allocation, Evidence from China's Accounting-based Regulation of rights Issue", Working Paper, Hong Kong University of Science and Technology, 2000, 1 – 21.

[35] Claessens, S. , Djankov, S. , "The Separation of Ownership and Control in East Asian Corporations", *Journal of Financial Economics* 2000, 58, 81 – 112.

[36] Claessens, Stijin, "Corporate Governance and Equity Prices, Evidence from the Czech and Slovak Republics", *Journal of*

Finance, 1997, 51, 1641 – 1658.

[37] Clifford Holderness and Dennis Sheehan, "Constraints on large—block shareholders", NBER working paper, 1998, 1 – 25.

[38] Coase, Ronald, "The Nature of the Firm", *Economica*, 1937, 5, 368 – 405.

[39] Coase, Ronald, *The Firm, the Market, and the Law*, Chicago, Univ, of Chicago Press, 1960, 1 – 65.

[40] Coffee, John C. Jr., "The Future as History, the Prospects for Global Convergence in Corporate Governance and its Implications", *Northwestern Law Review*, 1999, 93, 631 – 707.

[41] Coles, Jeffrey L. James A. Brickley, and Rory L. Terry, "Outside Directors and the Adoption of Poison Pills", *Journal of Financial Economics*, 1994, 35, Issue 2, April, 52 – 78.

[42] Comment, Robert and Schwert, "Poison or placebo? Evidence on the Deterrent and Wealth Effects of Modern Antitakeover Measures", *Financial Economics* 1995, 39, 3 – 43.

[43] Cotter, James F., Anil Shivdasani, and Marc Zenner, "Do Independent Directors Enhance Target Shareholder Wealth during Tender Offers?", *Journal of Financial Economics*, 1997, 43, Issue 2, February, 68 – 89.

[44] Cotter, James F. and Zenner, Marc, "How Managerial Wealth Affects the Tender Offer Process", *Financial Economics*, 1994, 35, 63 – 97.

[45] Coughlan, A. T. and Schmidt, R., M., "Executive Compensation, Managerial Turnover, and Firm Performance, an Empirical Investigation", *Accounting and Economics*, 1985, 7, 43 – 66.

[46] Dalton, Daily, Ellstrand, Johnson, " Meta-analytic Reviews of Board composition, Lea&hip Structure, and Financial Performance", *Strategic Management Journal*, 1998, 269 – 290.

[47] Daniels, Ronald J. and Edward M. Iacobucci, *Some of the Ccuse and Consequences of Corporate Ownership Concentration in Canada, From "Concentrated Corporate Ownership"* (Edited by Randall K, Morck), The University of Chicago Press, 2000, 81 – 103.

[48] Dann, Larry Y. and DeAngelo, Harry, "Proxy Contests and the Governance of Publicly-held Corporations", *Financial Economics*, 1989, 23, 29 – 60.

[49] Dann, Larry Y. and DeAngelo, Harry, "Standstill Agreements, Privately Negotiated Stock Repurchases, and the Market for Corporate Control", *Financial Economics*, 1983, 11, 275 – 300.

[50] David, Rene, and John Brierley, *Major Legal Systems in the World Today*, London, Stevens and Sons, 1985, 1 – 34.

[51] Dawn, Helfat, "CEO Duality, Succession, Capabilities and Agency Theory", Commentary and Research Agenda, *Strategic Management Journal*, 1998, 901 – 904.

[52] De Angelo, Harry and Linda De Angelo, "Managerial Ownership of Voting Rights, a Study of Public Corporation with Dual Classes of Common Stock", *Journal of Financial Economics*, 1985, 14, 89 – 110.

[53] DeAngelo, Linda, "Equity Valuation and Corporate Control", *The Accounting Review*, 1990, 65, 93 – 112.

[54] DeAngelo, H. and Linda, E., "The Role of Proxy Contests in the Governance of Publicly-held Corporations", *Journal of Financial Economics*, 1989, 23, 29 – 59.

［55］DeAngelo, Linda, E. , "Managerial Competition, Information Costs, and Corporate Governance: The Use of Accounting Performance Measures in Proxy Contests", *Journal of Accounting and Economics*, 1988, 10, 3 – 36.

［56］DeFond, M. L. , Park, C. W. , "The effect of competition on CEO turnover", *Accounting And Economics*, 1999, 27（1）, 33 – 56.

［57］Deli, Daniel N. , Stuart L. , Gillan, "On the Demand for Independent and Active Audit Committees", *Journal of Corporate Finance*, 2000, 6, Issue 4, December, 23 – 56.

［58］Demirguc-kunt, Asli, and Vojislav Maksimovic, "Law, finance, and Firm Growth", *Journal of Finance*, 1998, 53, 2107 – 2139.

［59］Demsetz, Harold, Kenneth Lehn, "The Structure of Corporate Ownership, Causes and Consequences", *Journal of Political Economy*, 1985, 93, No. 6: 1155 – 1177.

［60］Denis, D. J. , Denis, D. K. , Sarin, A. , "Ownership Structure and Top Executive turnover", *Financial Economics*, 1997, 45, 193 – 221.

［61］Denis, David J. , "Defensive Adjustments in Corporate Payout Policy, Share Repurchases and Special Dividends", *Finance*, 1990, 50, 1029 – 1057.

［62］Denis, D. J. , Denis, D. K. , "Performance Changes Following Top Management Dismissals", *Journal of Finance*, 1995, 50, 65 – 86.

［63］Dodd, E. M. , "For whom are Corporate Managers Trustees?", *Harvard Law Review*, 1932, 45, 1145 – 1163.

［64］Dodd, Peter and Richard S., Ruback., "Tender Offers and Stockholder Returns, An Empirical Analysis", *Financial Economics*, 1977, 5, 351 – 374.

［65］Dodd, Peter and Warner, Jerold B., "On Corporate Governance", *Financial Economics*, 1983, 11, 401 – 438.

［66］Dodd, P., "Merger Proposals, Management Discretion and Stockholder Wealth", *Journal of Financial Economics*, 1980, 8, 105 – 137.

［67］Dyck, A., and Zingales, Luigi, "Private Benefits of Control, An International Comparison", Working paper, 2001, 1 – 32.

［68］Easterbrook, Frank and Fischel, Daniel, "Voting in Corporate Law", *Journal of Law and Economics*, 1983, 26, 395 – 412.

［69］Edith Shwalb Hotchkiss, "Post Bankruptcy Performance and Management Turnover", *Journal of Finance*, 1995, Vol. L, No. 1, 3 – 21.

［70］Edward, Zajac, James, "Director Reputation, CEO-Board Power, and Dynamics of Board Interlocks", *Adminisrative Science Quarterly*, 1996, 507 – 529.

［71］Fama Eugene F., Fisher Lawrence, Jensen Michael, et al., "The Adjustment of Stock Prices to New Information", *International Economic Review*, 1969, X: 1 – 21.

［72］Fama, E. F., Jensen, M, C., "Separation of Ownership and Control", *Journal of Law and Economics*, 1983, 26, 301 – 325.

［73］Fama, Eugene, "Agency Problems and the Theory of the Firm", *Political Economy*, 1980, 88, 288 – 307.

［74］Fama, E. F. and Jensen, Michael C., "Agency Problems and Residual Claims", *Journal of Law and Economics*, 1983,

Vol. XXVI, 327 - 349.

[75] Fama, Eugence F. , "Efficient Capital Markets: A Review of Theory and Empirical Work", *Journal of Finance*, 1970, 25, 383 - 417.

[76] Fama, Eugene F. , and James MacBeth, "Risk, Return, and Equilibrium: Empirical Tests", *Journal of Political Economy*, 1973, 71, 607 - 636.

[77] Fama, Eugene F. , "Market Efficiency, long-term Returns, and Behavioral Finance", *Journal of Financial Economics*, 1998, 49, 283 - 306.

[78] Fama, Eugene F. and Kenneth R. , "French, The Cross-Section of Expected Stock Returns", *Journal of Finance*, 1992, 46, 427 - 465.

[79] Fanta, E. and M. Jensen. , "Agency Problems and Residual Claims", *Journal of Law and Economies*, 1983, 26, 123 - 146.

[80] Finer, Samuel, *The History of Government*, Vol. Ⅲ, Cambridge, UK, Cambridge University Press, 1997, 1 - 36.

[81] Furtado, E. P. and M. S. Rozeff, "The Wealth Effects of Company Initiated Management Changes", *Journal of Financial Economics*, 1987, 18, 147 - 160.

[82] Gibbons, Murphy, "Relative Performance Evaluation for Chief Executive Officers", *Industrial and Labor Relations Review*, 1990, 43, 30 - 51.

[83] Gillan, Stuart and Starks, Laura T. , "Relationship Investing and Shareholder Activism by Institutional Investors", *Working paper* (University of Texas, Austrin, TX), 1995, 1 - 32.

[84] Gilson, M. S. , "Is Corporate Governance Ineffective in

Emerging Markets？", *Working paper Federal Reserve Board*, Washington D. C. , 2000, 1 – 23.

[85] Gilson, S. A. , " Bankruptcy, Boards, Banks, and Blockholders, Evidence on Changes in Corporate Ownership and Control when Firms Default", *Financial Economics* , 1990, 27, 355 – 387.

[86] Gilson, S. C. , "Management Turnover and Financial Distress", *Journal of Financial Economics*, 1989, 25, 241 – 262.

[87] Gort, Michael, " An Economic Disturbance Theory of Mergers", *Quarterly Journal of Economics*, 1969, 83, 624 – 642.

[88] Gorton, Gary, and Frank Sehmid, "Universal Banking and the Performance of German Firms", *Working Paper* 5453, National Bureau of Economic Research, Cambridge, MA, 1996, 1 – 35.

[89] Goyal, V. K. and Park, C. W. , "Board leadership structure and CEO turnover", *Corporate Finance*, 2001 forthcoming, 76 – 89.

[90] Gregor Andrade, Mark Mitchell, and Erik Stafford, "New Evidence and Perspectives on Mergers", *Journal of Economic Perspectives*, 2001, 15, Number 2, Spring, 103 – 120.

[91] Grossman, S. J. and O. Hart, "One Share-One Vote and the Market of Corporate Control", *Financial Economics*, 1988, 20, 175 – 202.

[92] Grossman, Sanford J. and Hart, Oliver D. , "Takeover Bids, the Free-rider Problem, and the Theory of the Corporation", *Bell Journal of Economics*, 1980, 11, 42 – 64.

[93] Grossman, Sanford, and Oliver Hart, "The Costs and the Benefits of Ownership, Theory of Vertical and Lateral Integration", *Political Economy*, 1986, 94, 691 – 719.

［94］Hall, B. and J. Liebman, "The Taxation of Executive Compensation", *Working paper*, National Bureau of Economic Research, 2000, 1 - 26.

［95］Harris, M. and A. Raviv, "Corporate Control Contest and Capital Structure", *Financial Economics*, 1988a, 20, 55 - 86.

［96］Harris, M. and A. Raviv, "Corporate Governance, Voting Right and Majority Rules", *Financial Economics*, 1988b, 20, 203 - 235.

［97］Harris, M. and A. Raviv, "The Design of Securities", *Financial Economics*, 1989, 24, 255 - 287.

［98］Hart, liver, *Firms, Contracts, and Financial Structure*, London, Oxford University Press, 1995, 1 - 56.

［99］Hart, Oliver, and Moor, John, "Property Rights and the Nature of the Firm", *Political Economy*, 1990, 98, 1119 - 1158.

［100］Hart, Oliver, "The Market Mechanism as an Incentive Scheme", *Bell Journal of Economics*, 1983, 14, 366.

［101］Hasbrouck, Joel, "The Characteristics of Takeover Targets, and Other Measures", *Banking and Finance*, 1985, 9, 351 - 362.

［102］Healy, Paul M., Krishna G. Palepu and Richard S. Ruback, "Does Corporate Performance Improve after Mergers", *Journal of Finance Economics*, 1992, 31, 135 - 175.

［103］Henrik Horn and James Levinsohn, "Merger Policies and Trade Liberalization", *The Economic Journal*, 2001, 111 (April), 244 - 276.

［104］Hermalin, Benjamin E., and Michael S., Weisbach, "Endogenously Chosen Boards of Directors and their Monitoring of the

CEO", *American Economic Review*, 1998, 88, 96 – 118.

[105] Hirshleifer, David and Thakor, Anjan V. , "Managerial Performance, Board of Directors and Takeover Bidding", *Corporate Finance*, 1994, 1, 63 – 90.

[106] Holderness, Clifford, and Dennis Sheehan, "The Role of Majority Shareholders in Publicly Held Corporations, An Exploratory Analysis", *Journal of Financial Economics*, 1998, 20, 317 – 346.

[107] Holmstrom, B. , and J. Tirole, "Financial Intermediation, Loanable Funds, and the Real Sector", *Quarterly Journal of Economics*, 1988, 112, 663 – 691.

[108] Holmstrom, B. , "Moral Hazard in Team", *Bell Journal of Economics*, 1982, 13, 324 – 340.

[109] Huson, M. , R, Pamno and L. Starks, "Internal Monitoring and CEO Tumover: A Long-Term Perspective", *Working Paper*, University of Texas, 2000, 1 – 34.

[110] Ikenberry, David and Josef Lakonishok, "Corporate Governance through the Proxy Contest, Evidence and Implications", *Journal of Business*, 1993, 66, 405 – 436.

[111] Israel, R. , "Capital Structure and the Market for Corporate Control, The Defensive Role of Debt Financing", *Finance*, 1991, 46, 1391 – 1409.

[112] Jahera, J. S. and W. Pugh, "State Takeover Legislation: The Case of Delaware", *Journal of Law, Economics and Organization*, 1991, 7, 410 – 427.

[113] Janjigian V. and E. A. Trahan, "An Analysis of the Decision to Opt Out of Pennsylvania Senate Bill 1310", *Journal of Financial Research*, 1996, Vol. XIX, 1 – 19.

[114] Jarrell, Gregg and Poulsen, Annette B. , "Shark Repellants and Stock Prices, The effects of antitakeover amendments since 1980", *Financial Economics*, 1987, 19, 127 – 168.

[115] Jarrell, Gregg and Poulsen, Annette B. , "Dual-class Recapitalizations as Antitakeover Mechanisms, The Recent Evidence", *Financial Economics*, 1988, 20, 129 – 152.

[116] Jarrell, G. A. and M. Bradley, "The Economic Effects of Federal and State Regulations of Cash Tender", *Journal of Law and Economics*, 1980, 23, 371 – 407.

[117] Jarrell, Gregg A. , James A. Brickley and Jeffrey M. Netter, "The Market for Corporate Control: The Empirical Evidence Since 1980", *Journal of Economic Perspective*, 1988, 2, 49 – 68.

[118] Jensen, M. C. , Murphy, K. J. , "Performance pay and top management incentives", *Journal of Political Economy*, 1990, 98, 225 – 264.

[119] Jensen, M. C. , "Presidential Address: The Modem Industrial Revolution, Exit and the Failure of Internal Control Systems", *Journal of Finance*, 1993, 48, 831 – 880.

[120] Jensen, Michael C. and Warner, Jerold B. , "The Distribution of Power Among Corporate Managers, Shareholders, and Directors", *Financial Economics*, 1988, 20, 3 – 24.

[121] Jensen, Michael C. , "The Takeover Controversy, Analysis and Evidence", *Midland Corporate Finance Journal*, 1986, 4, 6 – 32.

[122] Jensen, Michael C. , "Takeover, Folklore and Science", *Harvard Business Review*, 1984, November December, 106 – 121.

[123] Jensen, Michael, and William Meckling, "Theory of

the Firm, Managerial Behavior, Agency Costs, and Ownership Structure", *Journal of Financial Economics*, 1976, 3, 305 – 360.

[124] Jensen, Michael C. , "Takeover: Their Causes and Consequences", *Journal of Economic Perspectives*, 1983, 2, 21 – 48.

[125] Jensen, Michael C. , "Agency Costs of Free Cash Flow, Corporate Finance, Takeovers", *American Economic Review*, 1986, 76, 323 – 329.

[126] Jensen, Michael C. and Richard S. Ruback, "The Market for Corpotate Control: The Scientific Evidence", *Journal of Financial Economics*, 1983, 11, 5 – 50.

[127] John, K. and Senbet, L. M. , "Corporate Governance and Board Effectiveness", *Banking and Finance*, 1998, 22, 371 – 403.

[128] Kang, J. K. , Shivdasani, A. , " Firm Performance, Corporate Governance, and Top Executive Turnover in Japan", *Financial Economics*, 1995, 38, 29 – 58.

[129] Kaplan, S. N. , "Top Executive Rewards and Firm Performance, A Comparison of Japan and the United States", *Political Economy*, 1994a, 102, 510 – 546.

[130] Kaplan, S. N. , "Top Executives, Turnover, and Firm Performance in Germany", *Journal of Law, Economics and Organization*, 1994b, 10, 142 – 159.

[131] Kaplan, Steven N. and Bernadette A. Minton, "Appointments of Outsiders to Japanese Boards Determinants and Implications for Managers", *Journal of Financial Economics*, 1994, 36, Issue 2, July, 65 – 89.

[132] Kaplan, Steven N. and Richard S. Ruback. , "The Valuation of Cash Flow Forecasts", *Finance*, 1995, 50, 1059 – 1093.

[133] Kay J. , "Corporate Strategy and Corporate Accountability", Nicholas Dimsdale, Martha Prevezer (Edited), *Capital Market and Corporate Governance*, New York, Oxford University Press Inc. , 1994, 56 – 78.

[134] Kevin J. Murphy arrd Jerold L. Zimmerman, "Financial Performance Surrounding CEO Turnover", *Journal of Accounting and Economics*, 1993, 16, 273 – 315.

[135] Klein, April and Rosenfeld, James, "Targeted Share Repurchases and Top Management Changes", *Financial Economics*, 1988, 20, 493 – 506.

[136] Knoeber, C. R. , "Golden Parachutes, Shark Repullents, and Hostile Tender Offers", *American Economic Review*, 1986, 76, 155 – 167.

[137] Kreps, D. , R. Wilson, "Sequential Equilibrium", *Econometrica*, 1982, 50, 863 – 894.

[138] La Porta, Rafael, Florencio Lopez-de-Silanes, Andrei Sheifer, Robert W. Vishny, "Legal Determinants of External Finance", *Finance*, 1997, 52, 1131 – 1150.

[139] La Porta, Rafael, Florencio Lopez-de-Silanes, Andrei Sheifer, Robert W. Vishny, "Law and Finance", *Political Economy*, 1998, 106, 1113 – 1155.

[140] La Porta, Rafael, Florencio Lopez-de-Silanes, Andrei Sheifer, Robert W. Vishny, "Investor Protection and corporate Valuation", Harvard Institute for Economics Research, Discussion Paper 1882, 1999, 1 – 25.

[141] La Porta, Rafael, Florencio Lopez-de-Silanes, Andrei Sheifer, Robert W. Vishny, "Investor Protection and corporate Valu-

ation", *Financial Economics*, 2000, 58, 3 – 27.

[142] La Porta, Rafael, Florencio Lopez-de-Silanes, Andrei Sheifer, "Corporate Ovnership Around the World", NBER, *Working Paper* 6625, 1998, 1 – 33.

[143] Lakonishok, Josef, Andrei Shliefer and Robert Vishny, "Contrarian Investment, Extrapolation, and Risk", *Journal of Finance*, 1994, 49, 1541 – 1578.

[144] Lazear, E. P. and S. Rosen. , "Rank Order Tournaments as Optimum Labor Contracts", *Journal of Political Economy*, 1981, 89, 841 – 864.

[145] Lee, Yung Sheng, Stuart Rosenstein, Jeffrey G. Wyatt, "The Value of Financial Outside Directors on Corporate Boards", *International Review of Economics & Finance*, 1999, 8, Issue 4, Novermber, 53 – 76.

[146] Levine, Ross, and Sara Zervos, "Stock Markets, Banks, and Economic Growth", *American Economic Review*, 1998, 537 – 558.

[147] Levy, Harm, "Economic Valuation of Voting Power of Common Stock", *Journal of Finance*, 1982, 38, 67 – 92.

[148] Lorsch, J. W. and Maciver, E. , "Pawns or Potentates, The Reality of America's Corporate Boards", *Harvard Business School Press*, Boston, 1989, 1 – 33.

[149] Mace, M. L. , *Directors, Myth and Reality*, *Harvard Business School Press*, Boston, 1986, 1 – 36.

[150] Malatesta, Paul H. , and Walking, Ralph A. , "Poison Pill Securities, Stockholder Wealth Profitability, and Ownership Structure", *Journal of Financial Economics*, 1988, 20, 347 – 376.

[151] Manne, Henry G. , "Mergers and the Market for Corpo-

rate Control", *Journal of Political Economy*, 1965, 73, 110 – 120.

[152] Martin, K. J., MeConnell, J., "Corporate Perform-ance, Corporate Takeovers, and Management Turnover", *Journal of Finance*, 1991, 46, 671 – 687.

[153] McConnell, John and Henri Servaes, "Additional Evi-dence on Equity Ownership and Corporate Value", *Financial Eco-nomics*, 1990, 27, 595 – 612.

[154] McConnell, John and Chris Muscarella, "Corporate Cap-ital Expenditure Decisions and Market Value of the Firm", *Journal of Financial Economics*, 1985, 14, 399 – 422.

[155] McGuckin, Robert H. and Sang V. Nguyen., "The Im-pact of Ownership Changes, A View from Labor Markets", *Interna-tional Journal of industrial Organization*, 2001, 19, 739 – 762.

[156] McGuckin, Robert and Sang Nguyen, "On Productivity and Plant Ownership Change: New Evidence from the Longitudinal Re-search Database", *Rand Journal of Economics*, 1995, 26, 257 – 276.

[157] Mikkelson Partch, "Adjustment of Stock Prices to New Issues", *Journal of Financial Economics*, 1985, 15 (4), 303 – 326.

[158] Mikkelson, W. H. and Partch, M. M., "The Decline of Takeovers and Disciplinary Managerial Turnover", *Financial Econom-ics*, 1997, 44, 205 – 228.

[159] Mikkelson, Wayne H. and Partch, Megan M., "The Decline of Takeovers and Disciplinary Managrial Turnover", *Working paper* (University of Oregon, Eugene, OR), 1995, 1 – 27.

[160] Milgrom, P., and J. Roberts, "Limit Pricing and Entry under Incomplete Information, An Equilibrium Analysis", *Economi-ca*, 1982, 40, 433 – 459.

［161］Milgrom, P. , and J. Roberts, *Economics*, *Organization and Management*, Englewood Cliffs, NJ, Pretice Hall, 1992, 1 –56.

［162］Mitchell, Mark I. , and J. Harold Mulherin, "The Impact of Industry Shicks on Takeover and Restructuring Activity", *Journal of Financial Economics*, 1996, 41: 193 –229.

［163］Modigliani, F. , and Miller, M. , "The Cost of Capital, Corporation Finance, and the Theory of Investment", *American Economic Review*, 1958, 48, 261 –297.

［164］Morck, Pandall, Shleifer, Andrei and Vishny, Robert W. , "Characteristics of Hostile and Friendly Takeover Targets", in Alan J, Auerbach, ed. , 1988, *Corporate Takeovers, Causes and Consequences*, Chicago University of Chicago Press, 1988, 1 –76.

［165］Morck, R. , Shleifer A. and Vishny R. W. , *Ownership Structure and Corporate Performance*, *An Empirical Analysis*, Mimeographed, *Cambridge, Mass. , NBER.* 1985, 1 –22.

［166］Morck, R. , Shleifer, A. , and Vishny R. W. , "Alternative Mechanism for Corporate Control", *American Economic Review*, 1989, 79, 842 –852.

［167］Morck, Randall, Andrei Shleifer and Robert W. , Vishny, "Comparing Acquisitions and Divestitures", *Journal of Corporate Finance*, 2000, 6, 117 –139.

［168］Mukherjee, T. and Oscar Varela, "Corporate Operating Performance around the Proxy Contest", *Journal of Business Finance & Accounting*, 1993, 20, 417 –425.

［169］Mulherin J. Harold and Annette B. Poulsen, "Proxy Contests and Corporate Change: Implications for Shareholder Wealth", *Journal of Financial Economics*, 1998, 47, 279 –313.

［170］Mulherin，J. Harold and Poulsen，Annette B.，"Proxy Contests，Shareholder Wealth and Operating Performance"，*Journal of Financial Economics*，forthcoming，1994，23 - 56.

［171］Murphy，K.，and J. Zimmerman，"Financial Performance Surrounding CEO Turnover"，*Accounting and Economics*，1993，16，67 - 85.

［172］Myeong-Hyeon Cho，"Ownership Structure，Investment，and the Corporate Value，An Empirical Analysis"，*Financial Economics*，1998，47，103 - 121.

［173］Myers，Stewart C.，"Outside Equity"，*Finance*，2000，3，1005 - 1037.

［174］Palepu，Krishna，"Predicting Takeover Targets，a Methodological and Empirical Analysis"，*Accounting and Economics*，1986，March，8，3 - 35.

［175］Parrino，"CEO Turnover and Outside Succession a Cross-Sectional Analysis"，*Financial Economics*，1997，46，165 - 197.

［176］Patell James M.，Wolfson Mark A.，"The Intraday Speed of Adjustment of Stock Prices to Earnings and Dividend Announcement"，*Journal of Financial Economics*，1983，13（2），223 - 252.

［177］Porter，Michael，"Capital Disadvantage，America's Failing Capital Investment Syste"，*Harvard Business Review*，1992，September-October，65 - 83.

［178］Pound，John，"Proxy and the SEC"，*Journal of Financial Economics*，1991，29，241 - 285.

［179］Pound，John，"Proxy Contests and the Efficiency of Shareholder Oversight"，*Journal of Financial Economics*，1988，20，

237 – 265.

[180] Pound, John, "On the Motives for Choosing a Corporate Governance Structure: A Study of Corporate Reaction to the Pennsylvania Takeover Law", *Journal of Law, Economics, and Organization*, 1992, 8, 656 – 672.

[181] Pozen, Robert C., "Institutional investors, The reluctant activists", *Harvard Business Review*, 1994, 72 Iss, 1, 140 – 149.

[182] Pugh, W. N. and J. S. Jahera, Jr., "State Antitakeover Legislation and Shareholder Wealth", *Journal of Financial Research*, Vol. XIII, 211 – 231.

[183] Pyngaert, M. and J. Netter, "Shareholder Wealth Effects of the Ohio Antitaker Law Revisited: Its Real Effects", *Journal of Law, Economics, and Organization*, 1986, 6, 253 – 261.

[184] Rafael La Porta, Florencio Lopez-de-silane, Andrei Shleifer, "Corporate Ownership around the World", *NBER working papers No.* 6625, 1998, 1 – 35.

[185] Rajan, Raghuram, and Luigi Zingales, "Financial Dependence and Growth", *American Economic Review*, 1998, 88, 559 – 586.

[186] Ravenscaft, David J., and F. M. Scherer, "The Profitability of Mergers", *Journal of Industrial Economics*, 1989, 7, 101 – 116.

[187] Robert Parrino, "CEO Turnover and Outside Succession, A Cross-Sectional Analysis", *Journal of Financial Economics*, 1997, 46, 165 – 197.

[188] Roll, R., "The Hubris Hypothesis of Corporate Take-

overs", *Business*, 1986, April, 197 – 216.

[189] Rosenstein S, and J. G. Wyatt, "Outside Directors, Board Independence, and Shareholder Wealth", *Journal of Financial Economics*, 1990, 26, Issue 2, August, 65 – 87.

[190] Ruback, R. S. , "The Conoco Takeover and Stockholder Returns", *Sloan Management Review*, 1982, Winter, 13 – 33.

[191] Ruback, R. S. , "The Cities Service Takeover: A Case Study", *The Journal of Finance*, 1983, 33, 319 – 329.

[192] Ruback, Richard S. , "Do Target Shareholders Lose in Unsuccessful Control Contests?", in Alet Auerbach, ed. , *Economic effects of mergers and acquisitions*, University of Chicago Press (Chicago, IL), 1988, 1 – 76.

[193] Ryngaert, Michael, "The Effect of Poison Pill Securities on Shareholder Wealth", *Financial Economics*, 1988, 20, 377 – 418.

[194] Schumann, L. , "State Regulation of Takeovers and Shareholder Wealth: the Case of New York's 1985 Takeover Statutes", *Rand Journal of Economics*, 1988, 19, 557 – 567.

[195] Schwert, G, William, "Markup Pricing in Mergers and Acquisitions", *Financial Economics*, 1996, 41, 153 – 192.

[196] Schwert, G, W. , "Hostility in Takeovers: In the Eyes of the Beholder?", *Journal of Finance*, 2000, 55 (6), 599 – 2640.

[197] Shleifer A. and Vishny, R. W. , " Large Shareholders and Corporate Control", *Journal of Political Economy*, 1986, 94 (31), 45 – 78.

[198] Shleifer, A. , and Vishny, R. , "A survey of Corporate Governance", *Finance*, 1997, 52, 737 – 783.

[199] Shleifer, Andrei and Vishny, Robert W. , "Value-Max-

imization and the Acquisition Process", *Economic Perspectives*, 1988, Winter, 2, 7 – 20.

[200] Shleifer, Andrei, Daniel Wolfenzon, "Investor Protection and Equity Markets", *NBER Working Paper* 7974, 2000, 1 – 26.

[201] Sridharan, Uma V. , and Reinganum, M. R. , "Determinants of the Choice of the Hostile Takeover Mechanism, An Empirical Analysis of Tender Offers and Proxy Contests", *Financial Management*, 1995, 24, Spring, 57 – 67.

[202] Stigler, George, "Public Regulation of the Securities Market", *Journal of Business*, 1964, 37, 117 – 142.

[203] Stijin Claessens, Simeon Djankov, Joseph, P. H. Fan, and Larry H. Lang, "Expropriation of Minority Shareholders, Evidence from East Asia", *World Bank working paper*, 1998, 1 – 33.

[204] Stulz, R. M. , "Managerial Control of Voting Rights, Financing Policies and the Market for Corporate Control", *Financial Economics*, 1988, 20, 25 – 54.

[205] Szewczyk, S. H. and G. P. Tsetsekos, "State Invervention in the Market for Corporate Control", *Journal of Financial Economics*, 1992, 31, 3 – 23.

[206] Thomas E. Comte and William L. Mihal, "CEO Turnover, Causes and Interpretations", *Business Horizons*, 1990, 33, 47 – 51.

[207] Thomsen, Steen and Torbin Pedersen, "Industry and Ownership Structure", *International Review of Law and Economics*, 1998, 18, 385 – 402.

[208] Tricker, R. , *Internal Corporate Governance*, Prentice

Hall, 1994, 1 – 12.

[209] Van Nuys, Karen, "Corporate Governance through the Proxy Process", *Jurnal of Financial Economics*, 1993, 34, 101 – 132.

[210] Wahal, Sunil, Keneth W. Wiles, and Marc Zenner, "Who Opts Out of State Antitakeover Protection?: The Case of Pennsylvania's SB 1310 ", *Financial Management*, 1995, 24, 22 – 39.

[211] Warner, J. , J. Watts, and K. Wruck, "Stock Prices and Top Management Changes", *Financial Economics*, 1988, 20, 461 – 492.

[212] Watts Ross, "The Information Content of Dividends", *Journal of Business*, 1973, 45 (2), 65 – 87.

[213] Weisbach, M. , "Outside Directors and CEO Turn-over", *Financial Economics*, 1988, 20, 431 – 460.

[214] Weisbach, Michael S. , "CEO Turnover and the Firm's Investment Decisions", *Journal of Financial Economics*, 1995, 37, 159 – 188.

[215] Weston, J. Fred, Chung, Kwang S. , and Siu, Juan A. , *Takeovers, Restructuring, and Corporate Governance*, Second Edition, Prentice Hall, 1998, 10 – 18.

[216] Wurgler J. , "Financial Markets and the Allocation of Capital", *Journal of Financial Economics*, 2000, 58, 187 – 214.

后　记

　　呈现在读者面前的这本专著是在我的博士论文的基础上修改而成，项目得到华南师范大学"211 工程"重点立项课题的资助（编号：841169）。在此表示谢意。由于从论文 2003 年成稿到专著出版，历时 5 年，中国资本市场已经发生了较大变化，制度背景的变化对本书的研究是一个挑战，我想这也激励我不断求取新知和拓展所识。

　　值此本书付梓之际，恩师黄祖辉先生的谆谆教诲言犹在耳，"大胆创新、小心求证"、"求是、奋进、严谨、认真"、"豁达、开阔、宁静、淡泊"，先生精深的学养，崇高的品德，严谨认真的治学态度和求知方法，宁静致远的处世哲学，无不深深影响着我，一丝一缕无声无息滋润着我的灵魂。从黄先生身上，我看到了名师的风范，哲人的通达。相对于恩师在本研究的选题、立意、构思、写作上给予我的悉心指导所花费的无数心血，师母谢老师在生活上给予我的无微不至的关怀，我的感激之意是如此微不足道。大恩不言谢，恩师的言传身教将永远暖我心头，伴我此生！

　　本研究得以完成，还要得益于浙江大学"海纳百川、有容乃大"的包容态度和学术思想。在浙大这片求学热土上，活跃着一大批辛勤培育四方学子的学者们，他们的一言一行在静静地构筑着我们的学术殿堂，如果说我的研究能有一些创新和发展的话，这主要应该归功于恩师的指点和浙江大学鼓励创新、鼓励探索的求是学风。我想我必须向他们奉献我的敬意！这个群体是如此之大，我这微薄的文字和言不达意的词句是无法全部描述的。这里只把生活在我身边的这个群体的一部分记录下来，聊以表达我的谢忱。除我的恩师外，姚先国教授、史晋川教授、马庆国教授、项保华教授、和丕禅教授、杨义群教授、蒋振声教授、袁飞教授、卫龙宝教授、林坚教授、宝贡敏教授、汪康懋教授等都是这个群体的代表，他们的学术思想给我启迪，激励着我在未来的求知和求真之路上奋勇前行！

这项研究还凝聚着众多师长和友人的无私奉献。好友南方证券公司的李光增先生，好友万国测评公司的蒋玉朗先生对研究资料收集提供了帮助。师兄孙永祥博士、林峻清博士生、战明华博士对我的写作和资料收集提供了帮助。同门张昱博士、马述忠博士、游健章博士，师弟王健博士，同窗好友王满四博士、吴国权博士、李庆峰博士、孙捷博士、吴正武博士、张建杰博士、肖奎喜博士等也对我的写作给予了启发和帮助。值此一并致谢！

在修改这本专著期间，我正在中山大学从事博士后工作，我的合作导师魏明海教授对我的无私帮助和思想启迪令我感动不已。另外，李新春教授、刘峰教授、谢康教授、李善民教授、林斌教授、唐清泉教授、谭劲松教授、孙海法教授、丘海雄教授、陆家骝教授、吴能全教授、毛蕴诗教授的学术思想也时常启发着我。同时我的博士后生涯也得到了我的同门的关心和帮助，同门之情，弥足珍贵。

这本专著的出版得到了华南师范大学经管学院领导和同事们的理解和支持。其中，李永杰教授（副校长）、朱鲇华院长、林勇院长、林莫育书记、彭璧玉教授、吴超林教授、林江怀教授、张建武教授、谌新民教授、胡靖教授、杨永华教授、谢军教授、蒋峦教授、罗燕副教授、彭进副教授、康宛竹副教授、罗珊副教授、蔡胜刚副教授、彭飞副教授、曹宗平副教授、王忠博士、纪志明老师、肖为民老师、骆立骞老师等的真诚帮助使我免除了后顾之忧，是本书得以出版的前提和保证。另外，刘志铭教授、董志强副教授、吴忠培副教授、彭文平副教授、张华初副教授和程振源副教授和我的交谈和研讨也使我获益匪浅，在此我一并致以诚挚的谢意！

我还要感谢在本书中被我引用和借鉴文献的作者，由于他们出色的研究工作，才使我得以站在较高的研究平台上，进行较为深入的探索。

对给了我灵魂和肉体的父母，在此更多地要表达的是我的歉意，因为我总是辜负了他们的期望。对于一直默默支持我学习的家人，我的感激无以言表。

最后，我想把我的谢意留给我的妻子和家人。我的妻子龙新宪女士不仅在生活上给我无微不至的照顾，而且她在完成本职工作后，抽出休息时间帮我整理资料和校对文稿，我想本书也凝结着她的心血和期望；同时，儿子的欢声笑语总是给我力量和欢乐。

最后，还要衷心感谢人民出版社陈登编辑的辛勤劳动和出色工作，才能使本书顺利出版。

朱　琪
2008 年 5 月于白云山下